朱蒙神話의 古代 天文學的 研究

田寬秀 지음

연세대학교 출판부

■ 田寬秀

著書로 『古代의 달력과 별자리』(譯書, 2010), 『동서양의 고전 천문학』(譯書, 2010), 『북학의(北學議)』(E-Book 譯書, 2009), 『장서각 수집 고서 해제』(共著, 2008), 『조선 사람들의 개성 여행』(編譯書, 2008), 『蓀谷 李達 研究』(共著, 2006) 등이 있고, 論文으로 「牽牛織女說話의 古代天文學的 試論」(2009), 「麒麟窟神話 研究」(2009), 「朱蒙神話의 古代天文學的 研究」(2008), 「朱蒙神話의 天文神話學的 研究」(2008), 「琉璃王 이야기에 대한 古代天文學的 研究」(2007) 등이 있다.

朱蒙神話의 古代 天文學的 研究

지은이 전관수
펴낸곳 연세대학교 출판부
주 소 서울특별시 서대문구 성산로 262
전 화 02)2123-3380~2
팩 스 02)2123-8673
e-mail: ysup@yonsei.ac.kr
http://www.yonsei.ac.kr/press
등 록 1955년 10월 13일 제9-60호
인 쇄 (주)태화북스

2010년 10월 5일 1판 1쇄
ISBN 978-89-7141-929-8(93210)

값 18,000원

고깔글

朱蒙神話에서 별자리를 찾기 시작한 것은 몇 년 전 첫겨울 작은 그림과의 우연한 두 번째 만남 — 이미 더 오래 전에 檀君神話에 관련된 책을 보면서 만난 적은 있었다 — 에서 비롯되었다. 그 그림은 北斗七星 속에 한 사람이 근엄하게 앉아 있는 漢나라 때의 무덤벽화였다. 그러나 우연을 필연으로 만들어내는 일은 생각보다 몇 갑절 힘이 들었다. 그래서 朱蒙神話를 별자리로 풀기 위해 쉴 새 없이 글을 썼다가 지우고 썼다가 지웠다. 모래성을 쌓았다가 부수고 쌓았다가 부수기를 수없이 반복하듯이.

그리고 평소 오락을 별로 좋아하지도 않는 성격이지만, 밤이면 오락 삼아 天文 시뮬레이션프로그램을 돌리고 또 돌렸다. 별을 공처럼 가지고 노는 별나라의 王子처럼. 그러면서 朱蒙神話에서 찾아낸 祭儀와 관련된 별자리들이 정말로 해뜰녘에 혹은 해질녘에 제대로 지평선에서 힐라이어컬 라이징하거나 힐라이어컬 세팅하는지 확인하고 또 확인했다. 처음에는 緯度와 經度도 제대로 맞추지 못해 헤매기도 하면서.

따지고 보니, 별자리와 인연 아닌 인연을 맺게 된 것은 아주 오래 전으로 거슬러 올라간다. 그때는 바로 어느 시골 부대의 경계병 시절이었다. 거기서 날마다 하는 유일한 일은 초소에서 밤이나 낮이나 소총을 들고 경계를 서는 일이었다. 세상에서 정말 힘들고 따분한 일이 경계병의 일이었다. 그래서 초소의 경계병이나 위병소의 위병들은 무서워 보이기도 하지만 참 고마운 친구들이다.

그러다가 우연히 지구과학 책 뒤표지 안쪽에 붙어 있는 별밭그림을 구해서 낮에는 별자리를 외웠다. 그리고 밤이면 초소 앞에서 낮에 외웠던 별자리들을 맨눈으로 하나 하나 밤하늘에서 확인해 갔다. 지루한 시간들을 때우기 위해. 물론 그건 경계병이 절대로 해서는 안 되는 일이다. 어찌 되었든 이리저리 해서 다음해 똑같은 별자리들이 밤하늘에 다시 나타나기 시작했을 때 밤하늘의 별자리들을 모두 마스터할 수 있었다. 물론 지금은 대부분 잊어버렸지만.

요즈음 별을 보는 사람들은 편하게 망원경을 사용할 것이다. 그러나 별은 맨눈으로 보는 것이 생동감 있다. 대개 맨눈으로 별을 볼 때는 지평선 위로 떠오르는 별을 보는 것이 좋다. 왜 뒷목 아프게 고개를 높이 쳐들고 별을 본단 말인가. 실제로 고개를 들고 별을 보는 습관은 북극성이 있는 지역을 신성한 공간으로 만들게 했다! 물론 이런 식의 별을 보던 습관은 그 당시 그나마 경계를 소홀히 하지 않기 위해 선택했던 불가피한 방법이기는 했지만.

누구나 알듯이 별들도 해와 달처럼 지평선에서 떠오를 때는 더욱 크게 떠오른다. 아마도 '묵직하게' 떠오른다는 표현이 적절할 것 같다. 게다가 지평선에 걸린 별들은 유난히 반짝거린다. 특히나 겨울 별자리의 王子인 오리온자리의 세 별(허리띠)이 수직으로 반짝이며 솟아오르는 모습을 볼 때는 정말로 별들을 한 움큼 따서 호주머니 속에 마구 집어넣고 싶어진다. 아, 이제는 까마득해진 靑春의 저편에서 밤마다 밤하늘을 무대 삼아 워킹을 하던 예쁜 모델 같던 별자리들이여. 빛바랜 벽지처럼 희미해진 별밤의 추억들이여.

가령 밤하늘의 별자리들은 방에 붙여놓은 벽지와 같다. 벽지도 없는 방에 사는 사람이 있을까? 하다못해 신문지나 내가 그림을 그린 벽지라도 붙여놓고 살아야지. 그래야 방은 비로소 방이 되는 것이다. 高句麗 당시 中國의 天文學은 별을 고정시키는 座標 개념을 도입한 뛰어난 天文學이었으며 글자로 기록되는 최고의 天文學이었다. 그래서 글자도 없이 밤하늘의 별자리에 神話로 박아놓는 天文學 정도로는 게임이 안 된다는 것을 高句麗 사람들은 일찍 깨달았다. 中國의 별자리를 받아들였다는 것은 내 방의 네 벽과 천장에서 내가 만든 벽지를 떼 내고 그 대신 공장의 벽지를 사다가 붙인 것이라고 할 수 있다. 도대체 벽지회사에서 벽지를 만드는 시대에 어떻게 자기가 만든 벽지를 붙일 수 있단 말인가.

그러나 高句麗 사람들이 中國의 天文學을 받아들였다고 해서 朱蒙神話의 비중이 줄어든 것은 아니었다. 결코 줄어들 수도 없었다. 왜냐하면 그들은 朱蒙神話 속에다 자신들이 모시는 神과 관련된 모든 祭儀들의 날짜나 자신들이 겪었던 중요한 歷史的 흔적들을 빼놓지 않고 고스란히 담아놓았기 때문이다. 한마디로 朱蒙神話는 高句麗 사람들에게는 거룩한 聖典인 셈이다.

神話란 무엇인가? 별들을 담아놓는 바구니이다. 일찍이 古代人들은 자기들에게 필요한 별과 별자리를 찾기 위해 온갖 天文學的 知識을 총동원했다. 農耕을 중심으로 살아가는 古代人들에게 곡식의 파종시기와 수확시기를 정확하게 알려주는 별과 별자리를 골라내지 못하면 그 해 農事가 온통 엉망이 되기 때문이다.

朱蒙神話도 神話이니 당연히 그 속엔 별과 별자리가 들어가 있었다. 다만 몇 천 년 동안 우리가 까맣게 잊고 지낸 것뿐이다. 왜 그랬을까? 그러니까 東北아시아에서 행세하려면 좀 더 客觀的이고 普遍的인 中國의 天文學을 받아들여야 했기 때문이다. 그래서 朱蒙神話 속의 별과 별자리들은 中國의 天文學에 의해 덮어쓰기를 당한 채 피라미드 속의 미라가 되어 그대로 전해지기만 한 것이다.

이제 時代도 바뀌고 中國의 天文學도 그저 오랜 옛날 天文學의 일부가 되었다. 우리가 사는 세상은 강물이나 나무로나 인식하던 은하수의 실제 모습까지도 모두 알 수 있는 時代이다. 그러나 그래서 朱蒙神話는 더욱더 중요하다. 지금은 王朝時代도 아니고, 별을 통해 날짜를 정하는 時代는 더더욱 아니지만, 人間이 밥 먹고 잠 자고, 일하고 노는 日常의 삶은 크게 변하지 않는다. 도리어 人間은 발달된 도구를 이용할수록 한편으로는 더 옛날식의 생활이 필요한지 모른다. 실리콘 밸리에서 일하는 사람들 가운데 저녁마다 촛불을 켜고 사는 사람도 있듯이. 말하자면 自然과 멀어질수록 그만큼 더 自然에 가까운 原型的인 삶의 형태를 자기 삶의 한쪽에 分銅처럼 올려놓고 삶의 균형을 맞추는 것이다.

朱蒙神話에서 처음으로 별과 별자리를 찾아내면서 나는 참으로 아름다운 神話를 우리에게 남겨놓은 祖上들에게 감탄하고 또 감탄했다. "별이 빛나는 蒼空을 보고 길을 갈 수 있고 또 가야만 하는 길의 地圖를 읽던 時代는 얼마나 행복했던가?"(게오르그 루카치) 나는 확신한다. 분명히 朱蒙神話는 잃어버렸을지도 모르는 우리 靈魂의 별자리를 찾아가는 길에 훌륭한 길잡이 노릇을 톡톡히 해 주리라는 것을.

朱蒙神話를 별과 별자리로 풀면서 엉뚱한 생각도 자주 했다. 우리나라의 어깨춤은 아주 오랜 옛날 별들이 초롱초롱 빛나는 밤 蔚州 盤龜臺에서 우리의 어여쁜 각시 巫堂들이 周極星과 出沒星의 서로 다른 움직임을 격정적인 춤사위로 표현한 데에서 비롯된 것이 아니었을까? 상모돌리기는 周極星들의 움직임을 象徵的으로 표현해낸 춤이 아니었을까 하는 참으로 엉뚱한 생각.

글을 마치려다 보니, 문득 옛 사람들이 文集 序文에서 잘 쓰는 말이 떠오른다. 옛날 文集은 대개 그 文集의 주인공이 죽은 뒤에 후손들이나 제자들이 편찬해주었기 때문에 자신의 文集 序文을 직접 자기가 쓰는 일이 드물었다. 그래서 序文은 생전에 그를 잘 알던 사람들이 곧잘 써주곤 했다. 그런 序文에는 많은 경우 겸손해 하는 글투로 이런 말들이 꼭 들어가 있다. "나는 원래 글재주가 전혀 없는데, 文集을 편찬하는 사람들이 하도 자꾸 찾아와 부탁하기에 어쩔 수 없이 文集 앞에 고깔을 씌워서 돌려보냈다." 文集의 맨 앞에 붙이는 글이 序文이라서 고깔을 씌운다고 표현하는 것이다.

文集에 실린 글이 많지 않으면 또 이런 말도 잘 한다. "가마솥에 담긴 고깃국의 맛은 가마솥에서 건져낸 고기 한 점으로도 충분히 알 수 있다. 훌륭한 칼은 아무리 땅 속 깊이 묻어두어도 그 빛이 새어나오는 것을 막을 수 없다." 나는 先賢들의 文集 序文에 흔히 나오는 이 말이 참 마음에 들 때가 많다. 그리고 그 말에 문득 고개가 숙여지기도 한다.

그러니 고민할 수밖에 없다. 나는 朱蒙神話 속에 담긴 고기 한 점 맛이나 제대로 알고 있는 것일까. 아니면 朱蒙神話에서 쏟아져 나오는 그 찬란한 빛에 두 눈이 먼 적이 한 번이라도 있었단 말인가. 다만 이 글이 朱蒙神話를 이해하는 데 작은 보탬이 되면 보람이겠다.

끝으로 이 연구의 일부(2章)는 2008년도 포스코청암재단의 인문사회학술연구지원사업에 따른 연구비를 지원 받아서 이루어졌다. 그것은 사막에서 만난 한 그루 타마리스크였다. 이 자리를 빌어서 포스코청암재단의 관계자 분들에게 깊은 감사의 말씀을 전한다.

2010년 8월
바야흐로 배롱나무가 붉은 꽃구름을 이불처럼 두르고
烏鵲橋를 지나는 발걸음이 바빠질 무렵
淬礪軒에서 ㅈ. ㄱ. ㅅ.

차 례

◆ 이 책에 실린 글들은 기왕에 學術誌에 게재한 論文을 중심으로 수정과 교정, 첨삭을 거쳐서 재구성했다. 그리고 단행본으로 만들기 위해서 일부를 빼고는 論文의 題目을 바꾸었고, 몇 章(總論에 해당하는 1章, 3章의 일부, 4章, 結論에 해당되는 7章)은 새로 썼다. 발표된 論文들의 題目과 出處는 아래와 같다.

- 2章 「朱蒙神話의 古代 天文學的 硏究－解慕漱 이야기를 中心으로」, 『東方學』(15집), 한서대학교 동양고전연구소, 2008. 10.
- 3章 「朱蒙神話의 天文神話學的 硏究－朱蒙의 誕生에서 脫出까지를 中心으로」, 『東方學』(14집), 한서대학교 동양고전연구소, 2008. 4.
- 5章 「琉璃王 이야기에 대한 古代 天文學的 硏究」, 『인문과학연구』(8집), 대구가톨릭대학교, 2007. 12.
- 6章 「麒麟窟神話 硏究」, 『東方學志』(146집), 연세대학교 국학연구원, 2009. 6.
- 부록 1 「朱蒙神話를 통해 본 解慕漱 後裔들의 분화과정」, 『동방고전문학연구』(6집), 2004. 12.

◆ 이 책에서 활용한 天文 시뮬레이션프로그램들은 아래와 같다.

CyberSky 4.0.7
Cartes du Ciel
Starry Night Pro Plus

머리말

朱蒙神話[1]는 朱蒙(B.C. 58년~B.C. 19년)이 高句麗를 세우는 과정을 그린 英雄敍事詩이다. 그렇다면 아주 단순, 명쾌하게 생각해서 주몽신화의 곳곳에는 칼과 방패를 들고 싸우거나 수많은 적군들을 씩씩하게 물리치는 내용이 들어가 있을 법도 하다.

그러나 주몽신화를 보면, 알에서 태어난 주몽은 영웅적 행동은커녕 어려서부터 의붓아버지인 金蛙의 아들들인 帶素 형제들에게 미움을 받고 괴롭힘을 당한다. 그리고 말목장에서 고생 고생하면서 말이나 키운다. 급기야 주몽은 淹滯水를 건너서 도망 간 뒤 나라를 세우기 위해서 沸流國 松讓의 땅을 차지하려는 힘든 싸움을 벌인다. 그렇다고 松讓과의 싸움에 살벌한 전쟁의 모습이 나타나는 것도 아니다. 주몽은 松讓의 북과 뿔나팔을 몰래 훔쳐와 자기의 것으로 삼는 도둑질(?)도 서슴지 않는다. 그뿐만 아니라 주몽은 松讓의 나라보다 이제 막 새로 세운 자신의 나라가 아주 오래 된 것처럼 보이게 하려고 썩은 나무로 궁궐의 기둥을 삼는 눈 가리고 아옹하는 사기(?)를 치기도 한다.

그런 대로 주몽의 타고난 영웅적 행동이 그럴 듯하게 나타나는 곳은 夫餘의 軍士들에게 쫓기며 淹滯水에 이르렀을 때 자신은 “天帝의 자손이요, 河伯의 외

1) 주몽신화를 전하는 대표적인 문헌으로는 『三國史記』, 『東國李相國集』, 『三國遺事』, 『帝王韻紀』, 『世宗實錄地理志』 등의 우리나라 문헌과 『魏書』, 『通典』, 『北史』 등 中國의 歷史書들이 있다. 이 연구에서는 특별히 註釋을 다는 경우가 아니라면 주몽신화 텍스트는 『東國李相國集』 卷第三 「東明王篇」에 실려 있는 『舊三國史』의 「東明王本紀」를 가리키고, 그 原文은 이 책의 끝에 달아놓은 부록 2로 대신한다.

손"이라고 외치며 자신이 가지고 있는 활로 물을 치자 물고기와 자라가 다리를 만들어 주어 무사히 건너는 장면이다. 그리고 한여름 松讓의 나라를 물로 공격하는 장면에서도 그의 영웅적 모습이 잘 드러나 있다. 여기서 주몽은 스스로 松讓의 나라를 공격하는 것이 아니라 흰 사슴을 잡아서 거꾸로 매달아놓고 하늘에 비를 내리도록 하여 松讓의 땅이 물에 잠기기를 빈다. 그러자 장마비가 이레를 퍼부어 松讓의 나라가 물에 잠기고 松讓은 어쩔 수 없이 항복하게 된다. 아마도 우리는 주몽신화에서 주몽의 영웅적 능력이 하늘로부터 비롯된다는 것을 가장 극명하게 보여 주는 이야기로 큰 무리 없이 이 두 이야기를 꼽을 수 있을 듯하다.

그러나 분량을 보면 주몽의 일생은 전체 주몽신화 가운데 절반이 조금 넘고, 주몽의 탄생 이전까지의 이야기는 그의 아버지와 어머니인 解慕漱와 柳花의 만남과 이별을 주된 내용으로 하여 전개된다. 더구나 주몽신화의 맨 처음은 주몽이 등장하는 것이 아니라, 北夫餘의 왕으로 알려진 解夫婁가 金蛙를 얻어서 太子를 삼는 이야기로 시작된다. 그리고 주몽신화의 끝은 주몽에 이어서 고구려의 임금자리에 오르는 아들 琉璃의 이야기로 마무리된다.

이렇게 실제로 주몽신화를 읽어보면, 주몽신화는 여러 世代에 걸쳐서 활동한 사람들의 이야기로 구성되어 있어서 딱히 주몽만을 주인공이라고 할 수도 없다. 그래도 커다란 나라를 세운 始祖인데, 고구려 사람들은 자신들의 始祖를 위해서 그럴 듯한 전쟁 장면도 집어넣고 뛰어난 능력을 발휘하여 상대를 제압하는 영웅적 모습을 좀더 부각시킬 수는 없었던 것일까? 혹시라도 이러한 기대를 조금이라도 하고 주몽신화를 읽는 사람이라면, 커다란 실망을 할지도 모른다. 그저 주몽은 알에서 태어나는 남 다른 탄생과정과 활을 잘 쏘는 재주말고는 보통 사람보다 조금 뛰어난 능력의 소유자인 듯하다. 어쨌든 주몽신화가 왜 그렇게 뜨뜻미지근하게(?) 흘러가는지에 대한 해답은 주몽신화 전체를 분석하면서 저절로 드러날 것이다.

그렇다면 이 시점에서 주몽신화에 크게 감탄하여 긴 장편의 敍事詩를 썼으며, 여러 종류의 주몽신화 가운데 가장 긴 이야기를 註釋으로 기록하여 우리에게 남겨 준 고려의 뛰어난 文章家 李奎報(1168 ~ 1241)가 쓴 주몽신화 독후감을 한번 읽어보기로 하자.

> 세상에서는 東明王의 신통하고 이상한 일을 많이들 이야기한다. 비록 어리석은 남녀들까지도 그 일에 대해 자못 떠벌이기도 한다. 내 일찍이 그 이야기를 듣고 웃으며 "孔子께서는 怪力亂神은 말씀하지 않으셨다. 東明王의 일은 실로 황당하고 기괴하여 우리가 이야기할 바가 못 된다." 하였다.
>
> 뒤에 魏書와 通典을 읽어 보니 역시 그 일을 실어놓았다. 그러나 간략하고 자세하지 못했다. 혹시 자기네 것은 상세히 하고 다른 나라의 것은 간단히 하려는 뜻인가? 지난 癸丑年(1193, 明宗 23) 4월 舊三國史를 얻어 東明王本紀를 보니, 그 신이한 일은 세상에서 이야기되는 것보다 훨씬 더해서 처음에는 믿지 못하고 鬼나 幻으로만 생각했다. 그러나 세 번 반복하여 읽으면서 점점 그 根源으로 들어가니, 幻이 아니고 聖이며, 鬼가 아니고 神이었다. 하물며 나라의 歷史는 사실 그대로를 쓴 글인데, 어찌 허탄한 것을 전하였으랴. 金富軾公이 나라의 歷史를 重撰할 적에 자못 그 일을 생략하였으니, 나라의 歷史란 세상을 바로잡는 글이라서 크게 이상한 일은 後世에 보일 것이 아니라고 생각하여 줄여놓은 것인가? (……)
>
> 더구나 東明王의 일은 변화무쌍하고 신이한 것으로 여러 사람의 눈을 현혹시키는 것이 아니고 실로 나라를 처음 세운 신기한 事迹이니, 이것을 적어놓지 않으면 뒷날 사람들이 장차 어떻게 볼 수 있을 것인가? 그래서 詩를 지어 기록하여 우리나라가 본래 聖人의 나라였다는 것을 온 天下에 알리고자 하는 것이다.2)

李奎報가 말했듯이 그가 怪力亂神을 극구 거부하는 편협한 입장을 고수했다면, 아마도 제대로 된 주몽신화는 지금까지 우리 손에 남아 있지 못했을지 모른다. 이런 이유로 우리는 李奎報에게 커다란 빚을 진 셈이고, 주몽신화를 잘 가꾸고 다듬어야 하는 책무를 느낀다.

---

2) 李奎報,『東國李相國集全集』卷三 東明王篇幷序, "世多說東明王神異之事 雖愚夫騃婦 亦頗能說其事 僕嘗聞之 笑曰 先師仲尼 不語怪力亂神 此實荒唐奇詭之事 非吾曹所說 及讀魏書通典 亦載其事 然略而未詳 豈詳內略外之意耶 越癸丑四月 得舊三國史 見東明王本紀 其神異之迹 踰世之所說者 然亦初不能信之 意以爲鬼幻 及三復耽味 漸涉其源 非幻也 乃聖也 非鬼也 乃神也 況國史直筆之書 豈妄傳之哉 金公富軾重撰國史 頗略其事 意者公以爲國史矯世之書 不可以大異之事爲示於後世而略之耶 …… 矧東明之事 非以變化神異眩惑衆目 乃實創國之神迹 則此而不述 後將何觀 是用作詩以□□記之 欲使夫天下知我國本聖人之都耳."

金富軾(1075~1151) 역시 李奎報가 읽었던『舊三國史』에 실린「東明王本紀」를 알고 있었을 것이다. 몰랐을 까닭이 없다. 李奎報의 말대로 金富軾은『三國史記』를 편찬하는 과정에서 怪力亂神을 거부하는 儒教的 歷史觀에 바탕을 두고 주몽신화의 내용을 줄이거나 빼서「東明王本紀」를 서술했다고 보아야 한다.『三國史記』보다 뒤에 편찬된 一然(1206~1289)의『三國遺事』에도 실려 있는 檀君神話도 三國史記에 실리지 않은 것은 이런 까닭일 것이다.

필자는 金富軾의 歷史觀을 제대로 파악할 만한 처지에 있지 못하다. 하지만 金富軾의『三國史記』에 三國의 歷史 기록이 新羅 → 高句麗 → 百濟의 순서로 되어 있다는 점에서 金富軾의 기본적인 歷史觀은 어느 정도 읽어낼 수 있다. 즉 金富軾은 高麗가 新羅의 정통을 잇고 있음을 분명히 했던 것이다. 그러다 보니 커다란 분량의 주몽신화를 몽땅 실어놓기에는 부담이 되었을지도 모른다. 뿐만 아니라 주몽신화의 내용이 歷史的 교훈과는 하등 관련이 없다는 점에서 충분히 그런 생각을 할 수 있었을 것 같다.

그러나 三國의 歷史 서술 순서는『三國遺事』도 마찬가지라는 점에서 반드시 그렇게만 생각할 수는 없다. 기실 金富軾의 개인적인 속내를 감지할 수 있는 곳은『三國史記』의「金庾信列傳」이다.「金庾信列傳」은 분량 면에서 다른 列傳들을 압도한다. 더구나 하나도 모자라 上·中·下로 만들어놓았다. 金富軾이『三國史記』를 쓴 때는 대략 1145년 무렵으로 자신이 직접 平壤에 가서 '妙淸의 亂'(1135)을 진압한 뒤였다. 아마도 金富軾은『三國史記』를 쓰면서 고구려의 首都였던 平壤에서 벌어진 반란을 진압해낸 자신의 功績을 三國 統一의 主役인 金庾信의 모습을 통해 한껏 투영해내고 싶었을지 모른다. 이런 점에서 주몽신화와「金庾信列傳」은 서로 대척점에 있다고 할 수 있다.

그러나 李奎報가 처한 현실은 달랐다. 李奎報가『舊三國史』에 실린「東明王本紀」를 읽게 된 때는 그의 나이 26살 때인 1193년 4월(明宗 23)이었다. 개인적으로 보면 그 무렵 그는 科擧試驗에 합격했으나 벼슬도 받지 못한 채 아버지의 三年喪으로 開京의 북동쪽에 있는 天磨山에서 寓居하던 불우한 시절이었다. 그리고 高麗 전체로 보면 武臣의 亂(1170)으로 貴族政治의 基盤이 붕괴되자 朝廷의 文臣들은 쫓겨나 山林에 은둔하고 全國的으로 많은 民亂이 발생하던 武臣政權期이기도 했다. 이런 어수선한 社會 분위기 속에서 자연스럽게 탄생한 李奎報의 歷史意識이 결과적으로 가장 長篇의 주몽신화를 우리에게 전해주게 되었을지도 모른다.

지금 우리의 입장에서 보면, 李奎報가 남겨놓은 주몽신화는 다른 역사책에 실려 있는 어떤 주몽신화보다 주몽신화의 원형을 제대로 보존하고 있으며, 그 내용 또한 풍부하다는 점이 중요하다. 한마디로 「東明王篇」에 실린 주몽신화는 주몽신화의 결정판인 셈이다. 그래서 필자는 「東明王篇」에 전해지는 주몽신화가 高麗 時代에 이르러서 이야기가 덧붙여지면서 長篇化되었다는 주장에는 절대로 동의하지 않는다. 물론 그 근거는 앞으로의 분석을 통해 자연스럽게 밝혀질 것이다.

앞서 말했듯이 주몽신화는 여러 世代의 이야기가 겹쳐 있기 때문에 「東明王篇」에 실린 주몽신화는 다음과 같이 다섯 개의 각기 다른 이야기들로 나누어 살펴보는 것이 좋다.

- 고구려가 建國되기 이전 北夫餘의 왕인 解夫婁가 鯤淵의 물가에서 金蛙를 처음 얻었다가 天帝의 神託으로 東夫餘로 쫓겨나는 이야기
- 天帝의 아들이자 주몽의 아비인 해모수와 河伯의 딸이자 주몽의 어미인 柳花가 처음으로 熊心淵 물가에서 만나고 다시 河伯宮에 가서 河伯의 주선으로 결혼하고 주몽을 낳는 이야기
- 알에서 태어난 주몽이 金蛙라는 의붓아버지와 柳花 밑에서 살 때 金蛙의 일곱 아들에세 고난을 당하면서 말목장에서 말을 키우다가 柳花의 도움으로 金蛙 밑을 떠나 남쪽으로 탈출하여 淹滯水를 건너는 이야기
- 淹滯水를 건넌 주몽이 松讓이라는 커다란 세력을 물리치고 나라를 세운 뒤에 죽어서 하늘로 올라간 이야기
- 夫餘에서 탈출한 琉璃가 주몽을 찾아와 부러진 칼조각을 서로 맞추고 아버지와 아들임을 확인하는 이야기

「東明王篇」에 실린 주몽신화는 이렇듯 시대에 따라 다양한 사람들이 등장하기 때문에 주몽신화를 주몽 중심으로만 읽을 경우 주몽신화의 상당한 부분을 놓치게 된다. 사실 지금까지 주몽신화를 제대로 읽기 어렵게 만드는 장애물

은 마치 우리가 주몽 시대의 사람인 양 고구려를 세운 사람인 주몽만을 중심으로 삼고, 다른 이야기들은 모두 부수되는 이야기로 처리해 버리는 태도에서 비롯된다는 점도 부인할 수 없다.

이제 필자는 주몽신화에 나오는 여러 이야기들의 '獨立性'과 '統一性'을 함께 아우를 수 있는 방법으로 주몽신화를 古代 天文學的으로 읽는 방식을 제시하고자 한다. 아마도 이런 시도는 처음 이루어진다는 점에서 매우 낯설고 생소하다. 그러나 古代 天文學的으로 주몽신화를 읽는 방법은 뜻밖에 간단하다. 즉 神話가 곧 祭儀이고, 중요한 祭儀일수록 정해진 날짜가 있으며, 古代人들은 중요한 祭儀 날짜를 정하는 데는 반드시 특정 별자리를 이용했다는 점만 염두에 두면 된다.

따라서 주몽신화의 어느 내용이 특정한 祭儀와 관련된다면, 그 祭儀의 시기와 관련되는 별자리를 찾아낸 뒤, 그 별자리의 특징이나 움직임을 통해 주몽신화의 의미를 새롭게 밝혀낼 수 있다. 이렇게 별자리를 통해 주몽신화를 보게 될 경우 주몽신화에 등장하는 인물들은 각 시대별로 중요했던 별자리들을 神格化한 존재들이거나, 거꾸로 그러한 별자리를 중심으로 활동했던 인물들로 새롭게 부각시킬 수 있다. 그리하여 각각의 이야기 속에 등장하는 인물들은 주몽신화 안에서 각 시대별로 자신의 소임을 다하게 되고, 전체적인 주몽신화의 구성도 큰 무리 없이 연결된다.

이렇게 주몽신화에서 별자리를 찾아내고 이를 바탕으로 다시 주몽신화를 해석하고자 하는 古代 天文學的 神話觀은 다음과 같이 표현할 수 있다.

밤하늘
↙↗ ↘↖
별밭그림 ⇆ 神話 1(하늘을 향해 열려 있는 이야기)
① ↓↑ ②
神話 2(神話를 향해 열려 있는 이야기) ← ③
④ ↙ ↓ ↘

①: 神話가 발달하는 과정
②: 古代 天文學的으로 神話를 해석하는 방법
③: 象徵體系로서 神話를 해석하는 방법
④: 神話가 분화하는 과정

위의 도표로 알 수 있듯이 인간은 밤하늘의 모습을 별밭그림[3])으로 만들어 내는 歷史가 있었다. 그 별밭그림 속에는 수많은 별과 별자리들이 위치하고 있다. 그런데 별이나 별자리를 통해 농사의 適期나 祭儀의 날짜를 정하던 시절에는 古代人들이 갖고 있던 하늘과 땅을 동일시하는 '相應(correspondence)의 원리'에 입각해 볼 때 별밭그림은 실제 밤하늘을 具顯하는 象徵으로서 둘은 전혀 구별되는 것이 아니었을 것이다. 또한 별 혹은 별자리는 신화 속에 고스란히 드러나기도 한다. 예를 들어 古代 바빌로니아 신화나 古代 이집트 신화, 古代 그리스 신화 등에 등장하는 神들은 별 혹은 별자리와 동일한 존재로 나타나기도 한다. 이것은 바로 밤하늘과 신화가 서로 밀접한 관계에 있다는 것을 말해 준다. 별밭그림과 신화의 관계 역시 마찬가지라고 할 수 있다.

이런 점에서 필자는 신화를 자신들이 필요한 별 혹은 별자리 주변을 스케치한 내용을 이야기로 표현한 결과물이라고 보고 있다. 이를 가리키는 것이 바로 신화 1이다. 반면 별이나 별자리를 통해 농사의 適期나 祭儀의 날짜를 정하지 않게 되면서, 신화는 스스로의 象徵體系로 독립하는 과정이 생겨나게 된다. 이것이 바로 신화 2이다. 지금까지 대부분의 神話學들은 밤하늘을 향해 열려 있는 신화 1보다는 신화 자체를 향해 열려 있는 신화 2를 중심으로 신화를 해석해왔다고 할 수 있다.

신화 연구에서 밤하늘을 특별히 취급하지 않는 이유는 밤하늘을 불변적 요소로 보기 때문일 것이다. 그러나 밤하늘은 절대로 불변적 요소가 아니다.[4])

---

3) 물론 전통적으로 天文圖, 星宿圖, 星圖(star map) 등의 이름이 있지만 이 말들은 특정한 지역의 天文學을 바탕으로 할 때만 자연스럽다는 점에서 모두 일정한 한계를 가지고 있다. 그래서 별자리 그림이라는 말도 사용하는데, 이 말은 별을 포괄하기는 어렵다. 여기에서는 부분적으로 별밭그림이라는 말을 사용하기로 한다.

4) 原型批評을 창도했던 칼 융(Karl Jung, 1875 ~ 1961)은 "우리 종교사의 여정과 심리학이 발달해온 과정은 춘분점의 물고기자리 통과에 의해 그 시기와 내용이 예지된 것이었을 수도 있고, 별자리와 떠돌이별들에 적용된 상징주의를 집단무의식 및 원형들의 유물"(지오프리 코넬리우스・폴 데버루, 『별들의 비밀』, 문학동네, 1999, 36 ~ 53쪽 발췌 인용)이라고 하여 인간의 의식과 변하는 밤하늘의 관련성을 언급 적이 있다.

밤하늘은 25,800년 정도의 주기를 가진 歲差運動(precessional motion)에 의해 지금까지 끊임없이 변해 왔으며 앞으로도 끊임없이 변해 간다. 그래서 한 신화를 만들어낸 지역과 시기의 밤하늘과 그 신화를 읽는 오늘날의 밤하늘은 절대로 같지 않다. 이 엄연한 사실이 바로 밤하늘을 신화 안으로 끌고 들어와 신화를 해석하는 데 활용해야 하는 가장 중요한 이유이다.

신화를 개방적 구조로 접근할 경우 주몽신화가 建國神話로서 어떤 기능을 했는지를 반드시 따져보아야 한다. 다시 말해 과연 주몽신화에는 최소한 다음의 3가지가 담겨 있는지 고구려를 세운 주몽에게 캐묻고 또 캐물어야 한다.

- 古代國家는 農耕을 바탕으로 하기 때문에 古代國家의 지배자에게는 農耕을 담당하는 百姓(人)들이 있어야 한다.
- 農耕은 곡식을 뿌리는 장소가 있어야 하기 때문에 古代國家의 지배자에게는 땅(地)이 있어야 한다.
- 農耕은 정확한 파종과 수확의 시기가 중요하기 때문에 古代國家의 지배자에게는 하늘의 운행(天)에 대한 知識이 있어야 한다.

한마디로 古代國家는 神權(天), 土地權(地), 王權(人)이 一體化된 國家라고 할 수 있고, 古代國家에서 한 집단의 우두머리가 된다는 것은 人間에 대한 支配權인 王權, 宇宙에 대한 支配權인 神權, 땅에 대한 支配權인 土地權을 가지고 있어야 한다는 것을 알 수 있다. 기실 古代國家의 지배자는 자신의 존재가치를 스스로 증명해내기 위해서는 최소한 이 세 가지 점들을 신화 속에 반드시 담고 있어야 한다. 그래야만 한 나라의 始祖神은 始祖神으로 당당히 대접받을 자격이 있다 할 것이고, 이러한 과정에서 만들어진 신화는 인류의 보편적 가치로 받아들여질 수 있을 것이다. 이 가운데 이 연구는 고구려 사람들이 神權을 획득하기 위해서 어떻게 하늘과 관련된 지식을 주몽신화 속에 담아냈는지를 집중적으로 다루고자 한다.

1章

古代 天文學과 朱蒙神話

1. 우리나라 밤하늘의 특징
2. 天帝와 恒顯圈
3. 河伯과 銀河水
4. 朱蒙神話와 별자리 찾기

1. 우리나라 밤하늘의 특징

1) 神話의 地域性과 밤하늘

한 어린이가 자기 집 略圖를 그린다고 치자. 아마도 그 어린이는 몇 개의 커다란 길을 그려놓고 나서 자기가 다니는 학교나 자주 들르는 곳도 약도 속에 그려 넣을 것이다. 왜냐하면 그 어린이에게는 길이나 학교, 자기가 자주 지나는 곳이 가장 객관적인 장소일 것이기 때문이다.

그러나 그렇게 그려진 약도는 대개 몇 개의 길을 벗어나기만 하면 어디로 연결되는지 전혀 알 수 없다. 그 어린이는 여러 곳을 끌어들여 최대한 객관적으로 약도를 그렸다고 할지 모르지만, 결국은 자기 동네에서만 통용되는 약도에 그칠 것이다. 왜냐하면 도로의 끝이 대충 마무리되었기 때문이다. 물론 어른이 그린다고 해서 도로의 끝이 제대로 마무리되는 것은 아니다. 도로의 끝이 대충 마무리되는 것은 약도의 숙명이기도 하다.

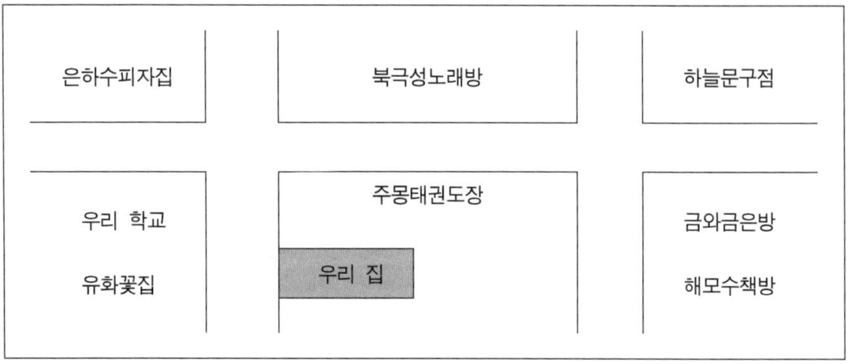

그림 1.1 도로의 끝이 대충 마무리된 약도

도로의 끝이 대충 마무리되는 약도의 한계를 극복하기 위해서는 뒷동산에 올라가야 한다. 그러나 뒷동산에 올라가서 그린 약도라도 자기 동네 너머에 있는 곳은 절대로 그려낼 수 없다. 다시 더 높은 곳을 찾아가야 한다. 이런 단계에 이르면 약도가 아니라 地圖의 개념을 도입해야 할 것이다. 자기 지역을 좀더 객관적인 입장에서 바라보기 위해 자신이 서 있는 곳을 계속 높이다 보면, 결국 우리는 지구 밖에서 자기 지역을 바라보는 위치에 이르게 된다. 바로 지구본을 보면서 자기가 사는 곳을 살펴보는 것과 같은 객관적인 눈을 갖게 되는 것이다.

이렇게 지구본을 보면서 자기가 사는 곳을 바라보는 순간 우리는 자신이 사는 지역이 지구의 어디 쯤에 있는지도 깨닫게 되고 자신의 삶의 방식이 자신이 사는 좁은 지역에서 자연스럽게 형성된 것일 수도 있다는 생각에 이르게 된다. 이 지점이 바로 우리가 한 신화를 객관적으로 이해할 수 있는 적절한 위치이다. 이런 점에서 보면, 신화에 나타난 신화적 공간은 '도로의 끝이 대충 마무리된 자기 동네의 약도'와 같다고 할 수 있다. 물론 古代人들은 이러한 입장에서 서지 못했기 때문에 자신들의 경험이 지극히 주관적임에도 불구하고 당연히 가장 객관적이라고 생각했을 것이다. 그러나 이러한 地域性이야말로 신화의 고유한 특징이기도 하다.

지역성이 신화의 고유한 특징이라는 것은 신화 속에는 다른 지역과 구별되는 天體들의 출몰 특성이나 지리적 위치, 기후적 특징, 농업적 조건 등이 담겨 있다는 말일 것이다. 특히나 農耕에 바탕을 두고 살아간 古代人들은 자신들이 살아가는 지역에서 규칙적으로 운행하는 해와 달, 별을 시계처럼 보면서 살아갔다. 農耕에서 가장 중요한 일은 제때 씨를 뿌리고 제때 수확물을 거두어들이는 일이기 때문이다. 그래서 古代人들에게 天體는 자신들의 삶에서 떼려야 뗄 수 없는 대상이요, 그것은 그대로 신앙의 대상인 神으로 숭배될 수밖에 없었다.[1)]

古代 이집트에서 이시스(Isis)는 풍요의 女神이기도 하고 나일 강의 범람으로 풍족해진 나일 강의 땅 자체이기도 했다. 바야흐로 나일 강의 범람이 시작될 무렵ㅡ대략 夏至 때인 양력 7월 21일 쯤으로 이집트의 새해는 이때부터

1) J. Norman Lockyer, *The Dawn of Astronomy*, Dover, Publications, Inc., New York, 1964, p. 287.

시작된다 — 이면, 緯度가 30° 정도 되는 이집트 지역에서는 해 뜨기 직전 동쪽 하늘에 시리우스(Sirius) — 큰개자리의 α(알파)별로서 이집트에서는 세프트(Sept), 그리스어로는 소티스(Sothis)라고 했음 — 가 나타나기 시작했다. 이리하여 시리우스는 범람으로 受胎된 나일 강의 땅 자체인 이시스와 동일시되었다(그러나 실제로 歲差運動 때문에 시리우스가 나일 강의 범람과 제대로 일치하는 일은 B.C. 3200년 이후 일정한 시기만 그랬다. 그보다 더 이전에는 다른 별이 나일 강의 범람과 일치했다. 그 별은 비둘기자리(Columba)의 α(알파)별인 파크트(Phact)였고, 파크트는 아멘-트(Amen-t) 혹은 테크시(Teϰi)라는 女神의 이름으로 상징화되어 있었다.[2])).

반면 이시스의 남편인 오시리스(Osiris)는 五穀의 神으로 영원한 번식과 생명의 힘이요, 싹트는 씨앗 자체이기도 하다. 원래 古代 이집트에서는 나일 강의 범람이 끝나면 "11월부터 파종이 시작되고 그 다음해 3월 초(보리)에서 4월 초(밀), 4월 말(사탕수수)에 걸쳐서 수확을 한다. 수확 철이 되면 모든 곡식들은 농부들의 손에 의해서 베어진다."[3]) 즉 곡식의 神은 이때 죽는 것이다. 그러나 새로운 해에 또다시 곡식은 땅 속에서 자라나야 싹을 틔울 수 있다. 그래서 해마다 나일 강의 범람이 벌어지기 전에는 죽은 오시리스의 부활 축제가 있었다. 그 때가 바로 6월 무렵인데, 이때가 되면 일출 직전에 오리온자리가 떠오른다. 큰개자리보다 한 달쯤 먼저 떠오르는 오리온자리가 오시리스의 별자리가 된 것은 이 때문이다.[4])

이렇게 古代 이집트 時代에 나일 강 지역의 농경, 범람, 밤하늘 등이 여러 개의 톱니바퀴처럼 맞물려서 태어난 것이 바로 오시리스와 이시스의 신앙이다.

---

2) J. Norman Lockyer, *Ibid.*, pp. 220～225, pp 304～314.

3) 프레이저, 金相一 옮김, 『黃金의 가지』(上)(7쇄), 乙酉文化社, 1990, 460～463쪽 요약 인용.

4) 반면에 古代 메소포타미아 지역에서는 탐무즈(Tammuz)가 오리온자리로 알려져 있고, 마찬가지로 해마다 탐무즈의 달(6월)에 오리온자리의 '허리띠'(參星)가 나타나기 시작할 무렵 탐무즈의 부활 축제를 거행했다(7章 참조).

2) 中緯度 지역인 우리나라의 밤하늘

한 지역의 밤하늘은 緯度의 영향을 가장 많이 받는다. 대개 서울을 기준으로 할 때 우리나라는 대략 北緯 37°(東經 127°) 쯤 위치하고 있다. 반면 과거 고구려의 首都였던 집안(集安)의 위치는 北緯 41°(東經 126°) 쯤 된다. 모두 中緯度 지역인 것이다. 우리나라나 과거 고구려 지역과 같은 中緯度 지역 밤하늘의 특징은 北緯가 0°에 가까운 赤道 지역 및 北緯가 90°에 가까운 북극 지역과 비교해 보면 잘 드러난다.

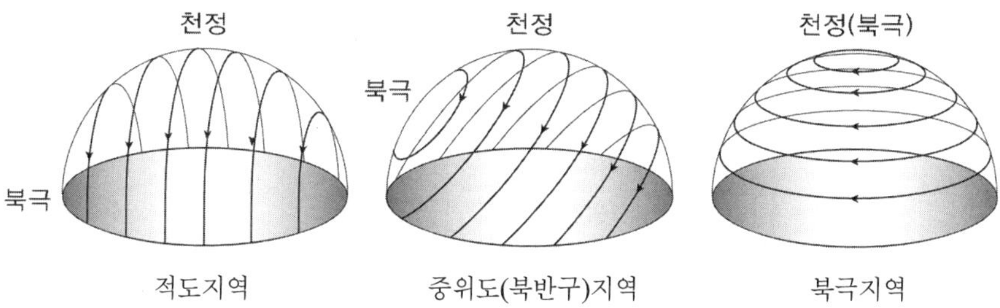

그림 1.2 지역에 따라 별들이 움직이는 모습

그림 1.2에서 보듯이 모든 별들은 北極星을 중심으로 돈다. 그래서 북극성의 高度가 거의 지평선에 걸리는 緯度가 0° 되는 赤道 지역의 경우 모든 별들은 수많은 돌고래들이 한꺼번에 점프하듯이 수직으로 동쪽에서 떠올라 수직으로 서쪽으로 떨어진다. 이에 따라 대부분의 별들은 밤하늘에 나타났다가 사라진다. 緯度가 90°인 북극 지역은 북극성이 머리 꼭대기에 있기 때문에 모든 별들은 지평선 아래로 떨어지지 않고 북극성을 중심으로 하여 시계반대 방향으로 마치 목마처럼 돌아간다. 그렇기 때문에 지평선 아래에 위치한 별들은 전혀 지평선 위로 올라오지 않는다. 赤道 지역에 비해 북극 지역에서는 절반 정도의 별만 볼 수 있다는 말이다.

반면에 우리나라 같은 中緯度 지역은 북극성의 高度가 赤道 지역과 북극 지역의 중간쯤 되기 때문에 이들 지역과 비교하면 상대적으로 복잡한 별들의 움직임이 나타난다. 즉 모든 별들이 도는 중심인 북극성에 가까운 별들은 지평선 아래로 떨어지지 않고 밤새 밤하늘을 맴돈다. 또 다른 많은 별들은 동쪽에서 비스듬히 떠올랐다가 서쪽으로 비스듬히 사라진다. 지평선 위로 떠오르지 않는 별들은 赤道 지역과 북극 지역의 중간 쯤 될 것이다. 최소한 눈으로 볼 수 있는 中緯度 지역의 밤하늘에는 서로 다른 두 종류의 움직임을 갖는 별들이 있다는 말이다.

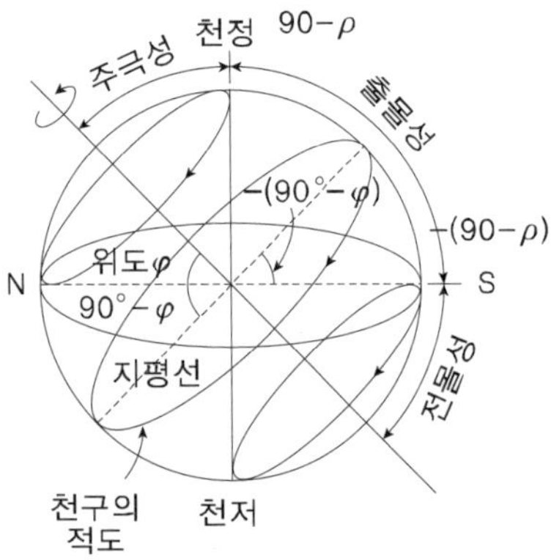

周極星 구역의 赤緯 = 90° ~ (90° − 緯度)
出沒星 구역의 赤緯 = (90° − 緯度) ~ −(90° − 緯度)
全沒星 구역의 赤緯 = −(90° − 緯度) ~ −90°

그림 1.3 緯度와 별들의 出沒

예를 들어 어느 지역의 緯度가 37°라면, 90° − 37° = 53°가 되니, 南緯 53° ~ 南緯 90° 지역에 있는 별들은 전혀 떠오르지 않는다. 대개 천문학에서는 특정 지역에서 밤새 관측자의 지평선 아래로 떨어지지 않고 북극성 주변을 맴도는 별을 '周極星'이라고 부른다. 또 관측자의 지평선에서 나타났다가 지는 별을 '出沒星'이라고 부른다. 그리고 관측자의 지평선 위로 떠오르지 않는 별들은 아예 숨어 있기만 한다고 하여 '全沒星'이라고 부른다(전통적으로 동양의 천문학에서는 周極星을 上規, 出沒星을 中規, 全沒星을 下規라고 불렀다).

각 지역 밤하늘의 특징

	北極	中緯度	赤道
北極星 高度	높음	중간	낮음
별	周極星	周極星, 出沒星	出沒星

위의 도표를 통해 쉽게 알 수 있듯이 밤하늘에 뜨는 별들은 각 지역별로 뚜렷한 특징을 갖고 있으며, 그 가운데 다른 지역에 비해 中緯度 지역의 밤하늘에서 별들의 움직임이 가장 복잡하게 나타난다는 것을 쉽게 알 수 있다.

또한 천문학에서는 별들의 운행 특징을 구역 개념을 사용하여 나타내기도 한다. 즉 어느 지역의 지평선을 기준으로 하여 周極星들이 운행하는 지역을 '별들이 언제나 나타나는 곳'이라는 뜻으로 '恒顯圈'이라고 부른다. 또 全沒星들이 머물러 있는 지역을 '별들이 언제나 숨어 있는 곳'이라는 뜻으로 '恒隱圈'이라고 부른다. 이때 恒顯圈의 끝은 周極星과 出沒星의 경계선이고, 恒隱圈의 끝은 出沒星과 全沒星의 경계선이 된다. 그리고 별들이 출몰하여 관측할 수 있는 하늘은 이른바 分野라고 할 수 있다.

지금까지 많은 신화 연구에서는 緯度에 따라서 달라지는 그 지역의 밤하늘에 대해서는 크게 주목하지 않았다. 그러나 그 약간의 차이들 때문에 각 지역의 밤하늘은 그 지역의 신화를 형성해내는 특징적인 요소이자 결정적인 요소로 작용하기도 한다. 주몽신화가 만들어진 中緯度 지역 밤하늘의 특징을 제대로 파악한다면, 우리는 주몽신화의 본질에 좀더 다가갈 수 있을 것이다. 말하자면 주몽신화에 나오는 天帝, 河伯, 해모수, 柳花, 朱蒙 등은 모두 우리나라 같은 中緯度 지역의 밤하늘과 무관하지 않은 神格들인 셈이다. 앞으로 우리는 이 점을 하나 하나 확인할 것이다.

2. 天帝와 恒顯圈

1) 위대한 天帝의 權能

중국 신화에서 天帝(그림 2.1 참고)는 하늘에 살면서 밤과 낮의 하늘을 모두 포함한 宇宙를 관장하고 인간의 生死與奪權을 틀어쥐고 있는 최고의 神을 말한다. 주몽신화에 나오는 天帝 역시 커다란 권능을 지닌 종교적 존재로 나타나고, 하늘에 자신의 신화적 공간도 확고히 갖고 있었다. 다만 주몽신화에서 天帝는 자주 등장하지 않기 때문에 크게 부각되지 않는 듯이 보인다. 이런 점에서 天帝는 마치 아무 일도 하지 않는 것처럼 보이는 숫사자와 같다. 그러나 숫사자는 자기 가족들의 영역으로 다른 무리들이 침범하면 어김없이 나타나듯이 주몽신화의 天帝도 나타나야 할 때는 위대한 자신의 존재를 반드시 드러낸다.

주몽신화에서 天帝가 나타나는 것은 '生命을 내려 줄 때'이다. 해부루가 자손을 얻으려고 산천을 돌아다닐 때 鯤淵에 이르러 돌을 굴리고 거기에서 金蛙를 얻고 나서 "이는 하늘이 내게 자손을 주신 것이다!"라고 하는 데서 天帝의 존재를 쉽게 찾아낼 수 있다. 그리스 신화를 보면, 생명을 주는 능력은 하늘의 神인 제우스(Zeus)에 의해 일어나는 경우가 많다. 즉 제우스가 스스로 변신한 뒤에 여자들에게 접근하여 자신의 자손을 잉태시키는 모습을 자주 볼 수 있다. 그러나 주몽신화에 나오는 天帝는 생명의 탄생에 관여하기는 하지만, 제우스처럼 변신 같은 것은 하지 않는다. 天帝는 자신의 아들인 해모수를 대신 땅으로 내려 보내서 柳花를 잉태하게 만들 뿐이다. 이런 점에서 주몽신화의 天帝와 그리스 신화의 제우스는 하늘의 최고 지배자로서 그 神的 권능은 통하는 면이 있지만 커다란 차이가 존재할 수밖에 없다. 한마디로 제우스의 별이 木星(Jupiter)이라는 것 — 원래 그리스에서 木星을 제우스라고 했다 — 에서 분명히 알 수 있듯이 변신을 능사로 하는 그의 행동은 밤하늘을 온통 휘젔고 다니는 行星(planet) — 그리스어 'planates'에서 온 말로 방랑자라는 뜻을 갖고 있음 — 의 특징을 그대로 반영하고 있다. 따라서 주몽신화에 나오는 天帝는 그리스 신화와 다른 바탕을 가진 천문학 체계 속에서 탄생한 神格이라는 점을 분명히 알 수 있다(天帝의 천문학적 居處와 별에 대해서는 조금 뒤에 다시 살필 것임).

다음으로 주몽신화에서 天帝가 나타나는 것은 '生命을 거두어들일 때'이다. 생명을 내려주었으니 생명을 거두어들이는 일 역시 天帝의 몫일 수밖에 없다. 주몽신화 가운데 주몽의 죽음을 전해주고 있는 이야기를 보자.

> 가을 9월에 왕이 하늘에 오르고 다시는 내려오지 않으니, 이때 나이 마흔이었다. 太子가 왕이 남긴 옥채찍으로 대신 龍山에 葬事 지냈다.

위대한 영웅 주몽도 피해갈 수 없는 죽음! 위의 이야기는 바로 주몽은 죽은 뒤에 하늘로 올라갔다고 말하고 있다. 하늘로 올라가 다시 내려오지 않았다는 것은 비록 고구려의 왕인 주몽이라도 天帝의 질서 속에 있는 하나의 존재일 뿐이라는 점을 분명히 말해주고 있다. 그만큼 생명을 지배하는 天帝의 권능은 절대적이고, 天帝가 사는 하늘나라는 죽어서나 갈 수 있는 곳이자 범접할 수 없는 聖域인 셈이다.

나아가 天帝는 '한 나라를 멸망시키거나 임금의 자리를 바꾸는 힘'도 갖고 있었다. 주몽신화 가운데 해부루의 臣下인 阿蘭弗이 자신의 꿈속에서 전해 받은 天帝의 말을 해부루에게 전하는 장면과 해모수의 등장 장면을 보자.

> 어느 날 그(해부루)의 臣下 阿蘭弗이 와서 말하기를 "얼마 전에 天帝가 제게 내려와 이르시기를 '장차 나의 자손으로 여기에 나라를 세우리니 너는 피하라. 東海 바닷가에 迦葉原이라는 곳이 있는데, 땅이 기름져 五穀이 자라기 아주 좋아 서울로 삼으면 될 것이다'라고 했습니다." 그리고 왕으로 하여금 옮겨가게 하더니, 東夫餘라고 불렀다. 옛 서울에는 天帝의 아들인 해모수가 내려와 서울로 삼았다. 天帝가 太子를 보내 夫餘의 옛 서울에 내려와 놀게 했다.

阿蘭弗의 꿈속에 나타난 天帝의 말을 전해 들은 해부루는 아무런 반항도 하지 못한 채 자신의 나라를 몽땅 비워주고 迦葉原으로 피해 갔다. 그리고 天帝는 자신의 아들인 해모수로 하여금 해부루가 살던 나라의 새 주인으로 삼게 했다. 이 이야기를 통해 보면, 평소에도 天帝는 땅 위의 임금을 자신의 의지대로 바꾸거나 새로 임명하는 어마어마한 권능을 가진 人格神이었음을 미루어 짐작할 수 있다.

그렇다면 해모수는 天帝의 아들이고 해부루는 天帝의 아들이 아니기 때문에(해부루가 天帝의 아들이라는 말은 주몽신화에 전혀 안 보이니까) 天帝가 자기 아들을 새 임금으로 세우려고 멋대로 해부루를 내쫓아버린 것일까? 절대로 그럴 수는 없다. 왜냐하면 해부루는 夫餘의 임금이었고, 고구려를 세운 주몽도 원래는 夫餘 사람이었다는 점에서 그들은 모두 天帝를 최고의 神으로 떠받들었을 것이기 때문이다.

결국 이 이야기는 天命을 앞세운 王權의 교체가 벌어졌다는 것으로 읽어야 한다. 이 이야기의 속뜻은 天帝가 자신의 아들로 삼았던 해부루를 내치고 해모수를 새로 자신의 아들로 삼았다는 말이다. 주몽은 해와 달의 아들이라고 했다.[5] 따라서 해모수는 해의 神(柳花는 달의 神)이다. 한마디로 天帝는 宇宙의 운행을 책임진 해의 神과 달의 神 가운데 해의 神을 바꾸어 버린 것이다. 이렇게 볼 때 解慕漱와 解夫婁[6]는 발음을 통해서도 알 수 있듯이 모두 해의 神이라는 뜻이지만, 지역이나 종족에 따라 조금씩 달리 불린 것으로 보아야 할 것

5) 주몽은 해모수와 柳花 사이에서 태어났는데, 주몽은 해와 달의 아들 — 日月之子 鄒牟(「牟頭婁墓誌銘」) — 이라고 했다. 결국 해모수는 해의 神이고 柳花는 달의 神임을 알 수 있다. 해모수 및 柳花의 神格에 대해서는 2章 전체에 걸쳐서 자세히 분석했다.

6) 婁를 28宿 가운데 婁星로 볼 수 있다면, 婁星은 원래 양자리(Aries)에 해당된다. 이런 점에서 보면, 解夫婁라는 이름이 양자리와 會合하는 해를 뜻하는 말에서 나왔을 가능성도 크다. 대개 해와 양자리가 會合할 때는 B.C. 200년 무렵인데, 이때는 春分點이 바로 양자리에 있었고, 春分點에서 해와 양자리가 會合하는 때는 많은 古代文明에서 그 해의 첫째 달로 정하는 때이기도 하다. 夫餘의 建國 시기가 B.C. 200년 무렵이라는 점을 감안하면, 전혀 근거 없는 추정만은 아니다.

같다(이에 대한 좀더 자세한 내용은 부록 1로 실어놓은 '朱蒙神話를 통해 본 解慕漱 後裔들의 分化過程' 참조).

2) 北極星은 天帝가 사는 곳

과연 인간의 생명을 내려주기고 하고 거두기도 하며 나라를 망하게도 하고 흥하게도 하는 어마어마한 天帝의 권능은 어디서 오는 것일까? 이제부터 이 문제를 북극성과 관련하여 풀어보기로 하자.

주몽신화에 나오는 天帝는 중국의 天帝 혹은 道教나 민간신앙에서 말하는 玉皇上帝와도 같은데, 중국 신화에서 天帝가 거처하는 곳은 紫薇垣의 중심부에 있는 帝星이라고 부르는 북극성이다.[7] 혹시 주몽신화에 나오는 天帝와 중국의 天帝 혹은 玉皇上帝가 다르지 않겠느냐고 반문할 수 있지만, 이는 우리나라와 중국이 中緯度 지역 밤하늘의 특징을 공유한다는 점을 이해하지 못했을 때 하는 소리이다. 비록 주몽신화에서는 天帝의 居處가 북극성이라는 구체적인 흔적은 보이지 않지만,[8] 우리나라나 중국은 緯度가 비슷해서 북극성의 높이도 비슷하기 때문에(사실은 더 높다.[9]) 두 지역에서 만들어진 북극성에 대한 천문학적 인식은 당연히 비슷하다고 보아야 한다. 주몽신화에 나오는 인물

7) 그러나 별들은 歲差運動을 하기 때문에 北極星은 시대에 따라서 바뀌어왔고 天帝의 별 역시 하늘의 북극에 가장 가까이 있는 별로 계속 바뀌어 왔다. 이에 대한 자세한 설명은 『동양 천문사상 하늘의 역사』(김일권, 예문서원, 2007) 138~141쪽 참조.

8) 그러나 요즘 들어서 고구려와 夫餘에서 북극성(그 당시에는 코카브, 즉 太一星 혹은 太乙星)을 天帝로 여겼다는 구체적인 연구 결과가 나오고 있다: "일찍이 고구려와 부여에서 태일성에 천제라고 하는 신격을 부여했는데, 이러한 천제 사상이 북방계 신화의 사상적 근원으로 작용하면서 ......"(안동준, 「고조선 지역의 무교가 중원 도교 문화에 미친 영향」, 『고대에도 한류가 있었다』, 지식산업사, 371쪽).

9) 현재 남아 있는 자료 가운데 28宿를 표현하고 있는 가장 오래된 자료인 曾候乙墓의 널뚜껑은 그 시대가 B.C. 433년으로 알려져 있다. 이때 중국의 중심은 周나라의 首都였던 長安이다. 漢나라의 수도이기도 했던 長安, 즉 西安의 緯度는 34° 정도 되고, 國內城의 緯度는 41° 정도 된다.

들의 생몰연도 등으로 볼 때 주몽신화에서 숭배한 天帝가 사는 북극성은 지금 처럼 작은곰자리의 α(알파)별인 북극성(Polaris) — 동양에서는 九陳大星 — 이 아니라 β(베타)별인 코카브(Kochab) — 동양에서는 北極帝 혹은 太乙星, 太一星 — 였을 것이다.

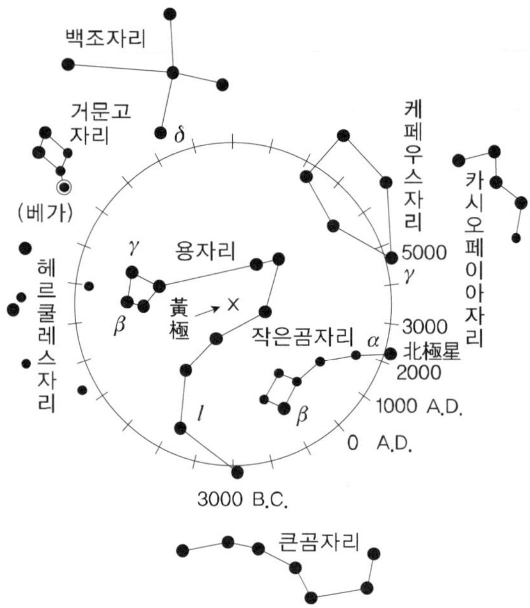

그림 1.4 黃極을 중심으로 회전하는 天軸의 歲差運動

북극성이 시대에 따라 변하는 것은 歲差運動 때문이다. 歲差運動이 발생하는 이유는 "지구는 극지방보다 적도 쪽이 약간 더 볼록한데, 달이 지구의 볼록한 부분에 미치는 重力 差가 地軸을 지구의 公轉 평면에 수직한 쪽으로 일으켜 세우려는 힘이 작용하여 지구는 쓰러질 듯 돌아가는 팽이처럼 비틀거리며 自轉하기 때문이다."10) 쉽게 말해 지구는 술 취한(?) 팽이처럼 도는 것이다.

10) 안상현, 『우리가 정말 알아야 할 우리별자리』, 현암사, 2000, 71쪽 참고 인용.

歲差運動(precessional motion)의 주기는 대략 25,800년이다. 이 歲差運動을 처음으로 발견한 사람은 그리스의 천문학자 히파르코스(Hipparchos, B.C. 160 ~ 125 무렵 활동)였고, 중국에서는 이보다 뒤에 東晉의 천문학자 虞喜(281 ~ 356)가 처음 발견했다.

그렇다면 天帝는 왜 북극성에 사는 것일까? 혹은 북극성이 곧 天帝인 것일까?

첫 번째로 북극성이 天帝의 별이자 居處가 되는 이유는 모든 별들이 북극성을 중심으로 일사불란하게 회전하기 때문이다. 모든 별들은 마치 북극성을 향해 머리를 조아리면서 돌고 있는 것이다. 이것은 단순한 비유가 아니다. 일찍이 별들이 북극성을 중심으로 도는 것을 權威와 관련하여 정확하게 갈파해낸 사람은 바로 孔子(B.C. 551 ~ 479)였다. 孔子는 "德으로써 政治하는 것은 비유하자면 북극성[11]이 제 자리에 붙박여 있고, 뭇별이 이를 중심으로 도는 것과 같다."[12]고 했다. 임금의 올바른 政治를 북극성을 중심으로 돌아가는 별들의 움직임에 비유한 孔子의 이 말은 임금을 위한 帝王學으로서 儒學이 몇 천년 동안 군림할 수 있었던 가장 튼튼한 理論的 바탕이 되었다고 해도 과언이 아니다.

두 번째로 북극성이 中緯度 지역에서 최고의 권능을 지닌 天帝의 居處가 될 수 있었던 또 하나의 이유는 赤道 지역과 달리 中緯度 지역에서 북극성은 누구나 우러러볼 만큼 까마득히 높은 곳에 위치하고 있다는 점이다. 닿을 수 없이 높은 곳에 있다는 것은 存在의 '獨立性'과 '尊嚴性'을 말한다. 기실 북극성이 모든 별들이 도는 굴대라는 천문학적 사실 하나만으로는 북극성이 天帝의 별이 될 수 있는 근거는 없다. 왜냐하면 赤道 지역에 위치한 나라들의 밤하늘에서도 모든 별들은 북극성을 중심으로 회전하기 때문이다.

---

11) 물론 이때의 북극성은 코카브였다.

12) 『論語』, 「爲政篇」, "爲政以德 譬如北辰居其所而衆星共之."

그림 1.5 북극성을 중심으로 도는 별들의 日周運動(보현산 천문대 전영범 박사 제공)

3) 북극성의 高度와 緯度의 관계

이른바 북극성의 높이, 즉 北極高度는 각 지역의 緯度와 같다. 고대 천문학에서 북극성의 高度가 갖고 있는 중요성은 緯度가 0°인 赤道 지방과 緯度가 90°인 북극 지역을 비교하면 금세 알 수 있다. 즉 赤道 지역에서는 북극성이 거의 지평선 가까이에 있기 때문에 별들이 북극성을 중심으로 회전한다는 생각이 적을 수밖에 없다. 절대로 우러러볼 만한 별이 아닌 것이다. 緯度가 낮은 멕시코 지역에 존재했던 아즈텍문명에서는 "북극성이 있는 정북 방향을 성스럽게 여기긴 했지만, 그들이 숭배하는 천체들 중 북극성의 서열은 5위에 불과했다."[13]는 것을 보면 이런 점을 분명히 알 수 있다(잉카문명처럼 아예 북극성을 볼 수 없는 南半球 지역에서 생긴 문명도 있다).

그러나 북극 지역에서는 북극성이 바로 머리 꼭대기에 올라 앉아 있기 때문에 모든 별들이 북극성을 중심으로 장엄하게 돌아간다는 것이 확연히 드러

13) 앤서니 애브니, 박병철 옮김, 『별을 향한 길』, 영림카디널, 1999, 39~40쪽.

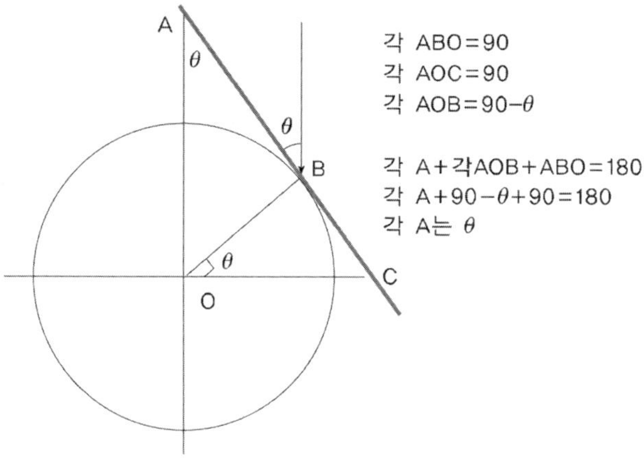

그림 1.6 북극성의 高度(θ)와 緯度의 관계

난다. 더구나 이 모습을 고개 들고 쳐다보아야 하니, 신성한 존재로 숭배될 수 밖에 없다. 위대한 天帝의 권능은 바로 여기서 비롯되는 것이라고 할 수 있다.

이러한 북극성 高度의 천문학적 의미를 통해 우리는 북극성을 살아 있는 天子의 별로 삼았던 중국 천문학의 본질을 읽어낼 수 있다. 원래 북극성은 중국에서 玉皇上帝의 거처였다. 그러나 天子의 權力이 커지면서 북극성은 살아 있는 天子의 별이 되었다. 그러한 증거는 바로 秦始皇의 咸陽宮이나 漢나라 때의 長安城의 건물 배치도를 보면 분명히 드러난다(그림 1.7 참고). 즉 하늘과 땅을 동일시하는 相應(correspondence)의 原理에 따라서 天子의 궁궐 배치는 북극성을 중심으로 이루어지는 별자리들의 배치와 완벽하게 일치한다. 그 뒤로도 이러한 相應의 原理는 그대로 이어져서 북극성은 "황제가 거주하는 자금성의 중심부로 간주되어 왔다. 북극성 근처를 돌고 있는 다른 별들도 제후들의 권력을 상징"14)했다. 한마디로 중국의 天子는 天帝가 사는 종교적인 신성공간을 자신이 장악함으로써 神의 班列에 올라서게 된 것이다.

14) 앤서니 애브니, 위의 책, 39쪽 참고.

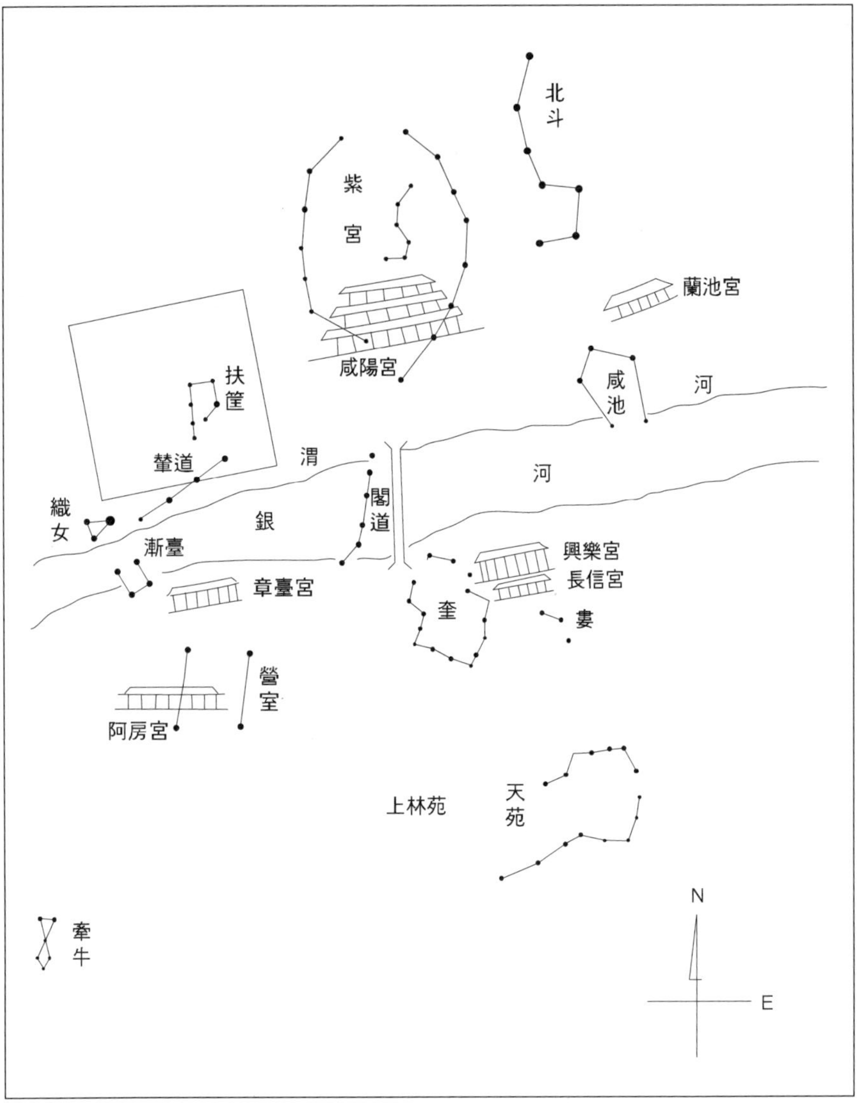

그림 1.7 咸陽宮 배치와 북극성 주변 별자리의 관계(밤하늘의 실제 별자리와는 좌우가 뒤바뀌어 있음)[15)]

15) 이문규, 『고대 중국인이 바라본 하늘의 세계』, 문학과지성사, 2000, 49쪽 그림 인용.

결국 중국의 고대 천문학에서는 북극성을 중심으로 회전하는 천문학 공간을 가장 모범적인 밤하늘로 인식했다는 것을 쉽게 알 수 있다. 이런 점에서 중국의 고대 천문학은 周極星과 出沒星이 공존하는 中緯度 지역의 지역적 특성을 그대로 반영한 천문학이 아니라, 좀더 북극성의 高度가 높은 지역의 천문학적 공간을 모범적인 천문학 공간으로 삼았다고도 할 수 있다. 그래서 중국의 天子는 커다란 땅덩어리를 유지하는 일을 뭇별들이 북극성을 중심으로 도는 만큼 자연스러운 질서로 만들기 위해서 뛰어난 官僚들의 도움이 절대적으로 필요했다. 그러한 官僚들을 지속적으로 양성해내는 제도가 바로 科擧制度였다. 그야말로 科擧制度는 天子의 帝王學을 具現하는 심부름꾼들을 뽑는 시험인 셈이다.

그렇다면 여기서 우리는 아직 주몽신화에서 북극성의 천문학적 흔적을 찾아내기는 쉽지 않지만, 중국의 경우와 견주어서 주몽신화에 나오는 天帝와 북극성의 관계에 대해서 최소한 다음과 같이 말할 수 있다.

주몽신화를 탄생시킨 고구려의 땅은 북극성의 高度가 중국과 비슷하기 때문에 당연히 주몽신화를 만든 집단들은 중국과 마찬가지로 天帝를 최고의 神으로 섬겼다고 판단할 수 있다. 다만 주몽신화에서 天帝는 신성한 곳으로 여겨지는 북극성 지역, 즉 天宮[16]에 거처하는 최고의 神으로 숭배된 반면, 중국에서는 天子가 天帝의 거처인 북극성 주변의 신성 공간을 독차지함으로써 天帝는 그 존재와 위치가 어정쩡해지면서 죽음의 세계만을 관장하는 반쪽짜리 神으로 각하되었던 것 같다. 이 점만 구별할 수 있으면, 주몽신화의 天帝와 중국의 天帝 혹은 道教에서 말하는 玉皇上帝 사이에서 발생하는 개념적 혼란은 절대로 일어나지 않는다.

기실 주몽신화에 등장하는 天帝가 중국의 天帝 혹은 玉皇上帝와 다르다면, 주몽신화의 天帝는 아무런 천문학적 뿌리가 없는 무의미한 神格일 수밖에 없

16) 天宮은 紫宮이라고도 하는데, 바로 太一星이 북극성이었을 때 天帝가 居處하는 궁궐을 가리킨다: 『淮南子』, 「天文訓」, "紫宮者, 太一之居也."

다. 주몽신화에서 天帝의 거처인 북극성의 흔적을 쉽게 찾아내기 어려운 것은 완벽한 종교적인 신앙과 신화적 틀 속에서 자신의 권능을 부리는 존재로 드러나기 때문이라고 보아야 한다. 중요한 것은 中緯度 지역에서 탄생한 중국의 天帝 혹은 玉皇上帝와 주몽신화에 나오는 天帝가 시대나 지역에 따라서 어떤 점에서 같고 다른지 살피는 것이지, 그들이 거처하는 곳이 북극성이냐 아니냐에 있는 것은 아니다.

4) 恒顯圈과 별자리들의 序列

古代 메소포타미아 지역에서 비롯된 서양 별자리를 보면, 恒顯圈 안에 다섯 개의 별자리가 배치되어 있다(그림 1.8 참고). 즉 북극성을 포함하고 있는 작은곰자리(Ursa minor), 큰곰자리(Ursa Major), 케페우스자리(Cepheus), 카시오페이아자리(Cassiopeia), 용자리(Draco)이다(기린자리(Cameleopardalis)라는 별자리가 하나 더 있지만, 이 별자리는 17세기 후반에 만들어졌기 때문에 고대 천문학과 관련해서는 무의미하다). 이 별자리들 가운데 케페우스자리는 별들의 왕인 케페우스가 차지하고, 카시오페이아자리는 케페우스의 아내인 카시오페이아가 차지했다. 恒顯圈에 왕과 왕비의 별자리가 배치되어 있으니, 서양에서도 恒顯圈은 신성한 지역으로 여겨졌다는 것을 알 수 있다.

반면에 중국에서 비롯된 동양 별자리를 보면, 중국 王權의 크기만큼이나 많은 별자리들이 恒顯圈에 들어가 있다(그림 1.9 참고). 恒顯圈의 중심에는 현재의 북극성의 또 다른 이름인 句陳大星을 포함하는 句陳이라는 별자리와 B.C. 100년 무렵의 북극성인 코카브를 가리키는 北極帝를 포함한 北極五星이 배치되어 있다. 그리고 용자리의 별 등으로 이루어진 紫微垣이라는 별자리가 양쪽에 둘러쳐 있다. 임금의 궁궐을 에워싸고 있는 담장이다. 그 바깥으로는 帝車, 즉 天帝의 수레라는 뜻을 가지고 있는 北斗七星, 큰곰자리의 머리 부분으로 이루어진 文昌星, 케페우스자리에 해당되는 造父 별자리, 카시오페이아자리에 해당되는 王良과 閣道 별자리 등이 빼곡이 배치되어 있다.

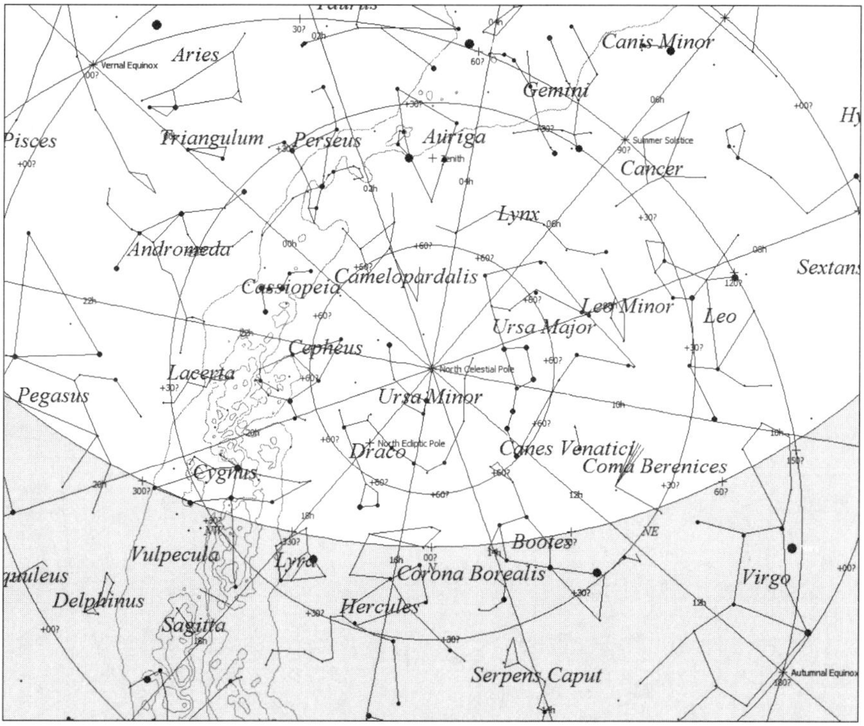

그림 1.8 恒顯圈 부근에 배치된 서양 별자리들(B.C. 100년 무렵)

그림 1.8과 그림 1.9를 통해 알 수 있듯이 중국이나 서양이나 모두 임금에 관련된 별자리들을 恒顯圈에 배치한 점은 동일하다. 그러나 중국 별자리에서는 북극성을 天子가 차지한 반면, 서양 별자리에서는 북극성에서 훨씬 떨어져 있는 케페우스자리를 왕이 차지했다. 한마디로 중국과 서양의 王權의 크기를 극명하게 보여 주는 대목이다. 그러다 보니 중국 별자리에서는 天子의 말몰이꾼인 造父와 王良(서양 별자리에서는 왕과 왕비가 차지한 별자리이다), 天子의 글을 담당하는 文昌星 등 臣下들의 별자리가 恒顯圈까지 들어와 있다.

이러한 序列에 따른 恒顯圈의 공간처리 방식은 북극성을 중시하는 中緯度 지역에서 만들어진 주몽신화에도 그대로 적용되었을 것으로 보인다. 다만 '주몽신화의 天帝는 종교적 숭배의 대상이었다는 점'을 고려할 때 주몽신화에서

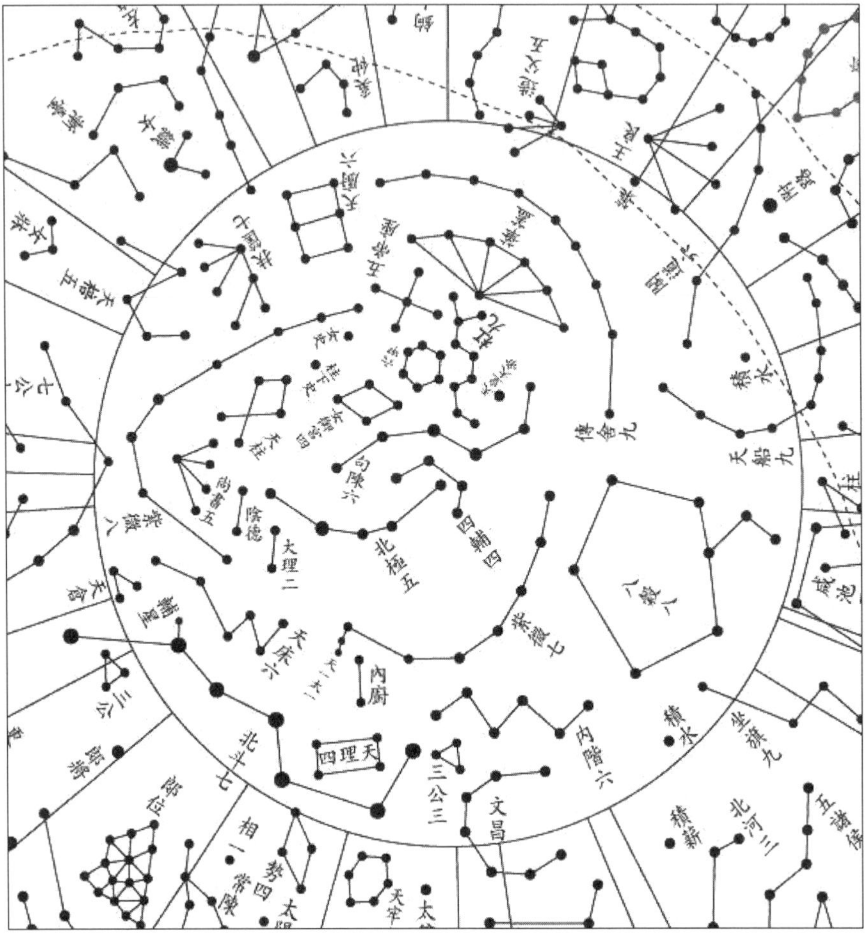

그림 1.9 恒顯圈에 배치된 중국 별자리들(天象列次分野之圖. 동그라미는 周極圓이다)

왕 및 왕과 관련된 별자리들은 중국의 경우보다는 서양의 경우에 가까웠을 것으로 보인다(이 점은 3章에서 밝혀진다).

한편 서양 별자리에서는 恒顯圈에서 크게 벗어나지 않는 곳에도 별자리들이 집중적으로 배치되어 있다(그림 1.8 참고). 이 별자리들은 B.C. 100년 무렵을 기준으로 할 때 대략 赤緯 30°~45° 부근에 위치하고 있다.[17] 이곳의 별자리는 다시 두 구역으로 나누어져 있다. 즉 하나는 케페우스와 카시오페이아의 사위와 그 딸로 이루어진 페르세우스자리와 안드로메다자리, 마차부자리가 위치하는 지역이다. 이들 가운데 안드로메다자리만 약간 아래인 赤緯 15° ~ 30° 정도에 위치하고 있다.

그 반대쪽에는 페르세우스자리 등이 있는 구역보다 더 많은 다섯 개의 별자리가 집중적으로 배치되어 있다(그림 1.8 참고). 즉 곰의 사냥꾼으로 알려진 아르카스(Arcas)의 별자리인 목동자리(Bootes), 크레타 섬의 공주인 아리아드네(Ariadne)의 머리띠로 알려진 왕관자리(Corona Borealis), 제우스와 알크메나(Alcmena) 사이에 태어나 아홉 개의 머리를 지닌 히드라(Hydra)를 물리친 영웅 헤르쿨레스가 별자리가 된 헤르쿨레스자리(Hecules), 음악의 천재인 오르페우스(Orpheus)의 하프인 거문고자리(Libra), 스파르타의 왕비 레다(Leda)를 유혹하기 위해 제우스가 변신했다는 백조의 모양을 하고 있는 백조자리(Cygnus) 등이 자리하고 있다.

赤緯 30° ~ 45° 구역에 나타나는 이러한 별자리 배치의 특징은 중국 별자리의 경우도 마찬가지이다(그림 1.9 참고). 즉 페르세우스자리에 해당되는 天船, 大陵 등은 각각 하늘의 배, 임금들의 무덤이라는 뜻을 갖고 있다. 백조자리에 해당되는 天津은 하늘나루터, 거문고자리는 玉皇上帝의 딸인 織女 등 대체로 왕과 관련된 별자리들이 많다.

결국 주몽신화 역시 북극성을 중시하는 中緯度 지역에서 만들어진 신화라는

17) 歲差運動에 따라서 恒顯圈의 별자리들은 시대에 따라서 변한다. 黃道와 하늘의 赤道가 크게 어긋나지 않는 동그라미로 그려지듯이 歲差運動에 따라 변하는 天極들과 黃極을 중심으로 각각 동심원을 동시에 밖으로 만들어가다 보면, 이들 별자리들은 대체로 두 개의 동심원에 모두 들어간다. 이런 점에서 이들 별자리들은 분명히 恒顯圈의 序列과 관련해서 배치된 별자리로 보인다. 아마도 이 별자리들은 歲差運動으로 인하여 어느 별자리는 지평선 아래로 내려오기도 하고 또 어느 별자리는 周極星이 되기도 하기 때문에 시대에 따라서 조금씩 그 별자리들의 지위는 변했을 것이다. 恒顯圈 주변의 별자리들이 시대에 따라서 周極星 별자리와 出沒星 별자리가 되면서 이들에 대한 숭배의식에 변화가 생긴다는 것에 대해서는 *The Dawn of Astronomy*(J. Norman Lockyer, London, Cassell and Company Limited, 1894)의 144 ~ 154쪽 참조.

점에서 주몽신화의 별자리 체계에서도 恒顯圈에서 가까운 30°～45° 구역은 지위가 높은 존재들이나 그에 관련된 대상들에게 배당되었을 것으로 추정된다.

특히 별자리의 움직임과 관련해서 이 구역에 위치한 별자리들에는 하나의 공통적인 특징이 나타난다는 점을 주목해야 한다. 즉 이곳의 별자리들은 어떤 특정한 시기에 일몰 직후 서쪽 지평선에 나타났을 때에는 반드시 새벽 동쪽 하늘로 다시 떠오른다. 周極星만큼 북극성에 가깝지 않기 때문에 초저녁에 사라졌다가 다시 나타나는 것이다. 대개 천문학에서 이들은 단순히 出沒星의 한 형태로 처리한다. 그러나 恒顯圈을 중심으로 하는 별자리들의 序列이라는 점에서 보면, 비록 恒顯圈에 배치된 별자리들만은 못해도 상당한 神聖性을 가지고 있는 별자리들이라고 할 수 있다. 앞으로 주몽신화를 분석할 때 中緯度 지역의 밤하늘에서 30°～45° 부근에 위치한 별자리들은 매우 중요한 의미를 갖는다는 것을 실제로 확인할 수 있다.

3. 河伯과 銀河水

1) 물의 神이자 은하수의 神인 河伯

중국 신화에서 河伯은 '물의 神', 즉 河神으로서 원래 "天帝가 黃河의 神이었던 馮夷에게 내린 벼슬"[18]이었다. 그리고 "古代 이집트인들은 나일 강을 銀河水와 동일시했다. 중국에서는 黃河가 은하수로 여겨졌고, 인도에서는 갠지스 강을 그렇게 생각했다."[19] 하늘과 땅을 동일시하는 相應의 원리가 별과 별자리에만 적용되는 것이 아니라 은하수에도 그대로 적용되었다. 결국 河伯은 땅에서는 黃河의 神이요, 하늘에서는 은하수[20]의 神인 것이다.[21] 그러나 河伯

---

18) 『成玄英莊子疏』, "姓馮名夷 弘農華陰潼鄉堤首里人也 服八石 得山仙 大川 黃河也 天帝錫馮夷爲河伯 故遊處盟津大川之中也."

19) 지오프리 코넬리우스 · 폴 데버루, 유기천 옮김, 앞의 책, 110쪽 참고 인용.

은 "四瀆 ― 江水(揚子江), 淮水, 河水(黃河), 濟水 ― 을 아우르는 '大夫'의 地位에 견주어졌다."[22]는 것으로 보면, 天子 중심의 官僚制 안에 겨우 자신의 자리를 보전하고 있다는 것을 알 수 있다.

그림 1.10 물고기가 끄는 수레를 타고 가는 河伯의 모습(漢나라 때의 畵像石)

그런데 司馬遷의 『史記』에 보면, 南行을 하던 秦始皇이 湘水의 神에게 가한 혹독한 일이 전해진다.

> 秦始皇이 양자강을 건너 湘山의 祠堂으로 가려는데, 갑자기 바람이 불어 건널 수가 없었다. 박사들에게 묻기를 "湘君은 어떤 神인가?" 박사들이 말하기를 "듣건대, 堯임금의 딸로 舜임금에게 시집갔다가 이곳에서 죽었습니다." 秦始皇이 크게 노하여 3천 명의 죄수들을 보내어 湘山에 있는 나무를 모조리 베어내어 그 산을 민둥산으로 만들었다.[23]

---

20) 중국에서 은하수는 天漢, 天河, 天潢, 銀漢, 銀潢, 河漢 등으로 불린다.

21) 이렇게 볼 때 주몽신화의 경우 은하수로 상정되는 곳은 해부루가 잠시 머물렀던 鯤淵, 河伯의 딸들이 살던 靑海, 河伯의 딸들이 놀러나왔던 熊心淵, 柳花가 추방되었던 優渤水, 주몽이 건너간 淹滯水 등이 될 것이다. 이에 대해서는 2章과 3章 참고.

22) 『楚辭』卷二, 「九歌第二」, "王逸註 河爲四瀆長 其位視大夫."

23) 『史記』, 「秦始皇本紀」, "浮江 至湘山祠 逢大風 幾不得渡 上聞博士曰 湘君何神 博士對曰 聞之 堯女 舜之妻 而葬此 於是 始皇大怒 使刑徒三千人皆伐湘山樹 赭其山."

이 이야기는 자신이 강을 건너는 데 방해했다고 해서 湘水의 神을 무지막지하게 처벌해버리는 秦始皇의 살벌한 모습을 적나라하게 보여 주고 있다. 한마디로 湘水의 神은 秦始皇이 南行할 때 심각하게 제압당한 것이다.

일찍이 湘水의 神에 관해서는 舜 임금의 두 부인인 娥皇과 女英 이야기가 전해진다. 중국 신화에 따르면, 남쪽 나라를 巡行하던 舜 임금이 蒼梧에서 병이 들어서 죽자(堯 임금의 큰아들 丹朱의 독화살을 맞아 죽었다고도 함), 이때 마침 洞庭湖 아래 湘水까지 함께 와 있던 娥皇과 女英은 舜 임금의 죽음 소식을 듣고 눈물을 흘리다가 湘水에 빠져 죽어 湘水의 神이 되었다고 한다. 지금도 湘水가에는 보랏빛 반점이 있는 湘妃竹이라는 대나무가 있는데, 그 반점은 바로 娥皇과 女英이 흘린 눈물 자국이라고 전해지고 있다. 그러나 원래 "舜 임금의 두 부인인 娥皇과 女英은 湘水의 神과는 아무런 관련이 없었다. 옛날부터 湘水에는 湘君과 湘夫人이라는 楚나라의 土着神인 戀人神이 있었는데, 舜 임금이 남쪽 땅 蒼梧에서 죽어 蒼梧의 九疑山 남쪽에 묻히게 되자 湘水가에 와 있던 娥皇과 女英이 湘水에 빠져 죽은 일과 연결되어 자연스럽게 娥皇과 女英이 湘水의 두 神이 되었다."[24]고 한다.

이러한 이야기 속에 담겨 있는 娥皇과 女英의 죽음에 대한 신화적 의미는 과연 무엇일까? 혹시 둘로 나누어져 있던 은하수의 神 ― 중국에서는 그 크기가 대등한 커다란 두 강이 바로 黃河와 揚子江이다 ― 들이 天帝가 지배하는 북극성 중심의 밤하늘 속에 완벽하게 포섭되는 것을 상징적으로 말해주는 것은 아닐까? 河伯이 大夫 정도의 벼슬로 格下된 것도 舜 임금 때부터 벌어진 일이 아닐까?

실제로 중국의 고대 천문학에서 북극성 다음으로 중시했던 것은 은하수가 아니라 땅으로 치면 諸侯들의 나라요, 國境에 해당되는 28宿였다. 이러한 별자리 체계 속에서 은하수는 북극성을 중심으로 하는 恒顯圈과 가장자리에 배치되어 있는 28宿 사이에 끼인 채 다른 많은 天體 가운데 하나로 취급받을 수밖

---

24) 선정규, 『중국신화연구』, 고려원, 1996, 250～250쪽 참고.

에 없었을 것이다. 더구나 중국의 고대 천문학은 天體를 관측할 때 子午線을 통과하는 시간을 중시하기 때문에 별자리들은 잘게 잘려져 나간다. 그래서 특히 28宿만 보아도, 子午線을 오랜 시간을 두고 수평으로 통과해야 하는 긴 별자리들은 절대로 존재하지 않는다. 이러한 시간적 개념의 별자리 체계 속에서는 은하수처럼 몸집만 커다란 天體는 당연히 크게 각광받지 못한다. 그만큼 은하수의 개념이 협소해질 수밖에 없고, 河伯 역시 크게 대접을 받지 못했을 것은 분명하다.[25)]

그러나 주몽신화를 보면, 河伯은 절대로 푸대접 받는 神이 아니었다. 중국의 河伯은 天帝가 벼슬을 주는 官僚에 불과했지만, 주몽신화의 河伯은 신화 곳곳에 포진되어 있다. 이런 점에서 주몽신화의 河伯은 언제나 새끼 사자들과 함께 살면서 새끼 사자들을 위해 사냥을 하여 먹이감을 가져다주는 암사자와 같다.

우선 자신의 딸인 柳花를 天帝의 아들인 해모수와 결혼시키는 중매 역할을 한 神格도 河伯이었고, 해모수를 사위로 맞아 柳花와 결혼시킨 곳도 물속에 있는 자신의 거처인 河伯宮이었다. 河伯의 세 딸인 柳花(버들꽃), 萱花(원추리꽃), 葦花(갈대꽃)의 이름 역시 한결같이 물가에 자라는 나무와 꽃에서 취해졌다. 그 딸들 가운데 큰 딸인 柳花는 해의 神인 해모수 사이에 주몽을 낳아서 길렀다. 결국 삶과 죽음을 주거나 빼앗는 일은 天帝의 권능인 반면, 주어진 '생명을 生育하는 일'은 河伯의 권능에서 비롯된 것임을 분명히 알 수 있다.

---

25) 서양에서도 은하수는 그리 대단한 존재가 아니었다. 그리스 神들의 系譜에 은하수가 명함도 못 붙이고 있다는 것을 보면 이 점을 쉽게 알 수 있다. 그리스 신화에서 은하수는 제우스의 아내인 헤라(Hera)의 젖에서 뿜어져 나온 젖줄기(milky way)로 여겨졌다. 그러나 그리스를 포함한 서양의 천문학에서 은하수가 크게 각광받지 못한 근본적인 이유는 서양의 천문학은 움직이는 行星을 중심으로 발달한 천문학이었기 때문이라고 할 수 있다. 그나마 13세기 티코 브라헤(Tycho Brache, 1546 ~ 1601) 때에 이르러서야 비로소 恒星에 관심을 가지면서 서양의 천문학은 그 방향을 틀기 시작했다. 밤하늘에서 몸집만 큰 채 자리만 차지하고 있는 은하수에 별 관심이 없었던 것은 어쩌면 당연한 일이다.

게다가 주몽이 淹滯水를 건너야 하는 위급한 일이 벌어졌을 때 그를 도와준 것은 다름 아닌 河伯이었다. 즉 주몽이 말채찍을 잡고 자신은 天帝의 자손이요, 河伯의 외손이라고 외치며 활로 물을 치자, 곧장 물고기와 자라가 떠올라 다리를 만들어주었다. 주몽을 도와준 神格이 河伯이었다는 명백한 증거이다. 이러한 河伯의 권능은 이름으로 알 수 있듯이 주몽신화에 나오는 河伯이 중국 신화에 나오는 河伯과 마찬가지로 물의 神이기 때문에 가능할 것이다.

주몽은 松讓의 나라를 차지할 때도 물을 이용했다. 물론 직접적으로 땅 위에 있는 물을 이용한 것은 아니었지만, 서쪽으로 巡行 갔을 때 주몽은 사냥한 흰 사슴을 蟹原이라는 들판에 거꾸로 매달아 놓고 하여금 하늘에 자신의 소망이 이루어지도록 명령했다. 그러자 이레 동안 장마비가 쏟아져 松讓의 나라가 물에 잠기고 주몽은 松讓의 땅을 빼앗았다. 이 이야기 역시 주몽의 권능이 물을 지배하는 河伯에서 비롯된다는 점을 읽을 수 있다. 그만큼 현실 생활에서 天帝의 존재는 까마득한 반면, 河伯의 존재는 즉각적이었다는 말이다.

왜 비슷한 두 지역에서 만들어진 물의 神들이 그 권능에서 이렇게 차이가 나는 것일까? 아마도 이것은 중국의 경우 天帝가 거처하는 북극성 지역이 가장 신성한 공간이 되면서 모든 天體들이 북극성을 중심으로 序列化된 결과로 보인다. 이 과정에서 당연히 河伯의 지위는 격하 — 河伯은 天帝가 馮夷에게 준 벼슬이라고 했음 — 되고 왜곡되었을 것이다.

중남미 문명권에서도 은하수는 중요하게 여겨졌다. 古代 마야문명권에서는 "은하수를 하늘과 땅을 연결해주는 '우주의 생명줄' 혹은 '天上의 길', '악어 모양을 한 거대한 나무' 등으로 부르면서 아주 중요한 존재로 여겼다. 안데스 지방의 경우 은하수는 시간을 측정하고 방위를 결정하는 수단으로 이용되기도 했다. 그뿐만 아니라 은하수를 따라 배치되어 있는 검은 구름 형태의 별자리들은 그 별자리들의 연중 출몰 기간과 자신들이 키우는 동물들의 번식기나 분만기 등 동물의 생체 리듬과 일치되어 있다."[26)]

26) 앤서니 애브니, 같은 책, 1999, 82~86쪽 참고.

이들 문명권에서 은하수가 상대적으로 더 신성시되는 것은 그들이 바라보는 밤하늘의 모습과 매우 밀접한 관련이 있다. 이들 지역은 북극성의 高度가 매우 낮은 지역이거나 북극성이 아예 보이지 않는 남반부 지역이다. 天帝가 산다는 북극성 주변의 신성한 공간을 은하수가 대신하고 있다고 할 수 있다.

이렇게 볼 때 주몽신화에 나오는 河伯은 天帝와 더불어 신앙적 대상으로 숭배되었을 뿐만 아니라 중남미 지역과 달리 북극성 지역과 은하수 지역이 골고루 분포하고 있는 中緯度 지역의 밤하늘을 가장 정상적으로 반영한 神格이었을 것으로 추정할 수 있다. 이에 대한 명백한 증거는 淹滯水에 이르렀을 때 자신을 "天帝의 자손이요, 河伯의 외손"이라고 한 주몽의 외침 속에 고스란히 담겨 있다.

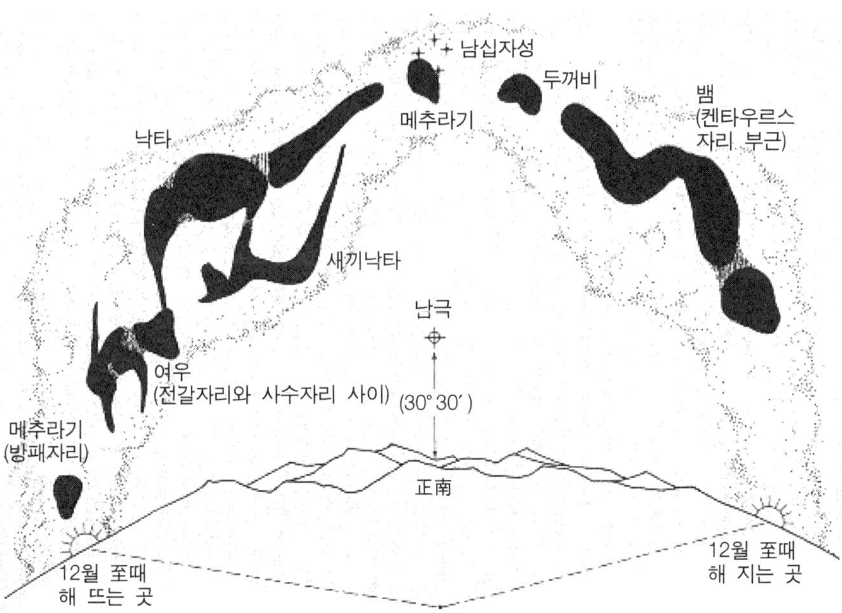

그림 1.11 안데스 지방의 별자리(검은 띠 모양이 별자리이고, 이를 둘러싸고 있는 것은 은하수)

2) 잃어버린 남쪽 하늘을 찾아서

天帝는 天宮에 살고, 河伯은 河伯宮에 산다. 天宮은 紫宮이라고도 하는데, 바로 太一星이 북극성이었을 때 天帝가 居處하는 궁궐을 가리킨다. 따라서 天宮은 (恒顯圈의) 하늘에 있다는 것을 알 수 있다. 河伯宮은 어디에 있는가? 漢나라 때의 畫像石에 보면, 네 마리의 물고기가 끄는 수레를 타고 물 속을 달리는 河伯의 모습이 나온다. 河伯宮은 물 속에 있다는 것을 알 수 있다(그림 1.10 참고).

주몽신화에도 역시 河伯宮의 신화적 공간을 알 수 있는 근거가 분명히 나온다. 즉 처음 龍車를 타고 하늘에서 내려온 해모수는 熊心淵 물가에서 柳花를 만난 뒤 구리집[銅室]에서 한동안 함께 지내고 나서 다시 龍車를 함께 타고 河伯宮으로 가서 河伯의 주선으로 婚禮를 올린다. 이때 河伯은 해모수를 술에 잔뜩 취하게 해놓은 뒤에 첫날밤을 치루도록 柳花와 함께 가죽가마[革輿]ㅡ 龍車에서 사람이 타도록 해놓은 설치물ㅡ에 집어넣은 뒤 가죽가마를 龍車에 실어서 하늘로 보낸다. 그러나 해모수는 첫날밤도 제대로 치르지 않은 채 (술에서) 깨어나 '龍車가 물 속에서 빠져나오기도 전(其車未出水)'에 柳花의 황금비녀[黃金釵]로 가죽가마를 찌르고 그곳을 빠져나와 혼자 하늘로 올라가 버렸다. 이를 통해 우리는 河伯宮이 '물 속'에 있다는 것을 분명히 알 수 있다.

天宮은 천문학적으로 어디를 가리키는가? 북극성 주변을 가리킨다. 河伯宮은 천문학적으로 어디를 가리키는가? 河伯이 은하수의 神이라면 은하수 구역과 관련이 깊을 것 같다. 그러나 河伯宮의 신화적 공간이 된 천문학적 居處가 어디인지에 대해서는 뚜렷한 증거가 없어서 선뜻 대답하지 못한다.

그럼에도 불구하고 河伯의 천문학적 居處를 밝혀야 하는 이유는 두 가지이다. 첫째는 아직도 불분명한 주몽신화의 신화적 공간을 복원하여 주몽신화를 더 깊이 이해하는 데 있다. 둘째는 中緯度 지역에서 만들어진 주몽신화가 바로 우리의 文化的 原型이라는 등식을 마련해내기 위해서이다. 이러한 생각을 하면서 우리나라의 밤하늘을 아래와 같이 세로로 절개해서 펼쳐놓아 보자.

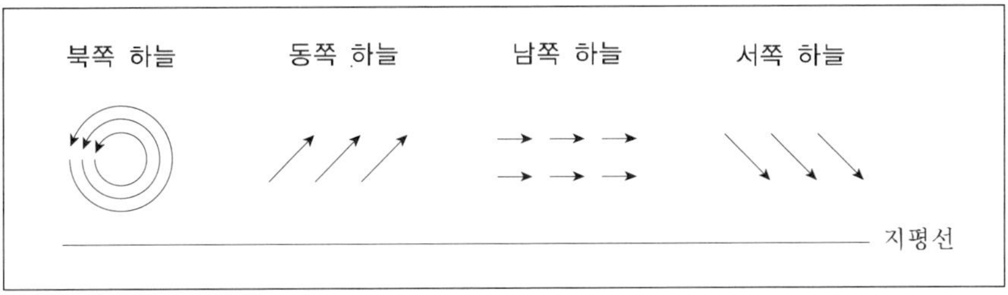

그림 1.12

우선 북쪽 하늘을 보자. 모든 周極星들은 지평선 아래로 떨어지는 법이 없이 밤새도록 북극성 주변을 맴돈다. 이곳은 바로 恒顯圈으로서 신성한 天帝의 구역이다. 반면 동쪽 하늘과 서쪽 하늘은 出沒星들이 나타나고 사라지는 구역이다. 특히나 동쪽과 서쪽은 해와 달이 뜨고 지는 곳이니, 이곳의 지평선은 黃道 및 白道와 교차한다. 따라서 동쪽 하늘은 많은 古代의 문명권에서 (일출 직전 혹은 일몰 직후에 떠오르는) 별을 관측하는 기준면으로 활용했다. 서쪽 하늘 역시 많은 古代의 문명권에서 (일몰 직후 혹은 일출 직전에 사라지는) 별을 관측하는 기준면으로 활용했다.

문제는 바로 별들이 거쳐 지나가는 남쪽 하늘이다. 사실 우리는 中緯度 지역에 살면서도 남쪽 하늘뿐만 아니라 우리나라 밤하늘의 특징을 잘 모른다. 近代化 이전까지 우리가 바라본 밤하늘은 순전히 天子의 별인 북극성을 회전축으로 삼는 중국의 고대 천문학 체계로 들여다본 것이었다. 물론 중국과 우리나라는 모두 中緯度 지역이기 때문에 큰 차이는 없다. 그러나 크지 않은 차이가 세상을 바꿀 수도 있다. 크지 않은 차이가 중요하다는 것을 알려면, 중국의 고대 천문학에서 사용한 별 관측 방식부터 제대로 파악할 필요가 있다.

중국의 고대 천문학에서는 북쪽을 등진 채 남쪽 하늘을 바라보고 별을 관측했다. 그러나 남쪽 하늘은 별들이 수평으로 통과하기 때문에 지평선을 이용할 수 없다. 그래서 관측자의 머리 꼭대기(天頂)와 북극성(하늘의 북극)을 연결하여 天球上에 보이지 않는 子午線을 하나 긋는다. 이렇게 子午線을 긋고 나서 '子午線을 통과하는(南中하는)' 별들을 관측했다(그래서 子午線을 활용할 때는 특별한 관측기구가 필요하다. 이 때문에 결과적으로 관측기구가 발달했다).

子午線을 통과하는 별들은 우선 天子의 별인 북극성(엄밀하게는 하늘의 북극)에서 얼마나 떨어졌나를 따져서 별의 위치를 정했다. 북극성에서 떨어져 있는 정도를 나타내는 각거리가 바로 去極度이다. 去極度는 지금의 赤道座標系에서 별의 수직 각거리인 赤緯의 개념과 비슷하다. 다만 赤道座標系에서는 그 기준이 북극성이 아니라 赤道이다. 따라서 90°에서 去極度를 빼면 그대로 赤緯가 나온다.

또한 중국의 고대 천문학에서 북극성 지역만큼이나 중요한 곳이 28宿의 구역인데, 28宿는 28개의 별자리로서 하늘의 赤道와 白道 ─ 黃道와 白道는 5°9′ 정도밖에 차이가 없다 ─ 의 주변에 빽빽히 배치되어 있다. 그리고 28宿에는 각각 별을 잴 때 기준이 되는 별들이 있는데, 이러한 별을 宿距星 ─ 각 구역의 서쪽에 위치하는 비교적 밝은 별로 정했다. 별의 밝기에 바탕을 둔 서양의 α(알파)별 개념과는 다름 ─ 이라고 한다. 이렇게 宿距星을 정해놓은 뒤에 그 宿距星에서 얼마 떨어져 있나를 가지고 별의 위치를 나타냈는데, 그 크기를 나타내는 것이 바로 入宿度이다. 따라서 모든 별들은 去極度와 入宿度만 알면 그 위치를 쉽게 찾을 수 있다. 28宿가 북극성만큼 중요한 이유는 바로 入宿度를 재는 기준점이 되기 때문이다. 말하자면 赤道座標系에서 별의 수평 각거리인 赤經의 개념과 상당히 흡사하다는 것을 알 수 있다. 다만 중국의 고대 천문학에서는 宿距星에서 별까지의 거리로 그 별의 각거리를 재는 반면, 赤道座標系에서는 기준점을 春分點에 두고 春分點에서부터 별까지의 각거리로 赤經을 표시하는 점이 다르다.

천문학에서 사용되는 座標系

대표적으로 천문학에서 별을 위치시키기 위해 사용되는 座標系는 크게 黃道座標系(ecliptic coordinate system), 赤道座標系(equatorial coordinate system), 地平座標系(horizontal coordinate system) 등이 있다.27)

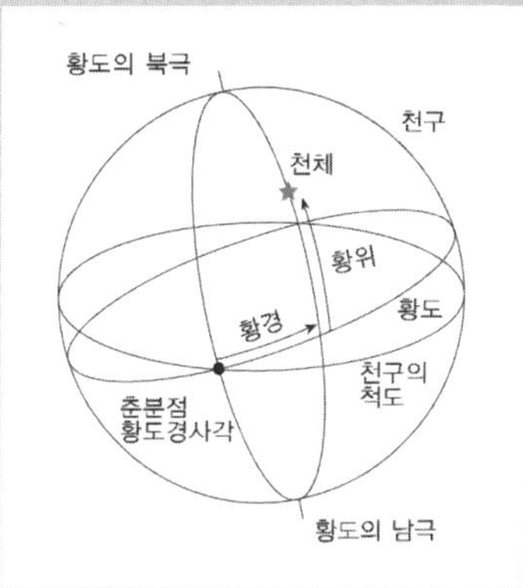

그림 1.13 黃道座標系

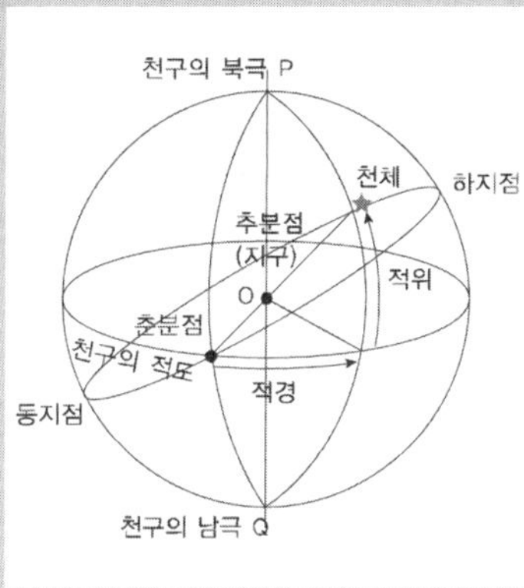

그림 1.14 赤道座標系

黃道座標系란 해가 다니는 길인 黃道에 바탕을 두고 만들어진 座標系이다. 天體의 위치는 黃道와 赤道가 만나는 접점인 春分點을 기준면과 기준점으로 하여 黃緯와 黃經을 가지고 나타낸다. 서양에서 黃道座標系를 사용한 것은 주로 占星術이라는 부산물이 있었기 때문이다. 움직이는 해 · 달 · 행성들의 운행에 의해 인간의 운명을 점치는 占星術에서는 당연히 黃道座標系를 사용하는 것이 유리했다.28) 지금도 黃道座標系는 해처럼 움직이는 행성을 관찰하는 데 주로 쓰인다.

赤道座標系는 모든 별들이 북극성을 중심으로 돈다는 것에 바탕을 두고 만들어진 座標系이다. 天體의 위치는 天球의 赤道와 春分點을 기준면과 기준점으로 삼아 赤緯와 赤經을 가지고 나타낸다. 그런 까닭에 赤道座標系는 行星보다는 恒星의 운행을 관

27) 나카야마 시게루(中山茂), 김향 역, 『하늘의 과학사』, 가람기획, 53 ~ 71쪽 참고.

28) 나카야마 시게루(中山茂), 김향 역, 위의 책, 68쪽 요약 인용.

측하는 데 유용하게 쓰인다. 현대 천문학에서 별을 관측하는 데 사용되는 座標系가 바로 赤道座標系이다.

고대 천문학에서 赤道座標系에 가장 근접한 座標系를 사용한 곳은 중국이었다. 그러나 중국의 고대 천문학에서는 별의 위치를 표시할 때 그 기준점으로 赤道와 春分點 대신 북극성과 28宿의 宿距星을 이용하고 그 값을 去極度와 入宿度로 나타내었다. 또 去極度는 관측 지역의 지평선에 떠오르는 별을 재는 데만 사용되었고 이른바 중국에서 볼 수 없는 남반구 지역의 별을 관측하는 데 활용되지 않기 때문에 중국의 고대 천문학 역시 地平座標系的 속성을 포함하고 있다.

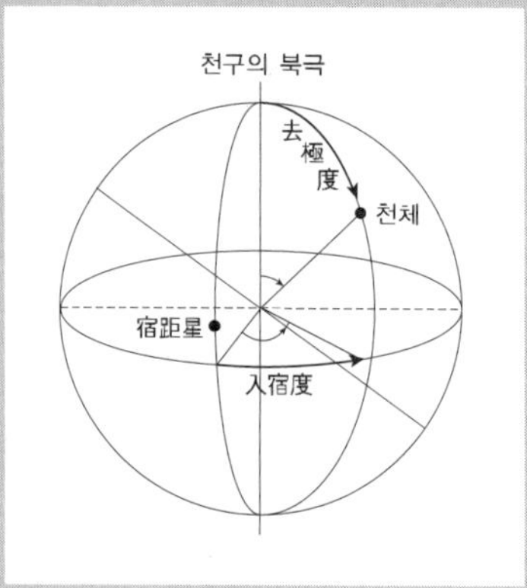

그림 1.15 去極度와 入宿度를 재는 座標系

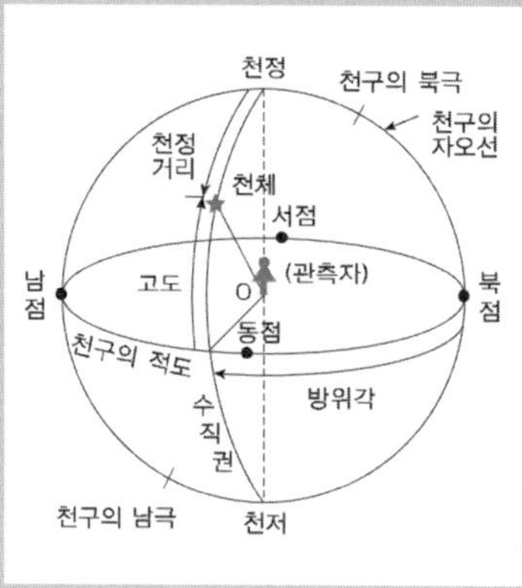

그림 1.16 地平座標系

地坪座標系는 관측자의 지평선을 기준으로 삼아 天體의 위치를 나타내는 座標系이다. 이때 지평선을 기준으로 高度를 계산하고, 子午線과 지평선이 만나는 北點에서 동쪽으로 이동하면서 方位角을 계산하여 天體의 위치를 나타낸다. 그러나 地坪座標系는 黃道座標系나 赤道座標系와 달리 春分點 같은 객관적인 기준점을 두지 않고 관측하는 사람이 서 있는 곳의 지평선을 기준점으로 둔다. 그렇기 때문에 관측하는 사람들의 위치에 따라 별의 위치가 달라지고, 같은 사람이 관측을 해도 시간에 따라 별의 위치가 달라진다. 地坪座標系는 실용적인 만큼이나 이를 바탕으로 하는 천문학은 보편적인 학문으로 발전해 가기 어렵다는 것을 알 수 있다.

그러나 바로 이렇게 완벽한 별 관측 방식을 의심해야 한다. 완벽한 별 관측 방식에 함정이 있다는 것을 깨달아야 비로소 돌파구가 열린다. 모순된 말로 들리겠지만, 사실 중국의 고대 천문학에서는 남쪽 하늘을 바라보며 별을 관측했기 때문에 남쪽 하늘을 제대로 알지 못했다.

남쪽 하늘을 보며 별을 관측했기 때문에 남쪽 하늘을 제대로 알지 못했다는 것은 남쪽 하늘에 떠 있는 별을 북쪽 하늘에 치우쳐 있는 북극성을 기준으로 쟀다는 말이다. 남쪽 하늘의 특징을 무시하고 북극성으로부터의 거리만으로 모든 남쪽 하늘을 일방적으로 재단했던 것이다. 그래서 赤道 아래에 있으면서 지평선 위로 올라오는 별자리들의 去極度는 90°가 넘게 나오기도 한다(南斗六星의 경우 去極度는 116°이다).

예를 들어 동남쪽에서 떠서 서남쪽으로 지는 별자리 가운데 1등성을 갖고 있는 남쪽물고기자리(Piscis Austrinus) ― α(알파)별은 포말하우트(Fomalhaut, 등급 1.2). 동양의 천문학에서는 北落師門이라고 함 ― 를 관측한다고 하자. 예를 들어서 방법은 이렇다.

즉 어느 날 일몰 직후(동양 천문학에서는 昏刻이라고 함)에 남쪽물고기자리가 子午線을 통과하면 북극을 기준점으로 하여 去極度를 재고 남쪽물고기자리에서 서쪽 방향으로 가장 가까이 있는 28宿의 宿距星인 危宿의 세 별 가운데 한 별 ― 물병자리 α(알파)별 ― 을 이용하여 入宿度를 재면 끝난다. 반면에 남쪽물고기자리보다 훨씬 낮은 곳에 위치해 있는 별들 가운데 어느 별들은 절대로 지평선 위로 떠오르지 않을 것이다. 이때 유용한 개념이 바로 恒隱圈이다. 즉 그 별들은 恒隱圈에 위치한다고 말하면 그만이다. 쉽게 말해 중국의 고대 천문학은 지평선 위로 보이는 별만 관측하고 보이지 않는 별은 관측하지 않는다. 말 그대로 보면, 이 말은 너무나 당연하다. 지평선 위로 떠오르지 않는 별을 관측할 수 있는 방법은 없기 때문이다.

그러나 지금 우리의 입장에서 보면, 中緯度 지역에서 말하는 恒隱圈은 지평선 위로 떠오르지 않는 별들이 있는 곳, 즉 南半球 지역이다. 따라서 南半球 지역은 중국 같은 中緯度 지역에서 만들어진 天文圖(물론 서양의 전통적인 星

圖도 마찬가지이다)에서는 표현될 수 없다. 인용한 天象列次分野之圖(그림 1.17)로 설명하면, 가장 큰 동그라미 안쪽은 이른바 分野로서 별들이 위치하는 곳이고, '가장 큰 동그라미' — 外規 — 의 바깥이 바로 恒隱圈이다. 결국 去極度와 入宿度를 재는 방식은 赤道座標系 — 하늘의 赤道의 북쪽은 + 赤緯 값, 하늘의 赤道의 남쪽은 – 赤緯 값으로 표시함 — 와 달리 중국이라는 지역성을 완전히 벗어나지 못하고 地平座標系의 속성을 일부 갖고 있다는 것을 알 수 있다(이러한 天文圖와 달리 남반구 지역의 별자리까지 표시되는 天文圖가 만들어지기 시작하는 것은 1622년에 제주이트교 선교사로 청나라에 왔던 아담 샬(Adam Schall von Bell, 1591 ~ 1666) — 중국이름 湯若望 — 과 1723년 역시 제주이트교의 선교사로 청나라에 온 쾨글러(Ignatius Koegler, 1680~1746) — 중국이름 戴進賢 — 가 천문도를 제작해서 전해준 때부터이다). 이렇게 전통적인 중국의 고대 천문학에 바탕을 두고 만들어진 天文圖에서 恒隱圈과 分野는 경계선에 의해 서로 폐쇄되어 있다.

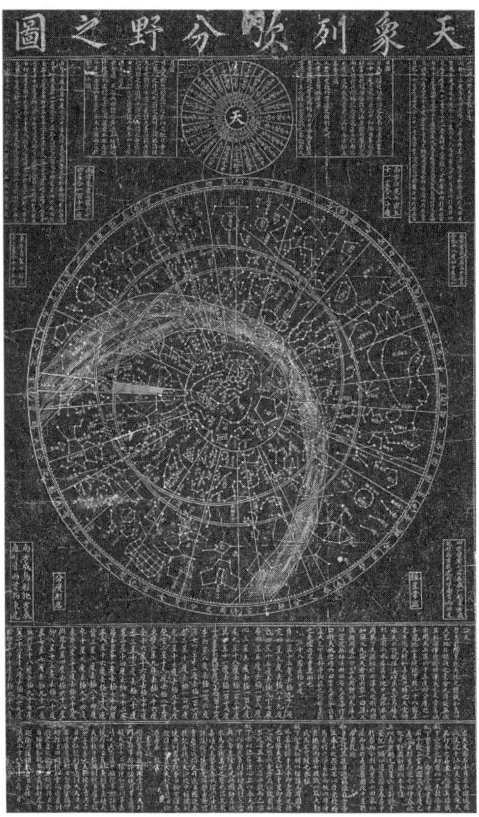

그림 1.17 天象列次分野之圖

이제 중국의 고대 천문학과 달리 恒隱圈에 대한 생각을 하지 말고 南半球가 있다는 것도 모른다고 하자. 그리고 이 상태에서 별들이 출발하여 떠오르고 돌아가는 공간에 대한 설명을 해야 한다고 치자. 과연 우리는 별들이 떠오르고 사라지는 공간에 대해서 어떻게 설명해야 할까?

이에 대한 해답이 중요한 것은 이에 대한 해답이 바로 주몽신화에 나타난 河伯의 신화적 공간이 어디에 있는지에 대한 해답이 되기 때문이다. 한마디로 중국의 고대 천문학은 지평선 위의 밤하늘에 나타난 별에만 관심이 있었지, '별들이 떠오르는 공간'이나 '별들이 다시 돌아가는 공간'에 대한 관심은 없었다. 왜냐하면 그곳은 염연히 오랑캐들의 땅이기 때문이다. 좀더 이해를 쉽게 하기 위해서 소설가 이문구(李文求, 1941 ~ 2003)가 쓴 「산 너머 저쪽」이라는 아름다운 童詩 한편을 인용해 보자.

> 산 너머 저쪽엔
> 별똥이 많겠지
> 밤마다 서너 개씩
> 떨어졌으니.
>
> 산 너머 저쪽엔
> 바다가 있겠지
> 여름내 은하수가
> 흘러갔으니.

이 童詩에서 말하는 산 너머 저쪽은 별똥이 떨어진 곳이요, 은하수가 흘러간 곳이요, 바다가 있는 곳이다. 그러나 우리가 걸어서 산 너머 저쪽에 간다고 해도 밤마다 떨어진 별똥이나 여름내 흘러간 은하수나 바다를 발견할 수는 없다. 비록 단정적인 화법을 사용하고 있지만, 이 詩는 어린이가 할 수 있는 최고 수준의 宇宙的 질문, 즉 별들과 은하수는 어디로 돌아가는가에 대한 어마어마한 신화적 질문을 童詩의 형식을 빌어서 우리에게 던진 것이다.

한 마디로 이 童詩의 질문은 지금 우리가 하고 있는 질문과 완벽하게 똑같다. 남쪽 지평선 아래로 사라지는 남쪽물고기자리는 도대체 어디로 돌아가는 것일까? 결국 이에 대한 해답은 分野를 중국의 땅과 대응시켜 고정해 놓음으로써 恒隱圈과 단절된 폐쇄적인 개념으로 이해하느냐 순전히 밤하늘의 공간으로 접근하여 恒隱圈과 연결된 개방적인 개념으로 이해하느냐에 따라서 달라질 것이다.

3) 어머니의 품속 같은 남쪽 하늘

이제 우리가 던진 질문의 핵심이 확실해졌으니, 작은 차이가 세상을 바꿀 수도 있다는 말을 다시 생각하면서 남쪽 하늘을 들여다보자. 특히 정남쪽 가까이에서 떠서 정남쪽에 가까운 곳으로 사라지는 보잘 것 없는 작은 별들을 잘 살펴보아야 한다. 바로 이 구역에 있는 별들에 대한 인식을 어떻게 할 것인가에 따라서 천문학적인 공간 인식이 달라지고, 그에 따라 만들어지는 신화적 공간 역시 절대적으로 달라지게 되어 있다.

정남쪽 하늘에 가까이 있는 별들은 밤에 잠깐 떴다가 얼마 뒤에 사라진다. 이런 별들은 좁은 공간 속에서 움직이기 때문에 그러한 특징이 유난히 잘 드러난다. 반대로 동쪽에서 떠서 서쪽으로 지는 出沒星들은 회전반경이 크기 때문에 상대적으로 그러한 느낌이 덜 드는 것뿐이다. '시간의 길이'만 놓고 보면, 정남쪽 부근에서 잠깐 떴다가 사라지는 별들은 지평선 아래로 떨어지지 않고 북극성 주변을 밤새 맴도는 周極星들과는 완전히 다른 움직임을 보인다는 것을 알 수 있다.

이때 恒顯圈을 天帝가 살고 있는 신성한 구역으로 인식하는 中緯度 지역 사람들일 경우 정남쪽 부근으로 출몰하는 별들을 보면 어떻게 생각해야 정상일까?

우선 정남쪽 지평선 가까이에서 떴다가 지는 별들은 恒顯圈에 있는 별들처럼 굳이 고개를 높이 들고 쳐다볼 필요가 없어서 친숙하게 다가갈 수 있다. 북극성의 高度가 낮은 赤道 지역에서 북극성의 尊嚴性이 상대적으로 줄어드는 것을 생각하면 쉽게 이해가 될 것이다. 이런 점에서 정남쪽 지평선 부근에서 떴다가 지는 별들은 그 의미 역시 恒顯圈에 있는 별들과는 다르게 규정될 수밖에 없을 것이다. 한마디로 정남쪽 부근에서 떴다가 지는 별들은 내 눈높이에 있기 때문에 내 중심으로 바라보는 친숙함, 즉 '親近性'을 가진 별들이라고 할 수 있다.

그림 1.18 남쪽 하늘에 보이는 별들의 움직임(한국천문연구원 제공)

한편 恒顯圈에 있는 별들이 북극성을 중심으로 도는 것을 염두에 두면서 정남쪽 지평선 부근에서 떴다가 지는 별들을 생각해 보자. 이곳에 있는 별들은 周極星들과 마찬가지로 돈다. 그러나 북쪽을 등진 채 남쪽을 바라보기 때문에 당연히 이곳에 있는 별들은 恒顯圈을 중심으로 도는 별들과 반대 방향으로 돈다. 그래서 이곳에 있는 별들도 周極星들이 북극성을 중심으로 도는 것과는 반대 방향이지만 눈에 보이지 않는 지평선 아래의 어떤 軸 ― 지금 우리는 이곳이 하늘의 남극임을 안다 ― 을 중심으로 돈다는 생각을 할 수 있다. 그러나 하늘의 남극은 북극성처럼 눈으로 볼 수가 없어서 확인할 길이 없다. 따라서 어떤 軸이라고 절대로 생각할 수 없다. 그렇기 때문에 그 별들은 보이지 않는 軸을 중심으로 회전하는 것이 아니라 보이지 않는 자신들의 보금자리로 돌아간다고 생각하는 것이 정상적일 것이다. 이렇게 정남쪽 지평선 부근에서 뜨고 지는 별들의 특징을 '歸巢性'이라고 부를 수 있다.

따라서 親近性과 歸巢性이라는 특징을 갖고 있는 '별들이 돌아가는 지평선 아래의 공간'을 신화적으로 설명해내야 하는 문제가 발생한다. 親近性과 歸巢性을 가진 별들의 움직임이 나타나는 정남쪽 지평선 아래의 공간은 다음과 같이 설명할 수 있다.

정남쪽에 가까이 있는 별들은 자기 집에서 잠깐 나왔다가 금세 들어가 버린다. 반면에 좀더 정남쪽에서 멀리 떨어져 있는 별들은 먼 곳까지 나왔다가 실컷 놀고 나서 집으로 돌아간다. 꿀벌들이 살아가는 모습을 보면, 정남쪽 지평선 아래의 공간을 아주 쉽게 이해할 수 있다. 즉 봄이 되면 일벌이 새로 태어나는데, 다 자란 일벌들은 날마다 먼 곳까지 가서 꿀을 따온다. 반면에 갓 태어난 새끼 일벌들은 절대로 벌통 곁을 떠나지 않는다. 그리고 새끼 일벌들은 날마다 벌통 주변을 맴돌면서 날기 연습만 한다. 결국 親近性과 歸巢性을 가진 별들이 돌아가는 정남쪽 지평선 아래의 공간은 어머니의 품과 같은 곳일 것이다.

4) 銀河水의 神話的 空間인 河伯宮

지금까지의 분석을 통해서 中緯度 지역의 밤하늘은 恒隱圈을 제외한 상태에서 '별들이 항상 떠 있는 구역(恒顯圈)', '별들이 돌아다니는 구역(分野)', '별들이 출발하고 귀환하는 구역인 남쪽 하늘 지평선 아래'라는 3개의 공간으로 나뉜다고 할 수 있다.[29] 이러한 밤하늘의 모습을 앞서 周極星, 出沒星, 全沒星들이 위치하는 그림(그림 1.3)을 참고하여 다음과 같이 좀더 간단하게 표현해 보자.

---

29) 밤하늘을 3개의 공간으로 나누는 것은 中緯度 지역이었던 古代 메소포타미아의 점토판 문서에서도 나타난다. 즉 "모든 점토판 문서들은 3종류의 별 목록으로 이루어져 있다. 즉 12개의 "아누의 별들(stars of Anu)", 12개의 "에아의 별들(stars of Ea)", 12개의 "엔릴의 별들(stars of Enlil)"로 이루어져 있다. 아누의 별들이란 적도 부근에 가까이 위치하는 것들이고, 에아의 별들이란 약간 북쪽에 치우쳐 있는 것들이고, 엔릴의 별들이란 남쪽에 위치하는 것들이다."(휴 터스톤, 전관수 옮김, 『동서양의 고전 천문학』, 연세대학교 출판부, 2010, 110쪽)

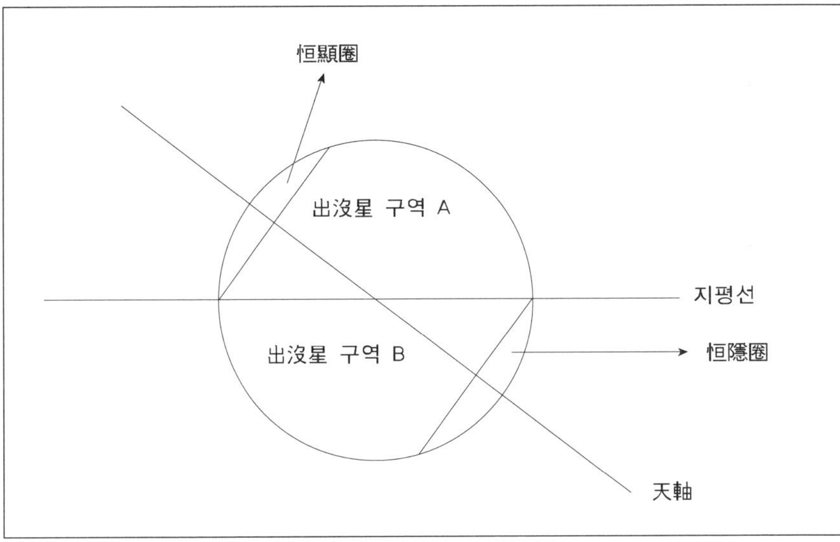

그림 1.19 出沒星 구역

결국 出沒星 구역 = 出沒星 구역 A + 出沒星 구역 B임을 알 수 있는데, 문제는 바로 出沒星 구역 B이다. 이 구역은 出沒星을 중심으로 보면, 단순히 出沒星들이 위치하는 지평선 아래의 구역에 불과하지만, 지평선을 중심으로 보면, 지평선 너머로 내려간 出沒星들이 머무는 공간이다. 즉 古代人들처럼 '지평선 관측을 할 경우' 지평선 아래는 절대로 보이지 않는다는 점에서 出沒星 구역 A와 出沒星 구역 B는 엄연히 다른 공간으로 인식할 수밖에 없다.

그림 1.19를 참고하면서 이제 河伯의 천문학적 공간을 추정해 보자.

- 天帝가 居處하는 天宮의 신화적 공간은 눈으로 볼 수 있는 북극성이 있는 곳이다. 이곳은 별들이 항상 떠 있는 구역인 恒顯圈으로 에워싸여 있다.
- 해모수와 柳花는 각각 해의 神이요, 달의 神이다. 따라서 해모수와 柳花의 신화적 공간은 해와 달이 다니는 길, 즉 黃道와 白道라는 공간과 관련이 깊을 것이다. 이곳은 밤에 出沒星들이 돌아다니는 구역인 分野에 있다.

- 밀레투스 출신인 탈레스(Thales, B.C. 624 ~ 547)에 따르면, "사방에 보이는 지평선의 형태로부터 지구가 물로 둘러싸인 납작한 원판형이라는 결론을 내렸다. 지구가 물 위에 떠 있는 이유는 땅속에서 지하수가 솟기 때문이며, 수시로 내리는 비를 설명하려면 하늘도 물로 가득 차 있어야 했다."30) 地球가 물 위에 떠 있다는 생각은 서양의 경우만 그런 것이 아니라 東洋의 경우에도 B.C. 100년 무렵에 만들어진 것으로 알려진 渾天說에서도 마찬가지였다.31)
- 지구가 물 위에 떠 있다고 하면, 지평선은 땅의 끝이니 지평선 아래는 물로 이루어졌다고 생각할 수밖에 없다.
- 天文 시뮬레이션프로그램을 통해서 그리스나 중국 같은 中緯度 정도의 지역에서 탈레스가 살던 시대나 渾天說이 만들어질 무렵의 밤하늘을 살펴보면(그림 1.20 참고), 실제로 은하수가 거의 지평선과 수평을 이루고 있어서 마치 은하수가 지평선에 잠겨 있는 것처럼 보이는 때(양력 4월 정도 일몰 뒤)가 있다(B.C. 100년 무렵에도 크게 바뀌지는 않는다. 현재는 歲差運動 때문에 은하수와 지평선이 겹칠 때 지평선과 은하수의 각도는 그때보다 상대적으로 많이 어긋난다). 이런 은하수의 모습을 모를 리 없었을 中緯度 지역 사람들에게 이러한 은하수의 모습은 하늘과 땅 밑이 물로 이루어져 있다는 것을 눈으로 직접 확인할 수 있는 순간이었을 것 같다(지금까지 渾天說 등을 설명할 때 그에 합당한 밤하늘이 실제로 존재한다는 사실을 확인하는 일은 거의 간과했다).
- 이러한 분석 결과로 볼 때 물의 나라인 河伯宮의 천문학적 공간은 지평선 아래에 있다고 할 수 있다.

30) 앤서니 애브니, 박병철 옮김, 앞의 책, 278~279쪽.

31) 이문규, 『고대 중국인이 바라본 하늘의 세계』, 문학과지성사, 2000, 323~325쪽 참고.

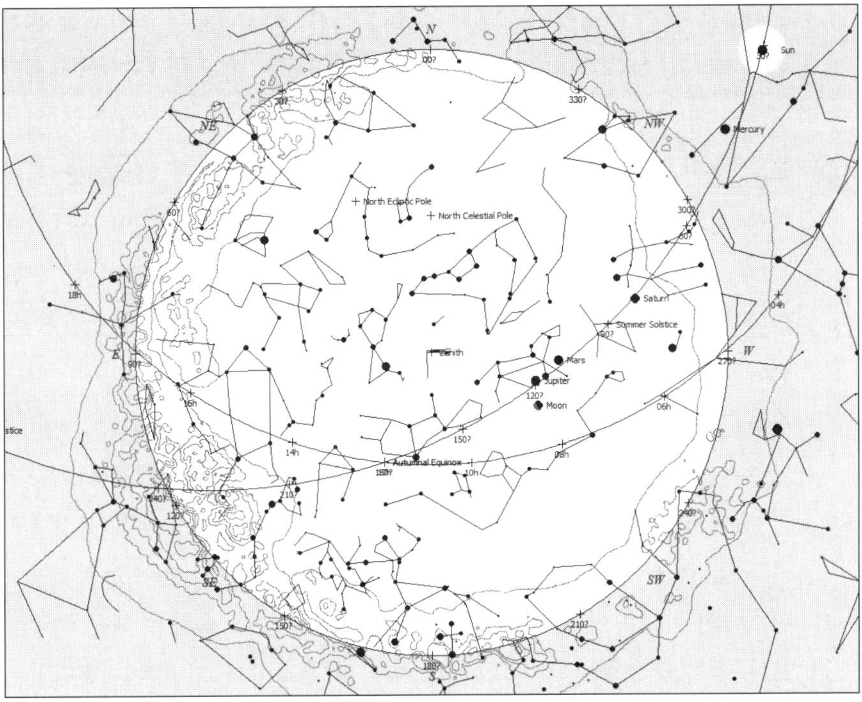

그림 1.20 은하수와 지평선이 거의 겹쳐 있는 모습(B.C. 100년 무렵 國內城 지역)

이번에는 은하수의 움직임을 통해서 河伯宮의 천문학적 공간을 추정해 보자.

- 은하수는 남쪽 하늘 사수자리(Sagittarius)와 전갈자리(Scorpius) 부근에 중심을 두고 있는 거대한 별들의 무리이다. 오늘날 밝혀진 은하수의 모습은 네 개의 나선형 팔을 가진 볼록렌즈 모양이다. 黃道 12宮의 하나인 사수자리와 전갈자리 근처에 은하수가 가장 두껍게 뭉쳐져 있는 것이 보이는데, 이곳이 렌즈의 중심부분에 해당한다. 태양은 그 중심에서 약 2/3 정도 되는 위치하고 있다고 한다.[32)]

32) 이태형, 『재미있는 별자리 여행』, 김영사, 1999, 321쪽 참고 인용.

- 우리나라 같은 中緯度 지역에서 남쪽을 향한 채 바라보는 은하수의 움직임: (눈으로 볼 수 없는) 남쪽 하늘의 회전축인 하늘의 남극에 가까이 있는 가장 두껍게 뭉쳐 있는 사수자리와 전갈자리 부근의 은하수가 길게 모로 누운 채 나타났다가 커다란 나무가 서듯이 하늘을 가로지른 뒤에 다시 길게 모로 누우면서 사라지면, 또 다른 은하수의 한쪽이 올라왔다가 다시 길게 모로 누우면서 사라진다. 또한 은하수는 몸집이 클 뿐만 아니라 별들이 도는 중심축이 있는 북극성 지역으로 뻗어 있는 것이 아니라 상대적으로 북극성에서 떨어진 채(북극성 지역과 가장 가까이 있는 은하수 지역은 바로 케페우스자리와 카시오페이아자리가 있는 곳이다) 별들의 日周 궤도와 60° 정도의 각도를 이루며 돈다. 그 때문에 은하수는 별들처럼 일사불란하게 중심축을 따라서 회전한다는 생각이 상대적으로 덜 든다(게다가 天球의 중심축인 북극성은 아무리 높아도 天頂에서 비스듬히 아래쪽에 위치하지만 은하수는 가장 높이 올라갈 때는 북극성보다 높은 天頂에까지 위치한다). 따라서 은하수의 일반적인 움직임은 지평선 위로 떠올랐다가 밤하늘을 天頂까지 올라와서 가로질러 가다가 다시 지평선 아래로 별들처럼 찾아들어가는 것으로 볼 수 있다. 말하자면 은하수는 우리 눈으로는 볼 수 없는 더 깊은 곳으로 찾아들어가는 것이다.
- 북극성에서 가까운 은하수는 가장 아래로 내려가더라도 지평선 정도에 걸렸다가 다시 올라오지만, 하늘의 남극이 북반구에서는 보이지 않는 사수자리와 전갈자리 밑 쪽에 위치하기 때문에 남쪽 하늘의 사수자리와 전갈자리 밑, 즉 제단자리(Ara) 부근의 은하수는 지평선 아래에서 올라왔다가 금세 다시 지평선 아래로 사라지고 오랫동안 지평선 아래에 머문다. 따라서 은하수가 찾아들어가는 더 깊은 곳은 정남쪽 방향의 지평선 아래쪽에 있다고 생각할 수밖에 없다.
- 은하수를 물로 보게 되면, 하늘에도 물이 있고 지구가 물 위에 떠 있다는 理論을 증명하기 쉽다. 왜냐하면 사수자리나 전갈자리 아래쪽의 은하수

가 지평선 아래에서 나타났다가 다시 사라진다는 것은 하늘에 있는 물과 지구를 떠받치고 있는 물이 서로 연결되어 있다는 증거로 삼을 수 있기 때문이다.

• 歸巢性의 原理에 따를 때 河伯의 천문학적 공간은 남쪽 지평선 아래, 좀 더 정확하게 말하면, 그림 1.19에서 확인할 수 있듯이 出沒星 구역 B이라고 할 수 있다(지평선 관측을 주로 하는 古代人들의 천문학 체계에서 볼 때 恒隱圈의 개념은 큰 의미가 없다). 이때 지평선은 일단 河伯의 공간으로 가면서 지나는 곳이 되고, 河伯宮의 중심부는 은하수의 중심부인 사수자리와 전갈자리가 숨어들어가는 보이지 않는 공간이 될 것이다.

• 결국 물의 神 河伯은 古代人들이 은하수를 물로 보는 宇宙觀[33]에서 탄생한 神格이고, 그 河伯이 거처하는 신화적 공간은 천문학적으로는 지평선 아래에 있으면서 신화적으로는 물로 이루어진 물의 나라가 된 것이라고 할 수 있다. 그러나 그곳은 절대로 눈으로 볼 수 없으니, 河伯宮은 영원히 神秘한 공간일 수밖에 없고 신화적 공간으로 생생하게 남을 수 있다. 그렇다고 河伯의 천문학적 공간은 우리가 남반구로 좀더 내려간다고 확실해지는 것도 아니다. 실제로 남반구에 가더라도 은하수의 끝은 절대로 볼 수 없다. 은하수의 끝은 우리가 은하수의 모습을 알게 된 현대 천문학에 이르기 전까지는 영원히 그 바닥을 알 수는 없는 곳으로 남는 것이다.

이러한 결론을 가지고 天帝가 사는 天宮과 河伯이 사는 河伯宮의 신화적 공간을 다음과 같이 좀더 간단하게 그려 볼 수 있다.

33) 고대 마야문명권에서는 은하수를 나무로 보기도 했기 때문에 은하수를 물로 보는 것은 비록 그 역사적 시기는 제대로 추정해내기 어렵지만 하나의 天文學的 宇宙觀 속에서 새롭게 탄생한 것은 분명하다.

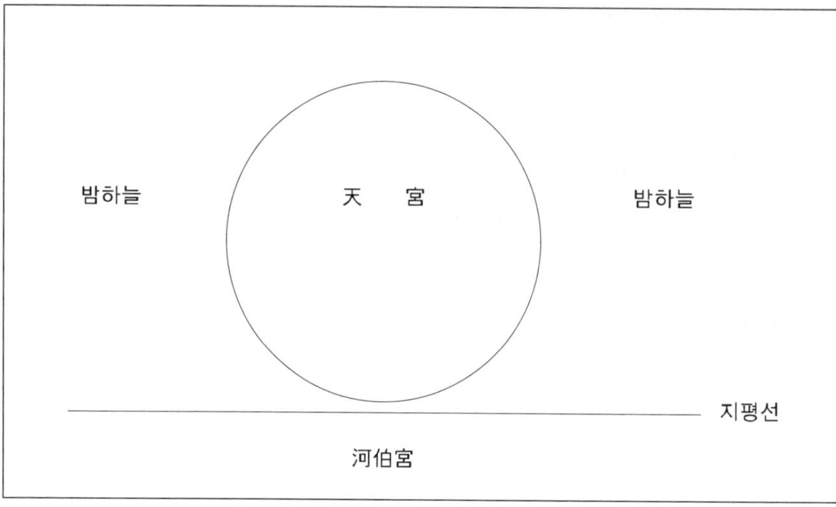

그림 1.21 天宮과 河伯宮의 신화적 공간

우리는 이제 중국의 고대 천문학에 의해 가려진 河伯宮의 천문학적 중심 공간이 은하수의 중심부 너머라는 것을 비로소 이해할 수 있게 되었다(河伯宮의 천문학적 공간은 2章에서 龍車의 正體와 龍車의 움직임을 통해서 아주 쉽게 증명된다). 중국의 고대 천문학에서는 은하수를 국경에 해당되는 별자리들인 28宿 안에 놓고 다루어야 했기 때문에 은하수는 28宿라는 경계선에 의해 잘려질 수밖에 없다. 중국의 고대 천문학은 별들의 '出沒' 개념 대신 별들이 위치하는 '구획' 개념을 사용하여 별들이 돌아다니는 구역과 지평선 아래의 공간이 단절됨으로써 河伯宮의 신화적 공간이 매우 협소해진 것이다. 그러나 주몽신화에는 애초에 28宿 같은 경계 개념이나 구획 개념이 없기 때문에 은하수를 순전히 신화적 공간 속에 넣고 개방적으로 다룰 수 있었다. 이것이 바로 은하수 인식에 대한 주몽신화의 고유한 특징이요, 중국 고대 천문학의 은하수 인식과의 확연한 차이점이라고 할 수 있다.

5) 朱蒙神話의 天文觀과 神들의 系譜

河伯의 존재가 부각되면 중국의 고대 천문학과 달리 天帝가 居處하는 공간은 恒顯圈으로 제한됨으로써 더 많은 별들이 북극성을 중심으로 돈다는 생각은 할 수 없게 된다. 도리어 河伯의 나라에 있다가 나타나는 出沒星들이 출현하는 공간, 이른바 分野까지 河伯의 지배 아래 놓일 수 있다. 그러나 주몽신화 역시 中緯度 지역에서 만들어진 신화이기 때문에 그렇지는 않았을 것이다. 실제로 은하수가 가장 각광받은 지역은 북극성의 고도가 낮거나 북극성이 존재하지 않는 남반구 지역이었다.

결국 中緯度 지역의 밤하늘을 가장 정상적으로 반영하는 천문학은 '북극성과 은하수를 함께 중시하면서 그 사이로 별들이 자연스럽게 돌아다니는 것으로 여기는 천문학'일 것이다. 주몽신화는 중국의 고대 천문학처럼 28宿 같은 구획 개념을 쓰지 않았기 때문에 河伯의 존재는 북극성을 중심으로 하는 天帝와 마찬가지로 주몽신화의 신화적 공간 속에 생생하게 살아 있었다. 그 결과 주몽신화는 周極星과 出沒星으로 이루어지는 中緯度 지역의 밤하늘을 가장 정상적으로 신화 속에 반영해내었다고 할 수 있다.

따지고 보면 중국의 고대 천문학 역시 中緯度 지방에서 만들어진 천문학이기 때문에 북극성과 은하수를 함께 중시하는 천문학으로 발달해야 정상이었을 것이다. 그러나 중국의 天子가 북극성을 자신의 별로 차지하면서 중국의 고대 천문학은 북극성 중심으로 발달하였고 모든 별들도 북극성 중심으로 거리를 재었다. 그 결과 河伯의 신화적 공간은 희생되었고, 中緯度 지역의 밤하늘을 일정 부분 왜곡시켰다고 할 수 있다.

그렇다면 中緯度 지역의 밤하늘에 나타나는 두 가지 서로 다른 天體들의 움직임을 동등하게 하나로 묶어주는 주몽신화의 天文觀은 어떤 것이었을까? 아마도 그것은 天體들이 시간의 흐름에 따라서 자연스럽게 소속을 바꾸어 가는 방식(지평선 아래 → 分野 → 恒顯圈)일 수밖에 없을 것이다. 즉 河伯은 친근감을 바탕으로 자신의 공간 속에서 어린이와 같은 별들을 성장시킨다. 얼마 뒤 어린이와 같은 별들은 성장해가면서 한편으로는 河伯의 지배를 천천히 벗어나고 한편으로는 尊嚴性을 가진 天帝의 조직 속에 자연스럽게 편입된다. 그리고 마지막에 이르러 비로소 신성한 天帝의 공간 속으로 들어간다. 한마디로 주몽신화의 天文觀은 '誕生 → 成長 → 消滅'이 끝없이 반복되는 이른바 生命論的 天文觀이었다고 결론 내릴 수 있다.

天帝와 河伯의 특징 비교

	天帝	河伯
자연 공간	하늘	물
방향	북쪽	남쪽
할당된 하늘 공간	지평선 위	지평선 아래
천문학적 구역	恒顯圈	은하수의 중심부
차지하고 있는 天體	북극성	은하수
신화적 居處	天宮	河伯宮
神的 권능	生死與奪	生育
神的 특성	男性性	女性性
	獨立性	歸巢性
	尊嚴性	親近性
	閉鎖性	開放性
	神聖性	神秘性

끝으로 지금까지의 분석 결과를 가지고 주몽신화에 나오는 神들의 系譜를 정리할 수 있다. 우선 하늘에는 신화적 공간을 대등하게 나누어 갖는 북극성에 사는 天帝와 은하수에 사는 河伯이 있다. 天帝의 아들은 해의 神인 해모수이고, 河伯의 딸은 달의 神인 柳花이다. 그리고 柳花의 자매는 萱花와 葦花로 이루어져 있다. 주몽은 바로 해모수와 柳花의 아들이다. 주몽은 夫餘의 太子인 帶素의 핍박 속에 夫餘를 탈출하여 다급히 淹滯水를 건너고자 했을 때 배

가 없자 자신은 '天帝의 손자요, 河伯의 외손'이라고 외쳤다. 한마디로 天帝와 河伯은 해모수와 柳花의 밑바닥 깊숙한 곳에 존재하는 주몽의 신앙적 뿌리인 셈이다. 이러한 神들의 系譜를 주몽을 중심으로 다음과 같이 간단히 도표로 나타낼 수 있다.

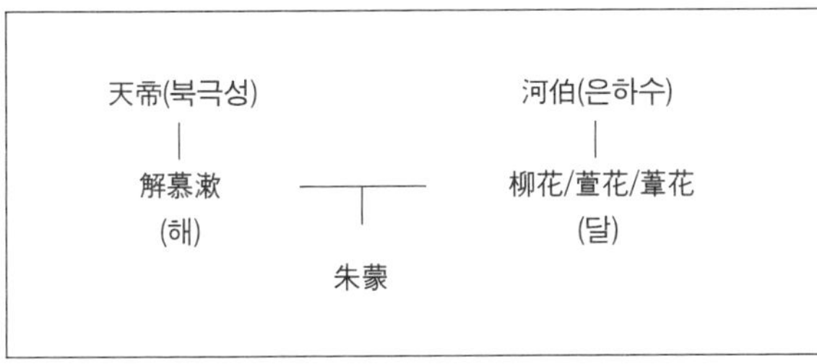

주몽신화에 나오는 神들의 系譜

4. 朱蒙神話와 별자리 찾기

1) 朱蒙神話에는 과연 별자리가 숨어 있는가

앞서 말했다시피 古代 이집트 시대에 나일 강이 범람할 무렵 해 뜨기 직전 동쪽 하늘에 떠오르는 시리우스는 풍요의 女神인 이시스의 별이었다. 대개 고대신화에 神들의 별자리가 존재하는 것은 별 혹은 별자리들이 특정한 시기를 알려주는 징표이면서 그대로 神으로 숭배되었기 때문이다.[34)]

주몽신화도 신화이니, 주몽신화에도 별이나 별자리 등이 존재해야 정상이다. 주몽신화가 별과 별자리 등 하늘의 天體들과 관련되어 있다는 근거로는 북극성을 천문학적 居處로 삼는 天帝와 은하수를 천문학적 居處로 삼는 河伯

34) J. Norman Lockyer, *Op. cit.*, p. 287, "古代 이집트의 대표적인 女神인 "이시스(Isis)는 바로 큰개자리(Canis Major)의 인격화된 존재이고, (아멘-라)의 아내인 무트(Mut)는 용자리(Draco) γ(감마)별의 인격화된 존재였다.""

의 활동 그리고 해의 神인 해모수와 달의 神인 柳花의 활동이 주몽신화 속에 뚜렷하게 나타나 있다는 점들을 들 수 있다.

그렇다면 주몽신화에 별과 별자리가 존재한다는 것을 직접 보여주기 위해서는 실제로 주몽신화 속에서 별과 별자리를 끄집어내야 한다. 주몽신화에서 별과 별자리를 끄집어내려면 주몽신화를 단순히 神들의 이야기가 아니라 '특정한 시기에 특정한 밤하늘의 별과 별자리를 스케치한 이야기'로 읽으면 된다. 아래에 제시한 대상들은 주몽신화에서 별 혹은 별자리 등으로 판단하여 일부 제시한 것이다.

- 금개구리[金蛙](金蛙를 얻을 때 해부루가 돌을 굴리자 금개구리 모양의 아이가 나왔다)
- 龍車(해의 神인 해모수는 하늘에서 龍車를 타고 내려왔다)
- 말채찍[馬鞭](하늘에서 내려온 해모수가 말채찍으로 땅을 치자 구리집[銅室]이 만들어졌다)
- 구리집(해모수와 柳花는 구리집에서 술자리를 벌였다)
- 통발[梁](金蛙에 의해 물 속에서 건져 올려지기 전에 柳花는 통발에 들어가 있었다)
- 그물[網](柳花를 건져 올리려고 그물을 던졌는데 그물이 찢어졌다)
- 쇠그물[鐵網](마침내 柳花는 쇠그물로 건져 올려졌다)
- 황금비녀[黃金釵](해모수는 柳花의 황금비녀로 가죽가마 — 龍車의 일부 — 를 찌르고 하늘로 올라갔다)
- 말목장[馬牧](알로 태어난 주몽은 처음 말목장에 버려졌다)
- 붉은 말[騂馬](金蛙는 주몽에게 비쩍 마른 붉은 말을 주었다)
- 나무[樹](帶素 형제들에게 나무에 묶인 주몽은 나무를 뿌리째 뽑아 들고 돌아갔다)
- 배다리[舟橋](淹滯水에 이른 주몽은 하늘을 보고 "배다리를 만들어주소서!"라고 했다)

- 활[弓](주몽은 배다리를 만들어 달라고 빌고 나서 활로 물을 쳤다)
- 물고기와 자라가 만든 다리[魚鼈橋](물 속에서 물고기와 자라가 떠올라 주몽에게 다리를 만들어주었다)
- 북[鼓]과 뿔나팔[鼓角](주몽의 신하인 扶芬奴가 松讓의 나라에서 북과 뿔나팔을 훔쳐왔다)
- (썩은) 나무기둥[木柱](주몽은 자신의 나라가 오래된 것처럼 보이려고 궁궐을 썩은 나무기둥으로 세웠다)
- 흰 사슴[白鹿](주몽은 서쪽으로 巡行하다가 흰 사슴을 蟹原 위에 거꾸로 걸어놓고 빌면서 松讓의 나라가 물에 잠기기를 바랬다)

위의 대상들이 별자리냐 아니냐의 판단의 기준은 일단 '가리킬 수 있는 대상이냐 아니냐'에 두었다. 왜냐하면 대개 별이나 별자리들은 자연물이나 인공물에서 그 이름을 취하는 경우가 많기 때문이다. 결국 앞으로의 모든 논의는 주몽신화에서 가리킬 수 있는 자연물이나 인공물들을 선택하여 객관적인 증거와 기준을 가지고 이 대상들이 별 혹은 별자리임을 증명해내는 과정인 셈이다.

선택된 대상들이 별 혹은 별자리임을 증명하는 작업을 좀더 쉽게 하려면, 사전에 발생할 수 있는 시행착오를 되도록 줄이는 것이 중요하다. 가장 효과적인 방법은 별자리에 관련된 고대 천문학적 지식들을 미리 파악하고 가는 것이다. 말하자면 주몽신화에서 별자리라는 물고기를 건져 올리기 위해 그에 어울리는 그물을 만들고 손질하는 작업이 필요하다. 그러나 아무리 좋은 그물을 갖고 있어도 물고기가 없는 곳에 그물을 드리워서는 한 마리 물고기도 잡을 수 없다. 주몽신화에서 별자리라는 물고기를 잡아 올리기 위해서는 고대 천문학에서 밤하늘의 어느 구역에 별자리를 집중적으로 배치했는지 어느 정도 미리 파악해내야 한다. 사실 주몽신화에서 발견되는 별자리라고 해서 다른 문명권의 별자리와 유별나게 다른 곳에 배치될 까닭이 없다. 역사적으로 "별자리를 체계화시킨 문명은 그 기원에 있어서 둘로서 하나는 메소포타미아 문명이고 다른 하나는 중국의 황하문명"[35]뿐이다. 따라서 우리가 앞으로 기본적으로 참고하는 별자리들은 두 문명권의 천문학 체계에 따라서 만들어진 별자리이다.

2) 중국 별자리의 고구려 流入

현재 중국의 고유한 별자리의 증거로 가장 오래된 것은 "戰國時代 초기에 만들어진 曾侯乙墓의 널뚜껑으로서 그 연대는 대략 B.C. 433년 무렵으로 알려져 있다."[36] 여기에는 北斗, 28宿, (玄武와 朱雀이 없이) 青龍과 白虎 등이 그려져 있다. 그 다음으로 중국 별자리의 수용과 관련하여 거론할 수 있는 것은 바로 晋 나라 천문학자였던 陳卓(265 ~ 280년 사이 활동)의 天文圖이다. 그러나 陳卓의 天文圖는 지금 전해지지 않기 때문에 그 실상을 알기 어려울 뿐만 아니라 陳卓의 天文圖가 고구려로 流入되었다는 증거도 아직 찾을 수 없다.

이러한 상황 속에 "중국 별자리가 고구려에 처음 나타나는 것은 이른바 風俗系 벽화로 분류되는 德興里 고분벽화이다."[37] 德興里 고분벽화는 408년에 만들어졌는데, 여기에 그려진 별자리들은 몇 개를 빼고는 대부분 중국 별자리로 이루어져 있다.

반면에 주몽신화에서 가장 늦은 시기에 등장하는 인물은 주몽의 아들인 琉璃王(在位 B.C. 19년~A.D. 18년)이다. 그렇다면 중국 천문학의 유입 시기와 주몽신화에 제일 늦게 등장하는 인물의 생존 연대 사이에 발생하는 시간적 간격을 고려할 때 주몽신화에서 발견되는 별자리는 대부분 중국 별자리가 아니라고 예상할 수 있다.

---

35) 김일권, 『고구려 별자리와 신화』, 사계절, 2008, 13쪽 참고 인용.

36) 김일권, 『동양의 천문사상 하늘의 역사』, 예문서원, 2007, 153 ~ 155쪽 참고 인용.

37) 박창범, 『하늘에 새긴 우리 역사』, 김영사, 2002, 83쪽 참고.

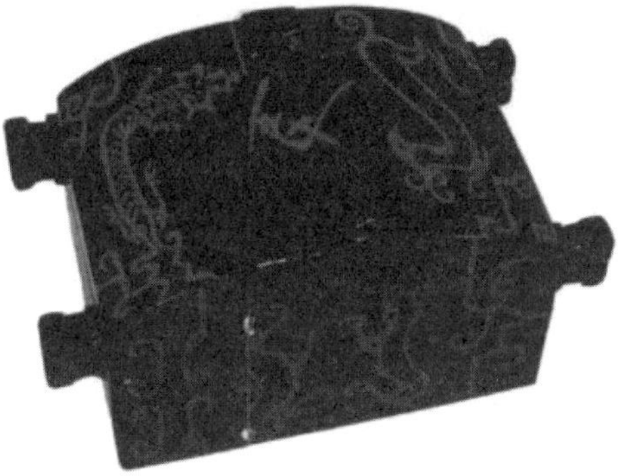

그림 1.22 1978년 중국 湖北省 뢰고돈(擂鼓墩)에서 발굴된 曾侯乙墓의 널뚜껑

설령 琉璃王 때보다도 훨씬 늦은 시기나 德興里 고분이 세워진 뒤에 주몽신화가 만들어졌다고 해도 아무런 문제가 되지 않는다. 왜냐하면 B.C. 2세기 무렵에 건국된 夫餘의 건국신화인 東明神話를 보면 앞서 제시한 대로 주몽신화에서 별자리로 파악되는 대상, 예를 들어 '말목장'이나 '물고기와 자라가 만들어준 다리' 등이 거의 그대로 변하지 않고 나오기 때문이다. 또한 夫餘의 건국신화를 최초로 싣고 있는 王充(30?~100?)의 『論衡』(권2 「吉驗篇」)은 1세기 무렵에 편찬되었기 때문에 어떻게 보더라도 주몽신화에 나오는 별자리들은 중국 별자리와는 큰 관련이 없다는 것이 분명히 드러난다.

3) 주몽신화의 별자리가 고유한 별자리일 가능성

그렇다면 주몽신화에 나타난 별자리들이 고구려의 고유한 천문학 전통(실제로 그 출발은 夫餘에 있다고 보아야 할 것이지만)에 따라 만들어졌을 가능성이 커진다. 한 학자는 "덕흥리 고분벽화에 그려져 있는 飛魚 5星과 W자 형태의 별자리를 각각 케페우스자리와 카시오페이아자리에 견주면서 고구려에 자체적인 천문 전통 기반이 존재했을 가능성"[38]을 인정하고 있다. 실제로 중국 별자리에서 케페우스자리에 해당되는 造父라는 별자리와 카시오페이아자리에 해당되는 王良과 閣道라는 별자리는 전혀 다른 형태로 이루어져 있다.

그뿐만 아니라 덕흥리 고분벽화의 W자 형태의 별자리 오른쪽 옆으로 그려진 왕관자리 모양의 별자리를 보면, 그 숫자가 왕관자리와 마찬가지로 7개이다. 그러나 중국 별자리에서 왕관자리는 貫索인데, 왕관자리의 양쪽 끝에다가 각각 하나씩을 더하여 모두 9개의 별로 이루어져 있다.

이런 점들로 볼 때 주몽신화를 만든 집단들에게 중국과 다른 고유한 천문학 전통 기반이 존재했을 가능성은 충분해 보인다. 결국 주몽신화에서 케페우스자리와 카시오페이아자리, 왕관자리가 발견된다면, 덕흥리 고분에 남아 있는 세 별자리들은 그 기원을 주몽신화에서 찾아야 한다는 점이 저절로 증명되는 셈이다.

그림 1.23 덕흥리 고분벽화(앞칸 동쪽 벽면)에 그려진 이른바 飛魚五星과 그 꼬리 위쪽에 Λ처럼 그려진 별자리[39]

---

38) 金一權, 「5세기 고구려 고분벽화에 나타난 천문관과 천문학」, 『고구려의 역사와 문화유산』, 서경, 2004, 364~368쪽 참고.

39) 김일권, 『고구려 별자리와 신화』, 사계절, 2008, 55~56쪽에서 인용.

그림 1.24 덕흥리 고분벽화(앞칸 서쪽 벽면)에 그려져 있는 카시오페이아자리 모양의 별자리(왼쪽 아래에 있는 달의 형상 위쪽)와 왕관자리 모양의 별자리(가운데에서 약간 오른쪽 위쪽)[40]

그렇다면 여기서 더 나아가 주몽신화에 나오는 별자리를 만들어낸 천문학 전통은 어디까지 거슬러 올라갈 수 있을까? 아마도 주몽신화에 나오는 별자리들의 기원은 선사시대 고인돌에 새겨진 별자리에서 찾을 수 있을 것 같다. 실제로 "우리나라의 고인돌이나 바위에 새거진 巖刻畵의 분포와 시베리아 청동기 문화가 한반도로 들어오는 경로가 비슷하다"[41]는 연구 결과로 볼 때 주몽신화에 나오는 별자리와 고인돌 돌판에 새겨진 별자리의 관련성은 새롭게 주목해야 할 것 같다.

대개 우리나라의 고인돌 돌판에 별자리를 새긴 역사는 "B.C. 10세기 무렵에서 B.C. 2세기 무렵인 중기 청동기 시대에서 초기 철기 시대로 본다."[42] 지

40) 김일권, 위의 책, 같은 쪽에서 인용.

41) 임세권, 『한국의 암각화』, 대원사, 1999, 139쪽 참고.

42) 박창범, 같은 책, 89쪽 참고.

금까지 고인돌 돌판에 새겨진 구멍들은 性穴(cup mark)로 보기도 했지만, 그 가운데 많은 것은 별자리로 새롭게 연구되고 있다. 고인돌에 새겨진 性穴들을 별자리로 보는 근거는 대략 3가지 정도로 나누어 볼 수 있다.

첫째로 일부의 고인돌 돌판에는 구멍과 구멍 사이를 줄로 파서 연결시켜놓았다는 점을 들 수 있다. 특히 포항시 북구 칠포리 농발재에 있는 고인돌에는 깊게 파인 줄이 선명하게 남아 있다. 별들을 줄을 그어 연결하면 밤하늘에 별자리들만의 공간이 생긴다. 그리하여 서로 흩어져 있는 별들은 하나의 독립적 공간 속에서 한 가족이 된다. 그러나 별자리의 별들은 서로 아무 관련도 없이 지구에서 수십 수백 광년 떨어져 있다. 더구나 지금 우리가 보고 있는 별빛은 이미 수십 수백 광년 전에 쏟아져 나온 과거의 빛에 불과하다. 그럼에도 불구하고 인간은 이미 사라져 버린 과거의 빛들을 한데 끌어 모아서 별자리라는 하나의 공간 속에 위치시켰다. 이 힘은 순전히 인간의 상상력에서 비롯되는 것이다. 줄과 줄을 이어서 만들어지는 별자리들의 공간에는 그야말로 古代人들의 생생한 숨결이 고스란히 배어 있다고 할 수 있다.

둘째로 일부의 고인돌 돌판에는 커다란 동심원이 여러 개씩 뚜렷이 새겨져 있다는 점을 들 수 있다. 학자들은 여러 겹으로 둘러친 동심원은 다른 별들보다 특별히 밝은 별들을 가리키는 표시일 가능성[43]을 제시하기도 한다. 그 대표적인 고인돌 돌판이 바로 울산 천전리 암각화와 경북 함안 도항리 도동의 고인돌 돌판 등이다. 이 가운데 도항리 도동의 고인돌 돌판을 보면, 대략 260개의 둥근 구멍과 함께 여러 겹으로 둘러놓은 17개의 동심원 무늬가 새겨져 있다고 한다. 이 17개의 동심원을 다시 나누어 보면, 한 개의 동그라미로 되어 있는 것이 10개, 두 개의 동그라미로 되어 있는 것이 2개, 세 개의 동그라미로 되어 있는 것이 1개, 네 개의 동그라미로 되어 있는 것이 2개, 다섯 개의 동그라미로 되어 있는 것이 1개, 여섯 개의 동그라미로 되어 있는 것이 1개라고

43) 나일성, 『한국천문학사』, 서울대학교출판부, 2000, 64쪽 인용.

밝혀졌다.[44] 동심원의 숫자가 상대적으로 많은 것은 더 밝은 별을 가리키는 징표가 아닐까 추정해 볼 수 있다.

그림 1.25 여러 개의 동심원이 그려진 경북 함안 도항리 도동 고인돌 돌판

셋째로는 전통놀이인 윷놀이의 윷판 형태를 띠고 있는 고인돌 돌판이 28宿를 모방하여 만들어졌다는 주장을 들 수 있다. 이 주장에 따르면 "옛날의 윷판은 둥그런 형태였고, 윷말을 얹어놓는 작은 동그라미가 모두 29개라는 네서 착안하여 가운데 동그라미는 북두칠성이고 나머지 동그라미는 28개이니 28宿라고 하는 것이다. 조선조 선조 무렵의 김문표(金文豹, ?~?)에 의해 이런 주장이 제기되었다."[45]고 하는데, 윷판 형태의 고인돌 돌판에 관해서만큼은 꽤 설득력이 있어 보인다. 그러나 이 주장이 타당성을 갖기 위해서는 기원전부터 있었던 28宿 개념의 별자리들이 왜 408년에 고구려 벽화인 덕흥리 고분벽

44) 나일성, 같은 책, 63쪽 요약 인용.

45) 김일권, 「국내성에서 발견된 고구려 윷놀이판과 그 천문우주론적 상징성」, 『高句麗硏究』(15집), 95~96쪽 참고.

화에서 갑자기 다시 나타났는지에 대한 이유와 근거를 설명해내야 한다. 그럴 수 없다면, 고인돌 윷판의 역사는 중국 별자리가 처음으로 나타나기 시작한 덕흥리 고분 이후로 보아야 할 것 같다.

中緯度 지역인 고구려에서는 북극성이 있는 恒顯圈만큼 은하수가 있는 구역을 중시했고, 은하수의 중심부 너머에 있는 공간은 河伯의 거처로서 개방적인 신화적 공간으로 남아 있었다고 했다. 天體에 대한 고구려인들의 개방적인 태도는 기본적으로 이리저리 居處를 옮겨 다니는 유목생활을 통해 체질화된 결과일 것이다. 따라서 개방적인 별자리 체계 속에 만들어진 주몽신화의 별자리들과 중국의 국경 개념으로 발전한 폐쇄적인 개념을 가진 28宿의 관련성은 매우 희박해 보인다. 윷판 모양의 별자리의 기원에 대해서는 요즘 들어 "北斗七星과 고구려의 官職制度인 五加와 도개걸윷모의 상관성을 설명하는 방식"46)이 훨씬 설득력 있어 보인다. 왜냐하면 恒顯圈을 중시한 中緯度 지역에서 恒顯圈에 있는 주극성 별자리 가운데 북두칠성만큼 밝고 크며 움직임이 확실한 별자리도 없기 때문이다.

그러나 고인돌 돌판에 새겨진 性穴들을 별자리로 파악하고 진행되는 연구들도 아직은 고인돌 돌판에 새겨진 별자리들을 현재의 별자리로 완벽하게 해석해내는 단계까지는 이르지 못했다. 그뿐만 아니라 동심원 무늬와 주변에 구멍만 뚫어놓은 것 사이의 관계에 대해서도 아직까지 충분한 연구가 이루어지지는 않은 것 같다. 앞으로 이런 점들이 해결되어야 우리의 고유한 별자리 체계가 좀더 확실해질 것 같다.

4) 주몽신화의 별자리가 古代 메소포타미아의 별자리일 가능성

이와는 반대로 별자리의 문제를 文明史的 개념으로 접근할 수 있다. 이것은 별자리의 모양과 그 구성방식은 함부로 만들어지는 것이 아니라 인류가 만

46) 김일권, 위의 논문, 101~103쪽 요약 인용.

들어낸 높은 천문학적 지식의 결과로 보는 태도라고 할 수 있다. 앞서 역사적으로 별자리를 체계화시킨 문명은 古代 메소포타미아 문명과 중국의 황하문명이라고 했다. 주몽신화에서 찾아지는 별자리들이 기본적으로 중국 별자리가 아니라면, 그리고 덕흥리고분에서 발견된 몇몇 별자리들이 기본적으로 古代 메소포타미아지역에서 비롯되는 서양 별자리와 흡사하면, 주몽신화의 별자리들은 古代 메소포타미아의 별자리에서 온 것이라고 보아야 한다.

古代 그리스의 천문학자인 프톨레마이오스(Claudius Ptolemaeos, A.D. 2세기 무렵 생존)의 『알마게스트(Almagest)』에 잘 정리되어 있는 서양 별자리의 바탕이 된 古代 메소포타미아의 별자리는 그 역사가 대략 5,000년 전까지 거슬러 올라간다. B.C. 3,000년 쯤에는 이 지역의 標石에 黃道 12宮을 포함한 20여 개의 별자리들이 기록되어 있고, 古代 이집트에서도 B.C. 3,000년 쯤에는 이미 43개의 별자리가 있었다고 한다.[47]

특히 별자리의 기원에 관한 마이클 오벤든(Michael Ovenden)의 연구 결과는 별자리가 함부로 만들어지는 것이 아니라 高度의 천문학적 산물임을 분명히 보여 준다. 오벤든에 따르면 별자리는 대체로 북위 36° 부근에 살았던 사람들에 의해 B.C. 2000 ~ 3000년 사이에 만들어졌다고 한다. 즉 "별자리들은 모양이나 크기가 제 각각이지만 赤道나 黃道 등 제한된 구역에 조직적으로 배치될 만큼의 갯수라는 점, 黃道 12宮 가운데 넓이에 비해 기다란 네모 형태를 가진 전갈자리나 사자자리, 황소자리 등의 긴 변을 긴 변에 수직으로 이등분했을 때 그 수직선을 축으로 연결하여 天體에 그려지는 동그라미는 B.C. 2900년 무렵의 북극성 — 용자리의 α(알파)별인 투반(Thuban)을 말함 — 을 가깝게 지나간다는 점, 歲差運動에 따라서 B.C. 2900년 무렵에 바다뱀자리(Hydra)는 지금과 달리 赤道를 따라 배치되었다는 점[48], 그리스의 詩人 아라

47) http://100.naver.com/100.nhn?docid=75503 요약 정리.

48) 이 주장은 원래 플렁켓에서 비롯된다(Emmeline M. Plunket, *Ancient Calendars and Costellations*, London, 1903, pp. 117 ~ 122.

투스(Aratus, B.C. 3세기 무렵 생존)의 『파에노메나(Phaenomena)』에 전해지는 제단자리(Ara)가 동쪽에서 떠오를 때 목동자리가 서쪽으로 사라지는 이야기는 대략 B.C. 2200년 무렵의 밤하늘을 기준으로 만들어졌다는 점, 아라투스가 언급한 黃道 12宮의 출몰과 상반되는 별자리들의 움직임(예를 들어 게자리가 떠오를 때 왕관자리는 진다)을 관찰할 수 있는 장소는 대략 北緯 34½° ~ 37½° 지역이고 이러한 움직임을 관찰할 수 있는 때는 대체로 B.C. 3400년에서 B.C. 1800년 무렵이라는 점, 별자리의 관측은 별을 관측하는 지역의 緯度의 지평선에 제한을 받는다는 점 등"[49]을 근거로 별자리들을 분석하여 이러한 결론을 내렸다. 그러나 "古代 바빌로니아의 曆法에서 黃道 12宮의 첫 번째 별자리인 양자리가 원래는 春分이 아니라 冬至를 표시하는 별자리였고 이때는 B.C. 6,000년이었다."[50]는 에멀린 플렁켓(Emmeline M. Plunket)의 주장을 받아들이면, 최소한 별자리들의 기원은 B.C. 6,000년 무렵까지는 올라가는 셈이다.

그 뒤 기존 별자리들을 점성술에 기초하여 체계적으로 정리해낸 사람들은 B.C. 625년에 신바빌로니아를 세운 칼데아(Chaldea) 사람들이었다. 이러한 별자리를 만들어낸 칼데아 사람들의 占星術은 이집트의 宇宙論과 曆法이 더해지고, B.C. 5세기 무렵 그리스로 넘어가 그리스의 과학적, 철학적 사유와 결합되면서 서양 별자리들은 그리스 신화를 통해 새롭게 태어난다고 한다.[51]

주몽신화의 별자리가 메소포타미아의 별자리에 그 기원을 두고 있을 가능성은 주몽이라는 인물의 활동과 이름 속에서 어느 정도 살펴볼 수 있다. 우선 그의 아버지인 해모수의 龍車가 수레라는 점에서 해모수의 활동은 청동기시대의 일반적인 전투 방식이었던 戰車에 기반을 두고 있다는 것을 알 수

49) 휴 터스톤, 전관수 옮김, 『동서양의 고전 천문학』, 연세대학교 출판부, 2010, 232 ~ 236쪽 요약 정리.

50) Emmeline M. Plunket, *ibid.*, pp. 2~23.

51) 주하윤, 『별점』, 김영사, 2004, 18~19쪽 참고.

있다. 반면에 주몽은 말목장에서 말을 키우고, 좋은 말을 잘 알아보는 안목을 갖고 있고, 말을 타고 활을 쏘는 사람이었다. 원래 말 타고 활 쏘는 방식은 청동기시대에 이은 철기시대의 산물이요, 철기시대에 만들어진 騎兵文化의 소산이다.

人類史的으로 보면, "최초로 軍事的 組織으로서 騎兵을 만들어낸 집단은 B.C. 1,200년 무렵 철기 문화를 바탕으로 메소포타미아 지역에 大帝國을 건설한 앗시리아(Assyria) 사람들이었다. 그러나 앗시리아 사람들은 새로운 전투 방식에 대해 보수적인 생각을 갖고 있었기 때문에 실제로 앗시리아에서는 騎兵보다는 戰車兵이 주력부대였다. 그 뒤 앗시리아의 騎兵 문화를 본격적으로 받아들여 대규모의 騎兵 부대를 유지했던 나라는 리디아(Lydia)였다. 그리고 리디아로 넘어간 騎兵 문화는 다시 古代 페르시아로 넘어갔는데, 페르시아의 아카메니드왕(Achaemenid)은 騎兵에 크게 의존했다."[52]고 한다.

중국의 경우는 造父가 周나라의 穆王(B.C. 1001 ~ 947)에게 말을 처음으로 선사한 것으로 알려져 있다. 이른바 말 문화가 이른 시기에 중국으로 전파되었다는 것을 알 수 있다. 造父는 우리에게는 千里馬를 알아본다는 伯樂으로 더 잘 알려져 있는 인물인데, 말을 선사한 덕분에 별자리로 남아 숭배되었다. 그런데 朱蒙의 이름과 造父의 이름을 보면 발음부터 서로 비슷하다. 그뿐만 아니라 朱蒙의 '朱'에 붉은 빛이 있고 造父의 '造'가 원래 '대장간의 화덕'이라는 뜻을 갖고 있는 점을 보면, 두 인물은 이름에서부터 상당히 유사한 점이 많다. 말 문화와 관련하여 볼 때 주몽이라는 이름이 造父와 비슷한 때 만들어졌을 가능성도 배제할 수 없다(주몽이 활을 잘 쏘는 사람이라는 뜻으로 쓰이게 되는 것은 6章의 '朱蒙과 帶素兄弟들의 사슴 사냥'을 보라). 朱蒙이라는 말이 원래 夫餘의 말에서 비롯되었다는 점에서 기본적으로 주몽 신화의 별자리들은 그 연대가 최소한 夫餘의 建國 時期와 맞물려 있다고 할 수 있다.

---

52) 아더 훼릴, 이춘근 역, 『전쟁의 기원』, 인간사랑, 1990, 85 ~ 110쪽 요약 인용.

5) 동서양 별자리의 형태적 특징

주몽신화에서 별자리로 선택해 놓은 대상들과 특정한 별자리를 좀더 확실하게 연결시키기 위해서는 별자리에 대한 형태적 분석도 함께 해야 한다. 특히 祭儀나 농사의 適期를 알려주는 역할을 하지 않는 별자리들은 순전히 그 형태만을 비교, 분석해야 하는 경우도 있을 수 있다. 그러나 앞서 살펴보았듯이 주몽신화에 있는 별자리들이 어디서 기원하는지 아직까지 정확히 판단할 수 없기 때문에 주몽신화의 별자리 형태를 비교, 분석할 때는 대표적인 별자리들인 중국 별자리와 서양 별자리들을 모두 참고할 수밖에 없다. 이런 점에서 미리 동서양 별자리들의 특징을 살펴보고 가면 좋을 듯하다.

古代 메소포타미아에서 처음으로 만들어진 서양 별자리[53]는 밝은 별을 중심으로 연결하여 만들어진 형태 중심의 별자리는 것이 커다란 특징이다. 한마디로 '별 중심의 별자리'요, '인류의 原型的 별자리'이다. 게다가 별자리들의 모양도 아주 크거나 길다. 서양 별자리 가운데 용자리나 바다뱀자리, 에리다누스(Eridanus)자리 등을 보면 서양 별자리들이 얼마나 크고 긴지 잘 알 수 있다. 그러다 보니 별자리와 별자리 사이도 아주 성글게 배치되어 있다. 예를 들어 恒顯圈에 배치된 동서양의 별자리의 숫자만 비교해 보아도, 이런 특징이 극명하게 드러난다(1章 2. 天帝와 恒顯圈에서 '恒顯圈과 별자리들의 序列' 참고). 서양 별자리는 이렇게 빈 공간이 많은 만큼 별자리들을 공간적으로 메워 주는 것이 인물과 동물들이고, 시간적으로 메워 주는 것이 신화라고 보면 된다.

---

53) 엄밀한 의미에서 constellation은 별들이 차지하고 있는 구획된 공간 개념이고, 우리가 흔히 선을 이어서 만들어놓은 것으로 알고 있는 별자리는 asterism이다. 그리고 별자리라는 말은 단순히 星座를 번역한 말에 불과하고, 동양의 古代天文學에서는 星官이라는 말을 주로 썼다.

그림 1.26 古代 메소포타미아에서 비롯된 서양 별자리

반면에 중국 별자리는 서양 별자리에 비해 작고, 별자리와 별자리 사이의 간격도 촘촘하다(앞의 天象列次分野之圖 참고). 그리고 중국 별자리들은 天子와 臣下로 이루어진 官僚制에 바탕을 두고 배치되었기 때문에 서양 별자리처럼 별자리에는 여러 가지 사연들, 즉 신화가 거의 존재하지 않는다.

그렇다면 중국 별자리는 왜 서양 별자리와 그렇게 다른 것일까?

대개 古代 이집트에서는 일출 직전 시리우스가 동쪽에 처음 떠오르는 것을 보고 나일 강의 범람을 예상했다는 것에서 알 수 있듯이 서양의 고대 천문학을 처음 만들어낸 古代 이집트나 古代 메소포타미아 지방에서는 자기 지역의 동쪽 지평선을 기준면으로 삼아서 별을 관측했다. 그렇다면 서양 별자리는 기준면으로 삼은 동쪽 지평선 위로 떠오를 때 나타나는 별들을 조합하여 만들어졌을 것으로 추정할 수 있다. 出沒星 별자리 가운데 앞뒤가 확실한 동물이나 사람으로 이루어진 서양 별자리들은 동쪽에서 떠오를 때 대개 얼굴 쪽이 하늘 쪽으로 향해 있는 것은 이 때문이라고 할 수 있다.

반면에 중국의 고대 천문학에서는 관측 방식과 관측 방향, 관측 기준면부터 완전히 달랐다. 古代 메소포타미아나 古代 이집트에서와 달리 古代 중국에서는 북쪽을 등지고 남쪽을 바라보며 별을 관측했다. 그러나 남쪽 하늘에서는 별이 수평으로 이동하기 때문에 하늘의 천정과 하늘의 북극을 연결한 가상의 선, 즉 子午線을 만들어놓고 정해진 시각에 子午線을 통과하는 별들을 관측했다. 중국 별자리가 잘게 쪼개지는 가장 큰 이유는 바로 여기에 있는 것 같다. 사정이 이렇게 때문에 애초에 신화의 내용을 반영하여 모양새를 갖추어 간 서양 별자리의 형상은 거추장스러운 대상일 수밖에 없다. 이런 점에서 중국 별자리들은 별자리라기보다는 비슷한 시간에 子午線을 통과하는 별들을 연결해놓은 별들의 묶음이거나 별들을 가지고 커다랗게 찍어놓은 좌표라고 보아야 더 정확할 것이다. 한마디로 서양 별자리가 '공간 중심의 별자리'라면, 중국 별자리는 '시간 중심의 별자리'라고 할 수 있다.

여기서 동서양 별자리의 형태적 특징을 파악하기 위해 서양 별자리 가운데 제일 긴 바다뱀자리가 子午線을 통과하는 모습을 한번 살펴보자.

대략 바다뱀자리가 子午線을 통과하는 데는 6시간 쯤 걸린다. 반면에 바다뱀자리에 해당되는 중국 별자리는 柳宿-星宿-張宿-翼宿-靑邱-平 등으로 쪼개져 있다. 결국 바다뱀자리는 2시간 정도 간격을 두고 잘려나가면서 전혀 새로운 별자리들로 만들어진다는 것을 알 수 있다. 去極度와 入宿度를 가지고 子午線을 통과하는 별의 상하 거리와 좌우 거리를 정확하게 잴 수 있는 뛰어난 별 관측 방식이 있었던 중국의 고대 천문학에서 보면, 바다뱀자리처럼 길고 덩치가 큰 별자리는 당연히 여러 개의 별자리로 쪼개져 새로운 별자리로 만들어져야 정상일 것이다(실제로 이 별자리들이 바다뱀자리를 잘라서 만들어졌다는 뜻이 아니다. 이는 전혀 별개의 문제이다).

인간이면 누구나 밤하늘에서 밝은 별을 우선적으로 골라낼 것이고, 이러한 별 관측 방식은 東西古今이 동일할 것이다. 중국 별자리가 크게 달라진 것은 중국 사람들의 눈이 다른 나라 사람들과 달라서가 아니었다. 중국 별자리가 서양 별자리와 그 모양새부터가 다른 이유는 子午線을 관측 기준선으로 하여 시간 중심으로 별을 관측했고, 별들을 객관적인 座標 속에 위치시킬 때 去極度와 入宿度를 활용해서 별자리를 새로 만들었기 때문이라고 보아야 한다.[54] 현대 천문학에서 별자리가 큰 의미가 없는 것처럼 중국의 고대 천문학 입장에서 보면, 밝기 중심의 별자리나 모양 중심의 별자리는 관측 지점의 지평선을 관측 기준면으로 활용하는 오래된 천문학의 한 흔적일 뿐이다.

결국 주몽신화를 만든 집단들이 중국의 고대 천문학처럼 子午線 관측을 활용하지 않았다면, 주몽신화의 별자리들은 기본적으로 子午線 통과 시간을 중시하는 시간 중심의 중국 별자리보다는 지평선을 관측 기준면으로 활용하면서 밝은 별을 중심으로 모양을 만들어간 공간 중심의 서양 별자리에 가까울 것으로 추정할 수 있다. 앞서 德興里 고분벽화에서 발견되었던 케페우스자리 모양의 별자리, 카시오페이아자리 모양의 별자리, 왕관자리 모양의 별자리들을 그 증거로 제시할 수 있을 것이다.

6) 주몽신화에서 별자리 찾는 방법

주몽신화에서 별자리를 찾는 가장 확실한 방법은 우선 주몽신화 가운데 별자리로 선택한 대상이 나오는 이야기 주변에서 祭儀나 농사의 適期처럼 특정

54) 黃道座標系를 사용했던 서양의 천문학에서는 恒星의 위치는 변하지 않는다(굳이 얘기하자면 春分點이 변하기 때문에 별들의 黃經은 변한다). 처음 만들어진 별자리를 굳이 새로 만들 필요가 없다고 할 수 있다. 그러나 赤道座標系와 유사한 座標系를 사용하는 중국의 천문학에서는 歲差運動 때문에 변하는 恒星들의 子午線 통과 순간의 去極度와 入宿度를 지속적으로 재야 했다는 점에서 보면, 시대에 따라서 새롭게 별자리들이 만들어질 가능성이 크다는 것을 알 수 있다.

한 시기와 관련된 내용이 있는지를 파악하는 것이다. 다음으로 그 대상이 나오는 이야기가 고구려의 특정 祭儀나 농사의 適期와 관련성이 있는 것이 확인되면, 그 대상을 별자리로 선택하여 동서양의 별자리 모양과 비교하여 그 대상이 어느 별자리인지 결정할 수 있다. 그러나 별자리로 선택한 대상과 수많은 별자리들의 모양을 모두 비교하는 것은 너무나 무모한 일이다. 실제로 古代人들에게 꼭 필요한 별이나 별자리는 우리가 밤하늘에서 볼 수 있는 수천 개의 별이나 수십 수백 개의 별자리가 아니었다.

대개 古代人들에게 별과 별자리가 중시된 근본 이유는 별과 별자리들을 통해 그 날짜를 미리 알아낼 수 있기 때문이다. 달력이 없던 古代人들은 축제날이나 농사의 適期 등을 정할 때 크게 다음과 같은 4가지 경우에 드는 별들에 특별한 관심을 가졌다.

① 일출 직전의 동쪽 하늘에서 별이 보이기 시작하는 첫날
② 일출 직전의 서쪽 하늘에서 별이 보이는 마지막 날
③ 일몰 직후의 동쪽 하늘에서 별이 보이기 시작하는 첫날
④ 일몰 직후의 서쪽 하늘에서 별이 보이는 마지막 날[55)]

이 네 가지 현상을 별을 중심으로 설명하면, ①번은 힐라이어컬 라이징(heliacal rising, 해뜰녘 뜨기)이라고 하고, ④번은 힐라이어컬 세팅(heliacal setting, 해질녘 지기)이라고 하고, ②번은 아크로니컬 세팅(achronical setting, 해뜰녘 지기)이라고 하고, ③번은 아크로니컬 라이징(achronical rising, 해질녘 뜨기)이라고 한다.

실제로 주몽신화를 만든 집단들이 중국의 고대 천문학처럼 子午線을 활용하지 않았다면, 이와 같이 지평선을 관측 기준면으로 활용하여 필요한 별을

55) 앤서니 애브니, 박병철 옮김, 같은 책, 79쪽 인용.

찾을 수밖에 없다. 위의 4가지 방식으로 필요한 날짜를 정할 수 있는 이유는 간단하다.

즉 지구가 해를 중심으로 1년 동안 공전할 때 겉보기로는 별들이 천구 위를 움직이는 것으로 나타나기 때문에 어느 공간에서 처음 본 별은 1년 뒤에 그 공간에 다시 나타날 것이다(별들이 처음 나타난 공간을 지나 다시 처음 나타난 공간으로 돌아오는 데 걸리는 기간을 통상 恒星年이라고 한다. 恒星年은 해가 春分點을 돌아 다시 春分點으로 돌아오는 太陽年과 비슷하다. 정확히 말하면 恒星年은 365.2564 恒星日이고, 太陽年은 365.2422 恒星日이다. 恒星日은 별이 지구를 한 바퀴 도는 데 걸리는 시간이다). 따라서 관측 시간과 관측 공간을 정해 놓으면, 필요한 시기를 알려주는 징표로 별과 별자리를 활용할 수 있는 것이다. 이렇게 특정한 祭儀의 시기나 농사의 適期 등을 미리 앞서서 알려주는 별을 표시 별(star-marker)[56]이라고 한다. 말하자면 미리 앞서서 알려준다는 점에서 앞잡이 별이라고 이름 붙일 수 있다.

이번에는 위의 방식을 어떻게 활용하는지 구체적으로 설명해 보자. 예를 들어 나일 강의 범람 시기가 다가왔다고 치자. 이 무렵이 되면, 큰개자리의 α(알파)별인 시리우스가 일출 직전에 동쪽 지평선 위에 처음으로 나타난다. 이때 큰개자리의 β(베타)별 무르짐(Murzim: 밝기 2.0)은 동쪽 지평선 위로 떠오를 때 시리우스보다 조금 앞에 떠오른다. 그래서 나일 강의 홍수를 좀 더 일찍 예고해 주는 별로 활용되었다. 무르짐은 실제로 예고한다는 뜻을 갖고 있다고 한다. 이때 필요한 별만을 기억하기보다 그 별을 포함하여 형태를 가진 별자리로 만들어놓으면, 쉽게 기억할 수 있을 뿐만 아니라 특정한 별이 뜨는 것을 더 일찍 그리고 더 쉽게 예상할 수 있다. 별자리는 망원경이 없던 옛날 사람들이 별을 시공간으로 확대해서 보는 매우 지혜로운 고안물인 셈이다.

---

56) Emmeline M. Plunket, *Op. cit*, 1903, p. 54.

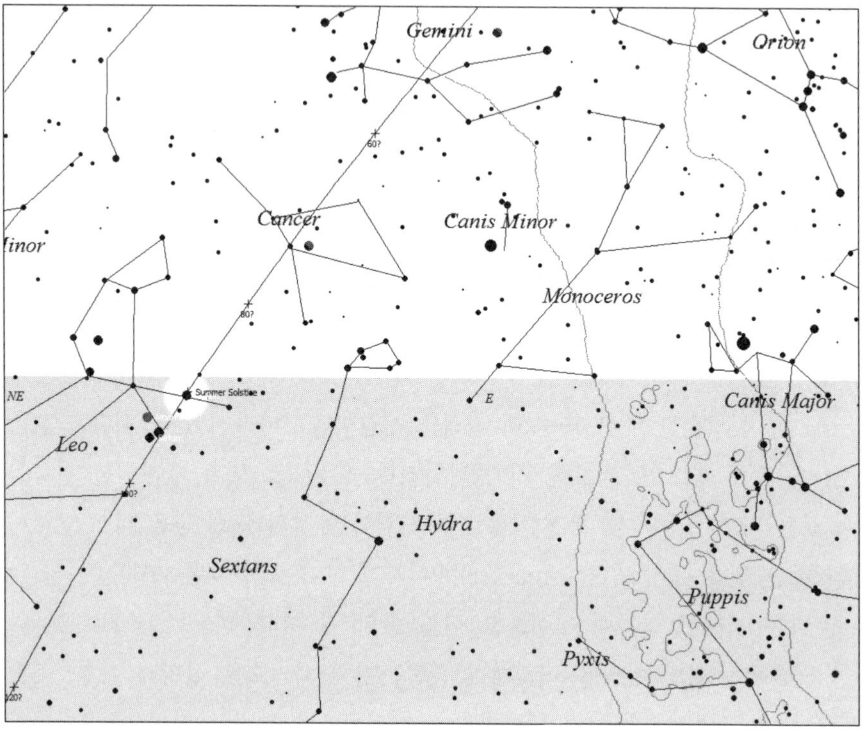

그림 1.27 B.C. 2000년 무렵 夏至 일출 직전 이집트 지역을 중심으로 했을 때 지평선 위로 떠오르는 큰개자리의 모습(수평으로 놓인 선은 지평선, 사선은 黃道, 여기서 지평선 아래는 실제로는 보이지 않음)

그러나 위의 4가지 방식이 적용되는 별들은 반드시 지평선 위로 떴다가 지는 出沒星이어야 한다는 것을 알 수 있다. 고구려를 포함한 우리나라 같은 中緯度 지역에서는 周極星과 出沒星들로 이루어지는 두 가지 형태의 별의 움직임이 나타난다. 따라서 주몽신화가 만들어진 中緯度 지역에서 가장 신성시한 恒顯圈에 있는 周極星을 별 찾기에 활용했을 가능성과 그 활용 방식 역시 반드시 따져보아야 한다.

周極星들은 지평선 위를 출몰하는 出沒星들과 달리 지평선 아래로는 절대로 내려오지 않는다. 그렇기 때문에 周極星들의 움직임을 활용하여 별을 찾을 때는 이 방식을 사용할 수 없다. 그렇다면 날짜를 정하는 데 周極星들은 어떤 방식으로 활용할 수 있을까?

결국 中緯度 지역에서는 북극성이 자리한 천구의 북극이 天頂에서 기울어져 있기 때문에 周極星들은 북쪽 지평선으로 가까이 다가오는 특징 ― 가장 가까이 북쪽 지평선에 다가올 때는 바로 子午線을 통과할 때이다 ― 을 활용했을 수밖에 없다. 따라서 북쪽 지평선을 하나의 기준면으로 삼고 각각의 周極星들 가운데 어느 계절에는 어느 별이 일출 직전 혹은 일몰 직후에 가장 가까이 북쪽 지평선에 떨어지는지 ― 말하자면 '별들의 터치다운(touch down)'이라고 할 수 있음 ― 를 결정하여, 그 별을 통해 농사의 適期와 祭儀의 날짜를 정할 수 있다. 出沒星과 마찬가지로 周極星을 이용하는 경우에도 관측 기준면(북쪽 지평선)을 정해놓기만 하면, 1년에 周極星들이 지평선을 가까이 터치다운하는 때는 반드시 일출 직전에 한번, 일몰 직후에 한 번씩만 나타난다는 것을 알 수 있다. 실제로 주몽신화에서 별들의 터치다운 방식이 쓰였는지는 앞으로의 분석을 통해 저절로 드러날 것이다.[57]

덧붙여 주몽신화를 만든 집단들이 필요한 별자리를 찾을 경우 古代 이집트처럼 일출 직전 동쪽 지평선을 이용했는지 아니면 일몰 직후 서쪽 지평선을 이용했는지도 예상해야 한다. 특히 서쪽 지평선을 이용하는 경우에는 동쪽 지평선에 떠올라 있는 별자리의 모양과 비교하면 방향에서 차이가 난다. 가령 우리나라 정도의 緯度를 가진 지역의 경우 동일한 별자리도 동쪽에서 뜰 때와 달리 서쪽으로 질 때는 시계방향으로 90° 정도 회전한 상태의 모양을 취한다. 이런 정도의 차이 때문에 별자리들의 모양이나 그 별자리를 부르는 이름들이 바뀔 가능성도 있다는 점도 반드시 따져보아야 한다.

57) 그러나 이러한 생각은 전혀 새로운 것은 아니다. 대개 고대 이집트에서 용자리의 일부 週極星들은 신전의 방향을 결정할 때 그 별들이 일출 직전에 떠오르는 순간에 활용되었는데, 歲差運動에 따라서 이 별들이 더 이상 周極星의 역할을 하지 못하면, 다른 周極星을 활용했다고 한다(J. Norman Lockyer, *The Dawn of Astronomy*, Dover, Publications, Inc., New York, 1964, pp. 155 ~ 166). 이런 점은 결국 周極星을 터치다운 방식으로 활용했다는 것을 분명히 말해 준다.

드디어 주몽신화에서 별 혹은 별자리라는 물고기를 잡아 올릴 수 있는 그물을 모두 만들었다. 앞으로 준비된 그물을 가지고 주몽신화 곳곳에 숨어 있는 별 혹은 별자리들을 하나하나 건져 올리면 된다. 그물을 드리울 곳은 어디인가? 지금까지의 분석 결과로 볼 때 그곳은 대체로 天帝의 통제 아래에 있는 恒顯圈과 恒顯圈 바로 아래쪽 구역 그리고 해와 달이 움직이는 黃道(혹은 白道)와 그 주변, 그리고 河伯의 통제 아래에 있는 은하수 구역과 그 주변 등이 될 것이다.

2章

'해모수와 柳花의 이야기'와 隧神祭의 밤하늘

1. 들어가기
2. '해모수와 柳花의 만남'과 隧神祭의 天文學的 相關性
3. '해모수와 柳花의 만남'의 神話的 本質
4. 隧神祭 무렵의 밤하늘에서 발견되는 별자리들
5. 隧神祭와 曆年의 출발점

1. 들어가기

일찍이 高句麗에서는 음력 10월 隧神을 맞이하는 隧神祭라는 天祭를 거행했다. 隧神祭는 동굴에서 隧神을 맞아들였다는 점에서 "地母神 思想에 바탕을 둔 穴居神을 숭배하는 祭儀"[1]로 파악하고 있다. 그러나 '왜 隧神祭가 음력 10월'에 벌어졌으며, '동굴에서 모신 隧神을 왜 다시 물가로 모시고 와서 祭祀를 지냈는가 하는 根本的인 문제'들은 지금까지도 제대로 해명되지 못하고 있다. 그뿐만 아니라 隧神祭처럼 음력 10월에 거행되었다는 東盟과는 어떤 관계에 있는지에 대해서도 뚜렷한 定說은 없는 듯하다.

隧神祭와 관련하여 朱蒙神話의 根源이 隧神祭에 있을 것이라는 주장이 잠깐 제기된 적은 있었다.[2] 상식적으로 볼 때도 고구려의 대표적인 天祭가 隧神祭였고, 고구려의 建國神話가 바로 주몽신화이기 때문에 둘은 어떤 식으로든 연결되어 있을 가능성이 크다. 그러나 그 뒤로 隧神祭와 주몽신화의 관계는 더 이상 천착되지 못했다. 그 이유는 아마도 隧神祭를 언급한 기록과 주몽신화의 내용에서 공통점을 찾기가 쉽지 않기 때문일 것이다. 그러다 보니 隧神祭는 古代의 祭天儀禮的 관점에서, 주몽신화는 神話的 관점에서 각각 연구되면서 둘의 관계가 더욱 소원해지게 된 것이 아닌가 한다.

그러나 祭儀와 神話가 동질적인 경험의 산물이라는 신화연구 태도를 받아들인다면, 둘의 관계는 좀더 긴밀하게 논의될 여지가 많다. 더구나 "隧神祭에서 모셔진 隧神이 바로 河伯女요, 柳花"[3]라고 한다면, 柳花가 등장하는 주몽신화와 隧神祭 사이에는 당연히 불가분의 관계가 존재한다고 할 수 있다. 이 章에서는 바로 '해모수와 柳花의 만남'을 음력 10월에 벌어진 隧神祭 무렵의 밤하늘과 관련해서 古代 天文學的 方法으로 분석함으로써 '해모수와 柳花의

---

1) 김화경, 『한국 신화의 원류』, 지식산업사, 2005, 70~72쪽 참조.

2) 李玉, 「朱蒙研究」, 『韓國史研究』 7집, 1972, 137쪽, "朱蒙神話의 根源을 發見할 수 있을까? 이 根源은 陰曆十月 神座에 木隧를 놓고 거행했다는 洞窟祭儀에 있으리라고 생각된다."

3) 김화경, 위의 책, 70~72쪽 참조.

이야기'가 곧 隧神祭를 神話化한 이야기요, 隧神祭가 곧 '해모수와 柳花의 이야기'를 祭儀化한 것임을 밝히고자 한다.

2. '해모수와 柳花의 만남'과 隧神祭의 天文學的 相關性

1) 龍車의 下降과 隧神祭의 時期

『三國志』에 보면 "都城의 동쪽에 큰 동굴이 있는데, 隧穴이라고 한다. 10월에 都城 안에 크게 모여 隧神을 맞아서 都城의 동쪽[4]으로 돌아와서 祭祀지내고 나무로 만든 隧神을 神坐에 앉힌다."[5]고 했다. 좀더 後代로 내려와 宋나라의 徐兢이 쓴 『高麗圖經』에서는 "10월에 거행하는 祭天大會를 東盟이라고 하는데, …… 지금은 10월 보름에 거행한다."[6]고 했고, 『宋史』에서는 "나라의 동쪽에 동굴이 있는데, 禭神이라고 부른다. 항상 10월 보름에 祭祀 지낸다. 이를 八關齋라고 한다."[7]고 했다.

이 기록들을 종합해 보면 隧神祭(혹은 東盟)는 高麗 時代에 이르러 佛敎의 영향 속에 八關齋라는 새로운 이름으로 불렸다는 것을 알 수 있고, 隧神祭의 거행 날짜가 최초에 언제였는지 몰라도 음력 10월 보름으로 바뀌었을 가능성을 시사한다. 한 마디로 隧神祭는 시간이 흐르면서 상당한 변모 과정을 거쳤다고 하겠다. 그러나 모든 기록을 통틀어 隧神祭가 음력 10월에 거행되었다는 점만큼은 틀림이 없는 듯하다.

---

4) 『魏略』(「高句麗條」)에는 "國東水上"이라고 하여 '水'가 들어가 있다. 해모수는 물의 神인 河伯이 사는 河伯宮에 가서 결혼식을 올렸기 때문에 동쪽 물가라고 하는 것이 더 정확한 말일 것이다.

5) 『三國志』, 「魏志東夷傳」, "其國東有大穴 名隧穴 十月國中大會 迎隧神 還于國東上 祭之 置木隧於神坐."

6) 『三國志』, 「魏志東夷傳」, "以十月祭天大會 名曰東盟 …… 其十月東盟之會 今則以其月望日."

7) 『宋史』 卷四百八十七, 列傳二百四十六, "國東有穴 號禭神 常以十月望日迎祭 謂之八關齋."

음력 10월이라면 양력으로 11월쯤 된다. 꽤 쌀쌀한 때이다. 그렇다고 해가 되살아난다는 冬至 때도 아니다. 隧神祭는 왜 좋은 계절을 다 놔둔 채 굳이 겨울로 접어들 무렵인 음력 10월에 거행해야만 했던 것일까?

古代 天文學的으로 주몽신화와 음력 10월에 벌어진 隧神祭가 밀접한 관계가 있다는 것을 밝히기 위해서는 우선 해모수가 하늘에서 타고 내려왔다는 '龍車'[8]의 正體부터 파악해야 한다. 대개 임금이나 높은 神格들이 타는 수레는 바퀴 주변에 구름이 서려 있다. 통상 이런 수레를 구름수레, 즉 雲車라고 부른다. 龍車 역시 상상의 동물인 龍이 끄는 수레로서 임금이나 높은 神格들이 타고 다니는 구름수레의 형태를 취하고 있다. 이 가운데 하늘의 최고 神인 天帝가 타고 다니는 수레를 특별히 임금수레, 즉 '帝車'라고 부르기도 한다. 그렇다면 일단 天帝의 아들인 해모수가 타고 내려온 龍車와 帝車 사이에 어떤 연관관계가 있을 것으로 추정해 볼 수 있다.

나아가 帝車는 단순히 수레만을 가리키는 것이 아니라 밤하늘의 대표적인 별자리인 '北斗七星'을 뜻하기도 한다. 실제로 中國 山東 嘉祥 武氏祠에 있는 漢나라의 畵像石을 보면, 龍의 모습을 한 구름이 감도는 北斗七星 안에 사람 하나가 근엄하게 앉아 있는데(그림 2.1 참고), 이 사람은 '天帝'로 알려져 있다.[9] 이런 점으로 보면 해모수의 龍車는 北斗七星과도 연관관계가 있을 것으로 추정할 수 있다.

龍車를 隧神祭와 관련된 별자리로 보면, 古代人들이 별과 별자리를 어떻게 활용하였는지 살펴야 한다. 대개 古代人들은 자신들에게 필요한 농사의 適期나 祭儀의 날짜를 정확히 찾고자 할 때 주로 별들의 힐라이어컬 라이징(Heliacal Rising)과 힐라이어컬 세팅(Heliacal Setting) 등을 활용했다. 그러나 이 방식이 적용되는 별들은 반드시 지평선으로 뜨고 지는 별, 즉 出沒星이

8) 주몽신화에서 龍車는 五龍車로도 나오는데, 이는 五行思想의 영향으로 보인다.

9) 信立祥, 김용성 옮김, 『漢代 畵像石의 世界』, 학연문화사, 2005, 215쪽.

어야 한다. 北斗七星은 出沒星 별자리가 아니고 사계절 내내 恒顯圈에 있으면서 지평선 아래로 떨어지지 않는 周極星 별자리이기 때문에 위의 방식을 활용할 수 없다. 따라서 다음과 같이 두 가지 방향으로 생각해 볼 수 있다.

그림 2.1 中國 山東 嘉祥 武氏祠 前石室 앞 천장 서쪽벽 제1층 畵像石의 한 부분

첫째, 우리나라나 옛날 고구려 같은 中緯度 지역에서는 北極星이 자리한 天球의 北極이 天頂에서 기울어져 있다는 점을 근거로 다음과 같이 추정할 수 있다. 즉 中緯度 지역에서는 北極星이 자리한 天球의 北極이 天頂에서 기울어져 있기 때문에 周極星들은 북쪽 지평선으로 가까이 다가오는 특징 — 가장 가까이 북쪽 지평선에 다가올 때는 바로 天頂과 북극성을 연결하여 이루어지는 子午線을 통과할 때이다 — 을 보인다. 이때 북쪽 지평선을 하나의 관측 기준면으로 삼고 각각의 周極星들 가운데 어느 계절에는 어느 별이 일출 직전 혹은 일몰 직후에 가장 가까이 북쪽 지평선에 떨어지는지 — 말하자면 '별들의 터치다운(touch down)'이라고 할 수 있음 — 를 결정하여, 그 별 혹은 그 별자리를 통해 농사의 適期나 祭儀의 날짜를 정할 수 있다. 왜냐하면 관측 기준면을 정해놓기만 하면, 1년에 周極星들이 지평선을 가까이 터치다운하는 때는 出沒星과 마찬가지로 일출 직전에 한번, 일몰 직후에 한 번 나타나기 때문이다.

실제로 지금도 北斗七星이 지평선 가까이 터치다운하는 때는 일몰 직후를 기준으로 하면 음력 10월 무렵이 넘어야 되고, 일출 직전을 기준으로 하면 음력 3월 무렵이 넘어야 한다(隧神祭의 날짜를 정할 때 일출 직전을 관측 시간대로 하지 않았다는 것은 앞으로 자연스럽게 밝혀진다).[10] 좀더 정확한 결과를 얻기 위해서 天文 시뮬레이션프로그램을 이용하여 고구려의 首都였던 國內城 지역 — 대체로 東經 126°, 北緯 41°[11] — 을 관측 지역으로 하고 B.C. 100년을 관측 시기로 해서 살펴보아도 北斗七星이 터치다운 할 때는 음력 10월 무렵으로 확인할 수 있다.[12] 이런 점을 근거로 龍車가 下降했다는 것은 음력 10월 무렵 일몰 직후 北斗七星이 북쪽 지평선을 터치다운한 모습을 신화적으로 표현한 말로 일단 추정해 볼 수 있다.

둘째, 음력 10월 무렵 일몰 직후의 밤하늘을 보면, 북쪽 지평선 위에 北斗七星이 터치다운하고 있을 때 남서쪽 지평선에는 모양이 거의 비슷한 南斗六星 — 사수자리(Sagittarius)의 일부 — 이 바투 붙어 있다(그림 2.2, 그림 2.3 참고). 南斗六星이 出沒星 별자리라는 점을 염두에 두면, 隧神祭의 시기는 南斗六星의 힐라이어컬 세팅으로 정했을 것으로 추정할 수 있다. 더구나 주몽신화에 등장하는 해모수는 해의 神이라고 했으니(註釋 15, 16 참고), 해모수가 타고 온 龍車는 北斗七星이 아니라 南斗六星을 가리킬 가능성이 좀더 확실해 보인다. 왜냐하면 北斗七星은 黃道에 있는 별자리가 아니지만, 南斗六星은 黃道 12宮의 하나로서 黃道에 있는 별자리이고, 일찍이 중국 신화에서 龍車는 해를 실어 나르는 수레로 알려져 있기 때문이다.[13] 형태면에서도 北

10) 古代 중국의 천문학에서는 터치다운을 활용하는 것이 아니라 일몰 직후 北斗七星의 자루인 斗柄의 움직임으로 사계절을 알았다. 대개 斗柄이 봄에는 동쪽, 여름에는 남쪽, 가을에는 서쪽, 겨울에는 북쪽을 각각 가리킨다.

11) 앞으로 주몽신화와 관련된 緯經度는 특별한 경우가 아니면 國內城을 관측 지역으로 한다.

12) 해모수와 柳花가 주몽의 생몰년(B.C. 58 ~ B.C. 19)보다 한 세대 앞선 인물이기 때문에 해모수와 柳花가 살던 때까지를 포함할 수 있는 B.C. 100년 무렵으로 잡으면 무난하다. 앞으로 주몽신화와 관련해서는 특별한 경우가 아니라면 이때를 기준으로 天文 시뮬레이션프로그램을 고정시킬 것이다.

斗七星과 南斗六星은 서로 비슷하여 모두 국자로 본다는 점에서 해모수가 실제로 타고 온 龍車는 北斗七星이 아니라 南斗六星을 가리키는 것으로 보아야 할 것 같다.

이런 점들을 근거로 할 때 음력 10월에 거행되는 隧神祭는 "일몰 직후 북쪽 지평선 위에 터치다운한 北斗七星을 대체적인 기준으로 삼으면서 南斗六星이 남서쪽 지평선 위에서 사라질 무렵으로 정했을 것"이라고 추정할 수 있다.[14] 한마디로 天帝의 아들인 해모수가 龍車를 타고 下降한다는 것은 隧神祭가 거행될 무렵 일몰 직후 南斗六星이 남서쪽 지평선에 걸린 밤하늘의 모습을 신화적으로 스케치한 이야기가 되는 것이다. 그러나 일몰 직후 北斗七星과 南斗六星이 지평선에 걸린 모습은 隧神祭의 대체적인 시기를 알려주는 징표이기는 하지만, 왜 이때 隧神祭를 거행하는지에 대한 해답까지 제시해 주지는 않는다.

---

13) 漢語大辭典, 『初學記』卷一引 『淮南子』: 爰止羲和 爰息六璃 是謂懸車. 注: "日乘車 駕以六龍" 後因以龍車 指日車.

14) 전통적으로 혹은 道敎에서 南斗六星과 北斗七星은 각각 삶과 죽음을 관장한다고 알려져 있다. 隧神祭가 거행될 무렵 일몰 직후 모양이 비슷한 두 별자리가 지평선에 바투 붙어 있다는 것은 이러한 관념의 바탕을 밝히는 데 하나의 해답을 줄 수도 있을 것이다. 또한 일부 高句麗 고분벽화에서 해, 달, 北斗七星, 南斗六星이 함께 그려져 있는 圖像의 本質이나 七星板의 本質 역시 隧神祭와 관련하여 새롭게 접근할 수 있다.

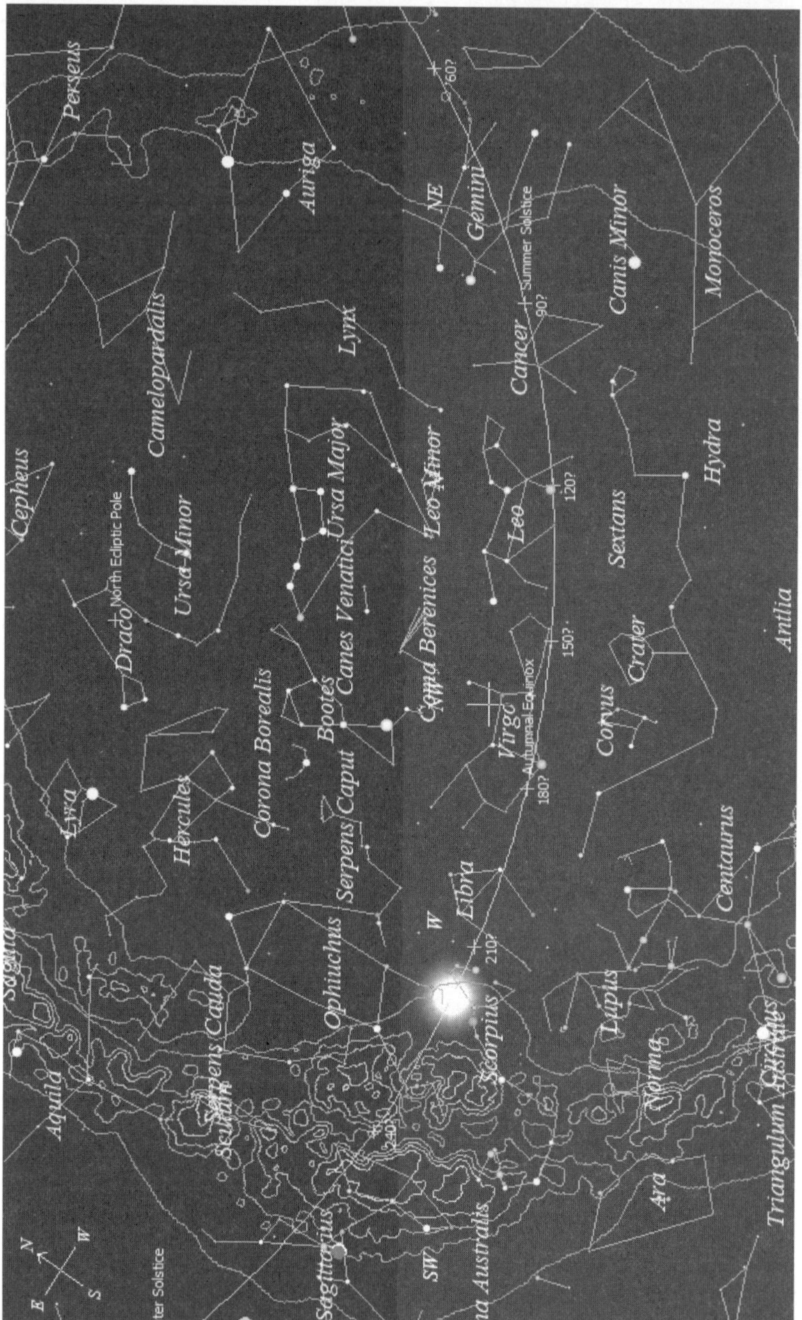

그림 2.2 隧神祭 무렵의 일몰 직후 南斗六星(Sagittaius)과 北斗七星(Ursa Major)이 지평선에 내려와 있는 모습(가운데에 있는 선은 지평선, 둥글게 걸쳐있는 선은 黃道, 지평선 아래는 실제로는 보이지 않음. 좀더 확대한 것은 그림 2.3 참조)

2) 해와 달의 움직임을 통한 隧神祭의 時期 추정

隧神祭의 거행시기가 음력 10월 무렵 일몰 직후 지평선 위에 걸린 北斗七星과 南斗六星의 모습으로 정해졌다는 점을 받아들이더라도, 隧神祭가 언제 정확하게 벌어졌는지는 알 수 없다. 대개 古代의 祭儀들의 경우 그 날짜를 정할 때는 달을 활용했다(예를 들어서 첫 초승달이 뜨는 날 등). 그렇다면, 龍車를 매개로 이루어지는 해모수와 柳花의 만남을 隧神祭가 벌어질 무렵 해와 달의 움직임과 관련해서 읽어 볼 수 있다.

주몽은 "해와 달의 아들"[15]이라고 했으니, "해모수는 해의 神이고 柳花는 달의 神임 알 수 있다."[16] 실제로 해모수는 이름에서부터 해의 흔적을 쉽게 찾을 수 있고, "아침이면 政事를 듣고 저녁이면 하늘로 올라간다(朝則聽事 暮卽升天)"는 해모수의 행동은 밤낮으로 이루어지는 해의 운행을 신화적으로 표현한 것이 분명하다. 반면에 柳花는 달의 神이라고 하지만 해모수만큼 분명하게 분석되지는 않았다. 그러나 해모수와 柳花가 각각 해의 神이고 달의 神이라고 했으니, 해모수와 柳花의 친밀한 만남은 음력 10월 隧神祭 무렵 해와 달의 움직임을 살펴보면서 새롭게 분석할 수 있다. 왜냐하면 해가 다니는 黃道와 달이 다니는 白道는 실제로 5° 9' 정도밖에 벗어나지 않기 때문이다.

> 城의 북쪽에 靑河라는 강물이 있다. 靑河는 지금의 鴨綠江이다. 河伯에게 아름다운 세 딸이 있었다. 첫째는 柳花, 둘째는 萱花, 막내는 葦花였다. (어느 날) 靑河에서 熊心淵 물가로 놀러 나갔다. 왕(해모수)이 딸들을 보고 左右에게 말

---

15) 「牟頭婁墓誌銘」, "日月之子 鄒牟."

16) 서대석은 해모수는 태양신이라고 하여 해모수가 해의 神임은 분명히 말했으나, 柳花는 달의 神이라고 직접적으로 말하지 않고 朱蒙은 달의 아들이라고만 했다. 그리고 閼英을 柳花와 동일하게 보면서 朴赫居世와 閼英의 만남을 해의 神과 달의 神의 결합이면서 天神과 水神의 결합이라고 했다. 결국 서대석 역시 柳花를 달의 神이라고 규정했다고 판단해도 될 것 같다(서대석, 「동북아시아 신화 속에서 본 한국신화의 정체성」, 『한국신화의 정체성을 밝힌다』, 지식산업사, 2008, 154 ~ 158쪽).

하기를 "얻어서 왕비를 삼으면 후손을 둘 것 같구나." 했다. 딸들은 왕을 보자 곧바로 물속으로 들어가 버렸다. 左右가 말하기를 "대왕께서는 어찌하여 宮殿을 지어 딸들이 들어가기를 기다렸다가 문을 닫지 않으십니까?" 하니, 왕이 그렇게 하마 하고 말채찍[馬鞭]으로 땅을 긋자 훌륭한 구리집[銅室]이 생겨났다. 그리고 방 가운데 세 자리를 마련해 놓고 술동이를 갖다놓자, 딸들이 각각 그 자리에 앉아 서로 권하며 술을 마시고 크게 취하였다. 왕은 세 딸이 크게 취하기를 기다렸다가 급히 나가 문을 닫아걸었다. 모두 놀라 달아났는데, 큰딸 柳花만 왕에게 붙들려 머물게 되었다.

河伯이 크게 노하여 使者를 보내 말하기를 "그대는 누구이기에 내 딸을 가두었는가?" 했다. 왕이 이 말을 전하기를 "나는 天帝의 아들이오. 지금 河伯의 집안과 혼인을 맺고자 하오." 했다. 河伯이 또 使者를 보내 말하기를 "그대가 天帝의 아들로 혼인을 청하고자 한다면, 마땅히 중매를 넣어야 할 것이다. 지금 내 딸을 곧 잡아가두니, 이는 실례가 아닌가?" 했다. 왕께서 부끄러워하며 장차 河伯을 보러 가기로 하고 (구리)집으로 들어가지 않았다. 이에 딸을 풀어주려 하매 그 딸은 이미 왕과 情이 들어서 떨어지려 하지 않고, 왕에게 권해 말하기를 "龍車가 있다면, 河伯의 나라에 이를 수 있습니다." 했다. 왕이 하늘을 가리켜 말하자 문득 龍車가 하늘에서 내려왔다. 왕과 그 딸이 함께 수레를 타고 갔다. 바람과 구름이 갑자기 일어나 그의 宮殿에 이르렀다.

우선 달의 神으로 알려진 柳花 자매들의 이름부터 살펴보면, 모두 물가에서 자라는 나무와 꽃에서 취해졌다는 것을 쉽게 알 수 있다. 이들이 물의 神인 河伯의 딸이라는 점에서 이것은 우연이 아닐 것이다.

柳花(버들꽃)/萱花(원추리꽃)/葦花(갈대꽃)

물가에서 자라는 식물과 관련된 이들 자매의 이름을 계절에 따라 연결해 보면, 봄에 피는 것은 버들, 여름에 피는 것은 원추리, 가을에 피는 것은 갈대이다. 결국 세 자매의 순서는 계절의 순서와 정확하게 일치한다. 그렇다면 이러한 계절 순서에 따른 특징들을 달의 순차적인 변화 국면과 관련시켜서 柳花

는 초승달, 萱花는 보름달, 葦花는 그믐달에 배당할 수 있다.17) 그러나 달은 초승달, 보름달, 그믐달이라는 세 국면의 형태로 동시에 나타날 수 없기 때문에 세 자매는 그 자체가 바로 차고 기우는 특징을 지닌 달의 징표로 보아야 할 것 같다.18)

다음으로 세 자매가 熊心淵으로 놀러 나왔을 때 해모수가 이들에게 욕심을 냈는데, "그 딸들이 왕을 보자 곧바로 물속으로 들어갔다."고 했다. 그러나 물가에 놀러 나온 세 자매가 다급하다고 해서 무작정 물속으로 피했다는 것은 아무리 신화적인 행동으로 보더라도 쉽게 납득하기 어렵다. 이 장면 역시 달의 움직임과 관련된 신화적 공간 속에서 해석해야 그 뜻이 분명해진다.

일단 여기서 해모수와 세 자매의 첫만남이 순간적으로 이루어졌다가 그친다는 것에 주목하면, 이 이야기는 달 가운데 출몰 시간이 짧은 초승달의 움직임을 반영하는 것으로 추정해 볼 수 있다. 그러나 그믐달 역시 출몰 시간이 짧기 때문에 잠시 판단을 유보해 두고 해모수와 柳花가 구리집[銅室]에서 술자리를 벌이는 이야기부터 분석해보자.

해모수가 세 자매를 구리집에 가두고 술자리를 벌였다가 柳花를 사로잡은 일이 무엇이었는지 文面만으로는 분명하게 드러나지 않는다. 그러나 『三國史記』에 실려 있는 주몽신화에서 柳花가 優渤水에서 金蛙를 만났을 때 "나는 河伯의 딸로 이름이 柳花입니다. 여러 형제들과 나들이를 나왔는데, 한 남자가 스스로 天帝의 아들 해모수라고 하면서 저를 熊心山 아래 鴨綠江가 집 안으로 꾀여 들어가서 私通(私之)하고 가더니 돌아오지 않습니다."19)라고 한 것을 보

17) 그 뒤 河伯이 柳花의 입술을 석 자로 늘리고 柳花를 優渤水로 쫓아버렸을 때 '奴婢 둘'을 딸려 보냈다고 했다. 여기서 두 명의 奴婢는 萱花와 葦花의 변형이라고 해야 할 것이다.

18) 차는 달, 보름달, 기우는 달 등 달의 세 국면을 3명의 女神으로 표현한 대표적인 例는 바로 마리엔바드(Marienbad)의 헤카테리온이다(에스터 하딩, 김정란 옮김, 『사랑의 이해』, 문학동네, 1996, 속표지 그림).

19) 『三國史記』高句麗本紀第一, 「始祖東明聖王琉璃王」, "於是時 得女子於太白山南優渤水 問之曰 我是河伯之女 名柳花 與諸弟出遊 時有一男子 自言天帝子解慕漱 誘我於熊心山

면, 해모수에 의한 柳花의 구리집 幽閉는 해모수가 柳花에게 가한 일방적인 私通이었음을 알 수 있다. 그러나 이 私通은 평범한 男女 사이의 단순한 私通이 아니라 "男神과 女神 사이에서 벌어지는 私通"이라는 사실을 주목해야 한다. 따라서 해모수의 柳花에 대한 私通 혹은 劫姦은 해의 神과 달의 神 사이에서 벌어졌다는 점에서 이들의 私通 혹은 劫姦은 古來로부터 豊饒와 多産을 기원하기 위해서 男女神 사이에서 행해졌던 '神聖婚(theogamy)'의 흔적임을 알 수 있다.

또한 고대 천문학에서는 두 天體의 會合을 私通 혹은 劫姦 등의 형태로 표현한다는 것을 참고하면,[20] 해모수가 세 자매를 구리집에 가두고 술을 먹인 뒤에 문을 닫아걸었을 때 '柳花가 사로잡혔다는 것'은 해와 달이 가장 가까이 있다는 것을 표현하는 것이라고 할 수 있다. 따라서 해모수와 세 자매가 함께 있는 이야기는 그믐날의 상황을 말해 준다고 판단된다. 그렇다면 그믐날의 상황을 좀더 분석해 보자.

누구나 알듯이 그믐날에는 해와 달이 서로 가까이 붙어 있다. 그래서 낮에는 햇빛 때문에 그 옆에 있는 달이 보이지 않고, 밤에 달이 보이지 않는 것은 가까이 붙어 있는 해와 달이 함께 지평선 아래로 넘어가기 때문이다. 물론 이러한 생각을 할 수 없었을 古代人들은 해와 달이 없는 그믐날의 상황을 그렇게 이해하지 않았을 것이다.

(熊神山)下鴨淥(鴨綠)邊室中 私之 卽往不返."

20) 동양의 고대 천문학에서 어느 天體가 어느 天體에 접근하는 것을 '凌'(정확히는 3分 이내로 접근할 때)이나 '犯'(정확히는 1度 이내에 접근할 때)이라고 하는 등 天體들의 접근을 劫姦의 형태로 표현하였다. 이러한 사실을 근거로 할 때 해모수와 柳花의 私通은 해와 달이 가장 가까이 접근하는 모습을 표현하는 것이라고 추정해낼 수 있다. 두 天體의 접근을 劫姦으로 표현하는 것은 다른 文明圈에서도 나타난다. 오스트레일리아의 원주민들 사이에서는 플레이아데스를 달에 사는 사내인 키딜리(Kidili)에게 겁탈을 당한 여자로 보는데, 실제로 플레이아데스는 黃道에 배치된 황소자리 옆에 있어서 黃道에서 멀지 않은 채 움직이는 달이 그 근방을 지나는 일이 발생한다.

하지만 古代人들도 새벽에 뜨는 그믐달에서부터 초저녁에 뜨는 초승달까지 달과 해의 거리를 며칠만 관측해 보면, 그믐날에는 해와 달이 가장 가까이 있을 것이라고 생각할 수 있었을 것이다. 즉 해와 달은 대체로 天球上에서 비슷한 길로 다니기 때문에 일출 직전 마지막 그믐달이 떴을 때 그 그믐달이 어느 별자리에 가까이 있는지를 기억하고 나서, 일몰 직후 첫 초승달이 다시 어느 별자리에 가까이 있는지를 파악한 뒤에 둘을 비교하기만 하면, 그믐날에는 해와 달이 가장 가까이 붙어 있을 것—이것을 合朔(conjunction)이라고 한다—으로 쉽게 추정할 수 있다.

아마도 古代人들에게 이보다 풀기 어려운 더 큰 문제는 그믐날에는 왜 달이 뜨지 않는가 하는 점이었을 것이다. 더구나 이 문제는 그믐날에 해와 달이 가까이 붙어 있을 것으로 추정하는 일처럼 해와 달을 관측한다고 알아낼 수 있는 문제가 아니다. 그렇지만 해가 넘어간 뒤에 어두운 그믐밤이 시작되기 때문에 그들 역시 해와 달이 최소한 지평선 아래에 있다고 생각했을 것으로 보는 것이 상식일 것이다. 이렇게 볼 때 그믐밤에 해와 달이 없는 것을 설명하기 위해 만든 이야기가 바로 해모수와 柳花 자매의 구리집 이야기였다고 추정할 수 있다. 왜냐하면 그믐밤에 해와 달이 함께 '외부와 차단된 집' 속에 들어가 있으면, 절대로 빛이 밖으로 새어나가지 않을 것임으로 '밤에는 빛이 없어 어둡고 달도 뜨지 않는 그믐밤의 특징'을 완벽하게 설명해낼 수 있기 때문이다.

이런 분석 결과를 가지고 볼 때 앞서 분석을 미루어 놓았던 이야기, 즉 熊心淵에 놀러 나왔던 세 자매가 해모수가 이들에게 욕심을 내자 '곧바로 물속으로 들어갔다'는 이야기는 그믐밤을 말해주는 구리집 이야기보다 앞에 배치되어 있다는 점에서 일출 직전에 출몰하는 그믐달의 모습을 신화적으로 만들어낸 이야기로 추정할 수 있다. 그리고 이 이야기 다음으로 이어지는 '해모수와 柳花가 龍車를 타고 河伯宮에 가는 이야기'는 세 자매의 熊心淵 나들이 이야기보다 뒤에 나오니, 당연히 초승달이 뜨는 날의 모습을 신화적으로 만들어낸 이야기가 된다. 실제로 그림을 보면서 다시 분석해 보자.

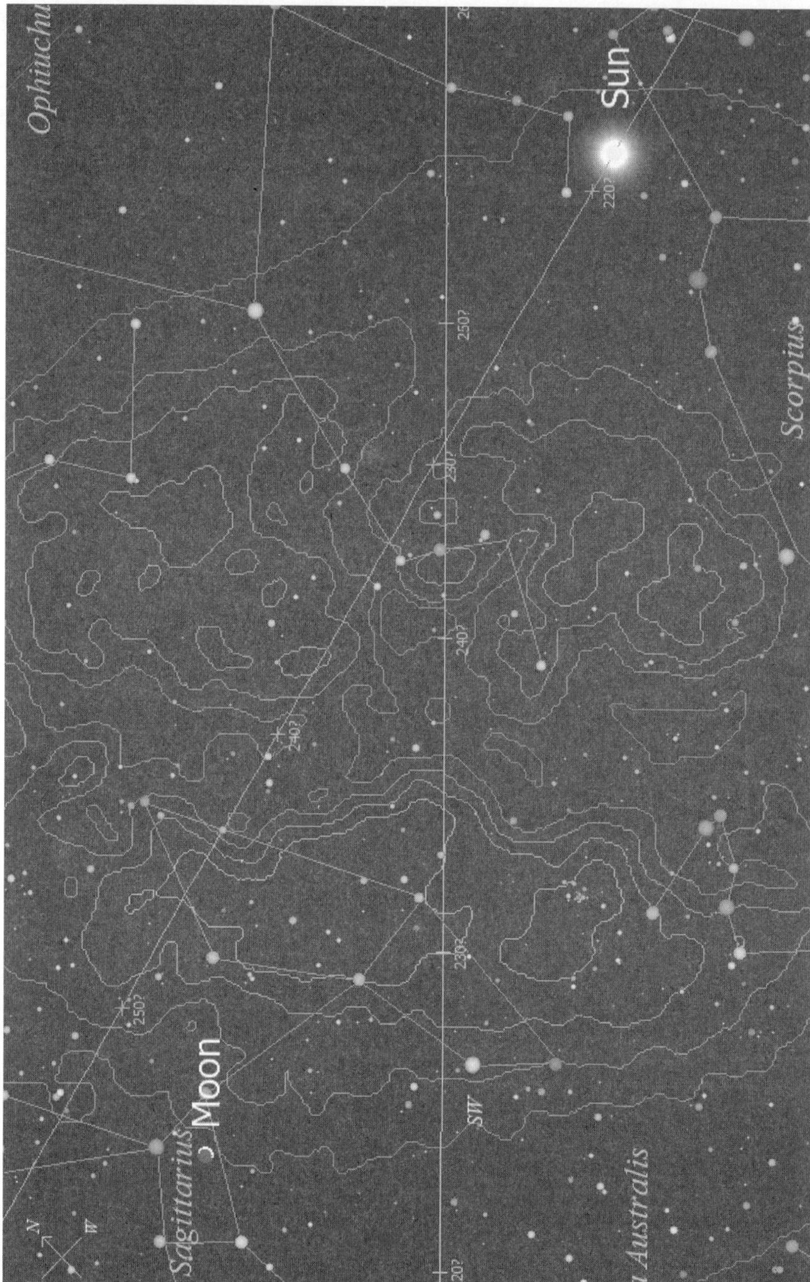

그림 2.3 B.C. 100년 隧神祭 무렵 일몰 직후 남서쪽 지평선 위에 초승달이 뜬 國內城 근방의 밤하늘(그림의 왼쪽 위로 은하수에 잠긴 南斗六星(Sagittarius)이 지평선 위에 가까이 다가와 있고, 그 안에는 초승달이 떠 있다. 수평선은 지평선이고, 사선은 黃道임. 지평선 아래는 실제로는 보이지 않는다.).

그림 2.3을 보면 일몰 직후 초승달은 은하수에 잠겨 있는 南斗六星 안에 있다(방금 말했듯이 會合(conjunction)이다).[21] 원래 龍車는 해모수가 타고 다니는 수레이지만 밤에 달이 南斗六星 속에 잠겨 있으니, 이것은 柳花가 龍車를 타고 있는 것이다. 柳花가 해모수에게 "龍車가 있다면 河伯의 나라에 이를 수 있습니다."라고 말하고 함께 龍車를 타고 河伯宮에 갔다는 것은 南斗六星에 잠긴 초승달의 모습을 근거로 만들어진 이야기라고 할 수 있다.

그렇다면 龍車를 타면 갈 수 있는 河伯의 나라는 어디에 있을까? 龍車는 南斗六星이라고 했으니, 당연히 龍車는 시간이 흐르면 지평선 아래로 내려갈 것이다. 따라서 河伯의 나라 혹은 河伯宮은 지평선 아래라는 것이 다시 한번 증명되는 셈이다.[22]

그림 2.3을 다시 보자. 얼마 뒤면 초승달은 南斗六星 속에 잠긴 상태에서 지평선 아래로 내려갈 것이다. 그리고 초승달은 먼저 지평선 아래로 내려간 해의 뒤를 따라갈 것이다. 그러나 지평선 아래로 사라진 초승달과 해의 모습은 절대로 볼 수 없으니, 어떤 상태인지 전혀 알 수 없다. 지평선 아래에서도 해와 달이 둘 사이에 거리를 두고 계속 가고 있을 것이라는 생각은 순전히 현대 천문학의 지식에 바탕을 둔 機械論的 생각이다. 과연 초승달이 사라진 밤에서부터 새벽이 되기 전까지 지평선 아래로 내려간 해와 달은 어디에 가 있는 것일까?

초승달이 지평선 아래로 사라지고 난 뒤에 이어지는 그날 밤은 달이 없다

---

21) 예를 들어 관측 시기를 B.C. 100년을 기준으로 하지 않고, 위로 20년 아래로 20년 쯤까지 天文 시뮬레이션프로그램을 돌렸을 때는 B.C. 100년처럼 南斗六星 속에 있는 초승달의 위치가 완전히 동일하지는 않다. 왜냐하면 달이 다니는 길인 白道는 黃道를 기준으로 해서 위아래로 움직이기도 하고 왼쪽오른쪽으로 움직이기도 하기 때문에 조금의 차이는 발생한다(그러나 별자리 하나가 바뀔 만큼은 아니니다). 이런 달의 운동을 '交點의 復歸(regression of the nodes)'라고 하는데, 그 週期는 대략 18.6년이다(휴 터스톤, 전관수 옮김, 『동서양의 고전 천문학』, 2010, 연세대학교 출판부, 34~35쪽 참조).

22) 이렇게 龍車가 南斗六星이라는 것이 밝혀지면, 河伯의 신화적 공간과 천문학적 공간은 1章에서 언급한 것보다 아주 쉽게 밝혀진다.

는 점에서 그믐밤과 똑같다. 그래서 "해모수와 柳花가 龍車를 타고 河伯宮으로 갔다."는 말은 해가 지고 초승달도 지평선 아래로 내려간 밤에 대한 설명이라고 할 수 있다. 왜냐하면 해가 구리집 속에 들어가 있으면 빛이 밖으로 새어 나오지 않듯이 해(해모수)와 달(柳花)이 차단된 통(龍車) 속에 실려 지평선 아래(河伯宮)로 가면 절대로 빛이 새어나오지 않을 것이기 때문이다.

河伯宮으로 가는 이야기 다음에는 해모수와 柳花가 河伯의 주선으로 河伯宮에서 결혼식을 올리고 첫날밤을 치르는 이야기가 나온다.

> 河伯은 드디어 (해모수가) 天帝의 아들이라 여기고 혼례를 치르기로 했다. 그런데 河伯은 왕이 자기 딸을 데리고 갈 마음이 없을까 두려워 음악을 베풀고 술자리를 마련하여 왕을 크게 취하게 했다. 그리고 河伯은 딸과 함께 작은 가죽가마[革輿] 속에 집어넣고, 이를 다시 龍車에 얹어서 하늘로 오르게 했다. 그러나 수레가 물을 빠져나오기도 전에 왕은 술에서 깨어나 딸의 황금비녀[黃金釵]를 취해서 가죽가마를 찌르고 구멍을 빠져나와 홀로 하늘로 올라갔다.

가죽가마[革輿]의 正體부터 살펴보자. 河伯이 둘을 가죽가마 속에 집어넣고 다시 그 가죽가마를 龍車에 실었다고 했으니, 가죽가마는 수레 위에 사람이 타도록 마련해놓은 설치물임은 분명하다. 해모수와 柳花는 무슨 특별한 곳에서 첫날밤을 치른 것이 아니라 바로 河伯宮으로 올 때 타고 왔던 龍車가 그대로 첫날밤 장소였다는 말이다. 따라서 '해모수와 柳花의 첫날밤 치르기' 역시 隧神祭가 벌어질 무렵 일몰 직후 초승달이 진 뒤에 해, 초승달, 南斗六星이 모두 지평선 아래의 어느 공간에 있는 것을 신화화한 이야기가 된다. 다시 말해 지평선 아래는 河伯宮, 해는 해모수, 柳花는 달, 南斗六星은 龍車로 바꾸어 놓고 각 天體들끼리의 물리적 공간을 없애버리면, 河伯宮(지평선 아래)으로 찾아간 해모수(해)와 柳花(달)가 가죽가마(南斗六星)에서 첫날밤을 치르고 있다는 神話的 상황이 만들어진다. 이제 둘의 결혼식 장면에 이어지는 해모수의 가죽가마에서의 탈출 장면을 분석해 보자.

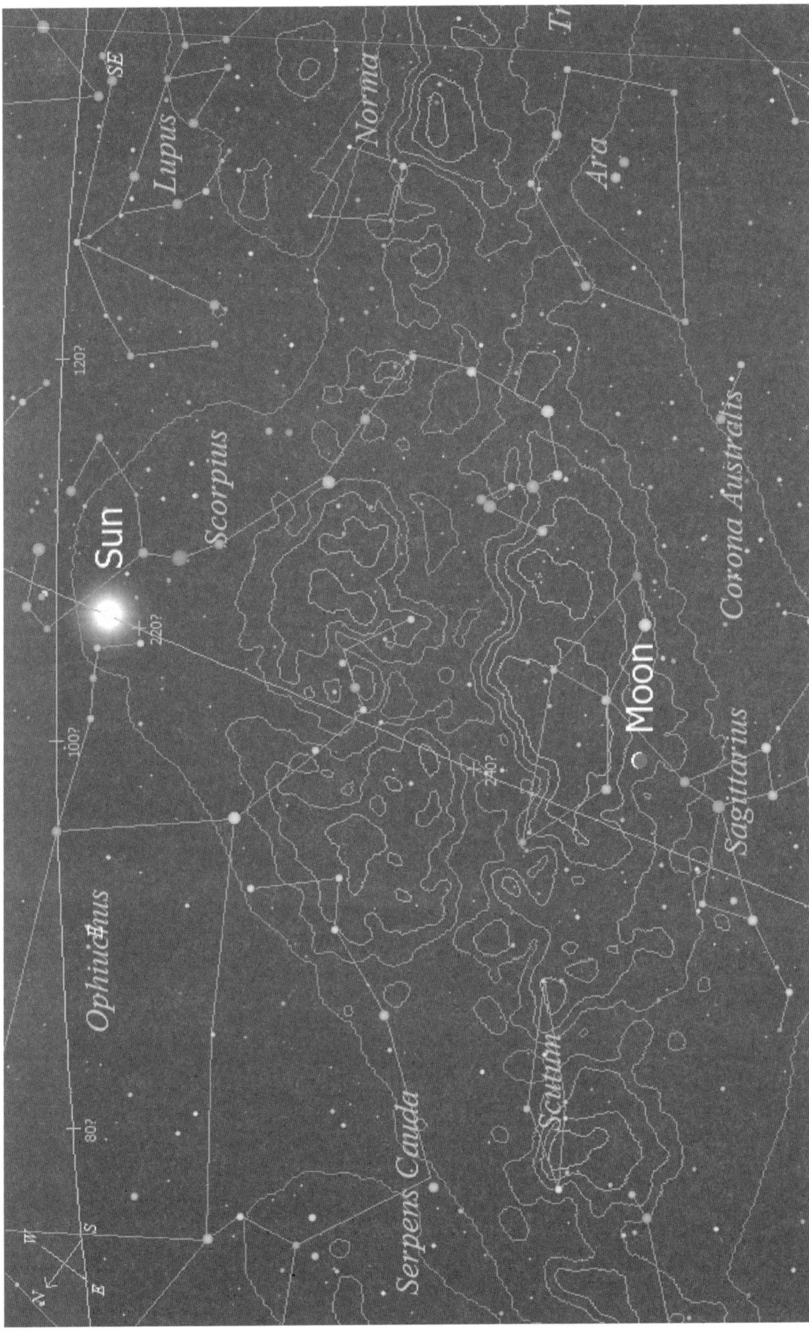

그림 2.4 隧神祭 무렵 첫 초승달 뜨는 날의 이튿날 일출 직전의 밤하늘(위로 약간 궁굴린 선은 지평선이고, 위에서 아래로 가로지르는 선은 黃道이다. 지평선 아래를 보면, 해는 전갈자리(Scorpius) 머리 부근에, 달은 더 아래에 있는 사수자리(Sagittarius) 부근에 있다).

그림 2.4를 보자. 새벽이기 때문에 해는 동쪽 지평선 아래에 잠겨 있고, 그 밑으로 초승달이 있고, 초승달 부근에는 南斗六星이 있다(물론 지평선 아래에서 벌어지는 이런 모습은 주몽신화를 만든 사람들은 절대로 보지 못한다). 얼마 뒤 해가 먼저 지평선 위로 솟아오르고 초승달과 南斗六星이 이어서 떠오른다. 그러나 떠오르는 초승달과 南斗六星은 지난밤과 달리 햇빛 때문에 전혀 볼 수 없다. 이러한 분석 결과를 토대로 해모수의 가죽가마에서의 탈출 장면을 아래와 같이 정리할 수 있다.

앞서 얘기했듯이 해가 넘어가고 이어서 초승달이 넘어간 밤에 해는 초승달과 함께 가죽가마라는 어두운 통 속에 있기 때문에 절대로 햇빛은 밖으로 새나갈 수 없다. 그런데 해는 새벽에 떠올라야 하기 때문에 가죽가마라는 어두운 통 속에서 빠져나와야 한다. 따라서 수레가 물에서 빠져나오기 전에 해모수가 황금비녀로 가죽가마를 찌르고 하늘로 올라갔다는 것은 隧神祭가 벌어지는 10월 무렵 초승달이 뜨는 날의 다음날 아침에 지평선 위로 해가 떠오르는 모습을 신화적으로 형용한 이야기로 판단할 수 있다. 결국 해모수와 柳花 세 자매의 첫 만남에서부터 해모수의 탈출까지의 이야기는 隧神祭 무렵 "그믐달이 뜬 날 → 그믐날 → 초승달이 뜬 날 → 초승날의 이튿날"로 진행되는 밤하늘의 모습을 신화적으로 스케치한 이야기가 되는 것이다.

3. '해모수와 柳花의 만남'의 神話的 本質

1) 구리집 생활의 性風俗的 意味

河伯이 해모수와 柳花의 구리집 생활을 비난한 것은 두 사람의 만남이 공식적인 결혼 절차 없이 벌어진 '私通'이었기 때문이다. 그러나 해모수와 柳花의 私通에 대한 河伯의 일방적인 비난은 실제로 뚜렷한 근거가 없어 보인다. 왜냐하면 고구려에는 당시 남자와 여자가 私通의 기간을 거치고 나서 결혼하는 性風俗이 실제로 존재하고 있었다는 것이 확인되기 때문이다. 唐나라 李延

壽의 『北史』와 晉나라 陳壽(233 ~ 297)의 『三國志』에 실려 있는 기록들을 살펴보자.

> 風俗에서는 淫亂한 것을 높이고도 부끄러워할 줄들을 모른다. 世俗에는 游女가 많은데, 남편으로 항상 정해진 사람[夫無常人]이 없다. 밤에는 男女가 함께 모여 놀면서 貴賤의 節度가 없다. 결혼할 생각이 있으면 男女가 서로 좋아하기만 하면 결혼하는데, 남자 집에서 돼지와 술을 보내면 그뿐이다. 婚姻 禮物을 보내는 예법이 없어서 혹시 財物을 받는 사람이 있으면 사람들은 이 일을 수치로 여겨 노비를 판 것처럼 생각했다.23)

> 婚姻을 할 때 말로 약속이 정해지면, 여자의 집에서는 큰 집 뒤에 작은 집을 짓는다. 이를 '사위집[婿屋]'이라고 한다. 날이 저물면 사위가 여자의 집 밖에 이르러 스스로 이름을 대고 무릎을 꿇고 여자와 함께 자기를 두세 번 하면, 여자의 부모가 이를 받아들이고 돈과 비단으로 되어 있는 작은 집으로 가서 자게 한다. 아이를 낳아 크게 자라면 아내를 데리고 本家로 간다.24)

여기서 특히 『北史』에 나타난 고구려 性風俗은 해모수와 柳花의 私通에 담긴 의미를 밝힐 수 있는 아주 중요한 端緖인 듯하다. 즉 고구려에는 游女가 많다는 점, 游女들에게는 '남편으로 항상 정해진 사람이 없다[夫無常人]'는 점, 결혼할 생각이 있으면 서로 좋아하기만 하면 된다는 점, 특별한 婚姻 禮物이 없고 기껏해야 돼지와 술을 여자 쪽에 보내면 된다는 점 등이다. 『北史』의 이러한 기록과 『三國志』의 내용을 종합해 볼 때 당시 고구려 여자들은 대체로 游女 생활

23) 『北史』 卷九十四 「列傳八十二高句麗」, "風俗尙淫 不以爲愧 俗多游女 夫無常人 夜則男女群聚戲 無有貴賤之節 有婚嫁 取男女相悅卽爲之 男家送猪酒而已 無財聘之禮 或有受財者 人共恥之 以爲賣婢."

24) 『三國志』, 「魏志東夷傳 高句麗條」, "俗作婚 言語旣定 女家作小屋於大屋後 名婿屋 婿暮至女家戶外 自名跪拜得就女宿 如是者再三 女父母乃聽 使就小屋中宿 傍頓錢帛 至生子而長大 乃將婦歸家."

을 하다가 공식적인 결혼식을 올렸다는 것을 알 수 있다.

주몽신화의 끝 부분을 이루는 琉璃王의 이야기에도 游女의 흔적은 분명히 나온다. 즉 琉璃는 어려서 탄환으로 물 긷는 아낙의 물동이를 깼다가 그 아낙에게 "아비도 없는 놈이 내 물동이를 쏘아 뚫어버렸구나!"라는 커다란 욕을 먹고 집에 와서 어미에게 자기 아버지는 누구냐고 묻는다. 이때 琉璃의 어미는 분명히 "너에게는 정해진 아버지가 없구나!(汝無定父)"라고 대답했다. 이에 琉璃가 울면서 "정해진 아버지가 없다면, 무슨 낯으로 사람들을 보겠습니까?"라고 반문하자, 그때서야 琉璃의 어미는 농담이라고 하면서 琉璃에게 "너의 아버지는 天帝의 자손이요, 河伯의 외손이다!(汝父天帝孫 河伯甥)"라고 알려 준다. 琉璃의 어미는 정해진 남편이 없이 생활했던 游女였던 것은 분명하다고 하겠다. 더구나 정해진 남편도 없이 游女로 살던 자신의 어미를 琉璃가 부끄러워했다는 것은 그 당시 고구려에는 공식적인 婚姻과 그렇지 않은 婚姻의 형태가 공존하고 있었다는 반증이기도 하다.

이러한 性風俗의 흔적은 僞作 논란이 가시지 않은 『花郞世紀』에도 나온다. 즉 "郞頭의 딸은 모두 仙門 ― 花郞의 집단 ― 에 들어갔는데, 이를 奉花라고 한다고 했다. 또 그곳에서 생활하면서 위(花郞을 말함)로부터의 사랑을 얻지 못하면 시집을 갈 수 없어서 다투어 青禮를 올리고 남편을 삼았다고 했다. 이에 사랑을 얻은 사람은 奉露花라고 하고, 자식을 낳은 사람은 奉玉花라고 한다."고 했다.[25] 여기서 奉花는 곧 游女와 같다는 것을 알 수 있다. 사실 이러한 性風俗은 古代로부터 보편적으로 있었던 神聖婚의 遺習으로서 高句麗 등에만 국한된 것은 아니다. 일찍이 그리스의 歷史家 헤로도토스(Herodotos, B.C. 5세기 무렵)는 "바빌로니아의 여성들은 누구나 일생에 한번은 밀리타(이슈타르) 신전 앞에서 외갓 남자와 동침을 하는 풍습이 있었다."[26]고 하여 神聖婚에 대한 기

25) 金大問, 이종욱 역주, 『花郞世紀』, 소나무, 2005, 306쪽, "郞頭之女皆入仙門 名曰奉花 不得上幸 則不能歸家 故爭爲青禮而媚之 得幸者曰 奉露花 生子者奉玉花."

26) 파울 프리샤우어, 이윤기 옮김, 『세계풍속사』(상), 까치, 1991, 33~62쪽.

록을 분명히 남기고 있다.

이런 점들을 참고할 때 世俗에서 많다는 *游女*란 나쁜 뜻이 아니라 공식적인 결혼을 하지 않은 채 동시에 여러 남자들과 연애관계를 형성하는 여자들을 가리키는 말인 듯하다(이와 비슷한 性風俗은 현재 중국의 사천성(四川省)과 운남(雲南)의 경계지역에 있는 노고(瀘沽)의 마사인(摩沙人)들 사이에도 존재한다.[27]). 여기서 중요한 것은 고구려에서 *游女*들의 행동이 절대로 비난을 받지 않았다는 점이다. 도리어 남녀의 연애관계를 공식적인 결혼으로 전환시킴에 있어 지나친 예물을 주고받는 일이 수치로 여겨졌다면, 『北史』의 기록은 高句麗의 당시 性風俗을 제대로 반영한 이야기로 보아야 한다. 이러한 고구려의 性風俗을 통해서 해모수와 柳花의 만남에 담긴 신화적 의미를 다음과 같이 정리할 수 있다.

즉 柳花의 구리집 생활이 柳花가 해모수와 연애관계를 형성하는 *游女*가 되었다는 뜻이라면, 해모수를 만나기 전의 柳花는 *游女*의 단계에 이르지 않은

27) 劉達臨, 강영매 등 역, 『중국의 성문화』상, 범우사, 2000, 176~178쪽, "마사인은 아주혼을 실행하는데, '아주(阿注)'는 즉 연인이라는 뜻이다. 아주혼의 특징은 남자가 여자를 취하지도 않고, 여자도 시집을 가시 않으며 남녀 쌍방이 각각의 어머니 집에 기거하며, 아무도 상대방의 가족 구성원이 되지 않는다. 남자가 밤중에 여자의 집에 가서 밤을 지내면, 즉 혼인의 성행위를 통과하면 되는 것이다. 물론 아주관계는 단지 성생활의 관계일 뿐이고, 통상적 의의의 법률로 허가된 부부관계는 아니다. 남아주는 여아주 집에서 밤을 지낸 후에 그 다음날 일찍 다시 자신의 집으로 돌아와 노동을 하게 된다. 만일 자녀를 낳으면 여자 측에서 부양을 하고 남자 측에서는 자녀를 부양할 책임이 없다. 아주 관계는 아주 자유스럽게 맺어지며 가문이나 봉건 관념, 연령, 사회 지위 등의 제한을 받지 않고 또한 법률적 속박도 받지 않는다. 마사 청년들은 일반적으로 18세 전후로 아주관계를 맺는다. 남녀 쌍방은 노동을 할 때나, 명절 등의 경우 서로 뜻이 맞으면 곧 시간, 암호를 정하고 남자 측에서 여자가 정해준 곳으로 가서 신발을 문 앞에 벗어두고 자신은 이미 이 집 남자가 되었음을 표시한다. …… 이러한 혼인방식은 번잡한 혼례방식이나 어떠한 강압적인 요소 없이 완전히 쌍방의 애정변화에 따라서 진행된다. …… 마사인들은 일생에 몇 명, 심지어는 10명 이상의 아주와 관계를 맺기도 한다. 그들은 한 시기에 고정적인 아주 한 명을 가질 수도 있고, 또한 서로 서로 마음이 맞는 임시 아주 몇 명을 가질 수도 있다."

處女神일 것이다. 따라서 柳花가 구리집에서 해모수와 私通했다는 것은 '處女로서의 柳花'가 '受胎의 능력을 가진 游女로서의 柳花'가 되었다는 말이다. 이는 한 여성의 입장에서 보면, 차고 기우는 달의 原理를 터득함으로써 비로소 자신의 몸 속에 생명을 잉태하게 만드는 능력을 가진 女神이 살기 시작했음을 확인하고 에로스(Eros)적 존재가 된 것에 감사하는 일이라고 할 수 있다. 이것이 바로 柳花가 치러야 하는 구리집 생활의 神話的 本質인 듯하다.

2) '해모수와 柳花의 만남'을 통해 본 隧神祭의 절차

여자를 기준으로 했을 때 고구려의 性風俗이 '游女 생활 → 결혼식'의 과정으로 전개되었다면, 隧神祭의 절차 역시 크게 보아 '해모수와 柳花의 구리집 생활'과 '해모수와 柳花의 河伯宮 결혼식'으로 이루어진다고 정리할 수 있다. 즉 隧穴에서 隧神을 맞는 일은 해모수와 柳花의 구리집 생활에 해당되고, 물가로 가서 木隧를 앉히는 儀式은 河伯宮에서의 결혼식에 해당된다고 추정할 수 있다(실제로 순전히 물속에 들어가서 祭儀를 치를 수는 없을 것이기 때문임). 그럼 이 점을 隧神祭가 거행될 때 해와 달의 움직임을 통해서 다시 한번 증명해 보자.

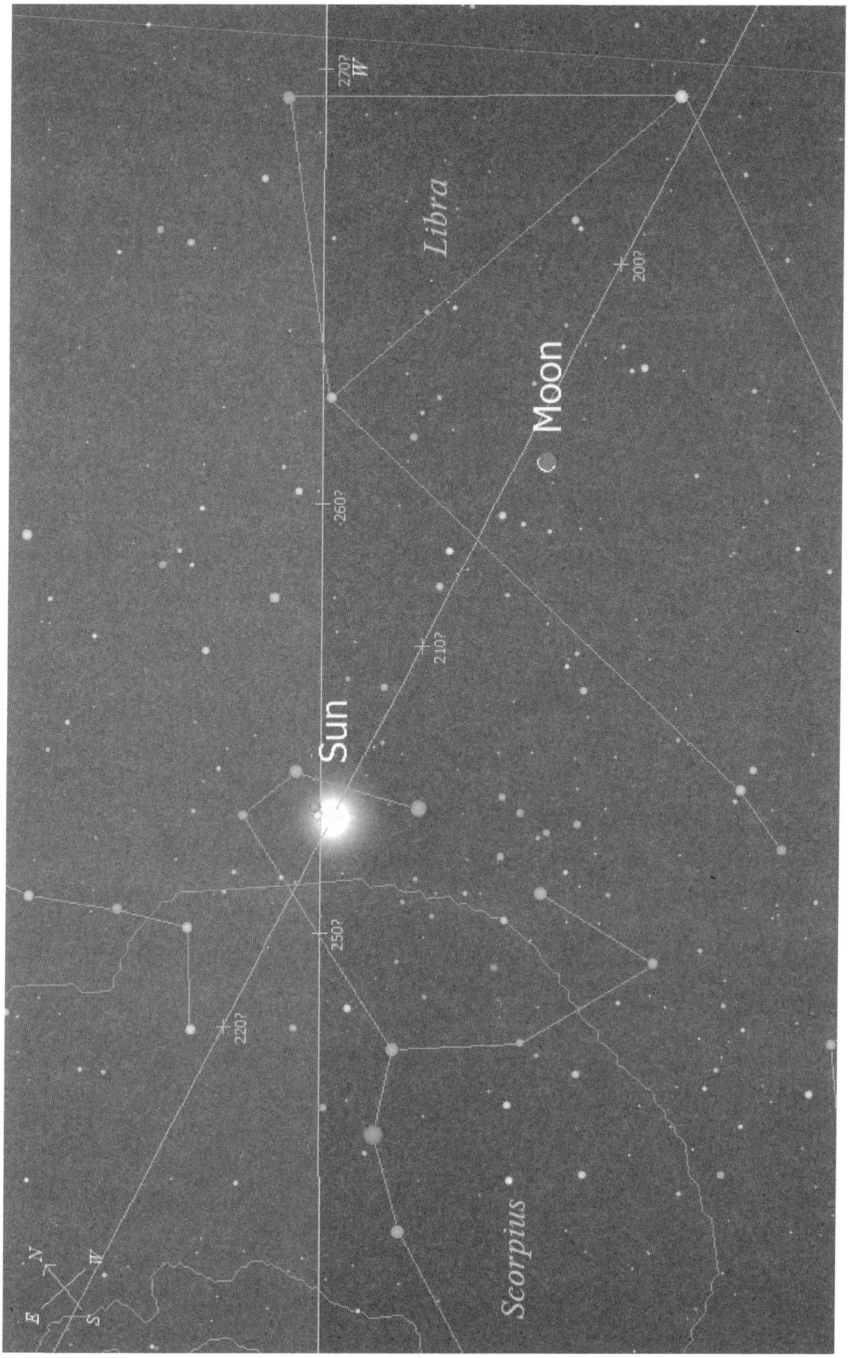

그림 2.5 B.C. 100년 隧神祭 무렵 그믐 일몰 직후(지평선과 사선의 黃道가 만나는 곳에 해가 있고, 지평선 아래에는 천칭자리(Libra)가 있고 그 안에 그믐날의 달이 있다).

그림 2.5는 음력 10월 무렵 일몰 직후 그믐날에 나타난 남서쪽 밤하늘의 모습이다. 이 그림을 보면, 해는 지평선에 걸려 있고, 달은 지평선 아래로 내려간 천칭자리(Libra) 속에 있다. 물론 이런 모습을 눈으로 볼 수 없지만, 앞서 말했듯이 하루 이틀 전에는 그믐달이 떴고, 그믐이 지난 뒤에 초승달이 떠오르는 관측 경험을 통해 천칭자리 속에 달이 있다는 것, 즉 초승달과 천칭자리가 會合한다는 것은 쉽게 추정할 수 있었을 것이다.

그림 2.5에서 보듯이 해가 지평선 아래로 내려가면 조만간 저녁 햇빛이 펴질 것이다. 이때 관측자의 눈에는 햇빛 때문에 서로 가까이 있는 달과 천칭자리는 보이지 않지만, 해 바로 옆에 달과 천칭자리가 있다는 것은 관측 경험을 통해 알 수 있다. 따라서 주몽신화를 만든 사람들도 그 해가 천칭자리에 있는 달을 향해 자신의 빛을 쏟아 부을 것, 즉 해와 달과 천칭자리가 會合을 하는 것으로 판단했을 것이다. 그리고 조금 뒤면 해가 지평선 아래로 내려간다. 이때 실제로는 해와 천칭자리 속에 있는 달 사이의 거리는 줄어들지 않지만, 이것을 볼 수는 없다. 결국 밤에 지평선 아래로 넘어간 해와 달이 천칭자리 속에서 會合하는 것은 신화적으로 보면 해모수가 곧장 柳花가 있는 구리집으로 들어가서 柳花를 幽閉시키고 私通하는 것이라고 할 수 있다.[28)]

나아가 하늘과 땅을 동일시하는 相應(correspondence)의 원리에 따라서 저녁 햇빛이 비쳐드는 천칭자리를 地上에 구조물로 만들어 구현한다고 생각하면, 隧神祭를 거행할 때 隧神을 맞이하던 隧穴이 바로 천칭자리이자 구리집이라고 추정할 수 있다. 현재 隧神祭와 관련해서 널리 알려진 곳은 두 군데가 있다. 하나는 國內城 동쪽으로 17km 쯤 되는 압록강가에서 400m 쯤 올라가면 나오는 國東大穴이고, 다른 하나는 거기에서 다시 100m 가량 북서쪽으로 올라가면 있는 通天窟이다. 이 가운데 國東大穴은 동남쪽으로 향해 있고, 通天

28) 세종 때 천문학자인 李純之(? ~ 1465)가 편찬한 『天文類抄』에 보면, 천칭자리에 해당되는 氐宿를 가리켜 "왕비의 집이요, 허리띠를 풀고 쉬는 방으로 앞의 두 별은 正室이고, 뒤의 두 별은 妾이다(曰 后妃之府 休解之房 前二星適也 後二星妾也『天文類抄』上)"라고 했다. 역시 천칭자리가 남녀의 잠자리와 관련하여 설명되고 있음을 확인할 수 있다.

窟은 서남쪽을 향해 있는 것으로 알려져 있다. 구리집은 저녁빛을 받아들여야 하니, 通天窟이 천칭자리요, 구리집임을 알 수 있다.

通天窟이 구리집이라는 것은 하늘과 땅을 동일시하는 相應의 원리로 살펴보아도 간접적으로 확인할 수 있다. 즉 눈으로 관측하여 만든 朝鮮朝의 天象列次分野之圖를 보면 천칭자리(氐宿)는 은하수가에서 떨어진 채 그려져 있다. 반면에 『三國遺事』의 기록에서 해모수는 熊神山 아래 '鴨綠江가의 집' 안으로 柳花를 꾀어 들어가 私通했으니, 압록강가의 집으로 표현된 구리집은 강가에서 조금 떨어져 있다는 것을 알 수 있다. 은하수가에서 조금 떨어져 있는 천칭자리와 압록강가에서 조금 떨어져 있는 通天門의 相應 관계로 볼 때 通天門이 바로 구리집이라고 추정된다.

반면에 國東大穴, 즉 隧穴의 존재는 고구려의 性風俗과 관련해서 추정해 낼 수 있다. 즉 구리집 생활은 柳花가 游女가 되는 것을 뜻하기 때문에 隧穴은 당연히 구리집 생활을 하기 이전의 柳花, 다시 말해 해모수를 만나기 전의 處女인 柳花와 관련된다고 보아야 한다. 따라서 隧穴은 子宮의 상징이요, 아직 孕胎를 경험하지 않은 處女神인 柳花의 상징이라고 보아야 할 것이다.29) 이른바 隧穴에서 隧神을 맞았다는 것은 隧穴에 미리 안치해 두었던 木

---

29) "주대(周代) 이후 수천년 동안 중국인은 남자와 여자의 조상을 각각 조(祖)와 비(妣)라고 불렀다. 또한 상대(商代)의 복사(卜辭)를 연구한 사람이 은상(殷商) 시대에 조(祖), 비(妣)는 항상 각각 남성이나 여성의 이름에 사용되었음을 밝혔다. 이 두 글자는 남성의 생식기와 여성의 생식기 모양을 본뜬 상형자로, 그 기본적인 의미가 수컷과 암컷에서 전의(轉義)된 것이기 때문에 남성과 여성을 나타내는 표지가 되었고, 또한 남녀 조상을 대신해서 부르게 되었다. 이 점에서 옛사람들의 관념 속의 비밀을 발견할 수 있다. 즉 그들은 일찍이 남녀의 생식기와 남녀의 조상을 동일한 것으로 간주했거나, 혹은 남녀 조상의 숭배가 실제로는 남녀 생식기 숭배에서 비롯되었다는 사실을 알 수 있다."(柳達臨, 강영매 등 역, 『중국의 성문화』상, 범우사, 2000, 120쪽)라고 했다. 따라서 원래 生殖神은 곧 祖上神이기도 하다. 東盟이라는 말 역시 이런 맥락에서 이해할 수 있다. 東盟은 隧神祭를 거행하면서 동쪽으로 가서 서로 맹세한다는 뜻에서 나왔을 것이다. 왜냐하면 隧神祭는 해모수와 柳花를 祖上으로 하는 하나의 자손들이라는 意識을 통해 이들을 하나로 묶어주는 일을 했을 것이기 때문이다. 아마도 주몽이 夫餘를 탈출하고 고구려를 세우고 살 때는 당연히 隧神

隧, 즉 柳花의 나무 형상을 通天窟로 들고 들어가서 안치한 뒤에 저녁 햇빛을 받아들여 木隧, 즉 柳花의 나무 형상을 잉태시키는 과정을 말하는 것으로 해석된다.

隧神祭에서 진행되는 두 번째 祭儀는 물가에서 진행된다. 그 이유는 해모수와 柳花의 결혼식이 거행된 河伯宮이 물속에 있기 때문일 것이다. 그러나 실제로 물속으로 갈 방법은 없기 때문에 물가에 木隧, 즉 柳花의 나무 형상을 神座에 앉혀 모셔 두고 해모수와 柳花의 河伯宮 결혼식을 거행했을 것이다. 앞서 河伯宮으로 가는 이야기는 초승달이 뜨는 날의 이야기라는 점을 가지고 볼 때 물가에서 이루어지는 두 번째 祭儀는 그믐날을 지나 일몰 직후 초승달이 뜨는 저녁에 진행되었을 가능성이 가장 크다.30)

祭를 거행할 때 해모수와 柳花를 祖上神으로 모셨을 것이다. 그러나 주몽이 죽은 뒤에는 고구려에서 주몽을 祖上神으로 모셔야 했을 것이기 때문에 隧神祭에서 자신들의 祖上神으로 해모수를 빼고 주몽과 柳花를 모신다면 모순이 발생한다. 왜냐하면 이렇게 되면 주몽과 주몽의 어머니인 柳花가 부부 사이가 되기 때문이다. 그러나 이러한 모순은 사실 주몽이나 해모수나 柳花를 단순히 역사적 인물로 볼 때 발생하는 모순일 뿐이지 이들을 神의 개념으로 보면 그러한 모순은 큰 의미가 없다. 고구려에서는 "두 神廟를 만들고 각각 따로 扶餘神과 扶餘神의 아들인 高登神을 모셨는데, 각각 河伯女와 朱蒙이다."(『北史』, 「烈傳高麗條」, "有神廟二所 一曰 扶餘神 刻木作婦人之像 一曰 登高神 云是其始祖扶餘神之子 竝置官司 遣人守護 蓋河伯女與朱蒙云.")라고 했다. 여기서 河伯女는 주몽을 직접 낳은 柳花이면서 달의 神인 柳花일 것이고, 주몽은 해모수와 柳花 사이에서 태어난 아들이면서 죽어서 해의 神으로 승격된 주몽이라고 보아야 할 것 같다(이에 대한 자세한 분석은 6章 참고). 따라서 "隧神祭와 東盟은 동일한 祭儀에 대한 다른 이름"이라고 보아야 한다.

30) 해모수는 처음 하늘에서 내려와 熊心山에서 10일 가량 머물고 비로소 내려왔다(止熊心山經十餘日始下)고 한다. 해모수가 10일 가량 머물고 내려왔다는 것은 다음과 같이 추정해 볼 수 있다. 즉 해모수와 柳花의 첫만남에서부터 河伯宮 결혼식까지의 이야기는 그믐날부터 그믐밤을 지나고 다시 초승달이 뜨는 때까지의 이야기라고 했다. 그러나 사실은 초승달과 그믐달의 경우 어느 날까지 뜨는 달을 초승달과 그믐달이라고 단정하기는 힘들기 때문에 그믐에서 초승까지의 날짜를 정확하게 재기는 쉽지 않았을 것이다. 따라서 전체적으로 볼 때 며칠 정도의 날짜는 추가될 수 있다고 보아야 한다. 이렇게 볼 때 해모수가 熊心山에 머문 10일은 대체로 그믐달 뜨는 때부터 초승달 뜨는 때까지의 기간이 아닐까 추정해 볼 수 있다.

4. 隧神祭 무렵의 밤하늘에서 발견되는 별자리들

1) 龍車[南斗六星] 부근에 있는 별자리들

이제 그물질을 하듯이 해모수와 柳花의 이야기에 나오는 대상들을 별자리로 건져 올릴 수 있다. 우선 처음 柳花 자매들이 물가에 놀러 나왔을 때 이를 본 해모수가 욕심을 내면서 "얻어서 왕비를 삼으면 후손을 둘 것 같구나!"라고 했을 때 신하들은 "대왕께서는 어찌하여 宮殿을 지어 딸들이 들어가기를 기다렸다가 문을 닫아걸지 않으십니까?"라고 했다. 그래서 해모수가 말채찍으로 땅을 긋자 곧 구리집[銅室]이 만들어졌다. 이 이야기에서는 '말채찍'과 '구리집' — 천칭자리를 가리킨다고 했음 — 을 별자리로 선택할 수 있다.

그렇다면 좀더 범위를 좁혀서 생각해 보자. 南斗六星이 지평선 가까이에 내려오는 것을 미리 예상하기 위해서는 당연히 隧神祭가 벌어지는 때보다 앞선 때에 남서쪽 지평선 가까이로 떨어지는 별자리들이 무엇인지 미리 알고 있으면 아주 편했을 것이다. 따라서 南斗六星, 즉 사수자리보다 앞선 시기에 남서쪽 지평선으로 다가오는 천칭자리와 전갈자리(Scorpius) 정도를 골라서 우리가 별자리로 판단한 구리집 및 말채찍과 견주어 분석해볼 수 있다(그림 2.5에서 지평선 아래에 있는 천칭자리가 헬라이어컬 세팅하는 모습을 상상하면 된다). 구리집은 천칭자리라고 했으니, 말채찍과 전갈자리의 형태적 특징에 대해서만 분석해 보자.

해모수와 柳花 이야기와 마찬가지로 해와 달에 관련된 이야기인 '해와 달이 된 오누이' 설화에서 호랑이에게 쫓기면서 나무 위에 앉아 있는 오누이를 구해주기 위해서 하늘로부터 내려온 금줄은 바로 전갈자리를 가리킨다.[31] 그리고 전갈자리는 南斗六星과 마찬가지로 黃道 12宮에 속할 뿐만 아니라 南斗六星 바로 옆자리를 차지하고 있다. 기본적으로 두 이야기는 비슷한 밤하늘

31) 이태형, 같은 책, 163쪽 참조.

구역에 대한 이야기임을 알 수 있다. 따라서 전갈자리인 금줄은 龍車(南斗六星)를 탄 해모수가 휘두른 말채찍과 유사성이 있다는 것을 금세 알 수 있다(중국 별자리에서 전갈자리는 房宿-心宿-尾宿로 나뉘어져 있기는 하지만, 尾宿 정도로도 말채찍의 형태를 추정할 수 있고 세 별자리를 합쳐도 거의 전갈자리의 모양을 취하기 때문에 역시 이 세 별자리로도 말채찍의 형태를 어느 정도 추정해낼 수 있다. 그림 2.6 참고). 더구나 그림 2.5를 보면 알 수 있듯이 전갈자리는 南斗六星보다 앞서서 서쪽 지평선으로 내려가는 별자리이기 때문에 수레(南斗六星)의 앞에 말채찍(전갈자리)이 있다는 것은 자연스럽다.

이번에는 이미 찾아낸 천칭자리(구리집)와 전갈자리의 움직임을 살펴보자. 전갈자리와 천칭자리는 동쪽에서 뜰 때는 서로 다른 시간에 떠오르지만, 그림 2.5를 참고하면 알 수 있듯이 서쪽으로 질 때는 거의 동시에 힐라이어컬 세팅한다는 것을 알 수 있다. 따라서 해모수가 말채찍으로 땅을 치자 구리집이 만들어졌다는 일련의 사태는 일몰 직후 남서쪽 지평선 위에 두 별자리가 힐라이어컬 세팅하는 모습을 스케치하여 만들어진 이야기로 판단할 수 있다(결국 여기서 말채찍으로 친 땅이란 지평선을 가리킨다).[32)]

이번에는 가죽가마를 찌른 柳花의 황금비녀[黃金釵]의 정체를 파악해 보자.

첫날밤을 치르던 해모수가 柳花의 황금비녀로 가죽가마를 찌르면, 그 순간 가죽가마에 구멍이 날 것이다. 해모수를 해로 바꾸면 이것은 곧 통 속에 있던 해가 한 순간 구멍 밖으로 환한 빛을 발하며 쏟아져 나온다는 말이다. 결국 이 이야기는 간밤에 힐라이어컬 세팅한 南斗六星(龍車 또는 가죽가마)과 그 옆에 있는 것으로 추정되는 어느 별자리가 아침에 떠오르는 모습을 형용하는 것

---

32) 黃道 12宮의 힐라이어컬 세팅을 활용할 경우 전갈자리와 천칭자리는 동시에 지평선으로 지기 때문에 두 별자리는 하나의 별자리 기능밖에 하지 못한다는 것을 알 수 있다. 이것은 곧 黃道 12宮 ― 메소포타미아 지역에서는 黃道 12宮의 힐라이어컬 라이징을 기준으로 하여 달력을 만들었다(Emmeline M. Plunket, *Op. cit.*, pp. 3~23.) ― 이 메소포타미아 지역에서 도래했더라도 별들의 힐라이어컬 세팅을 활용할 때는 새로운 黃道 12宮이 만들어질 수 있다는 것을 말해 준다. 두 이야기는 이러한 흔적이라고 할 수 있다.

으로 보아야 한다(통상적인 의미의 힐라이어컬 라이징은 아니지만 충분히 그에 準해서 볼 수 있다). 이러한 추정과 그림 2.7, 그림 2.8, 그림 2.9 등을 참조해 볼 때 사수자리에 가까우면서 비녀의 형태를 취하는 별자리는 사수자리의 λ(람다)별-δ(델타)별-ε(엡실론)별-η(에타)-γ(감마)별로 이루어진 별자리를 가리키는 것으로 보인다. 이 별자리는 서양 별자리로는 사수자리의 일부이고, 동양 별자리로는 28宿 가운데 하나로서 곡식을 까부는 키를 닮은 箕宿이다.

箕宿를 황금비녀로 보면, 가죽가마인 南斗六星에서 가장 가까운 별자리를 가지고 이야기를 만드는 것이기 때문에 이야기 전개는 매우 자연스럽다. 실제로 사수자리가 동쪽 지평선으로 떠오를 때 南斗六星과 箕宿는 서로 좌우에 가까이 위치하기 때문에 힐라이어컬 라이징하는 시각이 비슷하고(그림 2.4, 그림 2.7 참고), 그림 2.8을 통해서도 확인할 수 있듯이 사수자리의 λ(람다)별과 箕宿를 연결하는 별자리는 형태적으로도 비녀와 닮았다. 또한 箕宿는 南斗六星

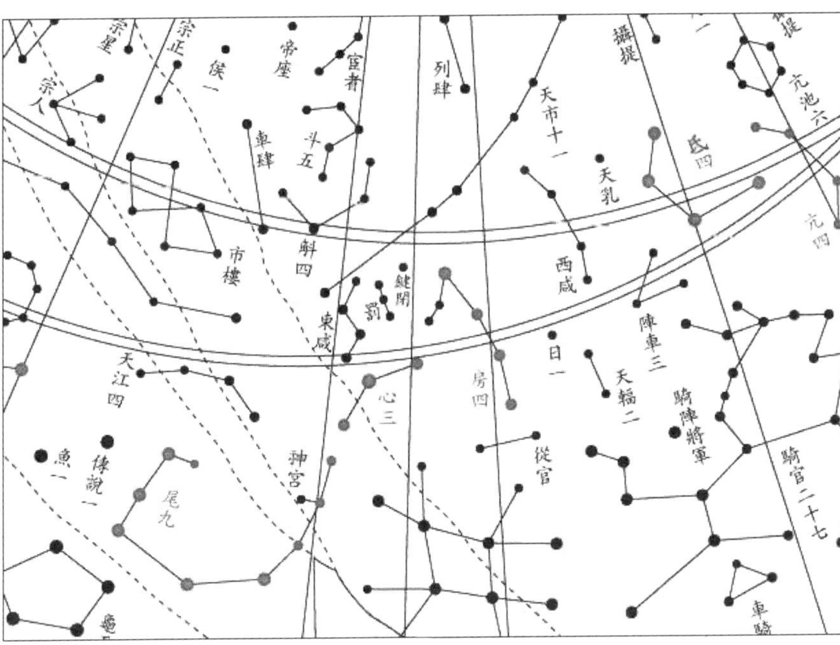

그림 2.6 天象列次分野之圖에 나타난 氐宿(천칭자리)와 房宿-心宿-尾宿(전갈자리)

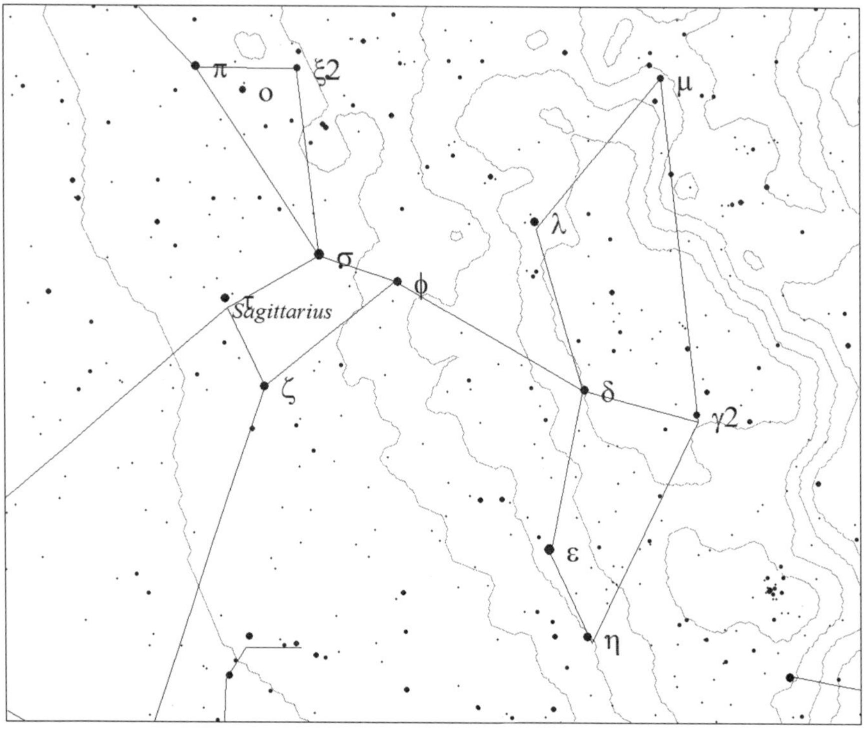

그림 2.7 사수자리(Sagittarius)는 동양에서 南斗六星—위쪽: ζ(제타), τ(타우), σ(시그마), ϕ(파이), λ(람다), μ(뮤)로 이루어짐 — 과 箕宿 — 아래쪽: ε(엡실론), δ(델타), γ(감마)2, η(에타)로 이루어짐—로 나누어져 있다.

보다 훨씬 밝고 南斗六星과 달리 대부분 노란별로 이루어져 있는데, 황금비녀로 부른 것은 이 때문인 듯하다. 반면에 서양에서는 南斗六星과 箕宿를 합쳐놓은 별자리를 주전자(Teapot) 별이라고 부른다. 즉 그림 2.9에서 보듯이 사수자리의 η(에타)별을 하나 빼고 주전자의 앞부분을 만들고 있다. 황금비녀라는 별자리가 δ(델타)별-ε(엡실론)별-η(에타)별-γ(감마)별로 이루어진 箕宿를 비녀의 머리로 삼았는지 아니면 주전자별처럼 η(에타)별을 빼고 δ(델타)별-ε(엡실론)별-γ(감마)별만 연결하여 비녀의 머리를 삼았는지는 알 수 없지만, 어떤 경우라도 충분히 비녀의 머리로 볼 수 있다(주전자 별을 뚜껑에서부터 세로로 대칭축을 그으면 거의 좌우가 대칭을 이루는데, 이때 南斗六星이 한쪽을

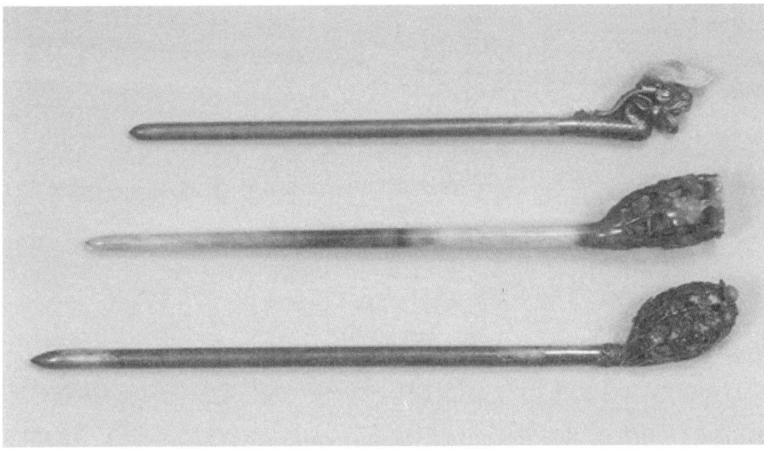

그림 2.8 일반적인 비녀의 형태들

그림 2.9 사수자리는 주전자를 닮았다고 하여 서양에서는 주전자(Teapot) 별로도 불린다. 이 주전자 별은 거의 대칭 형태를 띠고 있는데, 주전자의 뚜껑꼭지에서 좌우 대칭이 되게 아래로 선을 그었을 때 왼쪽이 南斗六星의 일부이고 오른쪽이 箕宿의 일부이다.

차지하고 더 밝은 箕宿를 포함하여 만들어진 이른바 황금비녀가 또 한쪽을 차지한다. 이러한 대칭성 역시 주목해야 한다).

2) 柳花가 쫓겨난 優渤水 부근에 있는 별자리들

해모수는 첫날밤도 제대로 치르지 않은 채 사라진 의리 없는 사내였다. 있을 수 없는 일이지만, 어쩔 수 없다. 해모수는 해이기 때문이다. 해는 제 시간에 떠올라 온 세상을 비추는 것이 자기 일이다. 정작 불쌍해진 것은 柳花였다. 柳花는 첫날밤도 제대로 치르지 못했을 뿐만 아니라 河伯의 큰 꾸짖음을 받고 곧바로 優渤水로 쫓겨나기까지 했다.

> 河伯이 딸에게 크게 화를 내어 말하기를 "너는 내 가르침을 따르지 않더니, 끝내 우리 家門을 욕되게 했구나." 하고 左右를 시켜 입을 잡아당겨 딸의 입술을 석 자로 길게 만들어놓고, 다만 노비 두 사람을 붙여서 優渤水 속으로 내쳤다.
>
> 고기잡이인 强力扶鄒가 (金蛙王에게) 아뢰기를 "요즘 통발[梁] 속의 물고기를 훔쳐가는 것이 있는데, 무슨 짐승인지는 모르겠습니다." 했다. 왕이 고기잡이를 시켜 그물[網]로 건져내니 그물이 찢어졌다. 다시 쇠그물[鐵網]을 만들어 당겨 올려서 돌 위에 앉아 있는 딸[一女坐石]을 얻었다. 그 딸은 입술이 길어 말을 하지 못했다. 입술을 세 번 잘라내자 곧 말을 했다. (金蛙)王은 그 딸이 天帝 아들의 왕비임을 알고 곧장 別宮 속에 가두었다. 그 딸은 가슴에 햇빛을 품고 아기를 갖게 되었다.

柳花는 왜 소박을 맞고 優渤水로 쫓겨난 것일까? 정말로 家門을 욕보였기 때문일까? 이야기의 문면만 보면, 그렇다고 해야 한다. 그러나 柳花는 달이다. 해모수가 떠난 뒤 혼자 河伯宮에 남은 柳花는 꾸짖음을 당할 수밖에 없다. 왜냐하면 동쪽 지평선 위로 해가 먼저 뜨고 나면 달은 실제로 해를 쫓아가지만(즉 河伯의 뜻대로 둘을 龍車에 실어서 하늘로 보냈지만) 햇빛 때문에 보이지 않는다(그림 2.4 참고). 결국 이것은 달이 뜨지 않는 것과 마찬가지이니, 그 당시 사람들은 떠오르지 않는 달이 지평선 아래에 그냥 머물고 있다고 생각할 수밖에 없다. 그래서 柳花는 (河伯宮에 머문 채) 河伯에게 꾸짖음을 받는다고 한 것이다.

그뿐만 아니라 달은 모양이 계속 변한다. 따라서 柳花의 행동은 변하는 달의 국면을 염두에 두면서 분석해야 한다. 우선 柳花가 길게 입술이 늘려진 채 河伯에게 쫓겨나는 이야기부터 살펴보자.

그림 2.10 한 달 동안 이루어지는 달의 변화 국면

길게 늘어나기도 하고 줄어들기도 하는 신기한 柳花의 입술의 정체는 무엇일까. 이 뜻은 '柳花의 입술을 석 자로 길게 만들어 놓았다는 것'과 (柳花가 金蛙에게 발견된 뒤) '세 번 입술을 잘라내자 곧 말을 하더라는 것'을 함께 연관지어야만 제대로 해석해낼 수 있다. 柳花는 달의 神이니 달이다. 달은 찼다 기울었다 하면서 자신의 모습을 바꾼다. 그뿐만 아니라 달은 초승달에서 보름달로 변하는 과정과 보름달에서 그믐달로 변하는 과정이 완벽하게 동일한 형태로 나타난다(그림 2.10 참고). 처음 석 자를 늘려놓았으니, 나중에 자를 때도 세 번 자르는 것은 너무도 당연하다. 따라서 柳花의 입술이 늘어나고 줄어들고 하는 것은 차고 기울어짐에 따라 이루어지는 달의 변화 국면을 말해준다고 해석할 수 있다.

달을 입술에 비유한 것은 그 달이 초승달이기 때문일 것이다. 앞서 柳花와 해모수가 만나서 河伯宮으로 갈 때가 초승달이 뜨는 날이라고 했고 柳花가 초승달의 국면을 나타내는 女神이라고 분석한 것을 염두에 두면, 柳花의 입술은 초승달을 가리킨다고 판단할 수 있다. 초승달은 그 모양으로 보아도 충분히

입술로 볼 수 있다.33) 실제로 고대 중남미 문명권에서는 초승달을 입술로 보기도 한다.34)

초승달을 입술로 보면, 柳花가 입술이 길어 말을 못했다고 하는 것은 쉽게 이해할 수 있다. 즉 둥근 보름달이 되면 모양으로 볼 때 보름달을 입술에 비유할 수는 없을 것이고, 그래서 柳花가 말을 못한다고 한 것 같다. 또한 柳花의 입술을 세 번 잘라내니 말을 할 수 있었다는 것은 결국 둥근 보름달이 다시 입술 모양의 달이 되었기 때문일 것이다. 다만 이 때의 입술은 초승달과 모양은 같지만 흰 부분이 반대 방향인 그믐달을 가리킬 것이다. 한마디로 柳花의 입술이 늘어나고 줄어들고 하는 것은 '달이 차고 기울어감에 따라 경과되는 시간을 압축적으로 표현해주는 말'이라고 할 수 있다.

또한 柳花는 優渤水로 쫓겨났다고 했다. 이는 곧 장소의 변화가 일어났음을 뜻한다(熊心淵 → 優渤水). 이 말 역시 달과 관련해서만 정확히 해석될 수 있다. 즉 초승달은 서쪽에서 뜨지만 '보름달은 동쪽'에서 뜬다. 초승달과 보름달의 출현 방향은 정반대이다. 이제 天文 시뮬레이션프로그램을 통해 음력 10월 초승달이 뜬 뒤에 처음으로 보름달이 떠오르는 때의 앞뒤 며칠의 밤하늘을 살펴보면 정답이 나올 것이다.

---

33) 『三國遺事』(「奇異篇」 第一 新羅始祖 赫居世王條)에서 閼英의 입술이 닭부리 같았는데, 月城의 北川에서 목욕을 시켰더니 부리가 떨어졌다는 이야기는 柳花가 입술이 늘려져 優渤水로 쫓겨난 이야기와 비슷하다는 점에서 閼英의 입술이 닭부리 같았다고 하는 것은 분명히 후대의 변형이다.

34) 앤서니 애브니, 박병철 옮김, 같은 책, 51쪽.

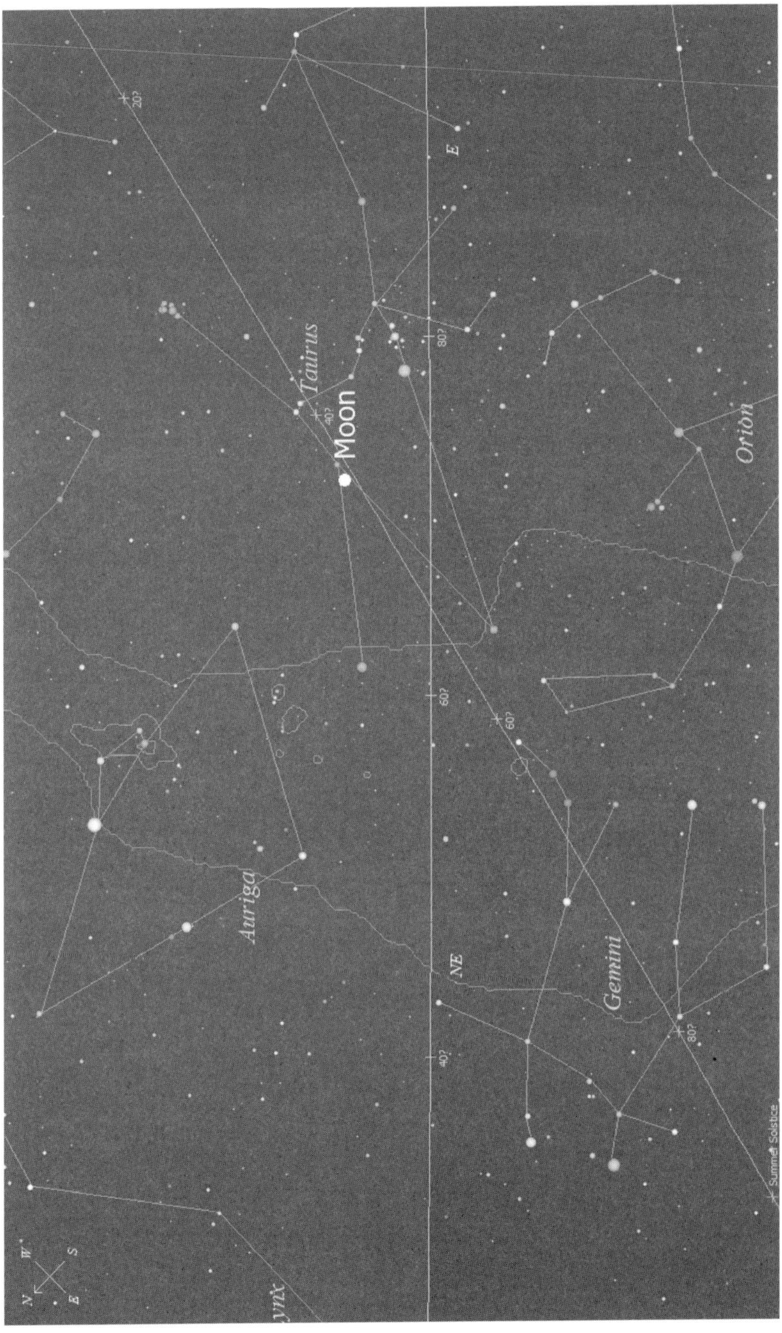

그림 2.11.1 B.C. 100년 11월 14일 국내성에서 동쪽 지평선 위에 보름 이틀 전의 달이 황소자리(Taurus) 속에 떠 있는 모습(좌우로 펼쳐져 있는 것은 지평선이고 오른쪽에서 왼쪽으로 뻗은 사선은 黃道임. 아래도 같음)

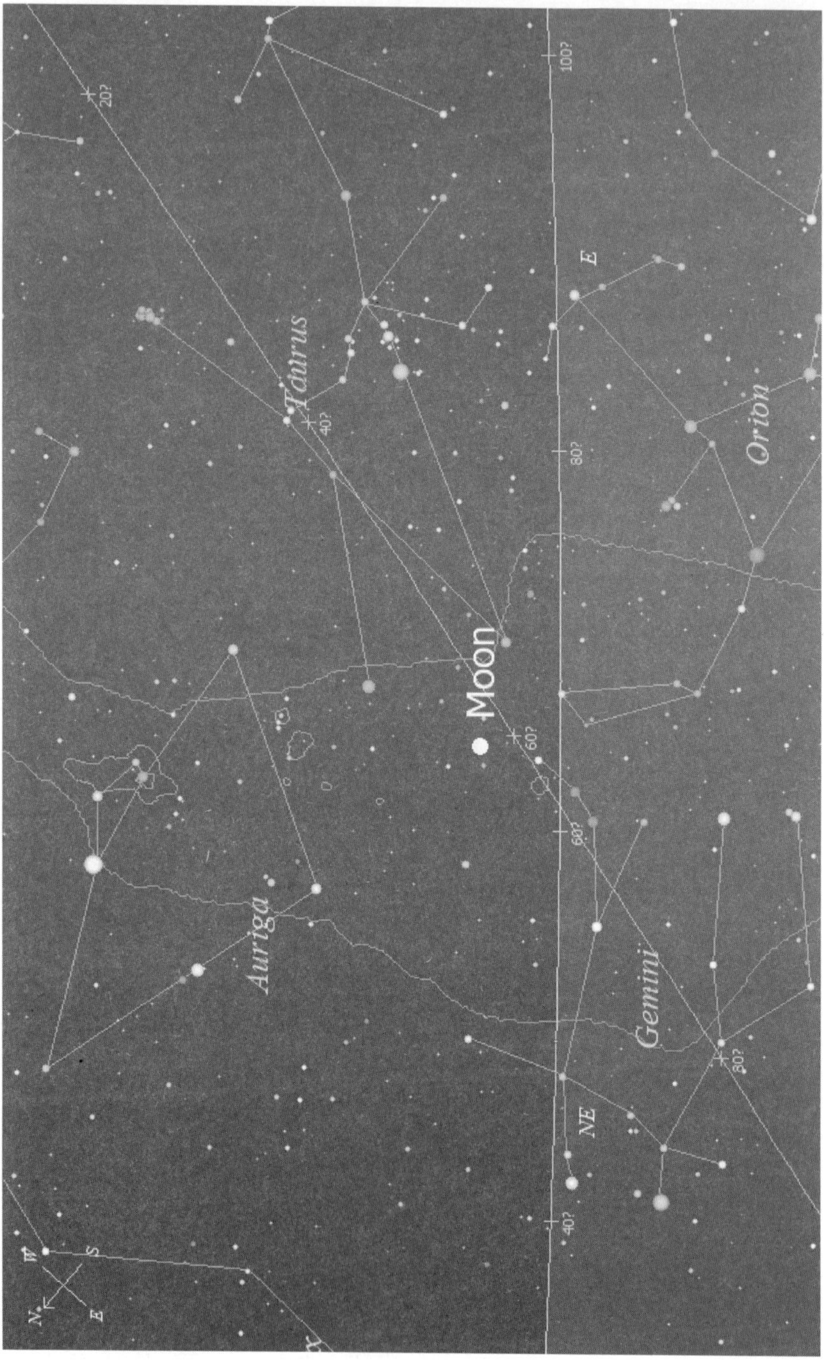

그림 2.11.2 B.C. 100년 11월 15일 국내성에서 동쪽 지평선 위에 보름 하루 전의 달이 황소자리에서 나와 마차부자리(Auriga) 쪽으로 이동한 모습

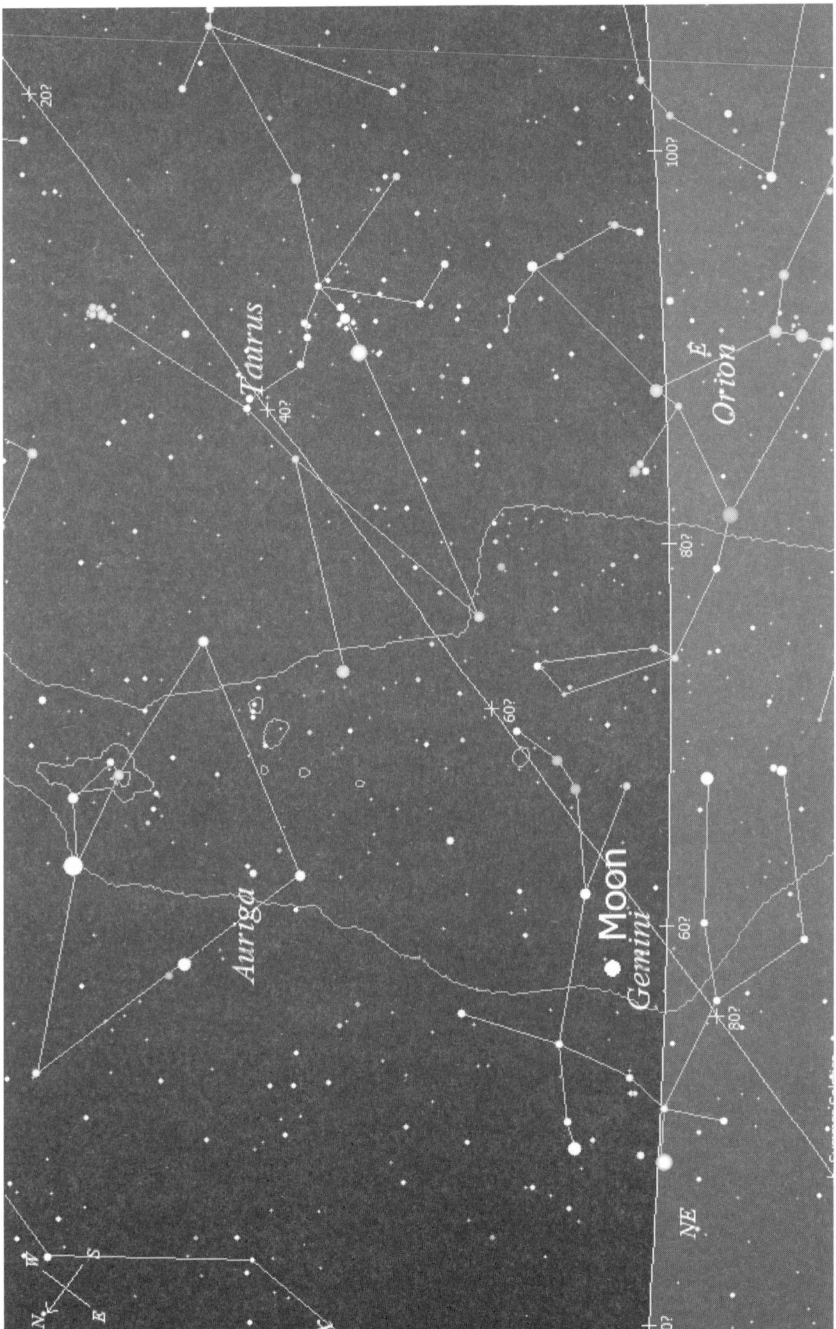

그림 2.11.3 B.C. 100년 11월 16일 국내성에서 동쪽 지평선 위에 보름달이 쌍둥이자리 (Gemini) 속에 위치한 채 떠오르는 모습

그림 2.11.1, 그림 2.11.2, 그림 2.11.3은 사흘 연속으로 벌어지는 보름달의 모습을 나타낸다. 이들 그림을 통해 알 수 있듯이 보름달은 첫날 黃道 위에 있는 별자리인 황소자리 속에 위치하고, 둘째 날에는 마차부자리에 위치하고, 셋째 날에는 쌍둥이자리로 이동한다(이 무렵 보름달은 실제로는 황소자리 속에 있는 보름달에 제일 크고 마차부자리 속에 들어 있는 달이 그 다음으로 크고 쌍둥이자리 속에 있는 달이 제일 적다. 그런데도 여기서 쌍둥이자리 속에 있는 달을 보름달이라고 파악하는 것은 황소자리나 마차부자리 속에 들어가 있는 보름달은 해가 지기 전에 이미 지평선 위에 올라와 있는 상태에서 떠오르는 반면, 쌍둥이자리에서 뜨는 보름달은 비로소 '동쪽 지평선 아래'에서부터 떠오르기 때문이다)

이번에는 주몽신화에서 柳花가 優渤水의 물속에서 잡혀 올라오는 과정을 살펴보자. 고기잡이인 强力扶鄒가 金蛙에게 이르기를 "통발[梁]" 속의 물고기를 훔쳐가는 것이 있는데, 무슨 짐승인지 모른다고 했다. 그래서 金蛙가 "그물[網]"로 건져 올리게 했더니 그물이 찢어졌다고 했다. 그리고 다시 찢어지지 않는 "쇠그물[鐵網]"로 건져내니, 돌 위에 딸이 앉아 있었다고 했다. 처음에 强力扶鄒는 통발 속에 있었던 것이 무엇인지 몰랐는데 건져 올리니 딸(柳花)이라고 했으니, 결국 통발 속에 있었던 것은 달(柳花는 달의 神)을 가리킨다는 것을 금세 알 수 있다. 움직이는 달(더구나 지금 은하수 부근을 지나고 있음)을 표현하기 위해서 달을 물고기에 비유한 것으로 보인다. 이제부터 별자리를 찾아보자.

그림 2.11.1에서 처음 보름달이 뜰 때 달이 황소자리와 會合하고 있는 것을 기억한다면, 통발은 당연히 황소자리를 가리킨다는 것을 알 수 있다. 모양으로 보아도 황소자리는 통발을 닮았다. 실제로 황소자리가 통발이라는 결정적인 증거가 있다. 중국 별자리로 황소자리는 畢宿에 해당되는데, 여기서 畢은 바로 통발 ― 하늘의 통발이라고 하여 天畢이라고도 함 ― 을 가리킨다(그림 2.12 참고). 통발이 황소자리를 가리킨다는 것은 명백하다고 하겠다.

통발이 황소자리를 가리킨다는 것을 발판 삼아서 나머지 별자리들은 얼마

그림 2.12 통발

남지 않은 조각그림 맞추기처럼 좀더 쉽게 찾을 수 있다. 통발 속에 있는 것이 무엇인지 몰라서 그물로 건져 올렸는데 그물이 찢어졌다는 것은 물고기를 건져 올리는 데 실패했다는 말이다. 여기서 그물이라는 것을 별자리로 보고 해석하면 왜 실패했는지 쉽게 알 수 있다. 즉 실패한 이유는 이 그물이라는 별자리가, 현재 은하수 속에 있으면서 黃道 위에 있는 달(물고기)에서 조금 떨어져 있기 때문일 것이다. 그래서 그물이 찢어졌다고 하여 물고기(달)를 제대로 잡지 못했다고 표현한 것으로 보인다. 따라서 그물이라는 별자리는 현재 은하수 속에 잠겨 있으면서 黃道 위에 있는 달에서 조금 떨어진 주변에서 찾아내면 된다. 반면에 다시 쇠그물을 던져 달(물고기)을 건져 올리는 데는 성공했으니, 당연히 쇠그물이라는 별자리는 은하수 속에 있으면서 현재 黃道 위에 있는 달을 에워싸고 있을 것이다.

이러한 분석 결과를 그림 2.11.1, 그림 2.11.2, 그림 2.11.3을 통해 확인해 보면, 결국 '(찢어진) 그물'은 '마차부자리', '쇠그물'은 '쌍둥이자리'를 가리킨다는 것을 알 수 있다. 실제로 마차부자리는 黃道에서 조금 떨어져 있고 은하수 전체에 넓게 걸쳐져 있기 때문에 어느 정도 펼쳐져 있는 그물의 형태로 볼 수 있다. 중국 별자리에서 마차부자리는 五車星이라고 하는데, 서양의 마차부자리보다 좀더 그물의 형태를 가지고 있다고 볼 수 있다(그림 2.13 참고). 또한 쌍둥이자리는 은하수와 직각을 이룬 채 은하수 쪽으로 긴 네모 형태로 놓여 있기 때문에 쇠그물—쇠로 그물을 만든다면 당연히 쥐덫처럼 육면체의 형태를 띠어야 정상일 것임 ― 을 닮았다고 한 것 같다. 특히 동쪽에서 떠오를 때 쌍둥이자리는 그림 2.11.1 등에서 볼 수 있듯이 자연스럽게 누워있는 형태로 떠오르기 때문에 쇠그물로 이름을 지은 것 같다(이와 달리 서쪽 지평선으로 질 때는 90° 시계 방향으로 돌려져 있어 길게 세워놓은 벽돌 모양이다). 그러나 중국 별자리에서 쌍둥이자리는 北河와 井宿 등으로 나뉘어져 있어 온전히 쇠그물의 형태를 추정해내기는 쉽지 않다(그림 2.13 참고).[35]

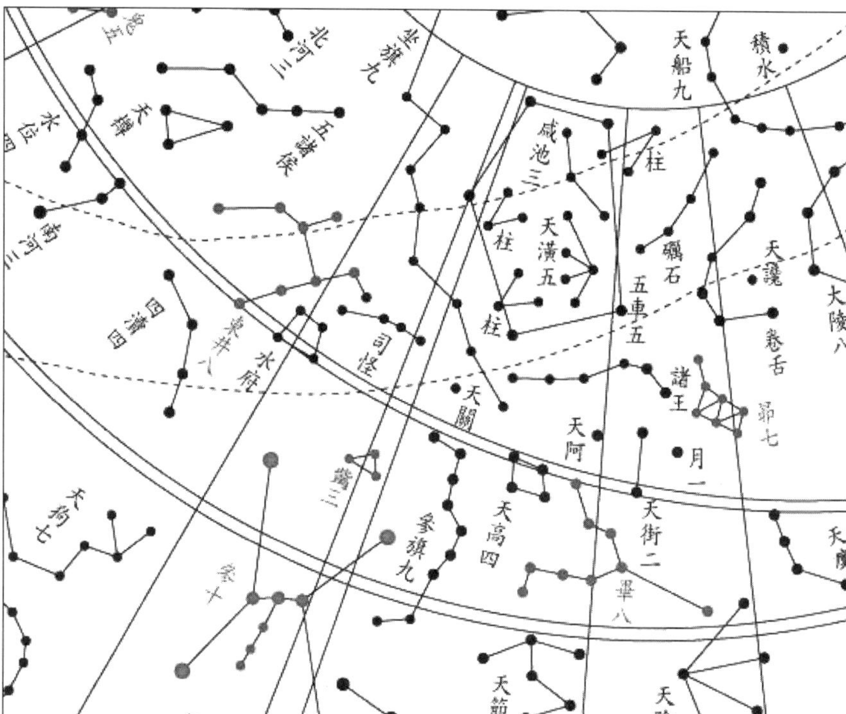

그림 2.13 天象列次分野之圖에 나오는 畢宿, 五車星, 東井 등

35) 이러한 결론에 따를 때 優渤水는 땅으로는 太白山 남쪽 지역이지만, 하늘에서는 황소자리, 마차부자리 쌍둥이자리 등이 있는 은하수 지역을 가리키고, 더불어 熊心淵 지역은 南斗六星과 전갈자리 등이 있는 은하수 지역을 가리킨다는 것을 알 수 있다.

끝으로 柳花는 "돌 위에 앉은 채 (물 밖으로) 끌려나왔다.[坐石而出]"는 말을 살펴보자. 일단 이 말은 지금까지의 결과로 알 수 있듯이 보름달이 나타났다는 뜻이다. 문제는 柳花가 앉아 있었다는 '돌'이다. 돌의 정체를 밝히기 위해서는 지금까지 발견된 별자리들이 밤하늘에 딱 두 군데 있는 '黃道와 은하수의 교차점(*the intersection of the ecliptic and the galaxy*)'36)에 위치한다는 점을 염두에 두고 직접 天文 시뮬레이션프로그램을 살펴보면서 분석해 보자(그림 2.2, 그림 2.3 참고).

앞서 그림 2.2 및 그림 2.3에서 보듯이 대체로 B.C. 100년을 관측 기준시기로 天文 시뮬레이션프로그램을 돌렸을 경우 隧神祭가 벌어질 무렵 달이 뜨는 모습을 보면, 초승달은 南斗六星이 있는 은하수 지역에서 뜨고, 이때 초승달은 南斗六星 부근에 위치한다. 달의 최초 모습을 초승달로 인식했다고 본다면, 당연히 달의 처음 출현은 南斗六星이 있는 은하수 지역에서 시작되는 것으로 여겼을 것이다. 반면에 隧神祭 무렵의 보름달은 그림 2.11.1 등에서 보듯이 南斗六星이 있는 은하수 지역과는 정반대인 쌍둥이자리 등이 있는 은하수 지역에서 떠오른다. 보름달은 쌍둥이자리 등이 있는 은하수 지역에서 떠오르고 초승달은 南斗六星이 있는 은하수 지역에서 떠오르니, 당연히 해는 쌍둥이자리 등이 있는 은하수 지역에서 뜰 것이고 南斗六星이 있는 은하수 지역으로 질 것이다. 그러나 중국의 천문학에 바탕을 둔 天文圖에는 반대로 黃道와 은하수의 교차점의 한 교차점 부근에 있는 별자리인 五車星, 즉 마차부자리의 안에 해가 지는 곳인 '咸池' 별자리가 있다(그림 2.13 참고). 어쨌든 이 구역은 해가

---

36) 그림 2.2를 보면 알 수 있듯이 黃道와 은하수의 교차점 가운데 한 곳은 "사수자리와 전갈자리가 있는 곳"이고, 다른 한 곳은 "황소자리, 마차부자리, 쌍둥이자리가 있는 곳"이다. 대개 印度에서는 피트르스의 길(the path of the pitrs)로 불린다. 또한 古代 마야문명권에서는 '갈림길(crossroad)', '지하세계로 가는 길(road to underworld)', '어두운 틈새(dark rift)', '검은 길(black road) 등으로 부르면서 지하로 가는 비밀의 출입문이요, 창조의 비밀스런 起源으로 생각했다. 이들은 모두 南斗六星 쪽에 있는 黃道와 은하수의 교차점을 주로 가리키는 듯하다.

뜨거나 지는 지점으로 인식했다는 것만큼은 분명하다고 하겠다.[37]

그러나 이러한 생각이 좀더 완벽한 天文學的 體系를 갖추려면, 낮에는 해가 나타나고 달이 보이지 않으며 밤에는 달이 나타나고 해가 보이지 않는다는 사실을 설명해 주어야 할 것이다. 이때 유용한 개념이 바로 "동쪽과 서쪽에 각각 해와 달이 출몰하는 門이 있다고 생각했던 古代 바빌로니아 사람들의 宇宙觀"이다.[38] 또한 400년 무렵에 활동한 古代 로마의 文獻學者인 마크로비우스(Macrobius, Ambrosius Theodosius)는 게구멍(the gate of cancer)이라는 말을 가지고 재미 있게 해와 달의 출몰을 설명했다.[39] 즉 해는 저녁이면 없어지니까 해는 (게처럼) 서쪽에 있는 게구멍으로 들어가는 것이고, 달은 해가 진 뒤에 나타나니 달은 (게처럼) 서쪽에 있는 게구멍에서 빠져나오는 것이라고 설명하면 된다. 반면에 보름달이 뜨는 날에 해는 역시 서쪽에 있는 게구멍으로 들어가고, 보름달은 동쪽에 있는 게구멍에서 빠져나오면 된다. 이렇게 볼 때 柳花가 앉아 있던 돌은 바로 보름달(해도 포함)이 나오는 구멍을 가리키는 말이라고 추정할 수 있다.[40]

---

37) 고대 중국의 천문학에서 (子午線 관측 이전에) 가령 힐라이어컬 라이징을 사용했다면, 이때에는 아침 해가 黃道와 은하수의 교차점 가운데 하나인 사수자리 쪽에서 떠오를 때 마차부자리 등이 있는 黃道와 은하수의 또 하나의 교차점은 서쪽 지평선으로 사라진다. 이 때문에 마차부자리 등이 있는 黃道와 은하수의 교차점이 해가 지는 지점으로 인식된 듯하다.

38) 알랭 시루・레일라 아다, 『지구와 우주』, 베텔스만 코리아, 2005, 15~16쪽 참고.

39) Macrobius, n2 Commentary on the Dream of Scipio 1.12.1-8.

40) 이러한 天文觀은 지금도 땅 이름에 그 흔적이 남아 있는 것 같다. 일찍이 月出山은 月生山, 月拿山, 達拿山 등으로 불렀는데, 이들은 모두 "돌이 높이 솟아 있다고 해서 붙여진 이름"(조석필, 『월출산』, 대원사, 1997, 37~40쪽 참고)이라고 하고, "고구려어에서 '달(月)'은 '높다' 혹은 '산(山)'의 뜻을 지니고 있었는데, '돌(石)'과 그 어원이 같다"(『한국문화상징사전』, 동아출판사, 1992, 222쪽 '돌' 항목 해설 참고)고 한다. 결국 달과 돌은 의미적으로 겹친다는 것을 알 수 있다. 또한 여기서 達拿는 달이 나온다는 뜻이라고도 한다. 좀더 자세한 것은 6章 참조.

5. 隧神祭와 曆年의 출발점

隧神祭가 벌어질 무렵인 음력 10월 일몰 직후가 되면, 대체로 黃道와 은하수가 교차하는 두 지역을 큰 시간차 없이 하룻밤에 볼 수 있다. 다시 말해 음력 10월 일몰 직후 남서쪽 지평선 위에는 은하수에 잠긴 별자리인 南斗六星 쪽에 있는 黃道와 은하수의 교차점이 걸리고, 2~3시간 쯤 지나면 동쪽 하늘로 역시 은하수에 잠긴 별자리들인 쌍둥이자리, 마차부자리, 황소자리 등이 있는 黃道와 은하수의 교차점이 나타난다.

이른바 隧神祭는 쌀쌀하기까지 한 음력 10월에 거행했으니, 일몰 직후 '南斗六星이 있는 黃道와 은하수가 교차하는 곳'으로 지나는 해는 겨울을 향해가는 해이고, 일몰 직후 '쌍둥이자리 등이 있는 黃道와 은하수가 교차하는 곳'으로 지나는 해(대체로 양력 5월 무렵에 나타난다)는 여름으로 향해가는 해라고 할 수 있다(실제로 B.C. 100년 무렵에는 冬至點이 사수자리와 염소자리(Capricornus) 사이 쯤에 있었고, 夏至點은 쌍둥이자리와 게자리(Cancer) 사이 쯤에 있었다).

隧神祭의 거행 시기를 南斗六星이 일몰 직후 남서쪽 지평선에 걸리는 모습으로 정했다는 것은 南斗六星의 힐라이어컬 세팅을 활용했다는 것을 말해 준다. 당연히 隧神祭 무렵이 지나면, 일몰 직후 남서쪽 지평선 위에 걸린 南斗六星은 더 이상 볼 수 없고 다음해 그맘때나 다시 볼 수 있을 것이다(아마도 南斗六星과 北斗七星의 모양이 서로 비슷한 이유도 隧神祭를 알려주는 별자리로 함께 쓰기 위해서 만들어졌기 때문일 것이다).

결국 일몰 직후 지평선 위로 은하수에 잠긴 南斗六星 등이 걸리는 음력 10월은 '더운 계절의 끝점'이면서 '차가운 계절의 출발점'이고, 일몰 직후 지평선 위로 은하수에 잠긴 쌍둥이자리 등이 걸릴 때는 '차가운 계절의 끝점'이면서 '더운 계절의 출발점'이라고 말할 수 있다. 따라서 해와 달이 더운 계절의 출발점에서 더운 계절의 끝점을 지날 때는 이 세상의 모든 동식물은 번식할 것이고, 해와 달이 추운 계절의 출발점에서 추운 계절의 끝점을 지날 때는 이 세상의 모든 동식물들은 번식을 멈출 것이다.

隧神祭가 벌어질 무렵 밤하늘을 보면, 해와 달이 출현하는 두 장소가 동시에 나타나기 때문에 해와 달이 마음대로 돌아다니면서 서로 만날 수 있다는 것을 눈으로 직접 확인할 수 있다. 이러한 隧神祭 무렵의 밤하늘은 바로 지금이 해와 달이 만나서 다음해를 위해 萬物을 번식시키는 때라는 것을 객관적이고도 명백하게 확인시켜 주는 것이다. 이렇게 볼 때 隧神祭를 음력 10월에 벌이는 것은 음력 10월에는 '黃道와 은하수가 교차하는 지역'에 마련된 해와 달의 出沒 지점을 모두 볼 수 있다는 天文學的 體系가 그 바탕에 깔려 있기 때문일 것이다.

나아가서 이러한 천문학 체계는 당연히 한 해의 달력을 만드는 데 적용되었을 것이다. 고구려에서 隧神祭가 가장 큰 祭儀이고, 隧神祭가 마찬가지로 음력 10월에 벌어진 東盟과 같다는 우리의 판단이 옳다면, 중국의 曆法이 들어오기 전에 고구려에서는 한 해의 첫달을 黃道와 은하수가 교차하는 지점인 南斗六星이 힐라이어컬 세팅하는 때로 정한 것으로 판단할 수 있다. 한마디로 隧神祭는 고구려에서 '새해 첫달 첫날'을 축하하는 祭儀로 추정된다.

3章

어린 朱蒙 이야기와 恒顯圈 주변의 밤하늘

1. 들어가기

2. 朱蒙의 존재와 음력 3월 天祭의 天文學的 相關性

3. '물고기와 자리의 다리[魚鼈橋]'의 正體

4. 朱蒙 登場의 神話的 意味

1. 들어가기

대개 赤道 지역처럼 북극성의 높이가 낮으면 周極星들이 움직이는 구역인 恒顯圈이 좁아져 대부분의 별들은 지평선을 오르내리는 出沒星이 된다. 그 결과 별들이 북극성을 중심으로 회전한다는 생각도 그만큼 적을 수밖에 없고, 북극성의 존재 가치 또한 그리 높지 못하다. 실제로 緯度(북극성의 높이는 緯度와 동일하다)가 그리 높지 않은 곳에 존재했던 아즈텍文明圈에서 북극성의 序列은 겨우 다섯 번째에 불과하다고 한다(잉카文明圈인 페루 지역은 南半球이기 때문에 아예 북극성이 보이지 않는다).

반면에 과거 고구려 지역은 北半球에 있는 中緯度 지역이기 때문에 북극성의 높이가 높고 周極星들이 움직이는 恒顯圈이 赤道 지역에 비해 훨씬 넓다. 특히 북극성 가까이에 위치한 별들은 고개 들고 쳐다보아야 하니, 별들이 도는 굴대의 역할을 하는 북극성은 최고로 神聖한 존재로 숭배될 수밖에 없다. 東洋의 天文圖에서 북극성에 산다고 여겨지는 天帝 및 그와 관련된 별자리들이 북극성 주변에 배치되는 것은 당연한 결과라고 할 수 있다.

주몽을 恒顯圈과 관련지을 수 있는 근거는 바로 주몽신화는 恒顯圈이 넓은 中緯度 지역에서 만들어졌고, 주몽은 하늘을 지배하는 최고의 神인 天帝의 자손이라는 데 있다. 그렇다면 주몽에 앞서서 주몽 가족들의 神格부터 자세히 분석해 볼 필요가 있다.

- 주몽의 아버지는 해모수이고, 주몽의 어머니는 柳花이다. 해모수는 해의 神, 柳花는 달의 神으로 알려져 있다. 또한 해모수는 天帝의 아들이고, 柳花는 河伯의 딸이다.
- 주몽은 淹滯水에 이르렀을 때 "나는 天帝의 자손이요, 河伯의 외손(我是天帝之孫河伯之甥)"이라고 외쳤다. 왜냐하면 주몽의 아버지인 해모수는 天帝의 아들이고, 주몽의 어머니인 柳花는 河伯의 딸이기 때문이다.
- 원래 중국의 天帝는 宇宙를 관장하면서 인간의 生死與奪權을 틀어쥐고 있는 최고의 神이다. 주몽신화를 보면, 夫餘王 解夫婁의 신하 阿蘭弗이

자신의 꿈 속에서 “장차 나의 자손으로 여기에 나라를 세우리니 너는 피하라!”는 天帝의 말을 듣고 이를 解夫婁에게 전하자 解夫婁는 아무런 반항 없이 迦葉原으로 옮겨가 새로 東夫餘를 세웠고, 解夫婁가 쫓겨난 곳에는 天帝의 아들인 해모수가 와서 都邑을 삼았다. 또 주몽은 죽은 뒤 “가을 9월 하늘에 오르고 내려오지 않았다.”고 했다. 이와 같은 하늘의 지배자인 天帝의 權能 등으로 볼 때 중국의 天帝와 주몽신화의 天帝는 그 神格이 다르지 않음을 알 수 있다.

- 중국 신화에서 天帝가 거처하는 곳은 紫薇垣의 중심부에 있는 帝星이라고 부르는 북극성이다. 주몽신화는 중국보다 더 높은 緯度를 가진 지역이고 恒顯圈 역시 더 높은 곳에서 만들어진 신화이기 때문에 주몽신화에 나오는 天帝의 居處[天宮] 역시 북극성으로 인식했을 가능성이 크다고 보아야 한다.
- 중국의 河伯은 黃河의 神이면서 은하수의 神으로 알려져 있다. 黃河의 神이 곧 은하수의 神인 것은 ‘하늘과 땅을 동일시하는 相應(correspondence)의 원리’에서 볼 때 중국의 黃河는 곧 은하수이기 때문이다. 이것은 중국만 그러한 것이 아니라 古代 文明圈에서 보편적으로 나타나는 사고방식으로 古代 이집트인들은 나일 강을 銀河水와 동일시했고, 인도에서는 갠지스 강을 그렇게 생각했다. 동서양을 막론하고 은하수는 지상의 江에 대응되면서 크게 숭배되었다. 이러한 보편성에 근거할 때 주몽신화에 나오는 河伯 역시 물의 神이면서 은하수의 神일 수밖에 없다. 주몽신화의 경우 은하수로 상징되는 곳은 해부루가 잠시 머물렀던 鯤淵, 河伯의 딸들이 살던 靑河, 河伯의 딸들이 놀러나왔던 熊心淵, 柳花가 추방되었던 優渤水, 주몽이 건너간 淹滯水 등이 될 것이다.
- 해모수와 柳花는 함께 龍車를 타고 河伯宮으로 가서 첫날밤을 치르다가 해모수만 혼자 “龍車가 ‘물’에서 빠져나오기도 전”(其車未出水)에 柳花의 황금비녀를 취해서 가죽가마를 찌르고 구멍을 빠져나와 혼자 하늘로 올라갔다고 했다. 따라서 河伯宮은 물로 이루어졌다는 것을 알 수 있다.

- 앞서 밝혔듯이 龍車가 南斗六星이라면, 龍車가 찾아가는 河伯宮은 지평선 아래일 수밖에 없다. 따라서 주몽신화를 만든 사람들은 지평선을 기준으로 "지평선 아래는 河伯宮, 즉 河伯의 나라이고, 지평선 위의 하늘은 天宮, 즉 天帝의 나라로 인식하는 宇宙觀"을 갖고 있었다고 추정할 수 있다. 河伯이 사는 河伯宮이라는 신화적 공간은 天帝의 경우처럼 그 天文學的 實體가 확실하다는 것을 알 수 있다.

이러한 분석을 통해 보면 주몽이 차지할 수 있는 밤하늘 구역은 다음과 같이 추정된다.

- 주몽의 별자리가 발견될 수 있는 밤하늘 구역은 '恒顯圈과 은하수가 겹치는 곳'이라고 보아야 한다. 왜냐하면 주몽은 해와 달의 아들이기 때문에 해와 달이 돌아다니는 길은 제외해야 하고, 해와 달이 지나다니는 길을 제외한 상태에서 '북극성에 사는 天帝의 자손'이며 '은하수를 지배하는 河伯의 외손'이라는 두 가지 조건을 모두 만족시키는 구역은 그곳이기 때문이다.
- 밤하늘에서 恒顯圈과 은하수가 교차하면서 神聖한 북극성 지역에 가장 가까운 곳은 케페우스자리와 카시오페이아자리가 있는 구역이다(그림 3.1 참고). 고구려를 세운 시조인 주몽이 별자리로 숭배되었다면, 이 구역을 선택했을 가능성이 높다.
- 케페우스자리는 실제로 古代 에티오피아의 왕 케페우스의 별자리요, 그 옆에 있는 카시오페이아자리는 케페우스의 왕비인 카시오페이아의 별자리이다. 또한 케페우스자리는 古代 앗시리아(Assyria)의 위대한 왕 앗슈르바니팔(Ashurbanipal: B.C. 668 ~ 627 무렵 在位)의 별자리로도 알려져 있다. 주몽신화에서 天帝는 종교적 대상이라는 점에서 주몽신화의 恒顯圈 별자리의 체계 역시 이와 비슷하고 중국의 경우와는 달랐을 것으로 추정할 수 있다.

실제로 408년에 만들어진 德興里 고분벽화의 별자리 가운데 "飛魚 5星을 케페우스자리에, W자 형태의 별자리를 카시오페이아자리에 견주면서 이들 별자리가 중국 별자리에는 없는 고구려의 고유한 별자리로 파악한 연구 결과"[1]를 참고할 때 케페우스자리와 카시오페이아자리를 매우 중요하게 인식했다는 것을 알 수 있다. 주몽의 별자리가 존재하는 밤하늘 구역이 케페우스자리와 카시오페이아자리가 있는 곳일 가능성은 한층 높아진 셈이다.

2. 朱蒙의 존재와 음력 3월 天祭의 天文學的 相關性

1) 朱蒙과 음력 3월 3일의 관계

주몽신화에서 주몽이 직접 등장하는 이야기는 크게 둘로 나누어진다. 하나는 알에서 태어나 버려졌던 주몽이 어려서부터 帶素의 형제들에게 수난을 당하다가 金蛙의 곁을 떠나 淹滯水를 건너 도망가는 이야기이다. 이를 '어린 朱蒙 이야기'라고 부르자. 다른 하나는 淹滯水를 건너간 주몽이 松讓과 끝없는 싸움을 벌이는 이야기이다. 이를 '英雄 朱蒙 이야기'라고 부르자. 다시 어린 朱蒙 이야기(아래에 인용)는 '朱蒙의 탄생 이야기', '朱蒙이 帶素 형제들과 사냥을 하고 그들에게 수난을 당하는 이야기', '朱蒙의 붉은 말 키우는 이야기', '朱蒙이 淹滯水를 건너는 이야기'로 나눌 수 있다.

이 네 가지 이야기 가운데 주몽의 붉은 말 키우는 이야기는 시대가 다른 溫達(?~590)이 살던 시대에 이르러 平岡公主의 말 키우는 이야기로 그 흔적을 남기고 있다. 두 이야기를 인용해 보자.

---

1) 金一權, 「5세기 고구려 고분벽화에 나타난 천문관과 천문학」, 『고구려의 역사와 문화유산』, 서경, 2004, 364~368쪽 참고.

a) (주몽은) 태어날 때 목소리가 우렁찼고 기골이 뛰어났다. 처음 태어날 때 (柳花의) 왼쪽 어깨에서 알로 태어났다. 그 크기가 닷되 들이쯤 되었다. (金蛙)王이 괴이히 여겨 말하기를 사람이 새알을 낳았으니 불길하다고 하여 사람들로 하여금 말목장에 두게 했는데, 많은 말들이 밟지 않았다. 깊은 山에 버렸는데, 수많은 짐승들이 감싸주었다. 구름 낀 날에도 늘 햇빛이 남아 있었다. 왕이 취하여 그 어미에게 돌려주었다. 알이 마침내 깨지더니 사내 아이 하나가 태어났다. 태어난 지 한 달이 지나지 않아서 말을 또박또박 했다. (어느 날 주몽은) 어미에게 "파리들이 눈을 빨아서 잘 수가 없으니, 어머니께서는 저를 위해 활과 화살을 만들어주십시오." 했다. 그 어미가 댓가지로 활과 화살을 만들어주니, 스스로 물레 위의 파리를 쏘는데 화살을 쏘는 대로 맞았다. 夫餘에서는 활 잘 쏘는 사람을 주몽이라고 했다.

(주몽은) 나이가 들어 재주를 겸비했다. 金蛙王에게 일곱 아들이 있었는데, 항상 주몽과 함께 사냥을 하며 놀았다. 왕자들과 從者 40여명은 한 마리 사슴밖에 잡지 못했지만, 주몽이 활로 쏘아 잡은 사슴은 아주 많았다. 왕자들이 질투를 하여 주몽을 잡아 나무에 묶어둔 채 주몽이 잡았던 사슴을 빼앗아갔다. (그러자) 주몽은 나무를 뿌리째 뽑아들고 돌아갔다. 太子인 帶素가 왕(金蛙)에게 말하기를 "주몽은 神勇한 사람으로 눈초리가 비상하니, 일찍 꾀하지 않으면 뒤탈이 있을 것입니다." 했다. 왕은 주몽으로 하여금 말을 키우게 했다.

주몽이 가슴에 恨을 품고 어미에게 말하기를 "저는 天帝의 자손으로 남을 위해 말이나 키우고 있으니, 사는 게 죽느니만 못합니다. 남쪽으로 내려가 나라를 세우고자 하나 어머니가 계시니 그렇게 하지도 못하겠습니다." 어미가 말하기를 "이는 나도 날마다 가슴을 썩이는 일이다. 내 들으니 사나이가 먼 길을 가려면 준마가 있어야 한다니, 내 너에게 말을 골라 주리라." 드디어 말목장[馬牧]에 가서 긴 말채찍을 어지럽게 휘두르니, 많은 말들이 놀라 달아났다. 한 붉은 말[騂]이 두 길의 난간을 뛰어넘었다. 주몽은 그 말이 뛰어난 준마임을 알아보고 몰래 말의 혀뿌리에 바늘을 찔러놓았다. 그 말은 혀가 아파서 물풀을 먹지 못하고 아주 말라갔다. 왕이 말목장을 巡行하다가 많은 말들이 모두 살찐 것을 보고 기뻐했다. 이에 마른 말을 주몽에게 주었다. 주몽이 이를 얻어 (말의 혀에서) 바늘을 빼낸 뒤 잘 먹여 길렀다. 몰래 세 명의 賢者들과 결의를 하니, 그 사람들은 지혜가 많았다. 이들의 이름은 烏伊, 摩離, 陜父였다.

남쪽으로 가다가 淹滯에 이르렀다. 건너고자 했으나 배가 없었다. 쫓아오는 兵士들이 자꾸 가까이 다가와 무서웠다. 곧 채찍으로 하늘을 가리켜 탄식하며 말하기를 "나는 天帝의 자손요, 河伯의 외손인데, 지금 난리를 피해 이곳에 이르렀나이다. 皇天과 后土께서는 이 외로운 자손을 불쌍히 여기사, 급히 배다리[舟橋]를 보내주소서!" 주몽은 말을 마치고 곧 활로 물을 쳤다[以弓打水]. 물고기와 자라가 떠올라 다리를 만들었다[魚鼈浮出成橋]. 이에 주몽은 건널 수 있었다. 얼마 뒤 쫓아온 兵士들이 물가에 이르렀다. 물고기와 자라의 다리[魚鼈橋]가 곧 무너졌다. 이미 다리 위에 올라온 사람들은 모두 빠져 죽었다.

b) 처음 말을 살 때 公主가 溫達에게 말하기를 "부디 저자거리의 말을 사지 말고, 꼭 나라의 말로 병들고 말라서 쫓겨난 말을 가려서 사오세요." 하니, 溫達이 그 말대로 하였다. 公主는 부지런히 말을 길렀다. 말은 날로 살찌고 건강해졌다. 고구려에서는 언제나 봄 3월 3일이 되면, 樂浪의 언덕에 모여서 사냥하여 잡은 돼지와 사슴으로 하늘과 山川의 神靈에게 祭祀를 지냈다. 그날이 되어 왕이 사냥을 나갔는데 여러 臣下와 5部의 軍士들이 모두 수행하였다. 이 때 溫達도 기르던 말을 타고 따라갔다. 그는 항상 앞장서 달리고, 또한 잡은 짐승도 많아서 다른 사람이 따를 수 없었다. 왕이 불러서 이름을 듣고 놀라며 기이하게 여겼다.[2)]

주몽의 말 키우는 이야기와 平岡公主의 말 키우는 이야기는 말을 키우는 사람만 다를 뿐 마른 말을 잘 키워서 살찌운다는 話素가 동일하다. 따라서 平

---

2) 『三國史記』, 「列傳卷四十五」, "初買馬 公主語溫達曰 愼勿買市人馬 須擇國馬病瘦而見放者而後換之 溫達如其言 公主養飼甚勤 馬日肥且壯 高句麗常以春三月三日 會獵樂浪之丘 以所獲猪鹿祭天及山川神 至其日 王出獵 群臣及五部兵士皆從 於是 溫達以所養之馬隨行 其馳騁 常在前 所獲亦多 他無若者 王召來 問姓名 驚且異之."

岡公主의 말 키우는 이야기는 주몽신화 가운데 주몽의 말 키우는 이야기를 그대로 수용한 것임을 알 수 있다.

여기서 溫達이 말을 타고 樂浪의 언덕에서 사냥을 했다는 3월 3일이라는 날짜를 주목해 보자. 즉 두 이야기의 話素가 동일하기 때문에 두 이야기는 3월 3일이라는 날짜를 공유할 가능성이 크고, 두 이야기가 3월 3일의 날짜를 공유한다면 주몽의 말 키우는 이야기는 3월 3일 무렵의 밤하늘을 통해 그 의미를 새롭게 밝혀 볼 수 있다.

앞서 주몽의 별자리를 케페우스자리로 예상했다. 주몽 당시에도 지금처럼 케페우스자리는 周極星 별자리였다. 天文 시뮬레이션프로그램을 통해서 B.C. 58년 음력 3월 3일 일몰 직후 國內城 부근(대체로 北緯 41°, 東經 126°) 북쪽 지평선 위의 밤하늘을 살펴보면, 실제로 케페우스자리는 북쪽 지평선에 가장 가까이에 내려온다(그림 3.1 참고).[3)]

음력 3월 3일은 삼월삼짇날이다. 이때가 되면 제비도 돌아오고, 새싹이 돋아나는 들판으로 나가 踏青놀이를 하거나 禊浴日이라고도 하여 除厄을 위해 물가에 나가서 몸을 씻는 등 말 그대로 봄이 한창 무르익을 무렵이기도 하다. 결국 주몽은 한 특정한 인물이기도 하지만, 봄을 알려 주는 별자리인 케페우스자리를 神格化한 존재임을 알 수 있다. 말하자면 주몽은 해모수와 柳花의 결혼으로 봄에 싹처럼 태어난 새 생명인 셈이다.

「東明王篇」을 보면, 朱蒙은 여름 4월에 태어났다고 했다. 그러나 주몽은 원래 夫餘 사람이었다는 점에서 그가 태어난 여름 4월은 殷曆을 채택했던 夫餘의 曆法에 따라 전해졌을 가능성이 매우 높다. 殷曆은 태음태양력보다 한 달 늦다. 따라서 殷曆 4월은 태음태양력으로는 3월이 될 것이니 溫達이 사냥한 때와 일치한다.

---

3) 溫達이 살던 때(?~590) 平壤 지역을 기준으로 시뮬레이션을 해도 큰 차이는 없다. 왜냐하면 平壤(東經 125° 北緯 39°)은 國內城보다 緯度가 조금 낮지만, 歲差運動 때문에 케페우스자리의 赤緯도 상대적으로 높아졌기 때문이다.

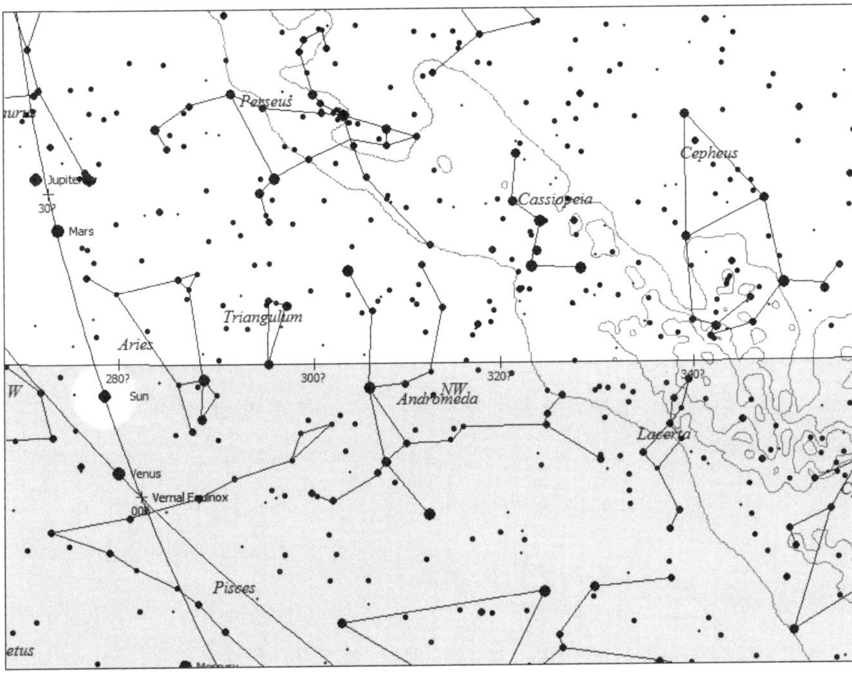

그림 3.1 B.C. 58년 음력 3월 3일(양력 4월 3일) 일몰 직후 國內城 부근 지평선에 가까이 내려온 케페우스자리의 모습(가로로 놓인 줄은 지평선이고, 왼쪽에 세로로 내려온 줄은 黃道이고, 두 줄이 교차하는 바로 아래에 있는 검은 동그라미는 해)

음력 4월을 그대로 받아들일 경우에도 사실 정확한 날짜까지 알 수 없기 때문에 크게 보면 앞뒤로 한 달의 편차가 발생한다. 대개 한 달이면 케페우스자리는 대략 30° 정도 더 틀어져 있을 것이다. 그러나 지평선 위에서 그렇게 멀어진 상태는 아니다. 또한 溫達이 살던 때는 朱蒙의 시대보다도 600년 뒤이다. 408년에 만들어진 德興里 고분벽화에 나타난 별자리가 대부분 중국 별자리라는 점에서 溫達(? ~ 590) 시대에는 이미 중국의 曆法을 이용하는 것이 일반화되었을 것이다.[4] 따라서 태음태양력에 바탕을 둔 중국의 曆法을 활용하여

4) 고구려에 夏曆에 바탕을 둔 중국의 曆法이 수용된 시기는 구체적으로 알려져 있지 않지만, 주몽신화에서 달을 나타낼 때 숫자로 표기하는 방식을 사용했다는 것이 사실은 (너무도 당

3월 3일을 정하는 것과 별자리의 움직임을 통해 3월 3일을 정하는 것(즉 이것은 恒星年에 따른 결과이다) 사이에는 어느 정도 차이가 난다는 점도 고려해야 한다.

2) 朱蒙의 말 키우는 이야기와 케페우스자리의 비교

케페우스자리 바로 옆에 붙은 '케페우스 μ(뮤)별'은 에라키스(Erakis)라고 하는데, 서양에서는 그 빛깔이 붉다고 하여 석류석별(Garnet star)로 불리기도 한다. 또한 이 별은 케페우스자리 부근에서 가장 붉게 빛날 뿐만 아니라 실제로 밤하늘에서 "육안으로 볼 수 있는 붉은 별 가운데 가장 붉은 빛을 띠고 있다."[5] 이런 특징으로 볼 때 朱蒙이 키웠다는 '붉은 말[騂馬]'은 붉은 빛의 에라키스를 가리킬 가능성이 크다.

또한 에라키스는 2~2.5년을 주기로 밝기가 3.6~5.1까지 주기적으로 변하는 變光星(variable star)이다. 朱蒙이 붉은 말의 혀에 바늘을 찔러놓고 붉은 말이 물풀을 못 먹어서 마르게 해놓았다가 바늘을 빼낸 뒤 잘 먹여 살찌게 키웠다는 이야기는 에라키스가 주기적으로 흐려지며 줄어들고 밝아지며 커지는 變光星의 특징을 반영한 이야기로 볼 수 있다.[6] 붉은 말이 먹지 않았다는 풀이 굳이 '물풀[水草]'인 것도 은하수에 잠겨 있는 에라키스의 특징을 반영하여 그렇게 표현한 것으로 판단된다. 실제로 말들은 젖은 풀을 전혀 좋아하지 않을

연해서 의식하지도 않을 정도이지만) 중국의 曆法을 도입했다는 가장 1차적인 증거라고 할 수 있다.

5) 이태형, 같은 책, 50쪽 참고.

6) 『宋史』(志第三 天文三)에서는 케페우스자리에 해당하는 造父五星에 대해서 "별이 자리를 옮기면 兵事가 일어나 말이 귀해지며, 별이 숨어서 보이지 않으면 말이 아주 귀해진다(移處兵起馬貴 星亡 馬大貴)"고 했고, 『宋史』의 기록을 거의 그대로 실어놓은 『天文類抄』(권1)에는 좀더 정확하게 "별이 숨어서 보이지 않으면 말이 귀해진다. 밝아지면 길하다(星亡 馬大貴 明則吉)"라고 하였다. 이러한 기록들을 통해 볼 때 일찍이 케페우스자리 주변에서 벌어지는 變光星의 특징을 말과 관련해서 언급했다는 것을 알 수 있다.

뿐만 아니라, 전문적인 말꾼인 주몽이 말에게 물풀을 먹인다는 것은 자연스럽지 못하다.

다음으로 柳花가 朱蒙에게 말을 골라 주기 위해 말채찍을 어지럽게 휘두르자 붉은 말이 두 길이나 되는 난간을 뛰어넘었다는 것도 케페우스자리와 에라키스의 관계를 잘 보여준다(그림 3.2 참고). 즉 케페우스자리를 구성하고 있는 ζ(제타)별, 에라키스인 μ(뮤)별, α(알파)별 등을 선으로 이어놓은 상태에서 에라키스의 빛이 커지기 시작하면, 에라키스는 그 선 밖으로 범위를 넓히게 된다. 이것은 곧 붉은 말이 난간을 뛰어넘은 것으로 해석할 수 있다. 또 한편으로는 이는 곧 케페우스자리를 '말우리' 혹은 '말목장'으로 보았다는 뜻이다. 처음 朱蒙이 알로 태어났을 때 金蛙가 상서롭지 못하다고 하여 사람들을 시켜 마굿간에 두었다는 것에서도 케페우스자리의 존재를 확인할 수 있다.[7] 반면에 케페우스자리에 해당되는 중국 별자리인 造父五星은 케페우스자리의 δ(델라)별, ζ(제타)별, μ(뮤)별 등으로 구성되어 있어 어느 정도 꺾여져 있는 말우리의 한쪽으로 볼 수 있을 듯하다.

---

7) 朱蒙의 이야기에 나오는 말목장 혹은 말우리가 케페우스자리를 가리킨다면, '버려진 알'의 비밀은 뜻밖에 쉽게 풀린다. 즉 '말목장과 알의 관계'에서 볼 때 말목장에 버려진 알은 다름 아닌 케페우스자리 옆에 있는 붉은 에라키스를 가리킨다고 할 수 있다. 이는 결국 에라키스가 朱蒙의 붉은 말로 불리기 전에는 알로 불렸다는 뜻이 된다. 朱蒙이 夫餘의 말로 활을 잘 쏘는 사람을 가리킨다고 하지만, 원래는 한자의 뜻대로 '붉은 빛에 덮여 있다'는 뜻에서 취해진 것으로 판단할 수 있다. 이러한 알에 대한 분석 결과로 볼 때 과거 일본인 학자들이 卵生神話를 海洋文化에 연결시키려 했던 卵生說話의 南方起源說은 당연히 부정되어야 한다. 왜냐하면 지금까지의 분석 결과 卵生神話는 恒顯圈이 넓은 中緯度 지역에서 만들어진 이야기일 수밖에 없기 때문이다. 이런 점에서 "卵生說話를 가진 집단이 동북시베리아 一帶로부터 흘러들어 왔다."(김화경, 앞의 책, 241쪽)는 주장은 卓見이다.

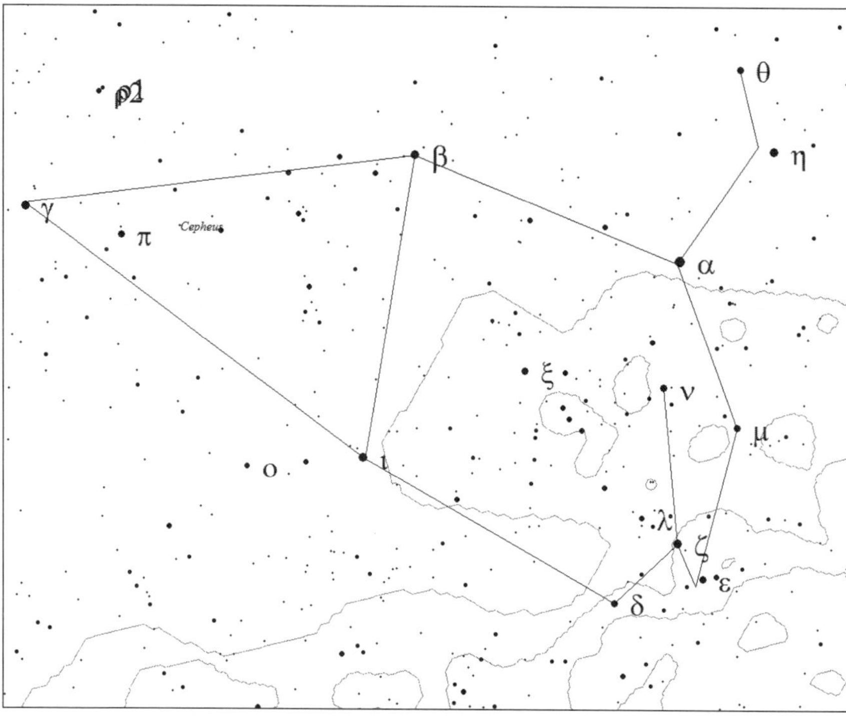

그림 3.2 케페우스자리

3) 주몽과 帶素 형제들의 사슴사냥

앞서 우리는 어린 주몽 이야기에 케페우스자리가 있다는 것을 통해 어린 주몽 이야기는 恒顯圈 주변의 밤하늘을 스케치한 결과로 추정했다. 따라서 어린 주몽 이야기에서 별자리가 빠져나가지만 않았다면, 周極星 별자리들이 더 발견될 가능성이 크다. 그렇다면 이번에는 역시 마굿간에서 키우는 말을 타고 나가서 이루어졌을 주몽과 帶素 형제들의 사슴사냥 이야기를 주목할 필요가 있다.

일단 사슴사냥에 필요한 도구부터 분석해 보자. 대개 사슴사냥에 가장 필요한 것은 말과 활 쏘는 도구일 것이다. 말은 붉은 말로 나와 있다. 반면에 활 쏘는 도구 가운데 가장 확실한 형태는 모양으로 보아 활일 것이다. 따라서 주몽과 帶素 형제들의 사슴사냥 이야기에서 활이 별자리로 발견될 것이라고 추정할 수 있다. 그리고 주몽은 사슴을 많이 잡고 帶素 형제들과 從者들은 한 마리밖에 잡지 못했다고 했으니, 그 활은 뛰어난 활잡이인 주몽의 활일 수밖에 없을 것이다. 그렇다면 그 활은 모양으로 보아 케페우스자리 바로 옆에 있는 카시오페이아자리를 가리킬 가능성이 매우 높다. 카시오페이아자리는 케페우스자리 바로 옆에 있으면서 恒顯圈과 은하수가 만나는 곳에 있는 神聖한 별자리이고, 고구려 고분벽화에서도 발견된 별자리이고, 음력 3월 무렵 일몰 직후에 케페우스자리와 비슷하게 터치다운한다는 점에서 활을 잘 쏘는 주몽(케페우스자리) 바로 옆에 활(카시오페이아자리)이 있는 것은 자연스럽다.

그러나 무엇보다 주몽의 활이 카시오페이아자리를 가리킨다는 결정적인 증거는 바로 淹滯水에 도착한 주몽이 '활로 물을 쳤다(以弓打水)'는 말 속에 숨어 있다(東明神話에서는 '以弓擊水'라고 했음). 즉 활로 물을 쳤다는 말에서 우리는 '은하수에 잠겨 있는 카시오페이아자리'의 특징을 정확하게 읽어낼 수 있다(그림 3.1 등 참고). 하늘과 땅을 동일시하는 相應의 원리에서 볼 때 淹滯水는 은하수요, 카시오페이아자리는 '물속에 잠겨 있는 활'이라고 할 수 있다.[8)]

주몽의 별자리가 케페우스자리이고 주몽의 활이 카시오페이아자리라면, 주몽의 사슴 사냥 역시 별자리의 움직임과 관련해서 새롭게 읽을 수 있다. 즉 케페우스자리와 카시오페이아자리는 恒顯圈 별자리들이기 때문에 주몽의 사슴사냥은 자연스럽게 케페우스자리와 카시오페이아자리가 북극성을 중심으로 회전운동을 하는 모습을 반영한 신화로 읽을 수 있다.

그러나 恒顯圈 별자리들의 회전운동이라면, 케페우스자리와 카시오페이아자리의 대척점에서 움직이는 별자리를 함께 언급해야만 恒顯圈 별자리들의 회전운동 모습이 선명하게 드러날 것이다. 이렇게 볼 때 주몽의 형제들이기도

8) 직접적인 증거는 아니지만, 카시오페이아자리가 은하수 속에 잠겨 있는 특징을 반영하는 또 다른 예가 있다. 우리말로 카시오페이아자리는 '닻별'이라고 하는데, 닻은 물속에 잠겨 있다는 점에서 닻별은 은하수 속에 잠겨 있는 카시오페이아자리의 특징을 정확하게 반영하고 있다(일본에서도 카시오페이아자리는 이카리보시(錨星)라고 하여 닻으로 본다).

한 金蛙의 아들들이 '일곱'이라는 점에서 金蛙의 일곱 아들은 케페우스자리와 카시오페이아자리의 대척점에 위치한 北斗七星을 가리킬 가능성이 높다(지금은 카시오페이아자리와 北斗七星이 天極을 중심으로 대척점에 위치한 채 회전하지만, 주몽이 살던 시대에는 대체로 케페우스자리와 北斗七星이 天極을 중심으로 대척점에 위치한 채 회전했다). 실제로 가족들끼리 연결되어 있는 별자리들을 보면, 그 가족들의 별자리들은 서로 가까이 모여 있다. 예를 들어 부부사이로 이루어진 케페우스자리와 카시오페이아자리는 서로 가까이 있고, 그들의 딸과 사위인 안드로메다자리(Andromeda)와 페르세우스자리(Perseus) 역시 가까운 곳에 자리하고 있다. 중국 별자리에서도 마찬가지로 왕과 왕비, 왕자 등의 별자리는 모두 북극성 주변에 모여 있다. 이런 점들을 참고할 때도 주몽 가족의 별이나 별자리들이 恒顯圈을 중심으로 배치되어 있다는 것은 자연스럽다.

다음은 사슴 사냥이 끝나고 帶素 형제들이 주몽을 나무에 묶어놓고 간 뒤에 주몽이 나무를 뿌리째 뽑아들고 돌아간 이야기의 의미를 밝혀 보자. 현재 '반쪽이 이야기'에도 생생하게 전해지는 나무를 뿌리째 뽑아들고 가는 이 황당한 이야기[9]의 열쇠는 어머어마한 힘을 가진 주몽의 완력보다는 바로 나무에 있는 듯하다. 이 나무의 正體를 파악하기 위해서는 과테말라 지역에 존재했던 고대 마야文明의 創造神話를 참고하는 것이 좋을 듯하다.

> 마야의 우주창조신화는 창조주인 제일신이 화로(오리온자리의 하단부에 해당함)에 불을 붙이면서 시작된다. 제일신은 하늘거북이(오리온자리의 삼태성)의 등껍질을 깨고 다시 태어나 악어 모양의 한 <u>거대한 나무(은하수)를 들어 올렸다.</u>[10]

---

9) 나무를 뽑아서 돌아가는 話素는 일본의 모모타로(桃太郎) 이야기에서도 그대로 나온다. 이는 모모타로 이야기가 주몽신화의 流入으로 만들어진 이야기라는 것을 분명히 암시한다.

10) 앤서니 애브니, 박병철 역, 같은 책, 영림카디널, 1999, 82~83쪽.

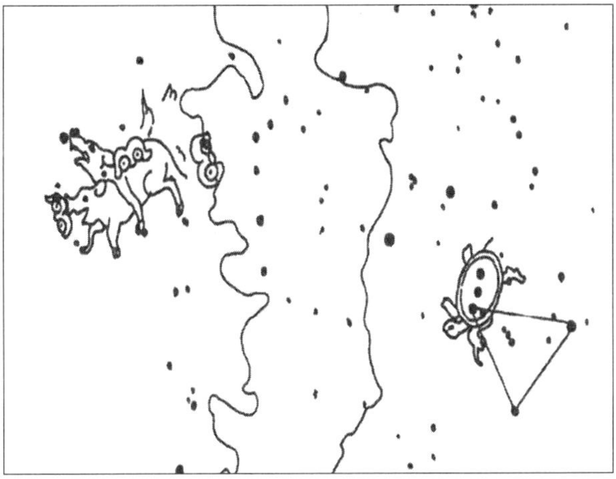

그림 3.3 왼쪽에 있는 별자리는 멧돼지(쌍둥이자리)이고, 오른쪽 아래에 있는 별자리가 바로 나무를 들어올린다는 거북이(오리온자리)(실선은 은하수)

여기서 중요한 것은 은하수를 '거대한 나무'로 본다는 점이다.[11] 은하수를 '물'로 보는 것이 자연스러운 우리에게는 낯설게 느껴지지만, 신화의 내용은 충분히 이해할 수 있다. 대개 오리온자리(하늘거북이)는 가을 무렵 저녁에 동쪽에서 떠오른다. 오리온자리가 붙어 있는 쪽의 은하수는 동쪽에서 떠오를 때는 왼쪽으로 기운 채 떠올랐다가 남쪽 하늘을 지날 때는 조금 더 세워진 채 지나간다. 이런 은하수의 움직임을 하늘거북이(오리온자리)가 악어모양의 거대한 나무를 들어 올렸다고 한 것 같다.

실제로 주몽신화에도 은하수를 나무로 본 흔적은 여러 군데 나오는 것 같다. 즉 주몽이 활로 물을 치고 淹滯水를 건넌 뒤에 나무 아래 쉬고 있을 때 두 마리 비둘기가 날아왔는데, 주몽이 활을 쏘아 잡고 나서 보리씨앗을 비둘기 입에서 꺼낸 뒤 물을 뿜어 살려내서 날려 보냈다는 장면이다. 주몽의 별자리는 케페우스자리라고 했으니, "은하수가에 붙어 있는 케페우스자리"를 "주몽이 나무 아래 쉬고 있다"고 말할 수 있다. 물을 뿌려 살려낼 수 있는 이유 역시

11) 이 은하수는 와카칸(Wakah Chan)으로 불리는 世界樹이기도 하다.

은하수가 물이기 때문일 것이다. 아마도 당시만 해도 나무와 물이 큰 문제 없이 은하수의 뜻으로 함께 사용되었던 것 같다.[12] 이제 은하수가 나무로도 표현된다는 점을 참고하면서 帶素 형제들이 주몽을 나무에 묶어두자 주몽이 나무를 뿌리째 뽑아서 돌아갔다는 이야기를 해석해 보자.

일단 帶素 형제들이 주몽을 묶어둘 수 있는 조건은 케페우스자리가 은하수

---

12) 고구려에서 은하수를 나무로도 보았다는 좀더 확실한 흔적은 바로 고구려 고분벽화인 舞踊塚의 사냥그림이다(그림 3.4, 그림 3.5 참고). 현재 이 그림은 전혀 해석되지 못하지만, 여기 그려진 나무를 은하수로 보면 어느 정도 해석된다. 즉 舞踊塚의 사냥그림에는 약간 오른쪽으로 치우쳐 커다란 나무가 나오고, 그 나무에서 가장 가까운 왼쪽에 이 그림의 중심 인물인 사냥꾼이 화면의 왼쪽으로 도망가는 두 마리 사슴을 향해 화살을 날리고 있다. 그런데 신기하게도 이 사냥꾼의 허리에는 화살이 가득 들어가 있어야 할 '화살통'이 없다. 혹시 이 사냥꾼이 왼손잡이로 그려져서 그럴 수도 있겠다고 생각할 수 있지만, 다른 인물들의 화살통 위치를 보면 그럴 수 없을 것 같다. 그렇다면 혹시 벽화가 오래되어 화살통을 그린 부분이 떨어져 나갔을 수도 있는데 그런 것 같지도 않다. 결국 벽화를 그린 사람의 실수가 아니라면, 이는 화살 하나로 두 마리 사슴을 잡는 모습을 통해 주몽이 활을 잘 쏘는 사람이라는 것과 많은 사슴을 잡았다는 것을 간접적으로 암시하는 그림 법이 아닐까 한다. 실제로 중국의 『魏書』(卷 88 列傳 高句麗)에 실려 있는 주몽신화를 보면 "뒤에 들판에서 사냥을 하게 되었는데, 주몽은 활을 잘 쏜다고 하여 화살을 딱 하나로 제한했다. 비록 주몽은 화살이 적었지만, 잡은 짐승들은 아주 많았다(後狩于田 以朱蒙善射 限之一矢 朱蒙雖矢少 殪獸甚多)"고 했다. 나머지 4명의 인물은 帶素 형제들이고, 은하수로 상징되는 나무의 오른쪽에 있는 두 대의 수레는 이 그림이 죽은 사람을 위한 무덤 벽화라는 점에서 隧神祭와 관련된 南斗六星과 北斗七星으로 보인다. 또 角抵塚 안칸 오른쪽벽에 있는 씨름그림을 보면, 한 사람이 심판을 보는 가운데 커다란 나무 아래 두 사람이 샅바를 잡고 씨름을 하고 있다. 이 그림이 순전히 씨름을 하는 모습을 그린 그림이라면, 한 그루의 나무가 씨름꾼의 머리 위에 그렇게 바투 붙어 있을 필요는 없을 것 같다. 역시 角抵塚의 씨름그림에 나오는 나무도 은하수로 보면(그림 7.2. 및 그림 7.3. 참고), 어느 정도 그림의 의미를 읽어낼 수 있다. 즉 마치 주몽이 은하수라는 나무를 뿌리째 뽑아들 듯이 두 씨름꾼은 자신들의 온 힘을 다하여 상대방을 쓰러뜨리려고 한다고 보면 될 것 같다. 물론 이 씨름그림의 본질적인 의미는 이 그림이 죽은 사람을 위한 무덤에 그려놓았다는 점에서 죽은 사람의 復活과 관련해서 해석해야 할 것이다. 이런 점에서 씨름그림에 그려진 까마귀는 해, 나무는 은하수로 보면, 까마귀가 나무에 앉아 있는 모습은 쌍둥이자리 쪽에 있는 '黃道와 은하수의 교차점'을 상징하는 그림이 아닐까 한다. 따라서 이 까마귀는 쉬기 위해 내려 앉아 있는 새가 아니라 막 날아오르려고 하는 새라고 할 수 있다. 이런 분석 결과를 받아들인다면, 三足烏의 세 다리 가운데 하나는 나무에 앉아 있는 까마귀가 까마귀(해)를 중심으로 하나의 文樣으로 탄생할 때 나무로 여겨진 은하수의 흔적이 아닌가 추정해 볼 수 있다.

에 잠겨 있는 특징 때문이다. 즉 은하수를 나무로 보면, 당연히 케페우스자리가 나무에 걸려 있는 것이다. 케페우스자리 대신 주몽을 넣고 해석하면, 주몽은 나무에 묶여 있는 것이다. 여기에 다시 사슴을 한 마리도 잡지 못한 帶素 형제들을 집어넣으면, 케페우스자리가 은하수에 붙어 있는 것은 帶素 형제들이 주몽을 잡아 나무에 묶어둔 것이 된다.

이제부터는 '나무에 묶여 있는 주몽', 즉 은하수에 잠겨 있는 케페우스자리를 은하수와 연결된 하나의 天體로 보고 생각하면 좋다. 즉 음력 3월 무렵 일몰 직후 케페우스자리는 북쪽 지평선 가까이에 있다가 시간이 지나감에 따라서 하늘 높이 올라간다. 이는 결국 나무(은하수)에 묶인 주몽이 나무(은하수)를 뿌리째 뽑아들고 간 것이라고 할 수 있다(그림 3.7에 있는 은하수와 그림 3.6의 은하수 비교). 특히 사수자리(Sagittarius) 쪽의 은하수(나무)는 두껍게 펼쳐져 있다는 점에서 이곳의 은하수를 나무의 밑둥으로 볼 경우 뿌리째 뽑아들고 갔다는 것은 그 뜻이 좀더 확실해진다.[13)]

그림 3.4 舞踊塚의 사냥그림

13) 은하수를 나무로 보는 천문학적 인식은 앞으로 우리의 고대 신화를 해명하는 데 커다란 기여를 할 것으로 보인다. 예를 들어 檀君神話에 나오는 神檀樹의 正體 역시 은하수와 관련해서 해명될 가능성이 높다.

그림 3.5 무용총의 사냥그림을 일부 확대한 것

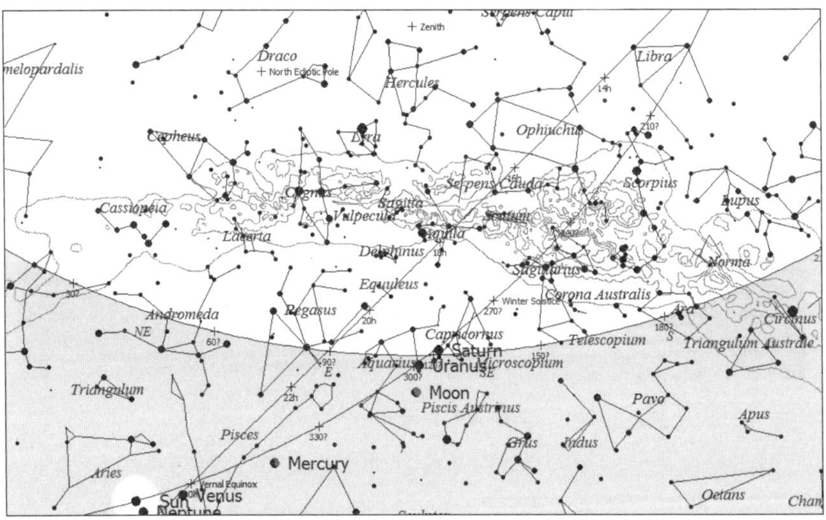

그림 3.6 B.C. 58년 음력 3월 3일 무렵 한밤 국내성 부근의 밤하늘에서 지평선 위에 보이는 케페우스자리와 은하수(늘어져 있는 줄은 지평선, 곧은 사선은 赤道, 흰 사선은 黃道)

3. '물고기와 자라의 다리[魚鼈橋]'의 正體

1) 배다리[舟橋]와 백조자리

淹滯水에 이르렀을 때 주몽이 외친 呪文을 다시 보면, 주몽은 분명히 급히 '배다리[舟橋]'를 보내달라고 한 뒤에 활로 물을 쳤다. 그러나 배다리 대신 뜻밖에도 물고기와 자라가 떠올라서 다리를 만들어 주었다. 반면에 東明神話에는 배다리 이야기는 나오지 않고 '물고기와 자라가 떠올라 만들어준 다리' 이야기만 나온다. 또 廣開土大王碑에서는 "저를 위해 갈대를 이어주시고 거북이를 띄워주소서!(爲我連葭浮龜)"라고 하여 물고기 대신 갈대, 자라 대신 거북이가 등장한다.

일단 이 문제들에 대한 한 가지 해답을 얻는 데는 덕홍리고분(408년)의 벽화 가운데 고구려 고유의 별자리로 파악한 飛魚 5星을 케페우스자리에 견준 기존의 연구 결과[14)]가 큰 도움이 된다. 이는 케페우스자리를 '날개 달린 물고기'로 본다는 말이다. 그렇다면 우리는 케페우스자리를 날개 달린 물고기로 본다는 연구 결과를 통해 참으로 놀라운 사실을 발견하게 된다. 주몽은 夫餘의 말목장을 떠나서 열심히 말을 타고 도망가서 淹滯水에 도착했다고 하지만, 결과적으로 케페우스자리에서 한 발자국도 움직이지 않았다! 모든 것이 그대로이다!

그렇다면 과연 무엇인 변한 것인가? 변한 것은 별자리들의 이름이나. 즉 케페우스자리를 부르는 이름이 '말목장'에서 '물고기'로 바뀌었다. 이는 말을 중심으로 하는 遊牧생활에 관련된 별자리들이 漁撈생활과 관계가 깊은 별자리로 바뀐 것이다.[15)]

---

14) 김일권, 「5세기 고구려 고분벽화에 나타난 천문관과 천문학」, 364~368쪽 참고.

15) 주몽신화는 이 부분에서 夫餘의 건국신화인 東明神話를 그대로 수용했다. 따라서 순전히 漁撈생활을 반영하는 '물고기와 자라의 다리'라는 별자리는 騎馬문화를 반영한 말목장이라는 별자리보다 더 오래되었을 것으로 추정할 수 있다. 그러나 이 이야기는 고구려 입장에서는 자신들이 渾江 쪽으로 진출하는 역사적 내용을 담고 있을 테니, 歷史의 先後로 보면 말목장 이야기보다 뒤에 있었던 일이라고 보아야 할 것이다.

그러나 케페우스자리를 물고기로 본다는 것을 수용한다고 해도 여전히 문제는 남는다. 즉 물고기와 자라가 만든 다리에서 자라를 처리해야 한다. 그리고 물고기와 자라가 만든 다리를 가리키는 것으로 보이는 배다리는 또 무엇인가? 분명한 것은 朱蒙의 淹滯水 건너는 이야기에서 朱蒙이 '활로 물을 친 것'과 '물고기와 자라가 떠올라 다리를 만들어주는 것'은 하나로 이어지는 일련의 사태라는 것이다. 그러므로 물고기와 자라의 다리라는 별자리를 파악하기 위해서는 일단 카시오페이아자리(활)의 움직임을 살펴보아야 한다. 카시오페이아자리의 움직임이란 말할 것도 없이 하늘 높이 올라갔다가 지평선 가까이 내려오는 周極星 별자리들의 특징을 말한다.

B.C. 100년 무렵 國內城 정도의 緯度를 가진 지역에서 카시오페이아자리는 지금과 달리 완전한 周極星 별자리가 아니라 지평선 아래로 반쯤 내려온다(그림 3.7, 그림 3.8 참고). 따라서 활로 물을 쳤다는 것은 정확히 말하면 단순히 카시오페이아자리가 은하수에 잠겨 있다는 것이 아니라 지평선 아래(앞서 물로 이루어졌다고 했음)로 잠겼다는 말로 해석해야 할 것 같다. 말 그대로 카시오페이아자리는 물속에 잠겨 있는 활이 된다(특히 카시오페이아자리가 지평선에 가장 많이 잠겼을 때 은하수는 동서남북의 지평선을 따라서 길게 모로 누워 있어 지평선과 거의 겹친다).

그렇다면 활로 물을 쳤을 때 즉각적으로 발생한 사태, 즉 물고기와 자라가 떠올라 다리를 만들어주었다는 것은 지평선에 잠긴 카시오페이아자리가 얼마 뒤 지평선 위로 다시 떠오를 때 '동북쪽(그림 3.7에서 볼 때 카시오페이아자리의 오른쪽)에서 함께 떠오르는 별자리'의 모습을 스케치한 이야기로 읽을 수 있다. 따라서 그림 3.7에서 오른쪽에 줄 지어 이어져 있는 몇 가지 별자리들(케페우스자리, 백조자리 등)의 모양을 분석하면, 물고기와 자라의 다리라는 긴 이름을 가진 별자리의 정체는 밝혀질 것이다.

앞서 말했듯이 朱蒙의 呪文을 다시 보면, 朱蒙은 분명히 '배다리[舟橋]'를 보내달라고 했다. 그러나 배다리 대신 뜻밖에도 물고기와 자라가 떠올라 다리를 만들어 주었다. 결국 배다리는 물고기와 자라가 떠올라 만들어준 다리이거

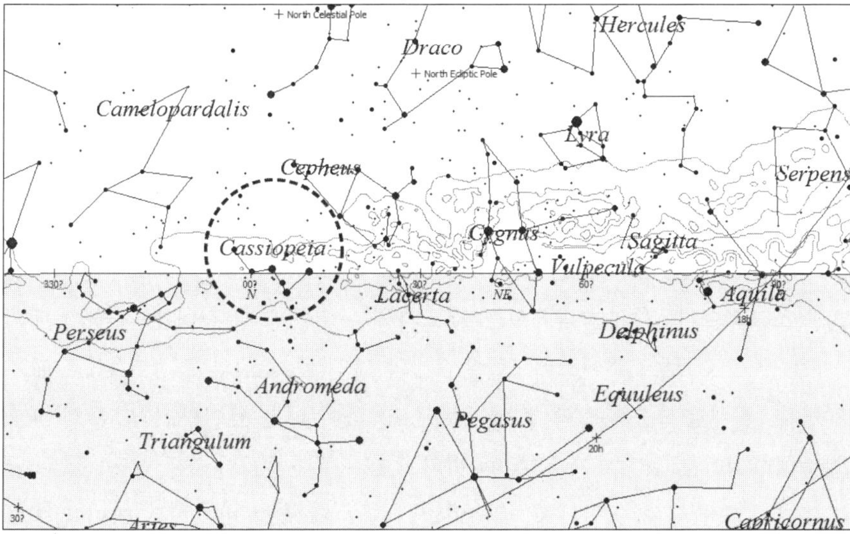

그림 3.7 B.C. 100년 무렵 國內城의 밤하늘에서 지평선에 가장 많이 잠긴 카시오페이아자리의 모습

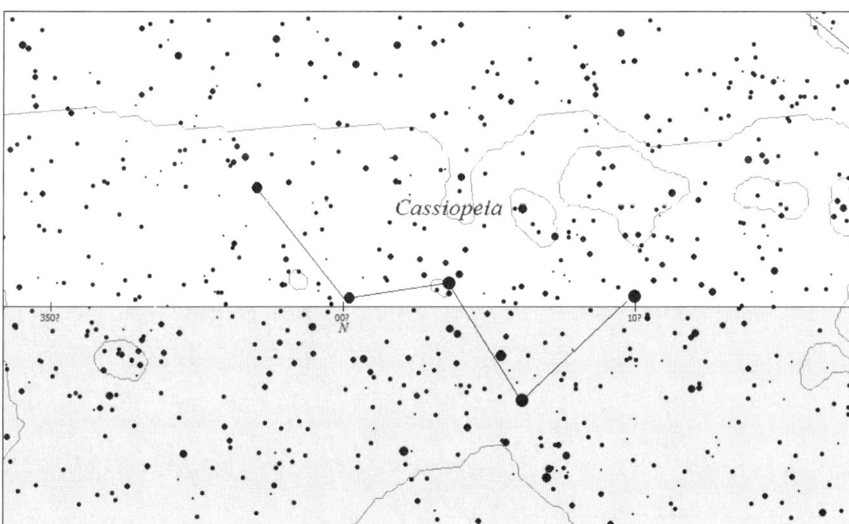

그림 3.8 그림 3.7에 있는 카시오페이아자리의 확대 그림(가로로 놓인 선은 지평선이다)

나(혹은 일부) 물고기와 자라(혹은 일부)가 그대로 배다리라는 말이다. 東明神話에는 배다리 이야기는 나오지 않고 '물고기와 자라가 떠올라 다리를 만들어 주었다'는 이야기만 나온다. 배다리는 주몽신화 시대에 새로 만들어진 별자리 이름일 수도 있다. 우선 배다리라는 별자리부터 찾아보기로 하자.

말 그대로 배다리는 배로 만든 다리라는 뜻이니, 배다리라는 별자리는 분명히 배의 모양을 하고 있을 것이다. 무엇보다 배와 관련되는 대표적인 별자리는 백조자리이다. 즉 "중국에서는 백조자리를 은하수를 건너게 해주는 배의 일부분"[16]으로 보고, "에스키모들은 3개의 카약(Kayak)의 형상"[17]으로 보기도 한다. 실제로 백조자리의 두 날개는 영낙 없이 배로 보인다.[18] 충분히 배로 만든 배다리라고 할 수 있다. 동양 별자리로는 백조자리의 목을 제외한 두 날개 부분이 天津에 해당되는데, 백조자리의 날개와 天津 별자리는 거의 동일한 모양을 취한다는 것을 알 수 있다(그림 3.7의 백조자리와 그림 3.9의 天津 비교). 또한 백조자리의 α(알파)별인 데네브(Deneb: 밝기 1.3)는 1等星으로서 대체로 우리나라와 고구려 국내성 지역 정도로 관측 지점을 제한했을 때 13번째로 밝은 별이기도 하다. 이렇게 밝은 별자리를 놔두고 이 구역에서 다른 별자리를 활용했다고 생각할 수는 없을 것 같다.

배다리가 백조자리를 가리킨다는 것을 발판 삼아 위의 이야기를 다시 정리해 보자. 朱蒙은 淹滯水에 이르러 건너고자 했으나 배가 없었다. 그래서 채찍으로 하늘을 가리키면서 배다리를 보내 달라고 했다. 물론 이때는 활로 물을 치기도 전이다. 이 상황을 아래 그림 3.10을 보면서 다시 분석해 보자.

---

16) 이태형, 같은 책, 165쪽.

17) 휴 터스톤, 전관수 옮김, 『동서양의 고전 천문학』, 연세대학교 출판부, 2010, 14쪽.

18) 원래 牽牛織女說話에 나오는 烏鵲橋는 바로 백조자리를 가리키는 것으로 알려져 있다. 백조자리를 다리로 인식했다는 또 하나의 간접적인 증거로 삼을 수 있을 듯하다.

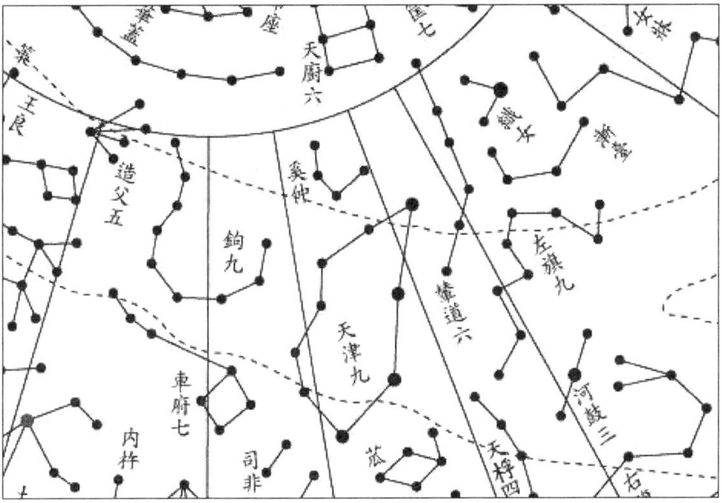

그림 3.9 天象列次分野之圖에 그려져 있는 天津

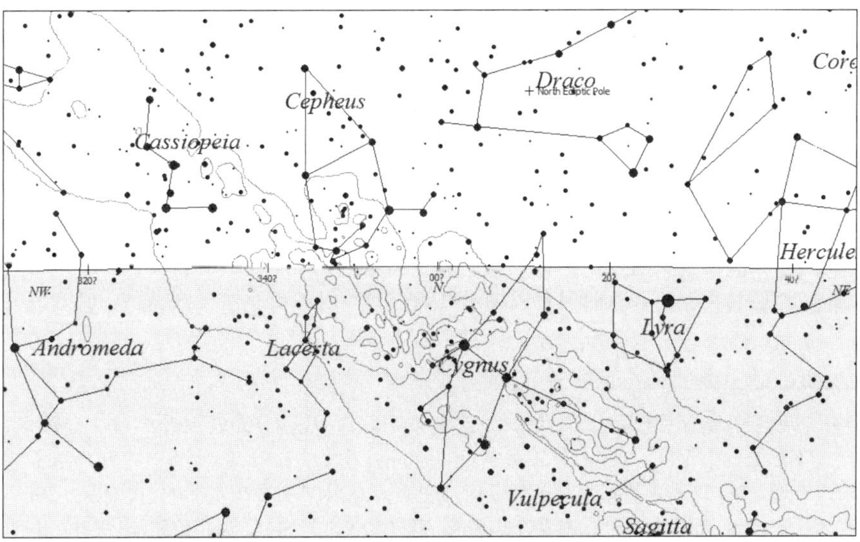

그림 3.10 지평선 아래에 머물고 있는 백조자리(Cygnus)의 모습

그림 3.10에서 보듯이 활로 물을 치기 전 상황이기 때문에 케페우스자리만 터치다운한 상태이고 카시오페이아자리(활)는 아직 지평선 위에 떠 있다. 이때

지평선 아래에는 백조자리(배다리)가 잠겨 있지만 눈으로 볼 수 없다. 朱蒙이 淹滯水에 이르렀을 때 배가 없어서 건널 수 없었다는 말은 恒顯圈이 가까운 케페우스자리 부근 별자리들의 이런 움직임을 스케치한 이야기임을 알 수 있다. 따라서 朱蒙이 淹滯水에 도착하고 배를 타고 건너는 일련의 사태는 그림 3.1 혹은 그림 3.10 → 그림 3.7을 동영상처럼 읽으면 쉽게 이해할 수 있다. 그러나 이런 연속적인 밤하늘의 모습은 하룻밤 동안에 벌어지는 것으로 읽을 수도 있지만, 그림 3.10의 모습은 일출 직전으로 정하면 음력 3월 무렵에만 나타나고, 그림 3.7의 모습은 일출 직전으로 정하면 음력 5 ~ 6월 무렵에만 나타나기 때문에 사실은 몇 달 동안 변해가는 밤하늘의 모습을 스케치한 것으로 읽는 것이 더 정확할 것이다. 말하자면 몇 달 동안 일몰 직후에 벌어지는 특정 지역의 밤하늘 모습을 카메라로 한 커트씩만 찍어놓았다가 이를 연결시키면 '움직이는 동영상'으로 만들어지듯이 몇 달 동안 벌어지는 밤하늘의 변화를 '짧은 이야기 형식의 신화'로 만들어놓은 것이라고 할 수 있다.19)

2) 물고기와 자라의 다리[魚鱉橋]

기존의 연구 결과를 따를 때 케페우스자리는 날개 달린 물고기라고 했으니, '물고기와 자라의 다리'에서 자라가 어느 별자리인지를 처리해야 한다. 케페우스자리는 주몽 시대에는 지평선을 스치듯 터치다운하는 周極星 별자리이

---

19) 이것은 바로 주몽신화가 최소한 코카브가 북극성이던 B.C. 100년 무렵에 이미 만들어졌다는 증거가 된다. 그러나 활로 물을 친다는 이야기는 夫餘의 건국신화인 東明神話에 먼저 나온다. 고구려 지역보다 緯度가 더 높았던 夫餘의 대체적인 건국 시기인 B.C. 200년 무렵 과거 夫餘의 지역으로 알려진 長春 부근(대략 北緯 44° 東經 125°)의 밤하늘을 시뮬레이션해 보면, 카시오페이아자리의 α(알파)별인 셰디르(Shedir)(그림 3.8에서 가장 아래로 내려가 있는 별)가 지평선 아래로 잠긴다는 것을 확인할 수 있다. 이런 점으로 보면, 활로 물을 친 이야기가 東明神話에 먼저 실려 있는 것은 당연한 것 같고, 활로 물을 친 이야기가 실제로 夫餘의 建國 무렵에 만들어진 이야기라는 것도 분명한 듯하다. 그러나 이론적으로 보면, 과거 夫餘 지역을 長春으로 고정했을 경우라도 활로 물을 치는 것, 즉 카시오페이아자리가 지평선에 잠기기 시작하는 시기는 훨씬 더 올라갈 수도 있다.

기 때문에 떠오른다는 것은 일몰 직후에 케페우스자리가 서서히 나타나는 것을 말한다고 할 수 있다. 따라서 '물고기(케페우스자리)와 자라'가 떠올랐다는 것은 터치다운하고 돌아간 케페우스자리와 케페우스자리의 동쪽(그림 3.10에서는 오른쪽 방향으로 있는 지평선 부근)에서 떠오르는 별자리의 모습을 함께 스케치한 것이라고 보아야 할 것이다. 케페우스자리보다 오른쪽에서 가까이 떠오르는 出沒星 별자리는 케페우스 바로 옆에 있는 백조자리이다. 백조자리는 앞서 배다리라는 별자리라고 했다. 결국 배다리 = 자라라는 등식이 성립한다. 그렇다면 백조자리의 κ(카파)별 쪽(그림 3.10에서 가장 지평선 위로 올라온 백조자리 부분)이 자라의 머리 쪽이 되고, 케페우스자리 쪽으로 향한 백조자리 부분은 둥글게 그려진다는 점에서 케페우스자리 쪽으로 향한 백조자리 부분을 자라의 배로 보아야 할 것 같다.

대개 물고기나 자라로 별자리 이름을 삼은 것은 漁撈생활과 관련 지을 수 있다. 夫餘 사람들과 고구려 사람들이 실제로 수렵, 목축, 어로 등 다양한 생활을 기반으로 했다는 점을 생각하면, 별자리에 대한 다양한 해석은 어쩌면 당연한 일이다. 그만큼 恒顯圈과 그 부근에 있는 별자리들은 단순히 모양뿐만 아니라 中緯度 지역에 있던 고구려 사람들이나 夫餘 사람의 생활 및 祭儀와 밀접히 관련되어 있어서 논란거리가 많을 수밖에 없었을 것이다. 케페우스자리와 백조자리는 당시 夫餘와 고구려의 천문학자들에게 가장 큰 고민거리였다는 생각이 든다. 물론 그 논란의 핵심은 말할 것도 없이 케페우스자리가 朱蒙의 별자리로서 최고의 별자리였기 때문일 것이다.

대체로 B.C. 100년 무렵 국내성을 기준으로 했을 때 일몰 직후 케페우스자리와 백조자리가 함께 지평선에 떠오를 때는 양력 5월~6월 무렵이다. 따라서 물고기와 자라의 다리(혹은 배다리)라는 별자리의 출현은 봄 농사의 발달에 따른 결과가 아닌가 한다. 즉 단순히 케페우스자리를 통해 봄의 출발점만을 필요로 했던 때보다는 농업의 발달에 따라 봄에 씨를 뿌리는 시기와 이에 따라 벌어지는 축제에 쓰이는 별자리가 필요하게 되자, 물고기와 자라의 다리라는 별자리를 새롭게 사용했을 것으로 추정해 볼 수 있다. 대개 三韓의 경우

씨를 뿌리고 난 뒤 5月祭를 벌인 것으로 알려져 있다. 이와 달리 고구려에서는 5月祭를 거행했다는 구체적인 기록은 없다. 그러나 고구려에서 봄에 씨를 뿌린 뒤에 축제를 벌이지 않았다는 것은 받아들이기 힘들다. 물고기와 자라의 다리라는 별자리의 출현은 고구려나 夫餘에서도 5月祭라는 이름은 아닐지라도 이에 해당되는 祭儀를 벌였다는 증거로 보아야 할 것 같다. 더구나 三韓의 5月祭는 그냥 祭儀가 벌어지는 시기를 가지고 후대에 편의상 붙인 이름이지 고유명사가 아니라는 점에서 더욱 그렇다.

3) 廣開土大王碑에 나오는 '갈대'와 '거북이'

廣開土大王碑에서는 주몽신화와 조금 달리 "저를 위해 갈대를 이어주고 거북이를 띄워 주소서!(爲我連葭浮龜)"라고 했다. 거북이와 자라는 큰 차이가 없다는 점에서 거북이는 백조자리에 배당하고, 케페우스자리는 갈대에 배당할 수 있다. 그러나 케페우스자리는 물고기로 보았기 때문에 갈대에 배당하기에는 무리가 따르고 형태로 보아도 케페우스자리를 갈대로 보는 것은 아무래도 무리가 따른다. 414년 廣開土大王碑가 만들어질 때 國內城을 관측 기준으로 했을 경우 지평선 위에 터치다운하는 케페우스자리의 움직임은 歲差運動으로 B.C. 100년에 비해 약간의 영향은 있지만, 커다란 변화는 보이지 않는다. 결국 케페우스자리인 물고기 별자리라는 이름은 빠지고 갈대라는 별자리가 새로 들어간 것으로 볼 수박에 없다.

그러나 A.D. 408년에 만들어진 德興里 고분벽화에 있는 별자리들은 대부분 중국 별자리들이고 廣開土大王碑는 414년에 만들어졌으니, 굳이 거북이(백조자리)는 남기고 물고기라는 별자리를 없애면서 갈대라는 별자리를 새로 끌어들인 이유는 간단치 않은 사연이 숨어 있을 듯하다.

음력 3월 3일 케페우스자리가 지평선을 터치다운하는 밤하늘의 모습을 보면서 분석해 보자. 케페우스자리가 북쪽 지평선으로 내려오면, 백조자리는 지평선 아래로 사라진 상태이다(그림 3.10 참고). 그러나 백조자리는 恒顯圈에서 가까이 있는 出沒星 별자리이기 때문에 상당한 시간이 흐른 뒤 케페우스자리가 좀더 하늘로 올라가면 그때 다시 지평선 위로 떠오른다(그림 3.11 참고). 말하자면 백조자리는 神聖한 恒顯圈에 있는 케페우스자리만은 못해도 충분히 神聖한 지역에 가까이 있는 별자리라는 말이다. 또한 백조자리는 케페우스자리와 마찬가지로 은하수 속에 잠겨 있는 별자리이기도 하다. 둘은 많은 면에서 공통점을 갖고 있다. 즉 두 별자리들은 天帝가 거처하는 恒顯圈과 河伯의 독무대인 은하수를 함께 아우를 수 있는 별자리이다. 이런 점만 보아도 백조자리는 매우 중요하게 여겨졌으리라는 것을 알 수 있다.

이제 계속 天文 시뮬레이션프로그램을 돌리면서 케페우스자리와 백조자리가 지평선 위로 떠오른 뒤에 백조자리 다음으로 은하수에 잠긴 채 떠오르는 그럴 듯한 별자리가 무엇인지 살펴보자(그림 3.12 참고).

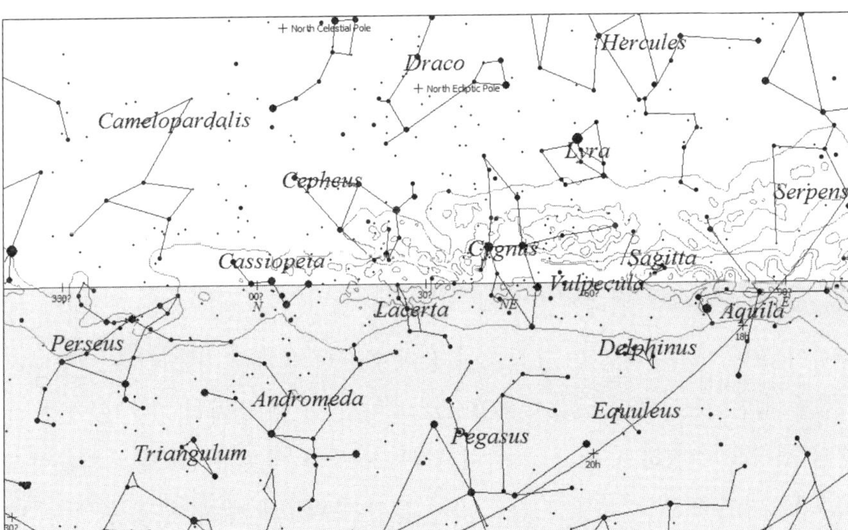

그림 3.11 지평선 위에 케페우스자리와 백조자리가 떠 있는 모습

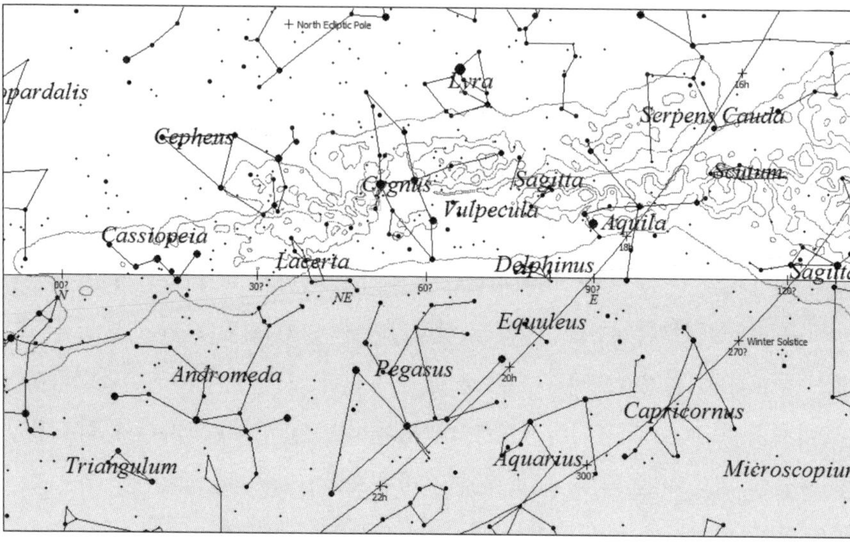

그림 3.12 지평선 위에 떠 있는 케페우스자리(왼쪽에서 두 번째), 백조자리, 독수리자리(Aquila)

시간이 흐르면 백조자리의 머리 쪽, 즉 좀더 동쪽에서는 독수리자리와 거문고자리(은하수에서 조금 떨어져 있어 제외할 수 있다.[20])가 떠오르는 것을 확인할 수 있다. 이러한 움직임들을 통해 볼 때 갈대라는 별자리는 독수리자리(중국 별자리로는 이른바 河鼓大星)를 가리킬 가능성이 크다. 더구나 백조자리 다음으로 떠오르는 별자리로 독수리자리말고는 해모수가 타고 왔다는 龍車(南斗六星)밖에 없다는 점에서도 갈대 별자리에 해당되는 것은 독수리자리일 가능성이 크다. 독수리자리는 은하수에 잠겨 있으니 물가에 사는 갈대로 별자리 이름을 삼은 것도 자연스럽고, 모양으로 보아도 이 세 별자리 가운데 가장 갈대의 형상을 추정하기 쉽다. 독수리자리는 누구나 알듯이 1等星인 알타이르(Altair: 밝기 0.8)를 α(알파)별로 가지고 있기 때문에 쉽게 찾을 수 있는 별자리이다. 반면 중국 별자리에서는 독수리자리의 α(알파)별, β(베타)별, γ(감마)별만을 따로 떼어내어 河鼓大星으로 부르기 때문에 河鼓大星에서 갈대

20) 거문고자리(중국 별자로는 牽牛星)는 5章에서 다루었다.

의 형상을 찾아내기는 어렵다(그림 3.9 참고).

그런데 이 갈대 별자리는 다른 어느 자료에도 나오지 않고, 오직 廣開土大王碑에만 나타난다. 神聖한 恒顯圈과의 거리로 볼 때 독수리자리는 당연히 케페우스자리나 백조자리보다 序列이 낮을 것이다. 왜냐하면 북극성 지역을 天帝가 거처하는 神聖한 곳으로 보는 주몽신화의 天文學 體系에서 볼 때 天帝가 거처하는 지역에서 멀고 가까움에 따라 별자리들의 序列이 매겨졌을 가능성이 크기 때문이다. 따라서 밤하늘을 보면서 이 세 별자리들을 스케치한다고 할 때 케페우스자리 → 백조자리 → 독수리자리의 순서로 그 序列을 매기는 것이 상식일 것이다. 그럼에도 불구하고 가장 늦게 끼어든 갈대 별자리는 碑石에 글 쓰는 순서를 바꾸어 거북이 별자리보다 앞자리를 차지하고 있다. 이는 별자리의 序列로는 안 되지만 글의 순서로 케페우스자리를 밀어냈다는 말이다. 아마도 이 의문의 해답은 주몽신화에 있는 것이 아니라 廣開土大王碑 자체에 있는 것 같다.

앞서 말했듯이 廣開土大王碑는 414년에 세워졌고, 가장 먼저 중국 별자리가 나타난 德興里 고분벽화는 408년에 만들어졌다. 한마디로 廣開土大王碑는 중국 별자리가 일반화된 시기에 일부러 고구려의 고유한 별자리를 끌어들여 廣開土大王(374~413)의 治積을 기록하려 했다는 것으로 판단된다. 결국 동쪽 지평선 위로 차례로 떠오르는 케페우스자리, 백조자리, 독수리자리 가운데 가장 늦게 떠오르는 '독수리자리' 자체를 보여주는 데 목적이 있었다고 추정할 수밖에 없다.

廣開土大王碑는 廣開土大王의 아들인 長壽王(394~491)에 의해서 만들어졌다. 廣開土大王碑를 세운 때는 長壽王이 즉위한 이듬해였다. 비록 長壽王이 廣開土大王의 後光을 크게 입었다고 하더라도, 당시 그는 弱冠의 젊은이였다. 長壽王은 고구려의 고유한 별자리를 이용하여 케페우스자리, 백조자리에 이어 恒顯圈에서 가까우면서 은하수에 잠겨 있는 독수리자리에 廣開土大王을 위치시킴으로써 父王의 偉容을 별자리를 통해 드러내면서 자신의 王權까지 강화하고자 했던 것으로 판단할 수 있다. 이러한 정황으로 볼 때 갈대 별자리는 長壽王이 廣開土大王을 위해 마련한 廣開土大王의 별자리인 것 같다. 고구려가 國

內城에 서울을 두고 있을 때 가장 넓은 領土를 개척한 왕이 廣開土大王이었으니, 케페우스자리와 백조자리 다음으로 恒顯圈에서 가까운 독수리자리를 廣開土大王에게 배당하여 숭배한 것이 아닌가 한다.21)

그렇다면 414년 일몰 직후 주몽의 활인 카시오페이아자리를 포함하여 케페우스자리(말목장), 백조자리(배다리), 독수리자리(갈대)가 마치 分列式을 하듯이 지평선 위에 길게 늘어서 있을 때는 언제 쯤일까? 天文 시뮬레이션프로그램을 통해 살펴보면, 양력 6월에서 7월 무렵 일몰 직후를 관측 기준시간으로 정했을 때 대체로 세 별자리가 지평선 위에 늘어선다는 것을 확인할 수 있다. 이런 점들로 판단할 때 廣開土大王碑는 414년 6월에서 7월 사이에 세워졌을 것으로 추정해 볼 수 있다.

4. 朱蒙 登場의 神話的 意味

주몽이 북극성에 가까운 恒顯圈 별자리인 케페우스자리를 차지했다는 것은 모든 별들의 지배자가 되었다는 말이다.22) 모든 별들의 지배자가 되었다는 것은 케페우스자리의 붉은 말이 가장 神聖한 별이요, 케페우스자리가 모든 별자리 가운데 가장 위대한 별자리라는 말이기도 하다.

실제로 케페우스자리가 가장 위대한 별자리라는 구체적인 증거는 바로 주몽이 활로 파리를 쏘았다는 이야기에 담겨 있는 것 같다. 말하자면 天帝의 자손이요, 河伯의 외손이면서 해모수와 柳花의 씨앗으로 태어난 주몽의 등장을 정당화하는 선언인 셈이다. 이에 관련된 이야기를 다시 인용해 보자.

---

21) 케페우스자리, 백조자리, 독수리자리 가운데 케페우스자리는 주몽의 별자리이다. 廣開土大王은 더 존엄한 별자리인 백조자리가 아니라 독수리자리를 차지한 이유는 백조자리의 주인이 따로 있었기 때문이다. 백조자리를 차지할 수 있는 임금은 바로 琉璃王이었다. 이에 대해서는 5章 참고.

22) 북극성은 天帝의 별자리이다.

(주몽은) 태어난 지 한 달이 지나지 않아서 말을 또박또박하게 했다. (어느 날) 어머니에게 "수많은 파리들이 눈을 빨아서 잘 수가 없으니 어머니께서는 저를 위해 활과 화살을 만들어주십시오." 했다. 그 어미가 가시나무로 활과 화살을 만들어주었다. 주몽이 스스로 물레 위의 파리를 쏘는데, 화살을 쏘는 대로 맞았다. 夫餘에서는 활 잘 쏘는 사람을 주몽이라고 했다.

이 이야기는 단순히 보면 주몽이 어릴 적부터 활을 잘 쏘았기 때문에 주몽으로 불린 사연을 적은 것으로 볼 수 있다. 그러나 여기에는 주몽과 활이 나오기 때문에 케페우스자리와 카시오페이아자리에 관련된 天體의 움직임을 스케치한 이야기로 보아야 할 것이다. 이런 점에서 이 이야기를 풀어내는 비밀의 열쇠는 주몽이 화살로 쏘아서 맞추었다는 '파리'가 쥐고 있는 것 같다. 그러나 파리가 가리키는 것이 무엇인지는 기록을 통해서 쉽게 찾기 어렵다. 파리와 관련해서 가장 근접한 이야기를 인용해 보자.

(周髀家가 말하기를) 하늘은 둥그니 뚜껑을 덮어놓은 것 같다. 땅은 모나니 바둑판과 같다. 하늘은 마치 맷돌처럼 왼쪽으로 돌고 해와 달은 오른쪽으로 가다가 하늘을 따라서 왼쪽으로 돌게 된다. 그래서 해와 달은 동쪽으로 가다가 하늘에 이끌려서 서쪽으로 지게 되는 것이다. 비유하자면 개미가 맷돌 위에서 다닐 때 맷돌은 왼쪽으로 돌고 개미는 오른쪽으로 가면, 맷돌은 빠르고 개미는 느리기 때문에 개미는 맷돌을 따라 왼쪽으로 돌지 않을 수 없는 것이다.[23)]

여기서 맷돌은 북극성을 중심으로 시계반대방향으로 도는 天球를 말한다. 반면에 (日周운동이 아니라 天動說 입장에서 볼 때 지구를 공전하는) 해와 달은 天球와 반대 방향으로 움직이기 때문에 이를 맷돌 위에서 움직이는 개미로 비유하여 天球와 다른 해와 달의 움직임을 설명한 것이다.

---

23) 『晉書』, 「天文志 上」, "周髀家云 天圓如張蓋 地方如棋局 天旁轉如推磨而左行 日月右行隨天左轉 故日月實東行 而天牽之以西沒 譬之于蟻行磨石之上 磨左旋而蟻右去 磨疾而蟻遲 故不得不隨磨以左回焉."

'물레와 파리의 관계'도 맷돌과 개미의 관계로 읽을 수 있다. 즉 물레는 맷돌처럼 돈다는 점에서 북극성을 중심으로 도는 天球를 말한다. 파리가 물레에 앉아 있으면, 물레가 돌 때 파리도 물레를 따라 돌 것이다. 그러나 파리는 오랫동안 한 곳에 앉아 있는 법이 없다. 그래서 물레의 움직임과 상관 없이 물레 위에 붙기도 하고 날아가기도 할 것이다. 따라서 물레 위에 앉은 파리는 해가 天球의 회전과는 달리 움직인다는 사실을 표현한 것으로 판단할 수 있다. 결국 주몽이 물레 위의 파리를 쏘는데, 화살을 쏘는 대로 맞았다는 말은 주몽이라는 神의 탄생을 天文學的으로 표현한 말로 보아야 할 것 같다. 다시 음력 3월 3일 무렵 일몰 직후의 밤하늘을 통해 이 점을 증명해 보자(그림 3.1 참고).

음력 3월 3일 무렵 일몰 직후 케페우스자리는 북쪽 지평선 가까이에 다가와 있다. 이때 카시오페이아자리(활)도 지평선 가까이에 다가와 있다. 이런 두 별자리의 움직임과 해가 지는 순간을 함께 스케치해서 만들어낸 것이 바로 물레 위의 파리를 쏘는데 화살을 쏘는 대로 맞았다는 이야기 같다. 신화에서는 이런 상황을 주몽을 중심으로 하여 원인과 결과의 관계로 치환시켜 놓은 것이다. 그림 3.1을 보면서 해석하면 더 편하다. 즉 케페우스자리 → 카시오페이아자리 → 해로 되어 있는 세 天體를 세 개의 그림문자를 읽어가듯이 왼쪽으로 읽어가다가 잠시 뒤 해는 지평선 아래로 내려간다는 생각만 더하면 된다(좀더 완벽하게 읽으려면 이야기에 나오는 주몽의 화살도 찾아내야 할 것이지만 화살은 그 모양으로 보아 밤하늘에서 찾아내기는 쉽지 않다. 그러나 이것은 그리 큰 문제는 아니다).

> 주몽(케페우스자리)이 활(카시오페이아자리)로 파리(해)를 쏘는데, 쏘는 대로 파리(해)가 맞았다(사라졌다).

말 그대로 이 이야기에 담겨 있는 뜻은 해를 맞혀 사라지게 했다는 것이다(수많은 파리들이 눈을 빨았다고 했으니 당연히 주몽은 수많은 파리들을 맞추었을 것이다. 이것은 이 무렵 일몰 직후에는 이러한 움직임이 한동안 계속되기 때문에 하는 말 같다. 별은 하루에 4분씩 일찍 뜨면서 어제의 자리에서 1°씩 옮겨간다). 그러나 이 이야기에 담긴 더 깊은 뜻은 '神의 代替'이다. 즉 지금까지 해는 해모수라는 神格으로 나타났다. 그러나 주몽이 태어나 파리를 쏘아 맞힌 이야기 뒤에는 해에 대한 언급이 전혀 나오지 않는다. 이것은 해모수라는 神으로 존재하는 해가 물레 위의 파리라는 天文學的 표현으로 바뀌었기 때문인 것 같다. 해의 神인 해모수의 시대가 지나고 케페우스자리인 주몽의 시대가 온 것이다(실제로 B.C. 100년 무렵 國內城 정도의 緯度 지역에서 케페우스자리는 그 이전과 달리 지평선 아래로 떨어지지 않는 채 완벽한 周極星 별자리로 바뀌기 시작한다). 다시 말해 별자리의 운행을 통해 정확한 祭儀의 날짜나 농사의 適期를 찾아내는 별들의 시대가 到來했음을 宣布한 것이다. 이것이 바로 주몽의 등장에 담긴 신화적 참뜻인 것 같다.

4章

英雄 朱蒙 이야기와 黃道의 별자리

1. 英雄 朱蒙 이야기의 실마리 찾기

朱蒙神話 가운데 주몽과 松讓의 이야기는 夫餘를 떠나 南下하던 朱蒙이 沸流水가에 정착하는 과정에서 그곳에 먼저 터를 잡았던 松讓 집단과의 투쟁 속에서 최종적으로 주몽이 승리하고 고구려를 建國하는 일을 적은 이야기이다. 한마디로 성인이 된 주몽의 본격적인 활동이 펼쳐진다는 점에서 주몽신화 가운데 建國神話다운 면모를 가장 잘 보여 준다. 그러나 길이와 내용이 상당한 주몽과 松讓의 이야기를 구성하는 각각의 話素들이 무슨 의미를 갖고 있는지에 대해서는 아직까지 구체적인 연구가 제대로 이루어지지 않았다.

古代 天文學的 관점에서 보면 주몽과 松讓의 싸움 가운데 일부의 이야기에 달이 순차적으로 나온다는 점에서 별자리와 관련하여 접근할 수 있는 조건은 충분하다. 다시 말해 하늘과 땅을 동일시하는 相應의 원리에서 볼 때 주몽과 松讓의 싸움은 그 일이 벌어졌을 달의 밤하늘 모습과 관련된 天文神話(astronomical myth)로 보고 접근할 수 있다.

고대 메소포타미아에 있던 한 나라인 아카드의 달력은 "獸帶宮(zodiacal sign)의 순서에 맞추어 배열되어"[1) 있어서(첫번째 별자리는 양자리(Aries)이고, 그때는 바로 니산(Nisan)의 달, 즉 1월로 B.C. 2세기 무렵에는 春分點과 일치했다) 그 결과 12달은 각 달마다 힐라이어컬 라이징하는 "黃道의 12개 별자리에 대응되어 있고 각 달의 이름도 그에 상응되는 獸帶宮의 별자리들과 유사성을 가지고 있는 것"[2)]으로 알려져 있다. 주몽과 松讓의 이야기 역시 이런 점을 참고하여 해석할 수 있다.

1) Emmeline M. Plunket, *Ancient Calendars and Constellations*, John Murray, London, 1903, vii.

2) Emmeline M. Plunket, *ibid*, pp. 9 ~ 10.

a) 왕은 띠자리[茀蕝] 위에 앉아서 임금과 신하의 자리를 대충 정했다. 沸流王 松讓이 사냥을 나왔다. 왕의 빼어난 모습을 보고 이끌어서 함께 앉아 말하기를 "이곳은 너무 외져서 한번도 君子를 본 적이 없소이다. 지금 이렇게 만나게 되니 이 얼마나 다행인지 모르겠소. 그대는 누구이시며 어디서 오시었소?" 했다. 왕이 말하기를 "나는 天帝의 자손이요, 西國의 왕이로다. 감히 묻노니 그대는 누구를 이어 왕이 되었는가?" 했다. 松讓이 말하기를 "나는 仙人의 후손으로 오랜 동안 이곳의 왕으로 있소이다. 땅이 지나치게 좁아 두 임금이 있을 수는 없소. 그대는 나라를 세운 지 얼마 되지 않았으니, 큰 나라 옆에 붙어 있는 작은 나라로 사는 것이 어떻겠소?" 왕이 말하기를 "나는 하늘의 후예로다. 그대는 神의 자손도 아니면서 왕이라고 부르는구나. 만약에 내 밑으로 들어오지 않는다면, 하늘이 반드시 죽일 것이로다." 했다.

b) 松讓은 자주 왕에게 하늘의 자손이라는 말을 하는 것을 마음속으로 믿지 아니하고 그 재주를 시험하고자 했다. 이에 말하기를 "바라건대 함께 활쏘기를 해 보고 싶소이다." 하고는 사슴을 그려 백 걸음 안에 걸어놓고 활을 쏘았다. 그 화살이 사슴의 배꼽으로 들어가지 못했거늘 힘에 겨워했다. 왕이 사람으로 하여금 옥가락지를 백 걸음 밖에 걸어놓게 하고 활을 쏘니, 깨져 버리는 것이 마치 부서져 내리는 기왓장 같았다. 松讓이 크게 놀랐다.

c) 왕이 말하기를 "나라를 세운 지 얼마 되지 않아 아직 북[鼓]과 뿔나팔[角]을 갖추지 못했으니, 沸流의 使者들이 올 때마다 왕의 예로서 맞지 않고 나를 가벼이 여기는구나." 扶芬奴 등이 다가와 말하기를 "臣이 대왕을 위하여 沸流의 북과 뿔나팔을 구해 오겠습니다." 했다. 왕이 말하기를 "다른 나라에서 보관하고 있는 물건을 어찌 가져온단 말인가?" 했다. 대답해 말하기를 "이는 하늘이 주신 물건입니다. 어찌 취하지 못하겠습니까! 대왕께서 夫餘 땅에 계실 적에 누가 이곳까지 이를 줄을 알았겠습니까. 지금 대왕께서는 수많은 어려움 속에서도 몸을 빼내시어 遼東에서 이름을 날리셨습니다. 이는 天帝의 命으로 그리 되신 것이옵니다. 그러니 무슨 일이신들 이루지 못하시겠습니까?" 했다. 이에 부분노 등이 沸流 땅으로 가서 북을 취해 돌아

왔다. 沸流王이 사신을 보내 아뢰었다. 왕은 북과 뿔나팔을 (그들이) 와서 볼까 두려워서 빛깔을 오래 된 것처럼 만들어 놓았다. 松讓이 감히 다투지 못하고 돌아갔다.

d) 松讓이 나라를 세운 순서를 가지고 附庸國을 삼고자 했다. 왕이 궁궐을 지을 적에 썩은 나무[朽木]로 기둥[柱]을 세워 천년 묵은 것처럼 했다. 松讓이 와서 보고 마침내 나라를 세운 순서를 따지지 못했다.

e) 서쪽으로 巡行하다가 흰 사슴[白鹿] 한 마리를 잡았다. 이에 蟹原의 뜰 위에 거꾸로 매달아놓고 呪文을 외워 말하기를 "하늘이 만약 비를 내려 沸流王의 서울을 물에 잠기게 하지 않는다면, 나는 너를 놓아주지 않으리로다. 그러니 이 어려움에서 벗어나려거든 네가 하늘에 하소연하거라!" 했다. 사슴이 슬피 울어 그 소리가 하늘에 사무치니, 장맛비가 이레를 퍼부어 松讓의 서울이 물에 잠겨 버렸다. 갈대밧줄[葦索]로 흐르는 물을 가르고 오리[鴨]와 말[馬]을 태우니, 백성들이 모두 그 밧줄을 잡았다. 주몽이 채찍[鞭]으로 물을 그으니 물이 곧 줄어들었다. 6월에 松讓이 나라를 들어 항복했다.

f) 7월에 검은 구름이 鶻嶺에 일어 그 산에 있는 사람들이 보이지 않았다. 오직 수천 명의 목소리만 들리니 토목공사를 하는 것 같았다. 왕이 말하기를 "하늘이 날 위해 城을 쌓으시는 것이로다!" 이레 만에 구름과 안개가 저절로 걷히고 성곽과 宮室이 저절로 이루어졌다. 왕이 皇天께 절을 올리고 곧 가서 살았다.

g) 가을 9월에 왕이 하늘에 오르고 다시 내려오지 않으니, 이때 나이 마흔이었다. 太子는 왕이 남긴 옥채찍[玉鞭]으로 대신 龍山에 葬事를 지냈다.

古代 메소포타미아의 『길가메시 敍事詩』에 나오는 12차례에 걸친 길가메시의 모험은 모두 黃道上의 별자리와 관련되어 있다고 한다.3) 이것은 길가메

---

3) 쟝샤오위앤, 홍상훈 옮김, 『별과 우주의 문화사』, 바다출판사, 2008, 51쪽, "전갈자리에서는 전갈의 몸에 사람 얼굴을 가진 사람을 만나고, 염소자리에서는 죽음의 강을 만나고, 황소자리에서는 에아-바니라는 이름을 가진 괴물 ― 상반신은 사람이고 하반신은 소의 몸을 한 ― 에게 가르침을 받고, 처녀자리에서는 이슈타르 여신에게서 청혼을 받는 식이다."

시의 12차례 모험이 獸帶宮, 즉 黃道 12宮의 순서에 일치되어 있기 때문일 것이다. 이러한 점들을 염두에 두면서 위의 이야기를 다시 살펴보자.

우선 e)의 끝을 보면, (음력) 6월 松讓은 나라를 들어서 항복했다. 그리고 f)는 7월에 있었던 이야기이고, g)는 가을 9월에 있었던 이야기이다. 비록 여기에는 8월이라는 말은 나오지 않지만, 이들 이야기는 일단 6월 → 7월 → (8월) → 9월이라는 다달이 연속되는 이야기로 정리할 수 있다(이 달들에 관련된 이야기들은 연도가 달라도 상관 없음. 이 점은 뒤에 다시 거론함).

그렇다면 달의 연속성이라는 점에서 볼 때 일단 e)의 이야기에 앞서 나오는 이야기들 역시 특정한 달 — 최대로 볼 때 1월에서 5월 그리고 9월에서 12월 — 을 표시하는 이야기가 순차적으로 연결되어 있을 것으로 볼 수 있고, 달마다 연속되는 이야기라면 黃道 12宮의 차례에 따라 배치된 이야기들로 이루어졌을 것으로 추정해 볼 수 있다(주몽신화에 黃道 12宮이 도입되었느냐 아니냐 하는 점은 결국 이 논문의 분석 결과에 따라서 자연스럽게 밝혀지는 일이기도 하다[4]). 한마디로 앞으로의 논의는 달의 언급이 없는 이야기에서 그 달을 나타내는 별자리를 찾아내는 작업이라고 할 수 있다.

2. 빼앗아 온 '북'과 '뿔나팔'

일단 c)의 이야기부터 살펴보기로 하자. c)의 이야기를 먼저 살피는 이유는 c)의 이야기에 나오는 북과 뿔나팔 話素가 樂浪公主와 好童王子의 이야기에도 그대로 나오고, 여기에는 '(大武神王 15년) 여름 4월'에 있었던 일이라는 달의 흔적까지 확실하게 나오기 때문이다. 두 이야기가 모두 북과 뿔나팔 話素를

---

4) 동양의 천문학에서 黃道 12宮이 처음으로 언급된 문헌은 B.C. 2세기 무렵 周나라의 周公(?~ ?)이 지은 것으로 전하는 『爾雅』이다. 이런 점을 참고할 때 주몽이 나라를 세울 무렵 주몽신화를 만든 사람들이 黃道 12宮을 알고 있었을 가능성은 간접적으로 추정해 볼 수 있다.

공유하고 있다는 점에서 樂浪公主와 好童王子의 이야기는 주몽신화에 나오는 북과 뿔나팔 話素를 수용했다는 것을 알 수 있고, 나아가 북과 뿔나팔이 별자리라면 북과 뿔나팔 이야기는 4월의 이야기로 추정할 수 있다.

> <u>여름 4월</u> 왕자 好童이 沃沮에서 유람하고 있었다. 그 때 樂浪王 崔理가 그 곳을 나갔다가 그를 보고 물었다. "그대의 얼굴을 보니 보통 사람이 아니로구나. 혹시 그대는 北國神王의 아들이 아니오?" 樂浪王 崔理는 마침내 그를 데리고 돌아가서 자기의 딸을 아내로 삼게 하였다. 그 뒤에 好童이 本國에 돌아와서 남몰래 최씨의 딸에게 使者를 보내 말했다. "<u>네가 너의 나라 武器庫에 들어가서 북[鼓]과 뿔나팔[角]을 부수어 버릴 수 있다면</u> 내가 예를 갖추어 너를 맞이할 것이요, 그렇게 하지 못한다면 너를 맞아들이지 않겠다." 옛날부터 樂浪에는 북과 뿔나팔이 있었는데, 敵兵이 쳐들어오면 저절로 소리를 내기 때문에 그녀로 하여금 이를 부수어 버리게 한 것이다.
>
> 이에 崔氏의 딸은 예리한 칼을 들고 몰래 <u>武器庫에 들어가 북의 가죽을 찢고 나팔의 입을 베어 버린 뒤에</u> 好童에게 알렸다. 好童이 왕에게 권하여 樂浪을 습격하였다. 崔理는 북과 뿔나팔이 울지 않아 방비를 하지 않았고, 우리 군사들이 소리 없이 城 밑까지 이르게 된 뒤에야 북과 뿔나팔이 모두 부수어진 것을 알았다. 그는 마침내 자기 딸을 죽이고 나와서 항복하였다.[樂浪을 없애기 위하여 청혼하고 그의 딸을 데려다가 며느리를 삼은 다음, 그녀를 本國에 돌려보내 그 兵器를 부수게 하였다는 말도 있다.][5]

5) 『三國史記』卷十四, "十五年 夏四月 王子好童 遊於沃沮 樂浪王崔理出行 因見之 問日 觀君顔色 非常人 豈非北國神王之子乎 遂同歸 以女妻之 後 好童還國潛遣人 告崔氏女日 若能入而國武庫 割破鼓角 則我以禮迎 不然則否 先是 樂浪有鼓角 若有敵兵, 則自鳴 故令破之 於是 崔女將利刀 潛入庫中 割鼓面·角口 以報好童 好童勸王襲樂浪 崔理以鼓角不鳴不備 我兵掩至城下 然後知鼓角皆破 遂殺女子 出降 或云 欲滅樂浪 遂請婚 娶其女 爲子妻 後使歸本國 壞其兵物"

好童이 沃沮를 유람한 여름 4월은 양력으로는 5월 무렵이다. 天文 시뮬레이션프로그램을 통해 沃沮의 땅으로 추정되는 두만강 지역을 관측 공간으로 하여 大武神王 시대 5월 무렵 일몰 직후를 살펴보면, 이 무렵에 힐라이어컬 세팅하는 별자리는 오리온자리와 황소자리라는 것을 확인할 수 있다(그림 4.2 참고).[6] 결국 북과 뿔나팔이 별자리라면, 북과 뿔나팔은 각각 오리온자리와 황소자리일 가능성이 아주 크다.

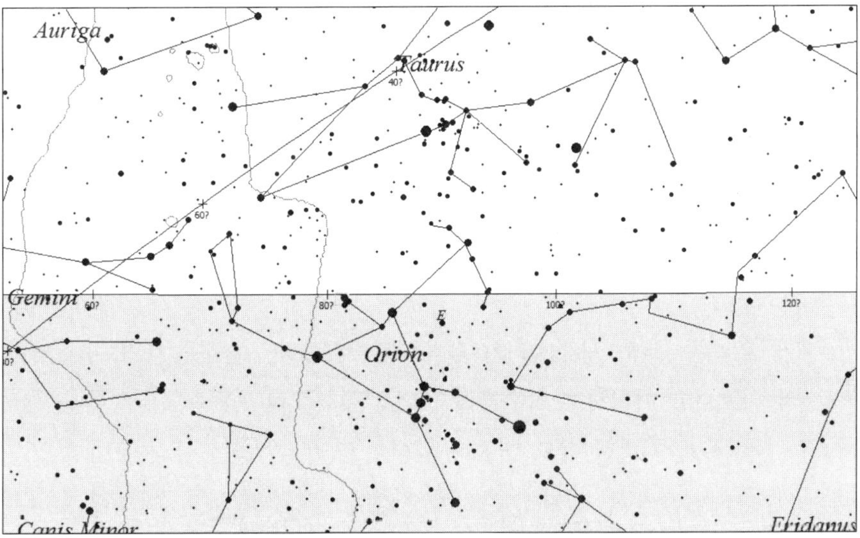

그림 4.1 B.C. 100년 무렵 국내성 부근 동쪽 지평선 위에 올라온 황소자리(Taurus)와 지평선 아래에 있는 오리온자리(Orion)(사선은 黃道, 가로줄은 지평선)

6) 大武神王 15년은 서기 23년이다. 그 해의 음력 4월은 양력으로 5월 6일부터 6월 4일(음력 4월 30일)까지였다. 大武神王 무렵의 양력은 현재 쓰는 그레고리력이 아니고 율리우스력으로 맞추어야 하지만, 두 曆法 사이에는 10일 정도의 차이가 있기 때문에 黃道 12宮과 관련해서는 큰 문제가 되지 않는다.

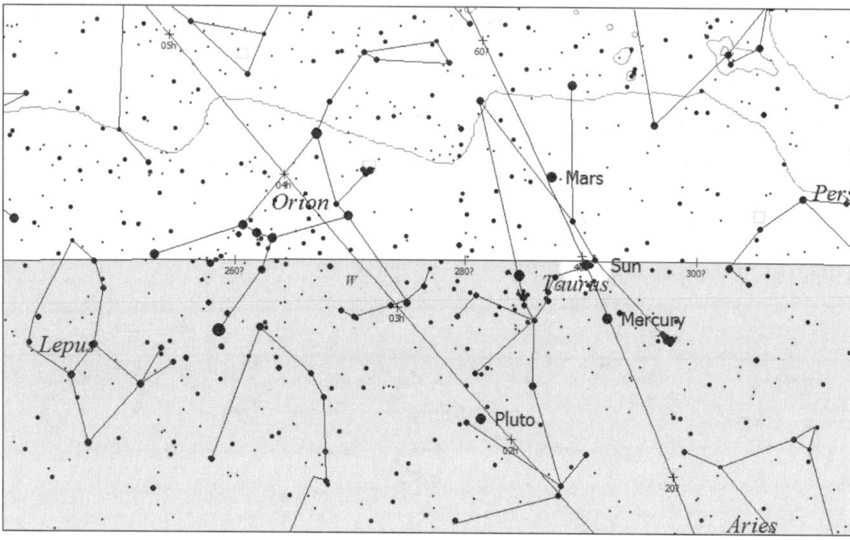

그림 4.2 해질녘 지평선 위에 떠 있는 오리온자리와 황소자리(왼쪽 세로줄은 赤道, 오른쪽 세로줄은 黃道, 가로줄은 지평선. 지평선 아래는 실제는 볼 수 없음)

대개 오리온자리와 황소자리가 동쪽에서 떠오르는 순서를 보면, 황소자리가 먼저 떠오르고 이어서 오리온자리가 떠오른다(그림 4.1 참고). 그런데 황소자리가 완전하게 지평선 위로 떠올라 있어도 오리온자리는 아직 보이지 않을 때가 있다. 왜냐하면 두 별자리 사이에 공간이 있기 때문이다. 반면에 오리온자리와 황소자리가 서쪽 지평선으로 내려갈 때는 두 별자리가 거의 동시에 내려간다(그림 4.2 참고). 그 까닭은 별자리들은 동쪽에서 떠오를 때보다 서쪽에서 사라질 때 90° 정도 시계방향으로 틀어진 상태에서 지평선 위에 내리기 때문이다. 더구나 오리온자리는 赤道 위에 있는 별자리인 반면, 황소자리는 黃道 위에 있는 별자리이다. 북과 뿔나팔이 함께 언급되는 본질적인 까닭은 이러한 천문학적 목적이 있었기 때문인 듯하다.

다음으로 북과 뿔나팔의 형태를 살펴보자. 우리말로 오리온자리는 북을 닮았다고 해서 실제로 '장고(북)별'[7]이라고 한다(그림 4.1, 그림 4.2, 그림 4.3, 그림 4.4 등 참조). 즉 오리온자리 가운데에 있는 삼형제별, 즉 오리온의 허리띠에 해당하는 별들과 오리온자리의 사각형을 연결하면 허리가 잘록한 장구(고)의 모습을 닮아 있다. 또한 오리온자리와 황소자리는 동양의 별자리에서 參宿와 畢宿에 해당되는데, 각각의 별자리들은 모양에서도 크게 다르지 않아서 이들을 북과 뿔나팔에 상응시켜 비교할 때 커다란 도움을 준다. 즉 동양의 별자리에서는 오리온자리 가운데 삼형제별, 즉 오리온자리의 허리띠만을 따로 參宿라고 부르기도 하고, 오리온자리의 네모를 형성하는 별들 가운데 α(알파)별인 베텔기우스(Betelgeuse)는 右將軍, γ(감마)별인 벨라트릭스(Belatrix)는 左將軍, β(베타)별인 리겔(Rigel)은 偏將軍, κ(카파)별인 사이프(Saiph)는 後將軍이라고 부른다(그러나 이들까지 포함하여 오리온자리는 대개 參十으로 불린다. 그림 2.13 참고). 역시 오리온자리의 형태를 대부분 유지하고 있다는 점에서 북의 형태를 찾는 데 충분히 활용할 수 있다.

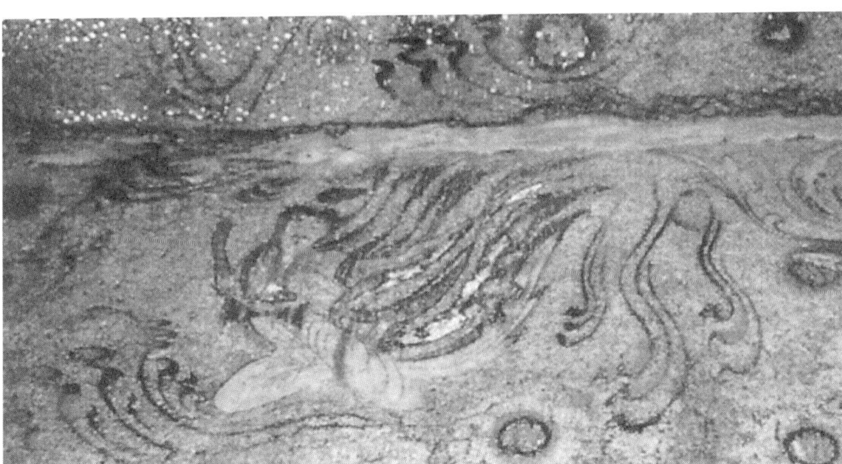

그림 4.3 북을 치는 신선(五盔墳 4호 2층 북쪽삼각고임)

---

7) 이태형, 같은 책, 291쪽. 물론 이러한 별자리 이름이 고구려 시대부터 전해져 내려왔다는 보장이 없기 때문에 하나의 참고 사항일 뿐 결정적인 근거로 삼을 수는 없다. 그러나 별자리에는 하나의 天文學 體系가 바탕이 된다고 보아야 하기 때문에 북별의 이름이 최소한 주몽신화 시대에 탄생했다는 주장이 완전히 불가능한 것만은 아니다.

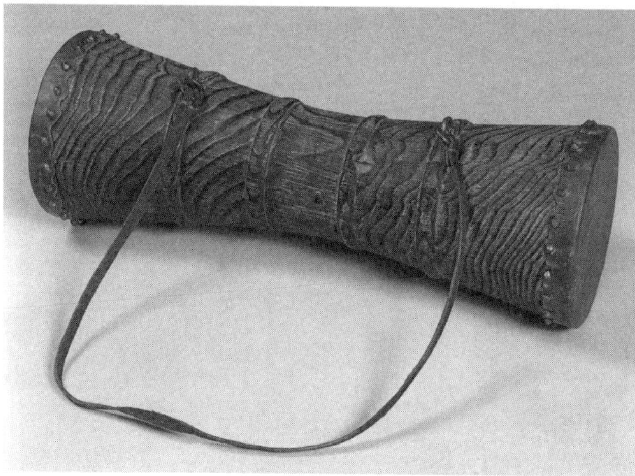

그림 4.4 그림 4.3의 신선이 치는 북과 같은 형태의 고구려 북

이번에는 뿔나팔과 황소자리를 비교해 보자. 그림 4.2, 그림 4.4 등에서 볼 수 있듯이 실제로 황소자리는 그 모양에서 뿔나팔의 형태를 충분히 추정해낼 수 있다. 동양의 별자리로 황소자리는 畢宿에 해당되는데, 畢宿는 황소자리보다 조금 짧지만 그런 대로 황소자리의 형태를 찾아낼 수 있고, 실제로 畢宿는 고기를 잡는 통발이라는 뜻이기 때문에 통발의 형태와 뿔나팔의 형태는 유사하다는 것을 알 수 있다(그림 4.5, 그림 4.6 참고).[8)]

뿔나팔은 북과 함께 언급된다는 점도 눈길을 끈다. 주몽과 松讓의 이야기에서는 북과 뿔나팔이 다른 나라에서 '보관하고 있는 물건'이라고만 해서 둘이 왜 함께 거론되는지 불분명했는데. 樂浪公主와 好童王子 이야기로 볼 때 그 이유는 武器庫 안에 함께 넣어두는 물건이기 때문임을 분명히 알 수 있다. 결국 북과 뿔나팔이 한 곳에 있다는 것은 오리온자리와 황소자리가 함께 이웃한 별자리라는 사실과 일치한다.

---

8) 황소자리는 '해모수와 柳花의 이야기'에서는 통발이라고 했다. 따라서 황소자리는 통발에서 뿔나팔로 별자리 이름이 바뀌었다는 것을 알 수 있다.

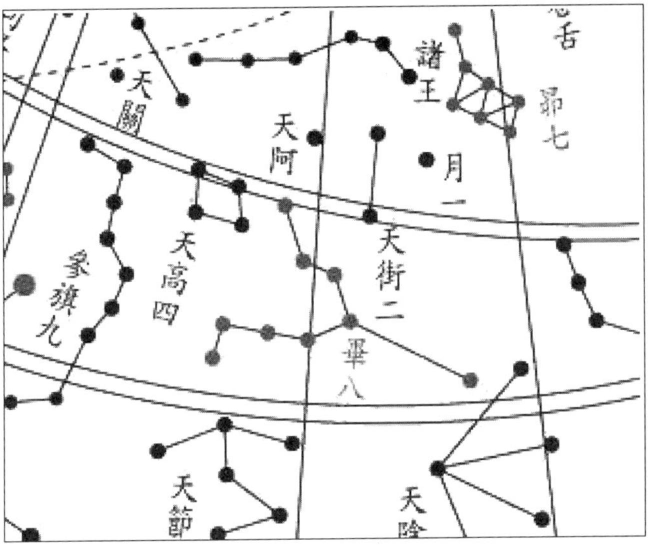

그림 4.5 天象列次分野之圖에 그려진 畢宿의 모양

그림 4.6 뿔나팔 부는 사나이(안악 3호고분) 각저총)

끝으로 松讓에게서 훔쳐온 북과 뿔나팔을 보고 난 주몽의 행동을 살펴보자. 주몽의 행동에서 특이한 것은 松讓에게서 훔쳐온 북과 뿔나팔을 주몽은 松讓이 와서 볼까 두려워서 빛깔을 오래된 것처럼 해놓았다는 점이다. 어떻게

북과 뿔나팔을 오래된 것처럼 만들어놓을 수 있을까? 이 점은 오리온자리와 황소자리가 힐라이어컬 세팅하는 것으로 보면 아주 분명해진다. 즉 그림 4.2에서 확인할 수 있듯이 일몰 직후 지평선에 반쯤 잠겨 있는 두 별자리들의 모습은 당연히 희미한 상태에 있고, 지평선에 잠긴 그 모양 역시 어설프게 갖추고 있다가 얼마 뒤에 사라질 것이다. 이러한 모습을 한밤에 제대로 된 형태로 밝게 반짝이는 모습과 비교하면, 일몰 직후 희미하고 제대로 반짝이지 않는 오리온자리와 황소자리는 오래된 북과 뿔나팔이라고 할 수 있다.

지금까지의 분석을 종합해 보면, 북과 뿔나팔 이야기는 6월에 벌어진 일인 e)의 이야기보다 앞서 있는 4월의 이야기라는 것이 분명해졌다. 따라서 우리가 앞서 파악한 순서인 "6월 → 7월 → (8월) → 9월"에 4월을 채워 넣어서 "4월 → (5월) → 6월 → 7월 → (8월) → 9월"의 순서를 만들어낼 수 있다.

3. 千年 묵은 '나무기둥'

c)의 이야기 다음으로 이어지는 d)의 이야기에서 별자리로 건져 올릴 수 있는 것은 나무기둥이다. 따라서 d)의 이야기는 북(오리온자리)과 뿔나팔(황소자리) 다음으로 지평선으로 아래로 내려오는 별자리에 관련된 이야기일 가능성이 크다. 논의의 편의상 d)의 이야기를 다시 인용해 보자.

> d) 松讓이 나라를 세운 순서를 가지고 附庸國을 삼고자 했다. 왕이 궁궐을 지을 적에 썩은 나무[朽木]로 기둥을 세워 천년 묵은 것처럼 했다. 松讓이 와서 보고 마침내 나라를 세운 순서를 따지지 못했다.

황소자리와 오리온자리 다음으로 서쪽 지평선으로 마차부자리(Auriga)가 내려오고 곧 이어서 쌍둥이자리(Gemini)가 내려온다. 그렇다면 최소한 마차부자리와 쌍둥이자리를 나무기둥과 비교하면 된다.

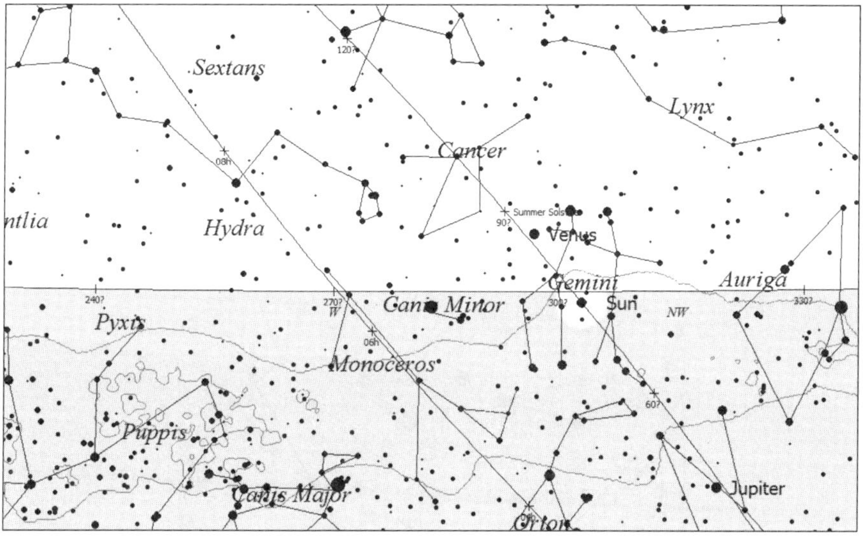

그림 4.7 황소자리와 오리온자리 위에 위치한 쌍둥이자리(Gemini)(가로줄은 지평선, 오른쪽 사선은 黃道, 왼쪽 사선은 赤道)

두 별자리 가운데 실제로 쌍둥이자리는 문기둥을 닮았다고 해서 '문기둥별'이라고도 불린다.9) 대개 쌍둥이자리는 동쪽 지평선 위로 떠오를 때는 옆으로 길게 누운 벽돌 형태로 나타난다. 반면에 모든 별자리들은 동쪽에서 뜰 때보다 서쪽으로 사라질 때는 90° 정도 시계방향으로 돌아서 내려오기 때문에 쌍둥이자리 역시 서쪽 지평선 위로 내려올 때는 세로로 길게 서 있는 벽돌 모양을 취한다(그림 4.7 참고). 관측 기준시간에 따라 가장 특징적인 형태를 별자리에서 찾아서 별자리의 이름을 만들었을 것으로 판단할 수 있다. 이렇게 쌍둥이자리를 문기둥별이라고 하면, 쌍둥이자리에서 나무기둥과의 유사성을 금세 간취해낼 수 있다. 왜냐하면 궁궐의 나무기둥은 세워져 있을 것이기 때문이다.10)

9) 이태형, 같은 책, 306쪽.

10) '해모수와 柳花의 이야기'에서 쌍둥이자리는 쇠그물이라고 했다. 따라서 별자리 이름이 쇠그물에서 나무기둥으로 바뀌었다는 것을 알 수 있다.

반면에 동양의 별자리에서 쌍둥이자리는 北河와 東井 등으로 쪼개졌기 때문에 나무기둥의 형태를 추정해내기는 어렵다(그림 4.8 참고).

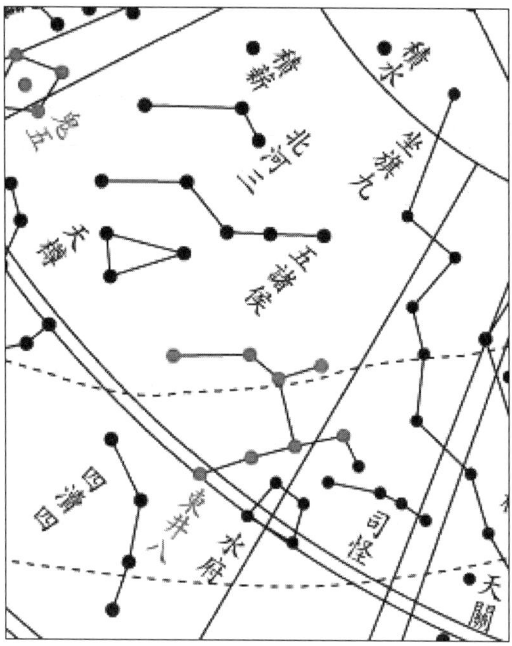

그림 4.8 天象列次分野之圖에 그려진 北河와 東井

나무기둥이 썩었다는 것도 방금 분석한 내용과 크게 다르지 않게 그 의미를 추정할 수 있다. 그림 4.7에서 힐라이어컬 세팅하는 쌍둥이자리가 반쯤 지평선에 잠긴 모습을 보자(지평선 아래는 편의상 그려놓은 것이지 실제로는 보이지 않는다고 했다). B.C. 100년 무렵 國內城 부근을 관측 지역으로 했을 때 쌍둥이자리는 동쪽 지평선에서 떠오를 때는 가로로 길게 누워 있지만, 서쪽 지평선으로 질 때는 지금보다 조금 더 수직으로 서서 진다. 이러한 쌍둥이자리가 일몰 직후 지평선에 반쯤 잠겨 있는 모습을 보면, 길쭉한 나무기둥은 절반이 지평선에 의해서 잘린 채 희미하게 보이기 때문에 일몰 직후 서쪽 지평선에 걸린 쌍둥이자리를 썩은 나무기둥이라고 한 것 같다.

결국 나무기둥 이야기는 나무기둥(쌍둥이자리)의 힐라이어컬 세팅하는 모습을 통해서 (앞서 미쳐 채워놓지 못한) 음력 5월을 알려주는 이야기였다는 것을 알 수 있다. 우리는 c)의 이야기에서부터 g)의 이야기까지를 4월 → (5월) → 6월 → 7월 → (8월) → 9월로 이어지는 이야기로 보았는데, 5월에 해당되는 이야기와 별자리를 찾은 셈이다. 따라서 다시 "4월 → 5월 → 6월 → 7월 → (8월) → 9월"의 순서를 만들어낼 수 있다.

4. '게들판[蟹原]'과 '흰 사슴[白鹿]'

이제부터는 지금과 조금 다른 분석 방식을 취할 수 있다. 즉 아직까지는 부족하지만, 예상한 별자리들이 순서대로 발견되었기 때문에 좀더 쉽게 별자리들을 찾기 위해 아래와 같이 12개의 칸을 가진 별자리띠를 만들어볼 수 있다. 그리고 찾아진 별자리들을 다음과 같이 黃道 12宮에 準하는 별자리띠를 만들어서 조각그림 맞추기를 하듯이 이미 찾아진 별자리들을 차례로 넣어볼 수 있다(앞서 해모수와 柳花가 함께 지내던 구리집[銅室]과 龍車가 각각 천칭자리(Libra)와 사수자리(Sagittarius)에 해당된다고 했으니, 이 두 별자리를 아래에 추가로 채워 넣을 수 있다).

3.21 ~ 4.20[11]	4.21 ~ 5.20	5.21 ~ 6.21	6.22 ~ 7.22	7.23 ~ 8.22	8.23 ~ 9.22	9.23 ~ 10.21	10.22 ~ 11.21	11.22 ~ 12.21	12.22 ~ 1.19	1.20 ~ 2.18	2.19 ~ 3.20
양자리	황소 자리	쌍둥이 자리	게자리	사자 자리	처녀 자리	천칭 자리	전갈 자리	사수 자리	염소 자리	물병 자리	물고기 자리
	북과 뿔나팔	나무기둥				구리집 [銅室]		龍車			

11) 여기서 양력의 날짜는 春分點이 양자리에 있을 때인 B.C. 100년 무렵을 기준으로 한 것이다.

별자리띠를 만들어, 찾아낸 별자리들을 黃道 12宮에 準해서 제 자리에 배치해 보면, 어떤 자리에 이가 빠져 있는지 확연히 드러난다. 따라서 앞으로 나무기둥 별자리 이야기에 이어서 나와야 할 별자리 이야기는 게자리(Cancer)나 사자자리(Leo) 등에 해당되는 별자리 이야기일 것으로 추정할 수 있다. 다시 말해 앞으로의 논의는 조각그림 맞추기 방식을 보조적으로 활용할 수 있어 조금 쉽게 별자리를 찾을 수 있다. 그렇다면 d)의 나무기둥 이야기에 이어서 나오는 e)의 이야기를 분석해 보자.

> e) (주몽은) 서쪽으로 巡行하다가 흰 사슴[白鹿] 한 마리를 잡았다. 이에 蟹原 위에 거꾸로 매달아놓고 呪文을 외워 말하기를 "하늘이 만약 비를 내려 沸流王의 서울을 물에 잠기게 하지 않는다면, 나는 너를 놓아주지 않으리로다. 그러니 이 어려움에서 벗어나려거든 네가 하늘에 하소연하거라!" 했다. 사슴이 슬피 울어 그 소리가 하늘에 사무치니, 장맛비가 이레를 퍼부어 松讓의 서울이 물에 잠겨 버렸다. 왕이 갈대밧줄[葦索]로 흐르는 물을 가르고 오리[鴨]와 말[馬]을 태우니, 백성들이 모두 그 밧줄을 잡았다. 주몽이 채찍[鞭]으로 물을 그으니 물이 곧 줄어들었다. 6월에 松讓이 나라를 들어 항복했다.

e)의 이야기에서는 흰 사슴[白鹿], 蟹原을 별자리로 선택할 수 있다. 그리고 조금 뒤에 나오는 갈대밧줄, 오리와 말, 채찍 등을 선택할 수 있다. 이 가운데 눈에 뜨이는 것이 있다. 바로 '蟹原'이다. 蟹原이란 게들판으로 해석된다. 우리가 예상한 대로 게자리가 나와야 하는 곳에 게자리와 이름이 비슷한 게들판이 나왔다. 그러나 지금으로는 모두 간접적인 증거일 수밖에 없다. 왜냐하면 게들판이 나오는 이야기보다 앞쪽에 나오는 이야기에서 쌍둥이자리가 발견되었지만, 게들판이 나오는 이야기보다 뒤쪽에 나오는 이야기에서 그에 해당되는 별자리인 사자자리가 발견되어야 게들판이 게자리를 가리킨다는 것이 확실해질 것이기 때문이다. 일단 게자리의 공간적 특징을 분석해보자(그림 4.7, 그림 4.10 참고).

게자리의 양쪽에 있는 黃道 12宮은 바로 1등성을 가지고 있는 사자자리와 쌍둥이자리이다. 사자자리의 α(알파)별인 레굴루스(Regulus, 등급 1.4)는 1등성인데, 상대적으로 게자리 쪽에 가까이 위치하고 있다. 또 사자자리의 β(베타)별인 데네볼라(Denebola, 등급 2.1)는 2등성으로 게자리에서는 상대적으로 떨어져 있다. 전체적으로 볼 때 사자자리는 많은 밝은 별들로 이루어져 있어 사자로서의 威容을 한껏 뽐낼 만한 별자리인 것은 분명하다. 쌍둥이자리 역시 아주 밝은 별자리이다. 즉 쌍둥이자리에는 α(알파)별인 카스토르(Castor, 등급 1.6)가 1등성이고, β(베타)별인 폴룩스(Pollux, 등급 1.2) 역시 1등성으로 두 별은 모두 게자리 쪽에 가까이 위치하고 있다. 이렇게 게자리는 1등성을 가진 두 별자리 사이에 위치해 있다. 더구나 게자리는 黃道 12宮 가운데 가장 희미한 별들로만 이루어져 있어 쉽게 눈에 띠지도 않는다. 밝은 두 별자리 사이에 끼어 있으니, 게자리 부근은 빈 공간처럼 보일 수밖에 없다. 주몽신화에서 게자리를 들판이라고 표현한 것은 이 때문인 것 같다.[12)]

다음으로 한 달 지나서 게자리가 사라진 뒤에 서쪽 지평선으로 내려와 힐라이어컬 세팅하는 별자리는 사자자리이다. 이제부터 잠시 미루어 두었던 게자리 다음에 내려오는 사자자리를 찾아보자.

e)의 이야기에서 별자리로서 사자자리에 가장 합당한 것은 주몽이 서쪽을 巡行하다가 잡았다는 흰 사슴이다. 실제로 사자자리에 사자 대신 사슴을 넣는 일은 큰 문제가 없어 보인다. 왜냐하면 사자자리의 모양은 워낙에 네 발 달린 동물의 형태를 많이 닮았기 때문이다(그림 4.10 참고). 中緯度 지역에는 살지 않는 사자 대신 사슴을 넣은 것으로 추정된다(『爾雅』에서는 獅子宮이라고 하여 그대로 표시했음). 좀더 확실한 증거는 주몽이 흰 사슴을 잡아서 '거꾸로

12) 게자리는 동양의 28宿에서는 鬼宿라고 부른다. 다른 말로 게자리는 귀신의 가마라는 뜻으로 輿鬼라고도 한다. 또한 게자리의 네모 안에 흐리게 보이는 것은 현재 프레세페(Praesepe)라고 부르는 星團인데, 이를 積屍氣라고 부른다. 말 그대로 송장이 쌓여 있는 기운으로 어두운 별자리의 분위기를 묘사한 것이다.

매달아 놓았다'는 말인 것 같다. 왜냐하면 사자자리는 서쪽 지평선으로 내려올 때 머리부터 내려오는데 이때 사자자리의 머리 쪽으로는 게자리가 있으니 이 것은 분명히 게들판 위에 흰 사슴을 거꾸로 매달아놓은 것이라고 할 수 있다 (그림 4.10 참고).

또한 사자자리를 구성하고 있는 별들을 살펴보면, 앞서 살펴보았듯이 사자자리의 α(알파)별인 레굴루스는 흰빛을 가진 1등성이다. 레굴루스는 북반구의 1등성을 가지고만 보면, 14번째로 밝은 별이다. 반면에 봄 하늘에 떠오르는 별자리로 제한했을 때는 목동자리(Bootes)의 α(알파)별인 아크투루스(Arcturus, 등급 -0.1), 처녀자리(Virgo)의 α(알파)별인 스피카(Spica, 등급 1.0)에 이어 세 번째로 밝은 별이다. 그만큼 사자자리는 밝은 흰빛을 특징으로 하고 있다. 이런 점 때문에 사자자리를 흰 사슴이라고 부른 것이 아닌가 한다. 동양의 별자리에서 사자자리는 軒轅과 太微垣의 일부로 쪼개져 있는데, 그 가운데 軒轅은 사자자리의 머리에 해당되어 그 형태가 조금 남아 있다(그림 4.9 참고).

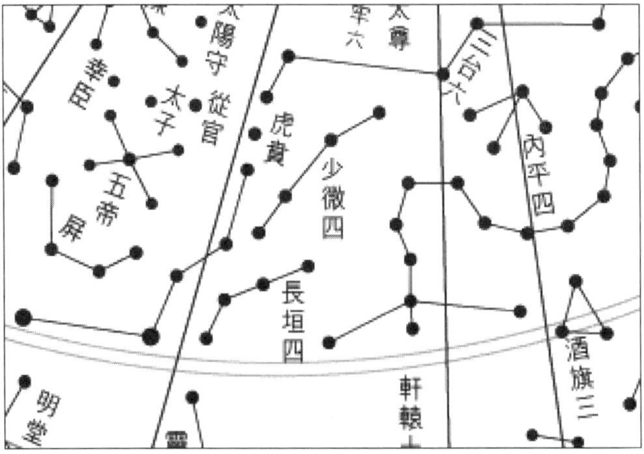

그림 4.9 사자자리에 해당되는 동양 별자리의 軒轅 및 五帝

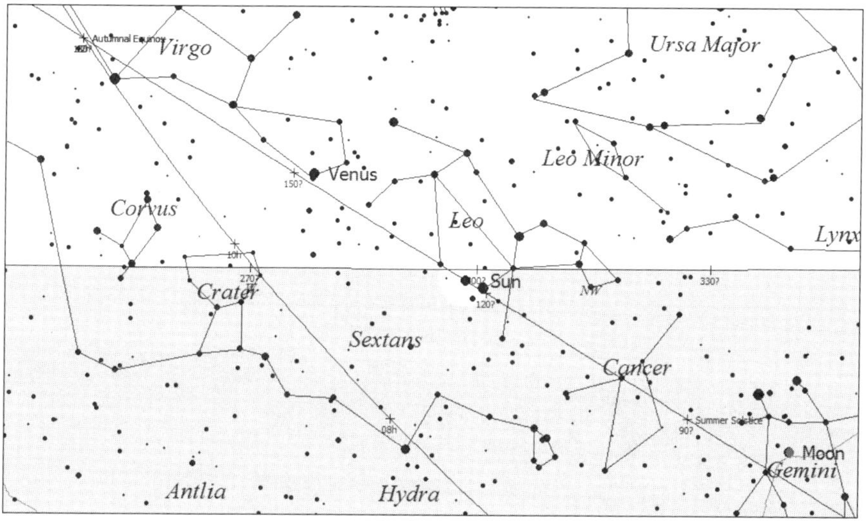

그림 4.10 양력 7월 무렵 일몰 직후 서쪽 지평선에 걸린 사자자리 그림(가로줄은 지평선, 위쪽의 사선은 黃道, 아래쪽 사선은 赤道)

그러나 흰 사슴이 사자자리를 가리킬 것이라는 점을 증명해 주는 가장 확실한 방법이 있다. 즉 天文 시뮬레이션프로그램을 가동해서 "일몰 직후를 관측시간으로 정했을 때 사자자리가 언제쯤 서쪽 지평선 가까이 내려오는지"를 파악해 보는 것이다. 다시 e)의 이야기로 돌아가서 그 내용을 살펴보자.

주몽이 거꾸로 매달아 놓은 흰 사슴에게 주문을 걸자 이레 동안 장맛비[霖雨]가 내려 松讓의 나라는 물에 잠겼다고 했다. 그 결과 주몽이 松讓의 항복을 받아낸 때가 음력 6월이었다. 그렇다면 흰 사슴을 거꾸로 매달아놓고 주문은 건 것은 음력 6월이거나 음력 6월보다 앞선 어느 때인 것이 분명하다. 음력 6월은 양력으로 7월이다. 바로 동북아 지역의 장마철이다. 이때를 기준으로 해서 일몰 직후 서쪽 지평선을 天文 시뮬레이션프로그램을 통해 살펴보면, 정확하게 사자자리를 찾아낼 수 있다(그림 4.10 참고). 음력 6월에 松讓이 나라를 들어서 항복했다는 것은 분명한 사실이었음을 알 수 있다. 그러나 사실 음력 6월이라는 구체적인 증거가 없어도 아무 상관 없다. 왜냐하면 B.C. 100년 장마철 무렵 일몰 직후와 서쪽 지평선을 관측 시간과 관측 방향으로 했을 때 서쪽 지평선에 내려와 있는 별자리는 바로 사자자리이기 때문이다.

한마디로 흰 사슴 이야기는 음력 6월 장마철에 松讓과 벌였던 최후의 싸움 과정을 음력 6월 장마철 일몰 직후 서쪽 밤하늘의 모습과 연결하여 기록해 놓은 신화라고 할 수 있다. 아마도 松讓과의 싸움이 있기 이전까지만 해도 장마철을 알려주는 신화는 지금의 신화와는 사뭇 달랐을 것이다.

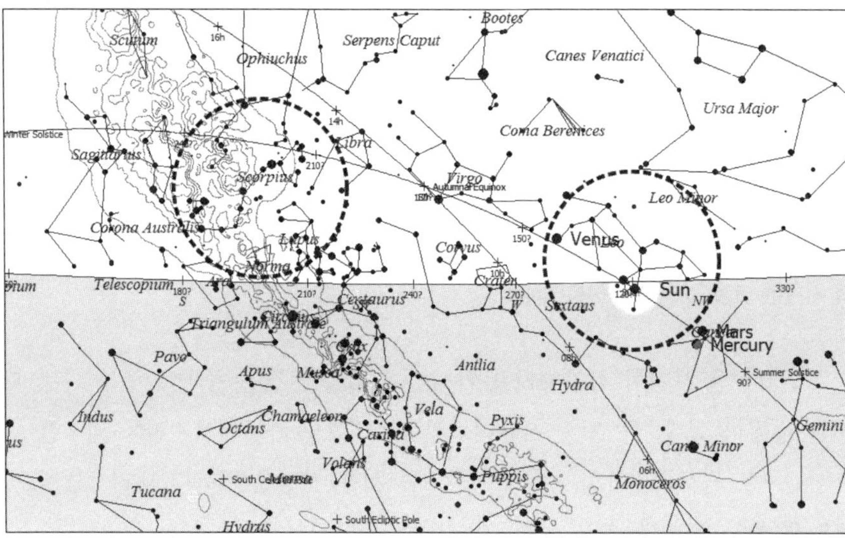

그림 4.11 일몰 직후 사자자리가 서쪽 지평선에 내릴 때 남쪽 지평선에 떠오른 전갈자리

또한 흰 사슴 이야기에서는 사자자리말고 또 다른 별자리의 흔적도 찾을 수 있다. 또 다른 별자리의 흔적은 바로 주몽이 채찍으로 물을 그었다는 말 속에 담겨 있다. 즉 음력 6월 무렵 사자자리가 힐라이어컬 세팅할 때 남쪽 지평선에는 전갈자리(Scorpius)가 아크로니컬 라이징하는데, 전갈자리는 은하수에 잠겨 있는 별자리이니, 주몽이 채찍으로 물을 쳤다고 한 것이라고 추정할 수 있다(그림 4.11 참고. 이에 대해서는 조금 뒤 다른 각도에서 분석할 것임). 전갈자리를 채찍으로 봤다는 증거는 앞서 해모수의 말채찍에서 밝혔듯이 바로 '해와 달이 된 오누이' 설화이다.

끝으로 f)와 g)의 이야기를 살펴보자.

f) 7월에 검은 구름이 鶻嶺에 일어 그 산에 있는 사람들이 보이지 않았다. 오직 수천 명의 목소리만 들리니 토목공사를 하는 것 같았다. 왕이 말하기를 "하늘이 날 위해 城을 쌓으시는 것이로다!" 이레 만에 구름과 안개가 저절로 걷히고 성곽과 궁실이 저절로 이루어졌다. 왕이 皇天께 절을 올리고 곧 가서 살았다.

g) 가을 9월에 왕이 하늘에 오르고 다시 내려오지 않으니, 이때 나이 마흔이었다. 太子는 왕이 남긴 옥채찍[玉鞭]으로 대신 龍山에 葬事 지냈다.

f)의 이야기에서 鶻嶺에 세운 城은 沸流水(은하수) 근방에 세운 주몽의 居處를 가리킨다고 할 수 있다. 따라서 이 이야기는 현재 주몽의 최초 도읍지로 추정되는 五女山城의 築城을 설명하는 신화라고 할 수 있다. g)의 이야기는 주몽의 죽음을 언급한 이야기이다. 그런데 松讓이 항복한 것은 『三國史記』을 보면 東明王 2년 여름 6월이고, 성곽을 건축한 일은 東明王 4년 여름이고, 東明王의 죽음은 東明王 19년에 벌어진 일이다. 결국 c)에서부터 e)까지의 이야기는 특정한 달에 힐라이어컬 세팅하는 별자리의 움직임으로 기록한 歷史이고, e)의 이야기의 끝 및 f), g)의 이야기는 숫자로 이루어진 달의 순서(6월, 7월, 9월 등 ― 이런 식의 달 표시는 당연히 중국 曆法의 도입에 따른 결과였을 것이다)대로 기록한 歷史임을 알 수 있다.

다음으로 두 이야기에 나오는 별자리를 찾아보자. g)에는 옥채찍[玉鞭]이 나온다. g)의 이야기는 가을 9월에 벌어진 일이라고 했는데, 가을 9월은 양력으로 10월 무렵이다. 양력 10월 무렵에 힐라이어컬 세팅하는 별자리는 바로 전갈자리이다(그림 4.11을 보면 전갈자리는 사자자리, 처녀자리, 천칭자리다음에 오는 별자리임으로 당연히 음력 9월 혹은 양력 10월에 전갈자리가 힐라이어컬 세팅한다는 것을 알 수 있기 때문에 天文시뮬레이션 그림은 생략함) 따라서 옥채찍(물론 여기서는 왕의 상징물로 바뀐 상태이기도 하다) 역시 채찍처럼 전갈자리를 가리킨다고 추정할 수 있다.

지금까지 새로 찾아진 게들판과 흰 사슴이라는 별자리를 열두달 별자리띠에 아래와 같이 다시 채워 넣을 수 있다.

3.21 ~ 4.20	4.21 ~ 5.20	5.21 ~ 6.21	6.22 ~ 7.22	7.23 ~ 8.22	8.23 ~ 9.22	9.23 ~ 10.21	10.22 ~ 11.21	11.22 ~ 12.21	12.22 ~ 1.19	1.20 ~ 2.18	2.19 ~ 3.20
양자리	황소 자리	쌍둥이 자리	게자리	사자 자리	처녀 자리	천칭 자리	전갈 자리	사수 자리	염소 자리	물병 자리	물고기 자리
	북과 뿔나팔	나무 기둥	게 들판	흰 사슴		구리집 [銅室]	채찍	龍車			

결국 달과 관련된 별자리가 분명한 경우와 별자리가 불분명하고 숫자로 된 달의 이름이 나오는 경우를 보면, 숫자로 이루어진 달의 이름은 주몽의 말년에 가까운 때 집중적으로 나타나는 것이 하나의 특징이다. 아직 구체적인 증거가 없어서 확실하게 판단하기는 어렵지만, 이러한 특징은 주몽의 말년에 이르러서 별자리로 달을 정하는 기존의 恒星年에 따른 曆法을 버리고 (앞서 말했듯이) 12달의 이름을 순전히 숫자의 순서대로 이름 붙이는 중국의 曆法을 수용하게 되면서 나타나게 된 결과로 보인다. 그리고 그 때문에 각 달의 이름이 붙은 이야기에는 그 달을 나타내는 별자리들이 더 이상 필요 없게 되면서 이들 이야기 속에는 별자리가 제대로 나타나지 않는 것이 아닌가 한다.

B.C. 2세기 무렵에 쓰여진 『爾雅』에 黃道 12宮이 중국에 수용되었다는 것을 염두에 두면, 이때와 크게 차이가 나지 않는 주몽의 시대에 메소포타미아 지역에서 만들어진 黃道 12宮이 고구려에도 도입되었을 가능성은 충분하다. 이런 점에서 북[鼓], 뿔나팔[角,] 나무기둥[柱], 게들판[蟹原], 흰 사슴[白鹿], 채찍[鞭] 등이 오리온자리, 황소자리, 쌍둥이자리, 게자리, 사자자리, 전갈자리 등과 그 모양이 훨씬 유사하다는 분석 결과는 주몽신화에서 발견되는 별자리들이 기본적으로 古代 바빌로니아의 별자리 체계에 바탕을 두고 있다는 근거를 상당한 수준으로 뒷받침해준다고 할 수 있다.

5章

琉璃王 이야기와 恒顯圈 주변의 出沒星 區域

1. 琉璃王 이야기의 실마리 찾기
2. 짚신 별자리의 끝없는 變身
3. 琉璃의 물동이 깨는 이야기에 들어 있는 별자리들
4. '물 긷는 아낙들'의 神話的 本質
5. 12달의 별자리띠

1. 琉璃王 이야기의 실마리 찾기

琉璃王 이야기의 실마리를 찾기 위해서는 어린 시절의 琉璃가 탄환을 쏘아 맞춘 물 긷는 아낙의 물동이의 正體부터 밝혀내야 한다. 그런데 그 물동이는 琉璃의 탄환을 맞고 깨진 물동이가 되었다. 깨진 물동이가 나오는 琉璃 이야기와 매우 흡사한 것은 바로 콩쥐가 밑 빠진 독에 물 붓는 이야기이다. 지금까지 두 이야기의 상관성에 대해서는 전혀 언급된 적이 없지만, 고대 천문학적 입장에서 깨진 물동이와 밑 빠진 독의 相同性을 분석해낼 수 있다.

> 하루는 계모인 배씨가 콩쥐에게 부엌에 있는 빈 독에 물을 길어다 채워놓으라고 했다. 콩쥐는 곧 방구리로 물을 길어대며 독을 채우려 했다. 그러나 온종일 길어다 부어도 독에 물이 차지 않았다. 다시 방구리를 이고 우물가로 가려는데, 마당 한쪽에서 두꺼비 한 마리가 엉금엉금 기어와서 말하기를 "아무리 물을 길어다 부어도 그 독은 밑 빠진 독이라서 결코 차지 않을 것이다. 그러니 그렇게 혼자 애쓰지 말고 내가 이르는 대로 해라. 내가 독의 구멍을 내 등으로 받치고 있으면, 물의 샐 염려가 없을 것이다. 그러니 네가 그 독을 조금 기우려 주면 내가 그 속에서 한동안 수단을 부리겠다."라고 했다. 콩쥐가 이 말대로 하고 물을 길어다 부으니 곧 독이 찼다. ……
>
> 콩쥐의 외갓집 조씨 댁에서 잔치가 있었다. 계모 배씨는 팥쥐만 데리고 가면서 콩쥐한테는 오고 싶으면 베 짜던 것이나 마치고 말리던 겉피 석 섬을 쓿어놓고 오라고 했다. 베틀 앞에 앉은 콩쥐가 자신의 신세를 한탄하며 울고 있는데, 비단옷을 입은 예쁜 여인이 베틀로 다가와서 외갓집에 가고 싶으면 자신이 콩쥐의 일을 대신 해주겠다고 했다. 그리고 자신이 베틀 위에 올라가 금세 베를 짜놓고 비단보자기를 풀어서 새로 지은 옷 한 벌과 댕기와 신까지 새것으로 내주면서 자신은 하늘에서 내려온 織女라고 하고 하늘로 올라갔다. 넋을 잃고 바라보던 콩쥐가 곧 그 옷을 입어보니 딱 맞았다. 그러나 겉피 석 섬을 쓿어놓을 일이 다시 걱정이었다. 막대를 집고 마당으로 내려가니, 널어놓았던 겉피 석 섬은 새떼가 날아와 쓿어놓아 쌀이 되어 있었다.

> 드디어 콩쥐는 외갓집 잔치에 가기 위해 집을 나섰다. 길을 가다가 시냇가에 이르러 물도 쥐어 보고 손도 씻고 돌도 던져 고기도 놀래키며 놀고 있었다. 이때 뒤에서 監司의 行次 소리가 났다. 콩쥐는 허겁지겁 냇물을 건너려다가 그만 잘못하여 신 한 짝을 물속에 빠뜨리고 말았다.[1)]

누구나 알고 있다시피 콩쥐는 신발 때문에 운명이 180도 바뀌었다. 한마디로 콩쥐 이야기의 핵심은 잃어버린 신발 도로 찾기라고 할 수 있다. 그런데 도대체 콩쥐는 왜 신발을 잃어버린 것일까? 그 이유는 신발을 신고 잔치가 벌어지는 외갓집 가는 길에 시냇물을 막 건너려는데, 마침 사또가 행차한다는 "물렀거라" 하는 소리를 듣고 급히 물러나느라고 그렇게 된 것이다. 그런데 좀더 주의 깊게 살펴야 하는 것은 콩쥐가 그 신발을 시냇물을 건너다가 잃어버렸다는 사실이다.

그러나 시냇가에서 잃어 버린 이 신발의 正體를 파악하려면 상당히 먼 길로 돌아가야 한다. 우선 '짚신 할애비와 짚신 할멈' 이야기부터 살펴보자.

> 옛날 과부가 된 할머니가 아들 일곱 형제, 즉 북두칠성 아들을 두었으나 모두 가난해서 늙은 어머니를 제대로 봉양하지 못했다. 할머니는 아들들에게 짚신 한 켤레도 얻어 신을 수가 없었다. 그래서 손자 둘을 데리고 홀아비인 짚신 할애비와 결혼한 뒤에 손자들을 데리고 할아버지와 함께 늘 짚신을 삼았다. 직녀성은 짚신 할애비가 두 다리를 벌리고 짚신을 삼는 모습이며, 하고대성(河鼓大星: 牽牛星, 즉 독수리자리를 말한다-필자)인 짚신 할미는 양쪽에 별을 데리고 있는데, 이들이 손자별이다.[2)]

위 이야기의 핵심은 거문고자리의 α(알파)별, 즉 베가(Vega), ε(엡실론)별, ζ(제타)별의 연결선은 짚신 할애비가 두 다리를 벌리고 짚신을 삼는 모습

---

1) 韓國古典文學全集編輯委員會 編, 『韓國古典文學全集』3, 希望出版社, 1969, 참조 요약.
2) 안상현, 『우리가 정말 알아야 할 우리별자리』, 현암사, 2000, 189쪽 재인용.

이고, 독수리자리의 α(알파)별, 즉 알타이르(Altair), β(베타)별, γ(감마)별의 연결선은 짚신 할멈이 두 손자를 데리고 있는 모습이라는 설명이다(그림 5.1, 그림 5.2, 그림 3.9 참고). 그러나 두 별자리의 起源을 말해 주는 위의 설화는 그 설명이 너무 어설퍼서 쉽게 수긍이 가지 않는다. 왜냐하면 짚신에 대한 이야기를 하는데 두 별자리 모두 짚신의 모양과 무관하기 때문이다.

상식적으로 생각해도 짚신에 대한 별자리 이야기를 하는데 그에 해당되는 별자리가 전혀 짚신을 닮지 않았다면, 이야기를 풀어가기는 매우 곤란할 것이다. 기실 별자리와 관련된 이야기가 가장 그럴 듯하게 만들어지기 위해서는 그 이야기에서 제일 중요한 대상이 반드시 별자리의 형상에서 취해질 수 있어야 정상일 것이다. 옛날부터 두 별자리에 대한 전설이 이렇게 전해지는 까닭은 중국 별자리의 수용에 따라 織女星과 河鼓大星이 두 별자리에 덮어씌워진 결과임이 분명하다.[3] 따라서 짚신 할애비와 짚신 할멈에 관련된 별자리는 절대로 중국 별자리로 풀어서는 안 되고 아래와 같이 생긴 거문고자리를 짚신으로 보고 만들어진 이야기라고 보아야 한다(그림 5.1, 그림 5.2, 그림 5.3 참고).

그림 5.1 등으로 확인할 수 있듯이 짚신에 관련된 이야기는 중국 별자리가 아니라 古代 바빌로니아에서 비롯된 (서양의) 별자리로 풀어야 한다는 것을 분명히 알 수 있다.

그렇다면 콩쥐의 신발 역시 거문고자리라는 별자리를 가리킨다고 추정할 수 있다. 왜냐하면 '시냇물을 건너다가 잃어버린 콩쥐의 신발과 시냇물의 관계'는 '은하수에서 멀리 떨어지지 않은 거문고자리와 은하수의 관계' — 현재의 별밭그림에서 거문고자리는 은하수의 가장자리에 위치하지만, '맨눈'으로 관찰하여 만든 天象列次分野之圖에서 거문고자리에 해당되는 織女星은 은하

3) 콩쥐의 신발 도로 찾기와 같은 이야기는 이른바 신데렐라 說話類에 속하는데, 이 신데렐라 說話의 起源은 중국에 있다고 알려져 있다. 그렇다면 이러한 덮어씌우기가 애초에 중국에서부터 비롯된 것일 수도 있다. 그러나 신데렐라 說話類의 流入過程은 여기서 중요한 주제가 아니고 분석과정에서 영향을 주지도 않는다.

수에서 조금 떨어진 채 그려져 있다(그림 3.9 참고). 이것은 당연히 서양의 경우도 마찬가지이다 — 에 대응되기 때문이다.

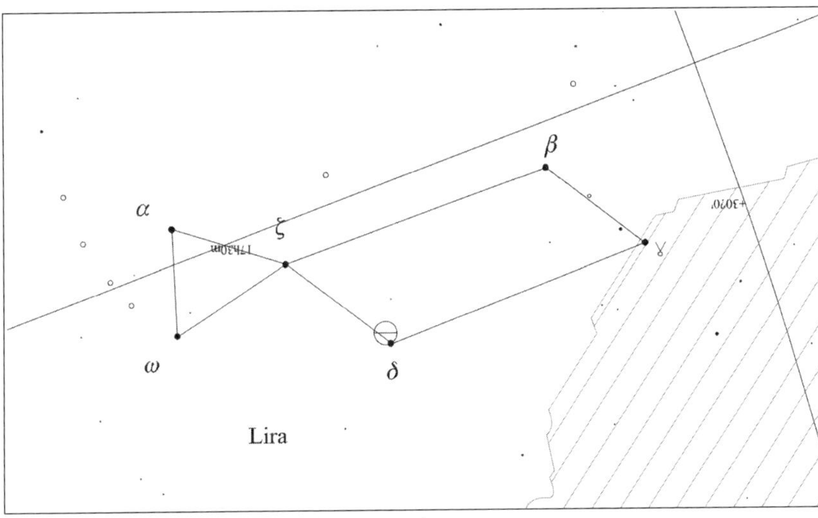

그림 5.1 거문고자리의 일반적인 모습(빗금은 은하수)

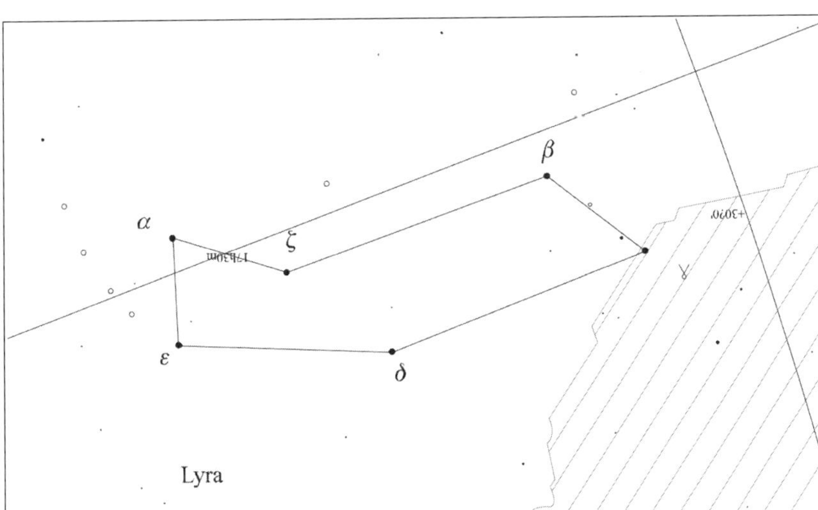

그림 5.2 연결을 조금 달리한 거문고자리

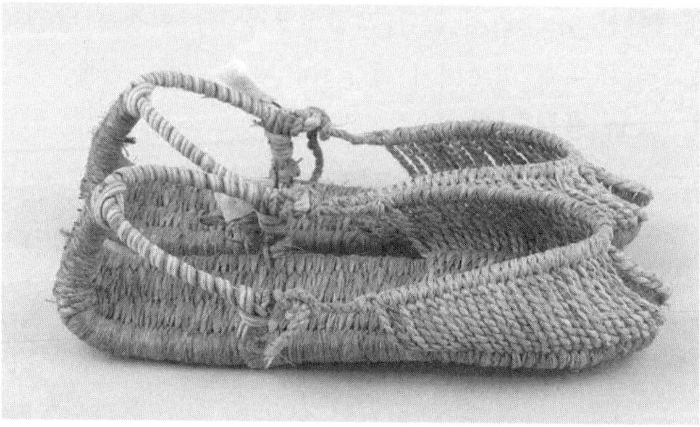

그림 5.3 짚신

2. 짚신 별자리의 끝없는 變身

이제 짚신이 거문고자리를 가리킨다는 주장을 확실하게 증명하기 위해서 우리나라 說話에서 다양하게 변주되면서 등장하는 짚신과 관련된 이야기들을 분석해 보기로 한다. 우선 시기적으로 상당히 오래된 이야기 가운데 짚신이 등장하는 대표적인 이야기는 바로 『三國遺事』에서 元曉가 洛山寺 觀音窟에서 觀音菩薩을 親見하는 이야기이다.

> 옛날에 義湘法師가 처음 唐나라에서 돌아와 大悲의 眞身이 바닷가 어느 동굴 속에 산다는 말을 듣고 …… 이에 金堂을 짓고 觀音像을 모셨다. …… 그 절을 떠났다. 그 뒤에 元曉法師가 이곳(洛山寺)에 와서 參禮하고자 했다. 처음 남쪽 들판 논가에 이르렀을 때 한 흰옷 입은 아낙이 벼를 베고 있었다. 元曉가 벼를 달라고 하자 그 아낙은 벼 흉년이라 줄 수가 없다고 했다. 또 元曉가 다리 밑을 지나는데, 또 한 아낙이 서답을 빨고 있어 물을 달라고 했다. 그 아낙이 더러운 물을 떠서 주자 元曉는 엎어 버리고 다시금 개울물을 떠서 마셨다. 이 때 들판의 소나무 위에 한 파랑새가 있어 "和尙은 그만두시오!" 하고 부르더니 홀연 사라지고 보이지 않았다. 그리고 그 소나무 아래 벗어놓은 짚신 한 짝이

> 버려져 있었다. 元曉가 절에 이르고 보니, 觀音像의 자리 아래 또 아까 보았던 벗어놓은 짚신 한 짝이 있었다. 그때서야 元曉는 아까 만났던 聖女가 眞身임을 알아차렸다. 그리하여 그 때 사람들은 (그 소나무를) 觀音松으로 불렀다. 元曉가 聖女를 모신 동굴로 들어가 다시 그 참모습을 親見코자 했는데, 風浪이 크게 일어 들어가지 못했다.[4)]

여기 나오는 짚신 역시 거문고자리라고 할 수 있다. 그런데 이 짚신은 소나무 아래 버려져 있다고 했다. 하지만 은하수는 나무의 형태로도 나타나기 때문에(1章 참조) 문제가 될 것은 전혀 없다. 따라서 거문고자리와 은하수의 관계는 신발과 시냇물에서 짚신과 소나무의 관계로 반복된다는 것을 알 수 있다.

그런데 元曉는 절에 이르러서 觀音像의 자리 밑에서 다시 짚신 한 짝을 발견했다. 짚신을 별자리로 보는 경우 짚신 한 짝이 다시 절집 안에 나타날 수는 없을 것이다. 따라서 이 이야기에서 짚신은 서답 빠는 아낙과 觀音이 동일한 존재라는 것을 연결시켜 주는 매개물임을 알 수 있다. 실제로 觀音像의 대표적인 모습인 水月觀音圖을 통해 둘의 관계를 추적해 보자.

대개 水月觀音圖에는 짚신은 나오지 않고 물병이 나온다. 이 물병은 병을 낫게 해주는 觀音菩薩의 능력을 보여주는 象徵物이다. 元曉가 물을 얻어 먹는 장면을 다시 보면, 元曉는 서답 빠는 아낙이 물을 떠 주자 '엎어 버리고[覆棄之]'고 '다시 시냇물을 떠서 먹었다[更酌川水而飮之]'고 했다. 이야기의 표면에는 나오지 않지만 서답 빠는 아낙은 어떤 물그릇으로 물을 떠 준 것이고, 元曉는 그 물그릇을 엎어 버리고 자신이 직접 떠먹었다는 것을 알 수 있다.

---

4) 『三國遺事』, 「洛山二大聖觀音正趣調信條」, "昔義湘法師 始自唐來還 聞大悲眞身住此海邊窟內 …… 乃作金堂 塑像而安之 …… 而去 後有元曉法師 繼踵而來 欲求瞻禮 初至於南郊水田中 有一白衣女人刈稻 師戲請其禾 女以稻荒戲答之 又行至橋下一女洗月水帛 師乞水 女酌其穢水獻之 師覆棄之 更酌川水而飮之 時野中松上有一靑鳥呼曰 休醍醐和尙 忽隱不現 其松下有一隻脫鞋 師旣到寺 觀音座下又有前所見脫鞋一隻 方知前所遇聖女乃眞身也 故時人謂觀音松 師欲入聖崛 更覩眞容 風浪大作 不得入而去."

元曉가 물을 떠먹는 장면 속에 물그릇의 존재가 분명히 숨어 있는 것이다. 따라서 이야기의 표면에는 나오지 않는 그 그릇이 觀音菩薩의 물병과 동일할 것으로 추정할 수 있고, 거문고자리와 은하수의 관계는 여기서 그릇과 아낙이 서답을 빠는 개울물로 반복되고 있다는 것도 알 수 있다. 이러한 분석 결과로 볼 때 서답 빠는 아낙과 觀音이 물병을 매개로 다시 연결된다는 사실을 추정할 수 있고, 물병과 짚신이 모두 서답 빠는 아낙과 觀音菩薩의 매개물로 등장한다는 점에서 둘은 모두 동일한 대상을 가리킬 수밖에 없다. 그 증거 역시 거문고자리의 형태에 고스란히 숨어 있다.

그림 5.4 高麗時代의 水月觀音圖 (寶物 1286號)

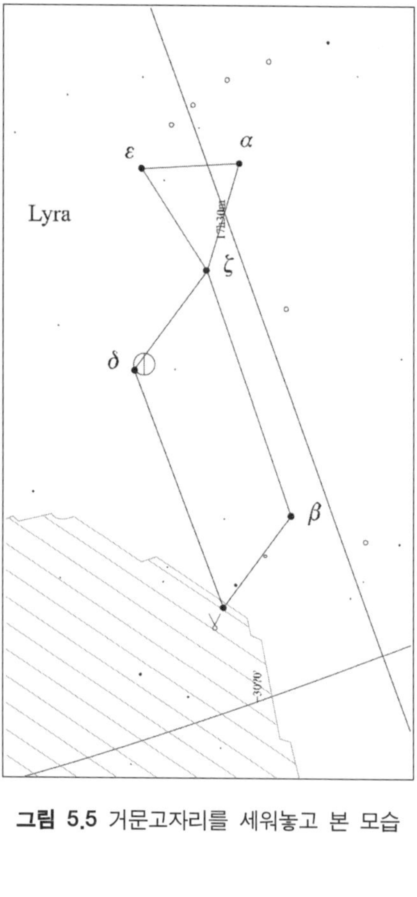

그림 5.5 거문고자리를 세워놓고 본 모습

그림 5.5의 거문고자리와 水月觀音圖(그림 5.4)에 그려진 물병은 그 모양이 아주 흡사하다는 것을 직감적으로 느낄 수 있다. 짚신과 물병이 모두 서답빠는 아낙과 觀音菩薩을 연결하는 매개물로 등장하는 비밀이 여기에 숨어 있었다고 할 수 있다.

그런데 우렁각시 이야기에서는 짚신이 더욱 다양하게 變奏되면서 이야기를 엮어간다.

> 홀어머니와 사는 어떤 총각이 어느 봄날 논배미를 소시랑으로 갈면서 "이 농사를 지어 누구하고 먹고사나?"라고 했다. 그러나 논 가운데서 "누구하고 먹고 살아, 나하고 먹고 살지!" 하는 소리가 들려왔다. 하도 이상해서 또 한 번 소리를 지르니까, 역시 그 소리가 들려왔다. 세 번씩이나 소리를 질러도 또 그 소리가 들려왔다. 소리가 들려오는 곳으로 가보니, 논 가운데 우렁이 하나 있었다. 그래서 우렁이를 가지고 집으로 돌아와 물두멍에 넣어두었다. 그런데 그날부터 자고 일어나면, 누가 갖은 반찬을 갖추어 床을 차려놓았다. 그래서 밤을 새워 부엌을 지키니, 물두멍을 열고 색시가 하나 나와 다시 밥을 짓고 들어갔다. 며칠을 참던 총각은 물두멍으로 들어가는 색시를 잡으며 함께 살기를 청하여 둘은 함께 살게 되었다. 어느 날 밥광주리에 점심밥을 져서 논으로 나갔다. 그런데 멀리서 원님의 행차 소리가 나서 색시는 급히 가시덤불 속으로 숨었다. 원님의 사람들에게 저 덤불 속에 빛나는 것이 무엇인지 알아보라고 시켰다. 밥광주리를 내려놓고 앉아 있던 색시는 그들에게 옷고름을 주면서 이것밖에 없다고 말하라고 했다. 결국 원님은 색시를 반짝 집어서 데리고 가버렸다. 이 소식을 들은 총각은 몸부림치면서 울다가 죽어 한 마리 새가 되어 날아갔다.[5)]

우렁각시 이야기에는 원님의 행차 소리에 놀란 우렁각시가 가시덤불 속으로 숨는데, 이때 자신을 찾으러 온 사람들에게 옷고름을 준다. 대개 또 다른

5) 韓國精神文化硏究院 編, 『韓國口碑文學大系』(4-6), 高麗苑, 1984, 192~196쪽 내용 요약 인용.

우렁각시 이야기에서는 옷고름 대신 짚신이 나오기도 한다는 점에서 이 이야기에는 나오는 옷고름을 별자리와 관련해서 주목할 필요가 있다. 왜냐하면 실제로 거문고자리를 보면, 옷고름 모양을 분명히 닮아 있기 때문이다(그림 5.5). 결국 짚신이나 옷고름이나 마찬가지라는 말이다.[6] 따라서 우렁각시의 옷고름은 거문고자리를 가리킨다. 또한 여기서 가시덤불은 나무로 나타나는 은하수의 또 다른 變種으로 볼 수 있으니, 거문고자리와 은하수의 관계가 콩쥐 이야기와 다르지 않게 여전히 반복된다는 것을 알 수 있다.

그런데 여기서 아주 재미있는 현상을 목격할 수 있다. 즉 우렁이, 물두멍(그밖에 다른 우렁이각시 이야기에는 물항아리, 물동이, 농, 단지, 솥단지, 물항 등으로도 나온다. 그러나 큰 차이는 없다.[7])을 살펴보자. 여기서 물두멍은 물항아리를 말하니, 물두멍은 거문고자리를 가리킨다. 물항아리와 물병이 모양에서 약간의 차이는 있지만, 觀音의 물병과 동일한 대상인 거문고자리를 가리킨다는 것만큼은 분명하다. 그런데 여기서 그치는 것이 아니라 거문고자리는 α(알파)별과 ε(엡실론)별을 더듬이로 하고 있는 우렁이의 모양을 하고 있다는 것을 직감할 수 있다(그림 5.5). 어느 것이 가장 오래된 별자리이름인지는 확언하기 어렵지만 은하수 가까이에 있는 거문고자리 하나를 두고 '우렁이 → 물두멍 → 짚신 → 옷고름' 등으로 그 형태를 달리 보면서 이야기가 변형되어 왔다는 것을 알 수 있다.

그렇다면 이번에는 거문고자리의 움직임을 통해 지금까지의 분석을 다시 한번 확실히 증명해 보자.

元曉의 이야기를 다시 보면, '파랑새'가 元曉에게 뭐라고 하고 사라지고 나서(우렁각시 이야기에도 총각은 죽어서 '파랑새'가 되어 날아갔다고 했다) 소

---

6) 『三國史記』(第六 新羅本紀文武王條)에 보면, 金庾信이 金春秋와 함께 공을 차다가 金春秋의 옷고름을 일부러 떨어뜨리고 자기 집에 가서 자신의 누이인 寶姬에게 달도록 한 이야기가 실려 있다. 이 이야기의 내막은 조금 뒤에 첨성대 이야기를 할 때 저절로 밝혀진다.

7) 韓國精神文化硏究院 編, 『韓國口碑文學大系』, 高麗苑, 1984, 우렁각시 이야기의 各篇 참고.

나무 아래 짚신 한 짝이 떨어져 있었다. 여기서 짚신은 거문고자리라고 했으니, 파랑새 역시 별자리인 것은 분명하다. 그렇다면 파랑새가 사라지고 나서 짚신 한 짝이 떨어져 있었다는 일련의 사태는 파랑새라는 별자리가 (일몰 직후) 지평선 아래로 사라진 뒤에 곧바로 짚신, 즉 거문고자리가 지평선 위로 떠오르는 모습을 스케치한 이야기로 추정할 수 있다. 그렇다면 파랑새는 거문고자리가 떠오를 때 막 사라지는 별자리 가운데 찾으면 될 것 같다. 사라지는 여러 개의 별자리 가운데 하나의 별자리를 취택하기가 쉽지는 않지만, 元曉의 이야기가 江陵 지역에서 벌어진 일이기 때문에 元曉가 활동하던 당시의 밤하늘을 가지고 확인함으로써 그 범위는 크게 줄일 수 있다.

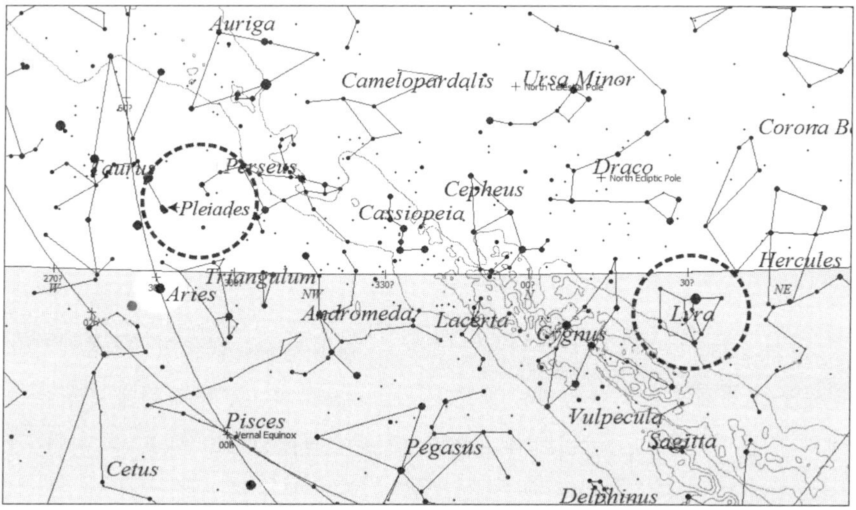

그림 5.6 왼쪽 지평선에는 플레이아데스가 막 내려가고 있고, 오른쪽 지평선에는 거문고자리가 막 떠오르려고 한다(가로줄은 지평선이고, 왼쪽 위에서 아래로 휘어져 내려온 줄은 黃道이다).

대체로 元曉가 활동하던 A.D. 660년 무렵 일몰 직후를 관측 시간으로 하고, 江陵의 대체적인 緯經度(北緯 37° 東經 129)를 관측 위치로 하여 天文 시뮬레이션을 돌려 보면, 그림 5.6처럼 江陵 지역에 일몰 직후 거문고자리가 나타날 때는 양력 4월 중순 너머 무렵부터임을 알 수 있다. 바로 농사철이다.

대개 농사철에 관련된 별자리는 플레이아데스(Pleiades)이다. 실제로도 그림 5.6을 보면 거문고자리가 떠오를 때 서쪽 지평선으로 막 플레이아데스가 사라지는 것을 확인할 수 있다. 天文 시뮬레이션프로그램을 이용한 우리의 분석 결과가 정확하다면, 사라지는 파랑새를 플레이아데스로 추정할 수 있다.

농사철이라면 당연히 제일 필요한 것은 씨앗일 것이다. 대개 과테말라의 마야 文明圈 등에서 농사철에 나타나는 플레이아데스를 씨앗8)이라고 하는데, 실제로 주몽신화에도 농사철과 관련된 씨앗 이야기가 나온다. 바로 夫餘를 떠난 주몽이 淹滯水를 건너서 쉬고 있을 때 벌어진 일이었다.

> 주몽이 어미와 이별할 적에 차마 떠나지 못하니, 어미가 말하기를 "너는 이 어미를 조금도 걱정하지 마라." 하고 곧 五穀의 씨앗을 싸서 들려 보냈다. 주몽이 이별의 아픔에 깜빡 보리 씨앗[麥子]을 잊고 길을 떠났다. 주몽이 커다란 나무 아래 쉬는데, 두 마리 비둘기[雙鳩]가 날아와 앉았다. 주몽이 말하기를 "분명코 神母께서 너희들로 하여금 보리 씨앗을 보내신 것이리라!" 하고 곧 활을 당겨 쏘았다. 화살 하나에 두 마리가 한꺼번에 잡혔다. 비둘기들의 목구멍을 벌려서 보리 씨앗을 꺼내었다. 비둘기들에게 물을 뿜으니 살아서 날아갔다.

앞서 元曉의 이야기에서 나오는 아낙을 穀母神으로 보듯이 "주몽에게 보리씨앗을 전해주었다는 점에서 柳花도 穀母神으로 본다."9) 그런데 주몽은 어떻게 알고 비둘기 두 마리의 목구멍을 벌리고 보리씨앗을 꺼낼 수 있었는가 하는 점이다.

주몽이 비둘기들의 목구멍을 벌려서 씨앗을 꺼낼 수 있는 이유는 딱 한 가지이다. 즉 비둘기뿐만 아니라 모든 鳥類들은 '멀떠구니'를 가지고 있다는 사실이다. 멀떠구니는 새의 식도 일부가 주머니 모양으로 되어 있는 부분으로써

---

8) Anthony Aveni, *Stairways to the Stars*, John Wiley & Sons, Inc., 1997, p. 50.
9) 김화경, 앞의 책, 70~78쪽 참조.

씨앗 등의 먹이를 일시적으로 저장해 두었다가 조금씩 밥통으로 보내는 일을 한다. 씨앗을 저장을 해둔다는 점에서 멀떠구니와 씨앗은 같은 별자리에 대한 다른 이름이라는 것을 추정해낼 수 있다. 결국 씨앗은 농사철과 관계된다는 점에서 비둘기(혹은 멀떠구니)와 씨앗(혹은 씨앗자루. 왜냐하면 주몽이 잊어버리지만 않았다면 주몽은 당연히 씨앗을 씨앗자루 속에 넣어 갔을 것이기 때문이다)은 모두 농사철과 관련되는 별자리로 추정할 수 있다. 그렇다면 결국 파랑새 = 비둘기 = 씨앗 = 멀떠구니 = 씨앗주머니라는 등식이 성립된다.[10)]

그렇다면 왜 주몽과 씨앗은 밀접한 관련이 있는 것일까? 그림 5.6을 다시 보면, 일몰 직후 북쪽 지평선에는 케페우스자리가 터치다운하고 있다. 그뿐만 아니라 주몽이 두 마리 비둘기를 맞힐 수 있는 주몽의 활(카시오페이아자리)

---

10) 조선조의 柳夢寅(1559~1623)의 『於于野談』(안상현, 같은 책, 225쪽 재인용)에 보아도 "옛날 우리나라에서는 정월 대보름날 달을 보고 그 해의 농사가 잘 될지 못 될지를 점을 쳤다. 달이 좀생이별보다 북쪽에 치우쳐 있으면 산골에 풍년이 들고, 달이 묘성보다 남쪽에 있으면 바닷가에 풍년이 든다고 여겼다. 달빛의 색깔로도 점을 쳤는데, 달빛이 붉으면 가뭄이 들까 걱정했고, 달빛이 하야면 장마가 들까 걱정했다. 달이 크고 짙은 노란빛이면 큰 풍년이 들 것으로 보았다."고 했다. 여기서 좀생이별은 플레이아데스를 말하고, 중국 별자리에서는 昴星이라고 한다. 柳夢寅이 살던 시대(지금의 밤하늘과 크게 다르지 않다) 정월 대보름날 저녁 플레이아데스를 보면, 서쪽 지평선에서 조금 멀리 떨어져 있다. 이미 관측시간과 관측 방향을 가지고 별을 보는 시대가 아니었다는 것을 알 수 있다. 좀생이별 보기는 그저 정월대보름 날에 행해지는 하나의 풍습이었던 것이다. 그러나 보름달과 플레이아데스를 일치시킴으로써 플레이아데스가 갖고 있는 풍요와의 관련성은 여전히 유지되고 있다고 하겠다. 뉴질랜드의 Maori족들 사이에서는 플레이아데스를 Matariki라고 하여 새해의 출발점으로도 삼았다고 한다. 씨를 뿌리는 달이니 당연하다. 또 오스트레일리아의 원주민들 사이에서는 플레이아데스를 달에 사는 사내인 Kidili에게 겁탈을 당한 여자로 보기도 한다. 말이 좀 거칠어서 그렇지 플레이아데스가 씨앗과 관련된다는 점은 분명하다. 또 옛날 바이킹들은 플레이아데스를 가리켜 병아리를 몰고 다니는 암탉이라고 했고, 일본에서는 스바루(subaru すばる)로 부르면서 거북이로 보고, 캐나다의 태평양 연안에 사는 Tlingit족은 바닷물고기의 한 종류인 둑중개(sculpin)로 본다. 병아리를 몰고 다니는 암탉으로 보는 것은 아마도 7개 별로 이루어진 플레이아데스의 모양에서 취한 듯하다. 거북이로 보거나 둑중개로 보는 것은 플레이아데스의 전체 모양에서 취한 듯하다. 닭이든 거북이든 둑중개이든 모두 많은 알을 낳는다는 점에서 플레이아데스에 담긴 풍요나 多産의 의미를 읽어낼 수 있다.

도 북쪽 지평선 위에 있다. 이 이야기는 앞서서 바로 주몽이 파리를 쏘는 족족 맞았다는 이야기로서 음력 3월의 天祭 때 보이는 밤하늘 모습과 관련이 있다. 한마디로 일몰 직후 북쪽 지평선에 내려와 있는 케페우스자리는 플레이아데스와 더불어 봄 농사철에 씨 뿌리는 일을 알려주는 별자리로 활용했음을 알 수 있다. 이러한 과정에서 케페우스자리는 恒顯圈의 별자리이기 때문에 주몽으로 神格化된 것이라고 하겠다.

파랑새 = 비둘기 = 씨앗 = 멀떠구니 = 씨앗주머니라는 등식에서 볼 때 결국 元曉 이야기는 봄 농사철의 시기를 일몰 직후 '거문고자리와 플레이아데스가 숨바꼭질하듯이 움직이는 모습'을 통해 알려주는 이야기인 셈이다. 한마디로 우리의 先祖들은 中國의 天文學에 따른 24節氣가 모든 것을 대체하기 전까지는 다른 지역의 古代人들처럼 별자리를 활용하여 농사의 適期와 祭儀의 날짜를 정했음을 알 수 있다. 여기서 이 이야기의 중심인물로 義湘과 元曉라는 승려가 등장한다는 것은 '黃道와 은하수의 교차점을 바탕으로 만들어진 天文學體系를 기반으로 형성된 傳統的인 信仰體系'(분명히 지금의 巫俗信仰의 元朝일 것이다)가 佛敎로 대치되는 과정을 고스란히 보여준다. 이 과정에서 물을 떠 주는 아낙과 佛敎의 觀音이 동시에 등장하는 것이고, 소나무 아래 떨어져 있던 짚신 한 짝을 절집의 觀音像 밑에서 다시 발견하게 된다는 敍事 構造 역시 이런 연유 때문이라 할 수 있다. 한마디로 佛敎가 새로 들어오면서 동일한 별자리가 서로 다른 방식으로 중첩되고 있는 셈이다.

3. 琉璃의 물동이 깨는 이야기에 들어 있는 별자리들

앞서 우리는 별자리를 찾기 위해서 조각그림 맞추기 방식을 활용하면서 이가 빠진 곳을 미리 확인할 수 있었듯이 지금까지 밤하늘에서 별자리들이 찾아진 구역들을 정리하면 아직까지 별자리들이 찾아지지 않은 구역들이 나타날 듯하다. 대개 지금까지 별자리를 찾아낸 곳을 보면, 黃道의 별자리가 있는 구역, 黃道와 은하수가 겹쳐지는 구역, 恒顯圈, 은하수 구역 등이었다. 결국 이 가운데 아직 제대로 별자리를 확인하지 못한 곳은 바로 恒顯圈과 黃道 사이에 있는 구역이라는 것을 쉽게 알 수 있다. 주몽신화의 천문학 체계가 恒顯圈와 黃道가 있는 구역 중시했다는 점으로 볼 때 이 구역 역시 당연히 중요시되었을 것으로 추정할 수 있다(실제로 이곳은 黃道가 있는 구역보다 恒顯圈에 훨씬 가깝다. 이런 점에서 序列만을 기준으로 할 경우 黃道에 있는 별자리들보다 더 중시되었을 수도 있다).

대체로 國內城 지역과 B.C. 100년을 기준으로 했을 때 恒顯圈과 黃道 사이의 구역은 赤緯가 北緯 30°~45° 정도 된다. 이곳에는 별자리들이 딱 두 군데 배치되어 있는데, 그 가운데 한 곳에는 거문고자리를 포함해서 백조자리(이 별자리는 앞서 배다리 혹은 자라(거북이)로 밝혀졌다), 헤르쿨레스자리, 왕관자리, 목동자리 등 5개의 별자리가 함께 자리한다.[11] 특히나 이곳에 있는 별들은 요즘의 기준으로 보면 단순히 出沒星들로 분류되지만, 일몰 직후에 사라지면 일출 직전에 다시 떠오르는 뚜렷한 특징들을 함께 가지고 있다. 이런 점에서 이들 별자리들이 이야기로 만들어졌다면, 그 이야기 속에 패키지 상품처럼 함께 묶여서 들어가 있을 가능성이 크다.

이러한 점들을 감안하면서 어린 類利가 물동이를 깨는 이야기부터 살펴보기로 한다. 물동이 이야기부터 시작하는 이유는 콩쥐 이야기에 나오는 밑 빠진 독과 비슷하게 깨진 물동이가 나오기 때문이다. 즉 (깨진) 물동이 = (밑 빠진) 독이라는 등식이 성립하면, (깨진) 물동이는 바로 거문고자리를 가리킬 것으로 추정할 수 있다.

---

11) 또 하나의 구역은 페르세우스자리(Perseus)와 마차부자리(Auriga)가 있는 곳이다. 柳花를 건져 올리는 이야기에서 '(찢어진) 그물'이 마차부자리를 가리킨다고 했다.

類利는 어려서부터 기이한 기질이 있었다. 어릴 때 참새 잡는 것을 일삼았는데, 한 아낙[一婦]이 물동이[盆]를 이고 가는 것을 보고 쏘아서 뚫었다. 그 아낙이 노하여 욕하기를 "아비도 없는 놈이 내 물동이를 쏘아 뚫어버렸구나." 했다. 類利가 크게 부끄러워하여 진흙 탄환[泥丸]으로 쏘아서 물동이 구멍을 메워서 처음처럼 만들어 놓았다. 그리고 집으로 돌아와 어머니에게 "제 아버지는 누구신가요?" 하고 물었다. 어머니는 類利가 나이가 어리다고 생각해 장난삼아 말하기를 "너에게는 정해놓은 아버지가 없구나." 했다. 類利가 울면서 말하기를 "사람에게 정해진 아버지가 없다면 무슨 얼굴로 남들을 본단 말입니까?" 하고 드디어 스스로 목을 찌르려 했다. 어머니가 깜짝 놀라 말리며 말하기를 "아까 한 말은 내가 장난으로 한 말이니라. 네 아버지는 天帝의 자손이요, 河伯의 외손이니라. 夫餘의 신하들에게 원망을 받아 남쪽 땅으로 가시어 마침내 나라를 세우셨느니라. 네가 가서 만나보겠느냐?" 했다.

類利의 이야기에서도 앞서 살펴본 여러 이야기와 마찬가지로 참새라는 鳥類가 등장하고 있음을 확인할 수 있다. 참새는 분명히 플레이아데스를 가리킬 것이다. 그러나 여기서 참새는 이야기를 꾸미는 것 이상의 의미가 아니기 때문에 별자리로 선택될 수는 없을 듯하다. 일단 類利 이야기에서 별자리로 선택한 것은 아래 (B)에서 보듯이 가리킬 수 있는 대상들인 類利, 깨진 물동이, 물 긷는 아낙, 類利의 활 등이다. 아래 (A)에는 赤緯 30°~45° 구역에 모여 있는 5개의 별자리을 실어놓았다. 이제 (A) 그룹과 (B) 그룹을 객관적인 기준으로 가지고 하나씩 연결해 주기만 하면 된다.

(A) 백조자리/거문고자리/헤르쿨레스자리/왕관자리/목동자리

(B) 類利/깨진 물동이/물 긷는 아낙/(類利의 활)/ (어느 별자리?)

우선 조각그림 맞추기를 하듯이 가장 확실한 것부터 결정지음으로써 찾아낼 별자리를 줄여 가는 방식을 쓰면 좋겠다.

첫째로 '깨진 물동이'는 앞서 元曉 이야기에서 살펴보았듯이 거문고자리를 가리킨다고 할 수 있다. 그런데 왜 굳이 깨진 물동이일까? 두 이야기 모두 물동이가 깨졌다는 것으로 시작하는 것으로 보면, 당시 사람들은 분명히 거문고자리를 깨진 물동이로 보았다는 말이 된다. 왜냐하면 거문고자리를 정상적인 물동이로 보고 깨진 물동이 이야기를 하는 것은 이상하기 때문이다. 이 점은 元曉의 이야기에서도 고스란히 확인할 수 있었다. 즉 元曉는 서답 빠는 아낙이 준 물그릇을 그대로 엎어버렸다고 했으니, 분명히 여기서도 거문고자리를 깨어진 그릇으로 보았다는 것으로 추정할 수 있다. 거문고자리를 온전한 물동이로 보고 이야기를 만든다면 분명히 다른 식으로 이야기가 전개되었을 것이다. 그렇다면 그림 5.7과 그림 5.8을 보면서 분석해 보자.

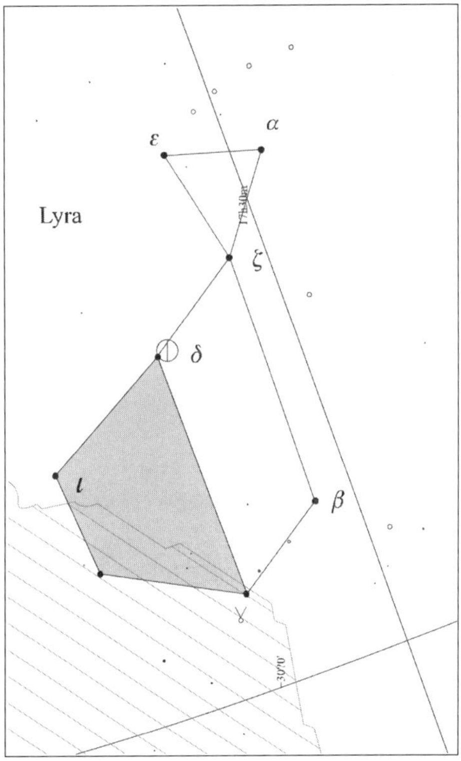

그림 5.7 깨진 물동이로 형상화해 본 거문고자리

그림 5.7의 거문고자리와 그림 5.8의 물동이 모양을 비교하면, 거문고자리이든 물동이이든 세로로 대칭축을 그을 때 둘은 대칭의 형태를 갖고 있음을 알 수 있다. 이런 모양 때문에 앞서 우리는 물동이와 거문고자리를 같은 것으로 판단할 수 있었던 것이다. 그러나 정확하게 대칭축을 긋는다면 다시 고민해야 한다. 물동이는 아무런 문제가 없지만, 거문고자리는 그렇지 않다. γ(감마)별이 그릇의 바닥이라면, δ(델타)별과 β(베타)별이 대칭이 되지 않아 어쩐지 제대로 만들지 못한 엉성한 물동이가 된다.

그림 5.8 고구려 시대의 물동이

그럼 이번에는 거문고자리에 假想의 선을 긋고 거문고자리를 보자(그림 5.7). 즉 δ(델타)별에서 ι(요타)별까지 선을 연결하여 β(베타)별과 대칭이 되게 하고, γ(감마)별과 대칭이 되는 지점까지 다시 선을 그은 뒤에 그 지점에서 γ(감마)별까지 선을 그어서 假想의 형태를 만들어낸다. 그러면 물동이에 밑바닥이 생겨서 훨씬 안정적으로 보일 뿐만 아니라 온전한 물동이에 아주 근접해진다. 결국 假想으로 만들어놓은 부분이 없는 상태가 거문고자리라면, 당연히 거문고자리는 깨진 물동이가 되는 것이다(앞서 콩쥐 이야기에서 밑 빠진 독 역시 이런 맥락에서 만들어진 것임을 알 수 있다).

둘째로 백조자리와 類利의 관계를 살펴보자. 類利가 백조자리를 가리킨다는 것은 형태가 아니라 그의 어미가 유리에게 "네 아버지는 天帝의 자손이요, 河伯의 외손이다"라고 한 말을 근거로 했다. 왜냐하면 天帝의 자손이면서 河伯의 외손인 주몽을 아버지로 두고 있는 類利가 자신의 神聖性을 가장 확실하게 보장받는 곳 ― 그 또한 주몽에 이이어 왕이 되었다 ― 은 (주몽의 별자리인 케페우스자리를 뺀 상태에서) 역시 恒顯圈에서 가깝고 은하수가 있는 곳일 것이기 때문이다. 다섯 개의 별자리 가운데 유일하게 은하수에 잠겨 있는 별자리는 바로 백조자리이다. 또한 백조자리의 α별은 1等星 데네브(Deneb)로서 고구려 정도의 緯度를 기준으로 했을 때 밤하늘에서 13번째로 밝은 흰빛의 별이다. 類利 — 三國史記에는 琉璃로 나오고 舊三國史에 실린 「東明王本紀」에는 類利로 나온다. 그러나 琉璃와 類利는 발음이 같기 때문에 바꾸어 쓴 것뿐이다.[12)] — 라는 이름은 여기에서 취해졌을 가능성이 높다.

> (類利가) 대답하기를 "아버지는 임금이 되시었는데, 아들은 남의 나라 臣下가 되었으니 제가 비록 재주 없사오나 어찌 부끄럽지 않겠나이까?" 했다. 이에 어미가 말하기를 "너의 아버지가 떠나실 때 말을 남기시기를 '내가 일곱 고개 일곱 골짜기 돌 위에 있는 소나무에 물건을 숨겨 두었으니, 이것을 찾아내면 내 아들이니라.' 하시었느니라!"
>
> 類利는 산골짜기에 가서 찾다가 얻지 못하고 지쳐서 돌아왔다. 類利가 집 기둥에서 슬픈 소리가 새어나오는 것을 들었다. 그 기둥은 돌 위의 소나무였고 나무 모양이 일곱 모서리였다. 類利가 스스로 풀어내고 말하기를 "일곱 고개 일곱 골짜기라는 것은 일곱 모서리이고, 돌 위의 소나무라는 것은 기둥이로다!" 하고 일어나 가서 보니 기둥 위에 구멍이 뚫려 있었다. 그 구멍에서 부러진 칼 한 조각을 얻으시고 크게 기뻐했다.
>
> 4월에 고구려로 탈출해서 칼 한 조각을 왕에게 바쳤다. 왕이 가지고 있던 부러진 칼 조각과 합치니, 피가 흘러나오면서 칼이 하나로 만들어졌다. 왕이 類利에게 말하기를 "네가 참으로 내 아들이라면 무슨 신성함이 있는고?" 했다. 類利가 곧바로 몸을 날려 하늘로 솟구치더니[擧身聳空], 바라지 안에 있는 해를 타서[乘牖中日] 신이함을 보였다. 왕이 크게 기뻐하고 太子로 삼았다.

類利의 별자리가 백조자리라는 사실은 類利가 夫餘를 탈출하고 주몽을 찾아왔을 때 벌어진 일을 통해서도 확인할 수 있다. 즉 "4월에 고구려로 탈출하여 칼 한 조각을 왕께 바쳤다. 왕이 가지고 있던 '부러진 칼 조각[毁劍一片]'과

---

12) 三國遺事에서 景德王의 后妃인 滿月夫人의 아비인 金'依'忠을 三國史記에서는 金'義'忠으로 쓰거나 三國遺事에서는 宣德王이 된 金'亮'相을 金'良'相으로 쓰는 것과 같다.

합치니, 피가 흘러나오면서 칼이 하나로 만들어졌다."고 했고, 그 결과 類利는 太子가 되었다고 했다. 여기서 우리는 주몽과 類利의 부러진 칼 맞추기 속에 숨어 있는 千年의 비밀을 풀 수 있다.

케페우스자리(주몽의 별자리)와 백조자리를 보면(그림 3.7, 그림 3.10, 그림 3.11, 그림 5.9 참고), 케페우스자리는 부러진 '칼몸'의 형태를, 백조자리는 부러진 '칼자루'의 형태를 띠고 있다.[13] 따라서 이 두 별자리를 합치면 온전한 '칼'이 된다는 것을 알 수 있다. 일몰 직후 케페우스자리와 백조자리가 떠오를 때는 대체로 양력 5~6월 쯤이니, 類利가 夫餘를 탈출하여 부러진 칼조각을 주몽에게 준 음력 4월과 별 차이가 없다는 것을 알 수 있다. 결국 부러진 칼조각을 합치니 피가 흘러나왔다는 것은 '父子關係'를 확인하는 것일 뿐만 아니라 케페우스자리와 백조자리를 합쳐서 새로운 별자리 이야기를 만들었다는 말도 된다. 한마디로 주몽과 類利의 칼 맞추기는 王權의 正統性에 대한 이야기임을 알 수 있다. 또한 『三國史記』(卷13 琉璃王 27년 및 28년條)를 보면, 당시 "國內城으로 遷都한 뒤에도 太子인 解明은 옛 도읍에 남아 있었는데, 그는 黃龍國의 왕이 보내온 활을 부러뜨릴 만큼 힘이 셌다. 이때 琉璃王은 도읍을 옮긴 것은 백성들을 안정시켜 國家의 偉業을 다지기 위함인데, 太子가 따르지 않고 힘센 것을 믿고 자만하는 것을 보고 解明에게 칼을 보내어 自決토록 했다. 그러자 解明은 槍을 땅에 꽂아놓고 말을 달려 그 槍에 찔려 自決했다."[14]는 이야기

---

13) 주몽이 숨겨놓은 부러진 칼을 찾는 이야기에서 소나무 기둥이란 바로 나무로 표현된 은하수를 가리키고, 숨겨져 있는 칼(칼자루)은 은하수에 잠겨 있는 백조자리, 기둥에 나 있는 구멍은 백조자리의 몸통(天津) 주변에 있는 검은 틈(dark rift) ─ 이 때문에서 이곳의 은하수는 하얀 부분이 없어서 구멍이 뚫린 듯 보인다 ─ 을 가리키는 것 같다. 결국 類利가 칼 찾는 이야기는 케페우스자리 다음으로 백조자리를 차지하는 주인공이 장차 임금자리에 오를 것을 암시하는 이야기임을 알 수 있다.

14) 二十七年 春正月 王太子解明在古都 有力而好勇 黃龍國王聞之 遣使以强弓爲贈 解明對其使者 挽而折之曰 非予有力 弓自不勁耳…… 二十八年 春三月 王遣人 謂解明曰 吾遷都欲安民以固邦業 汝不我隨 而恃剛力 結怨於隣國 爲子之道 其若是乎 乃賜劒使自裁 太子卽欲自殺 或止之曰 大王長子已卒 太子正當爲後 今使者一至而自殺 安知其非詐乎 太子

가 나온다. 琉璃王은 새로운 首都인 國內城을 지키기 위해 자신의 아들까지 犧牲했으니, 國內城 遷都는 커다란 難關 속에서 이루어졌음을 분명히 알 수 있다. 아마도 주몽과 琉璃의 칼 맞추기의 실제적인 內幕은 琉璃王의 힘든 卽位過程 및 많은 반대 속에 이루어진 國內城 遷都와 깊은 관련이 있는 듯하다.[15)]

(부러진 칼을 이은 뒤에 주몽이 "네가 참으로 내 아들이라면 무슨 신성함이 있는가라고 하자 琉璃가 곧바로 몸을 날려 하늘로 솟구치더니[擧身聳空], "바라지[牖] 속에 있는 해(의 수레)를 타서[乘牖中日]" 신이함을 보였다. 왕께서 크게 기뻐하고 太子로 삼았다."고 했다. 여기서 해석하기 어려운 부분은 '乘牖中日'이라는 말인데, 바로 앞 구절의 문법적 구조로 볼 때는 '바라지를 타고 해를 맞추었다'라고 해야 할 것 같지만, '乘日'에는 해(의 수레)를 탄다는 뜻이 있다. 따라서 이 역시 케페우스자리와 백조자리의 움직임과 관련해서 해

曰 嚮 黃龍王以强弓遺之 我恐其輕我國家 故挽折而報之 不意見責於父王 今父王以我爲不孝 賜劒自裁 父之命 其可逃乎 乃往礪津東原 以槍揷地 走馬觸之而死

15) 이러한 힘든 과정을 통해서 고구려의 새로운 首都가 된 國內城은 그 뒤로 長壽王이 427년 首都를 平壤城으로 옮길 때까지 거의 400년 동안 영광을 누렸다. 그런데 여기서 눈여겨 볼 것은 長壽王이 遷都한 平壤城 역시 國內城의 입지 조건과 너무나 흡사하다는 점이다. 즉 커다란 江(國內城은 鴨綠江/平壤城은 大同江)과 작은 江(國內城은 通溝河/平壤城은 普通江)을 끼고 있는 곳에 위치하고 있어서 자연스럽게 두 江은 외부로부터의 공격을 막아주는 天然의 垓字 역할을 한다. 그러다 보니, 작은 江에서 큰 江으로 물이 흘러드는 곳에 모래가 쌓여 주로 형성되는 河中島(國內城은 伐登島/平壤城은 羊角島)가 있는 것도 똑같다. 이러한 首都 배치의 동일성을 설명하기 위해서 하늘과 땅을 동일시하는 相應의 원리를 적용해 볼 수 있다. 즉 鴨綠江 = 은하수의 등식과 琉璃王 = 칼자루(백조자리: 은하수에 있는 별자리임) = 國內城의 등식을 가정해 볼 수 있다. 그렇다면, 가령 鴨綠江가에 바투 붙어 있는 國內城에서 고구려의 왕이 사는 궁궐은 백조자리의 α(알파)별인 데네브(Deneb)의 자리가 되고, 칼로 보면 칼몸과 연결된 칼코등이의 가운데에 해당된다. 그리고 琉璃는 보석이기도 하니, α(알파)별인 데네브의 하얀빛에서 취해서 만들어진 이름으로 본다면, 칼코등이의 한 가운데에 박혀 있는 보석이 된다. 그곳은 왕의 궁궐이니, 琉璃는 곧 왕의 권위를 상징하는 또 다른 이름일 수 있는 것이다. 이런 식으로 해서 백조자리의 나머지 별들도 尉那巖城, 鴨綠江 앞에 있는 伐登島, 國內城 앞으로 펼쳐져 있는 수많은 古墳 등 여러 곳들과 연결시켜 볼 수 있지 않을까 한다. 이러한 추정은 중국에서 天子가 居處하는 궁궐을 북극성으로 놓고 모든 궁궐 건물들을 배치하는 방식과 비교하면 하등 이상할 것도 없다.

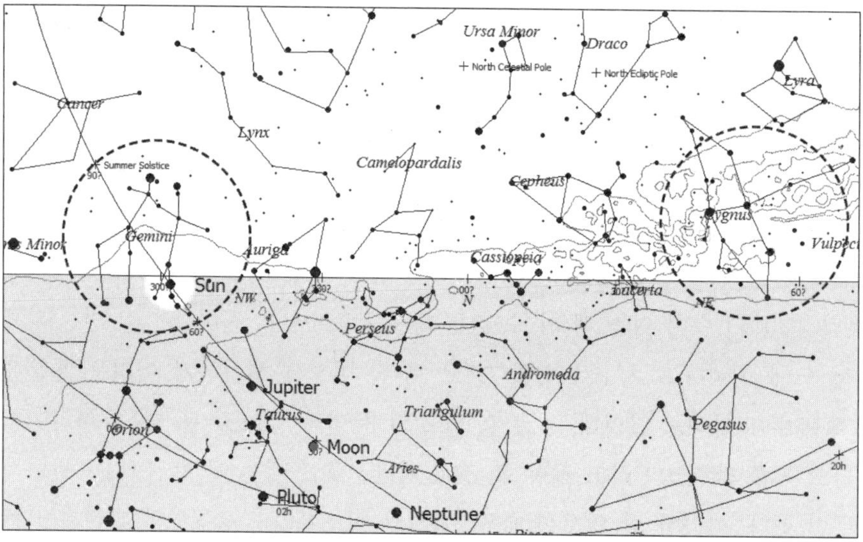

그림 5.9 백조자리(Cygus)가 힐라이어컬 라이징할 때 해는 힐라이어컬 세팅하는 쌍둥이자리(Gemini)와 會合한다.

석해야 할 것 같다. 즉 케페우스자리와 백조자리가 일몰 직후에 지평선 위에 있을 때에서 얼마가 지났을 때를 기준으로 보면, 일몰 직후 케페우스자리와 백조자리가 조금 더 지평선 위로 올라온 뒤에 서쪽 지평선에서 힐라이어컬 세팅하는 쌍둥이자리가 해와 會合하는 것을 볼 수 있다(그림 5.9 참고). 이러한 모습을 보면 바라지 속의 해(의 수레)를 탔다고 해야 맞을 것 같다. 앞서 쌍둥이자리는 쇠그물 혹은 기둥이라고 했는데 네모진 모양은 창틀과도 흡사하다는 것을 알 수 있다. 따라서 이 이야기는 주몽이 죽은 뒤에 琉璃가 고구려의 王으로 登極하는 시기를 기록하기 위해서 만들어진 신화로 보인다).

셋째로 琉璃의 이야기에서 왕관자리에 해당되는 별자리는 쉽게 찾아지지 않는다. 반면에 콩쥐 이야기나 우렁각시 이야기에서는 좀더 찾기 쉽다. 즉 콩쥐 이야기나 우렁각시 이야기에 모두 나오는 방구리(그림 5.12.1 참고)가 모양으로 보아 왕관자리인 것은 분명한 것 같다. 琉璃의 이야기가 걸어가는 물 긷는 아낙의 모습이 아니라 샘물가에서 아낙이 물을 긷고 있다는 장면으로 전개되었다면, 쉽게 샘물가에 있을 방구리를 찾아낼 수도 있다. 그러나 琉璃의 이야기는 그렇게 진행되지 않기 때문에 그런 식으로 없는 것을 찾아낼 수는 없을 것이다.

그렇다면 왜 이런 일이 벌어지는 것일까? 앞서 몇 가지의 이야기를 통해 확인했듯이 그 까닭은 거문고자리 등 5개의 별자리의 모양을 가지고 시대에 따라서 다른 형태의 이야기를 만들어왔기 때문인 것 같다. 琉璃의 이야기 역시 거문고자리 등 5개의 별자리가 있는 밤하늘 구역을 가지고 새롭게 자신의 이야기를 만들어낸 것뿐이라고 보아야 한다. 따라서 琉璃 이야기에서 왕관자리는 다른 사물을 가리킬 수 있다는 점을 염두에 두어야 할 것 같다.

琉璃의 이야기에서 왕관자리는 琉璃가 물동이를 깰 때 사용한 활인 것 같다. 왜냐하면 본문에 활이라는 말은 나오지 않았지만, 琉璃는 물 긷는 아낙의 물동이를 향해 탄환을 쏠 때 활을 사용했고, 彈丸을 쏘는 활은 일반 활과 모양이 다르지 않고, 彈丸은 동글기 때문에 별자리로 취해졌을 가능성은 매우 희박할 것이기 때문이다. 반면에 보통 화살을 쏘는 상태의 활, 즉 이른바 얹은활은 W 모양이지만, 활시위를 힘껏 당기면 활은 C자처럼 둥글게 변한다. 또한 보관하는 상태의 활, 즉 부린활 역시 둥근 형태를 취한다(그림 5.10 참고).[16] 아마도 두 경우 가운데 부린활로 보는 것이 좀더 타당할 듯싶다.

넷째로 琉璃의 이야기에서 목동자리에 해당되는 對象 역시 쉽게 찾을 수 없다. 그러나 콩쥐 이야기에서는 밑 빠진 독을 막아주었던 '두꺼비'가 나오고 주몽신화에서는 두꺼비와 가장 흡사한 東夫餘를 세운 '金蛙'(金蛙는 바로 금

16) 원래 전통 활은 사용할 때만 활시위를 얹어놓는다. 대개 시위를 얹어놓은 활을 '얹은활'이라고 한다. 반대로 활쏘기를 다 마친 뒤에는 반드시 시위를 풀어놓다. 짐을 내려놓는 것을 짐을 부린다고 하는데, 활에서 시위를 풀어놓는 것도 부린다고 한다. 시위를 풀어놓은 활을 '부린활'이라고 한다. 이때 활에서 시위를 풀어놓는 순간 활은 자신의 탄력 때문에 W자 형태가 뒤집어지면서 거의 동그라미 상태로 오그러 든다. 이 상태에 보관하다가 다시 활을 사용할 때는 활을 W자로 뒤집어 펴서 사용한다. W자로 활을 뒤집어 펴는 것을 활을 일으킨다고 표현한다.

개구리의 모양을 닮아서 그렇게 불렀다고 했다)가 나온다. 지금부터 金蛙와 목동자리의 관계를 분석해 보자.

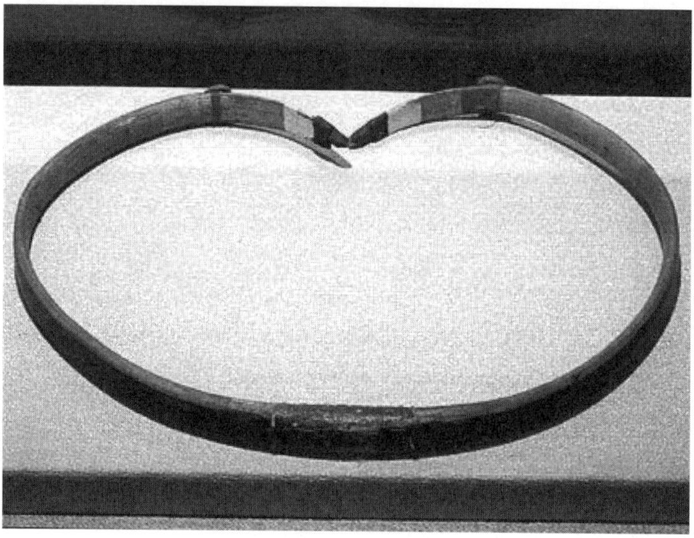

그림 5.10 부린활

『三國志』에 "殷正月에 하늘에 제사하는데, 이때 刑罰과 獄事를 중단하고 罪囚들을 풀어주었다."[17]고 했다. 殷正月은 대체로 음력 12월이니 양력으로는 1월 쯤 될 것이다. 대개 緯度가 높은 中緯度 지역에서 한겨울에 벌이는 축제는 冬至 축제밖에 없다는 점에서 迎鼓 역시 해가 길어지기 시작하는 冬至 축제로 추정할 수 있다. 冬至는 대체로 양력 12월 21일을 전후이다. 冬至의 날짜와 殷正月은 크게 벌어지지 않고 별을 중심으로 冬至를 정하는 것과 해의 그림자로 정하는 것 사이에는 어느 정도 차이가 있다는 점을 고려하면, 迎鼓는 冬至 축제로 보아야 할 것 같다.

17) 『三國志』, 「魏志東夷傳夫餘條」, "以殷正月祭天國中大會連日飮食歌舞名日迎鼓於是時斷刑獄解囚徒."

실제로 B.C. 100년 동짓날 일몰 직후를 기준으로 하고 고구려의 수도 國內城을 관측 지점으로 했을 때(그림 5.11.1, 그림 5.11.2 참고) 목동자리는 지평선 위에 겨우 걸려 있다는 것을 확인할 수 있다(정확하게 살펴보려면 夫餘의 緯經度를 기준으로 해야겠지만, 실제로 두 지역은 緯度上 별 차이가 없기 때문에 큰 문제는 발생하지 않는다. 신화의 연속성을 고려한다면, 國內城의 緯度를 기준으로 살펴보는 것이 더욱 큰 의미가 있다. 왜냐하면 동일한 신화를 갖고 있었다는 것은 동일한 祭儀를 거행했다는 흔적이 되기 때문이다). 즉 '목동자리의 힐라이어컬 세팅'으로 迎鼓의 날짜를 정한 것으로 추정할 수 있다(迎鼓의 시작도 앞서 隧神祭의 경우처럼 초승달이 뜨는 날로 정했다고 한다면, 이때 목동자리는 좀더 지평선 아래로 사라져서 거의 보이지 않는다).

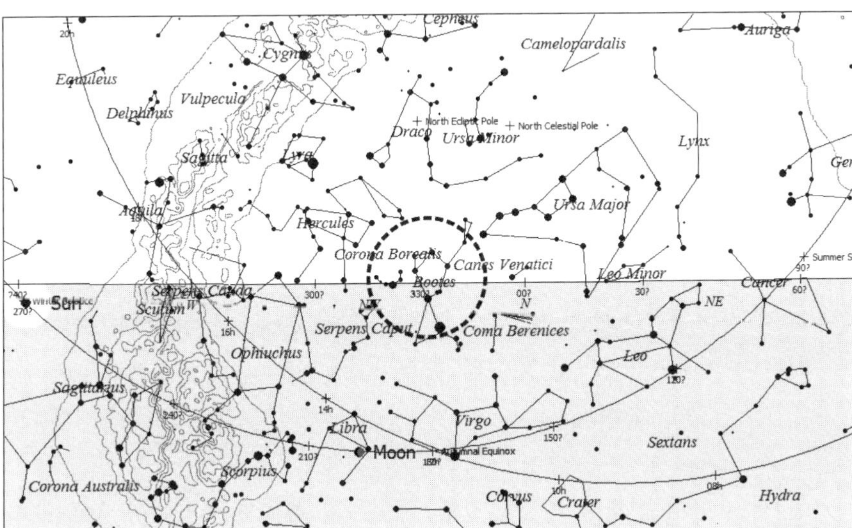

그림 5.11.1 B.C.100년 무렵 冬至 때 國內城 근처에서 보이는 일몰 직후 목동자리(Bootes)의 모습

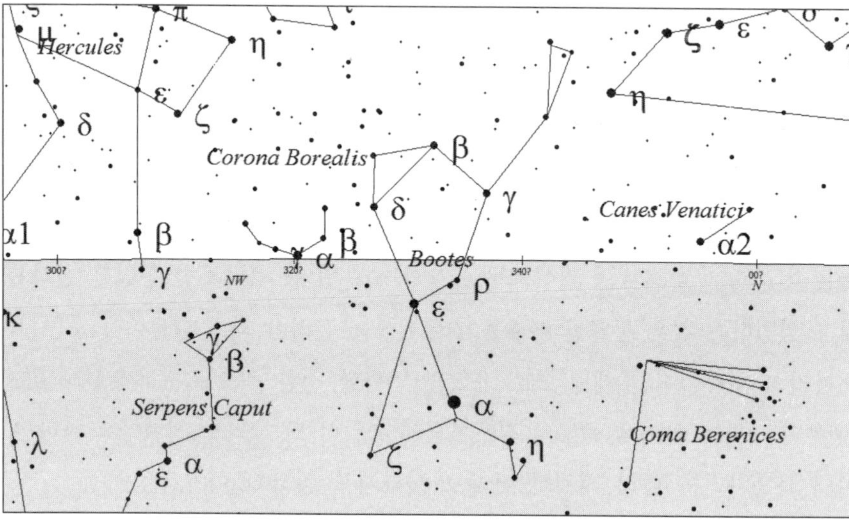

그림 5.11.2 목동자리를 확대한 모습

다음으로 주몽신화에서 解夫婁가 金蛙를 처음 얻을 때의 이야기를 보자.

> 夫餘王 解夫婁가 늙도록 아들이 없어 山川으로 돌아다니며 祭祀를 지내어 아들을 낳기를 빌었다. 자기가 탄 말이 鯤淵에 이르렀는데, 큰 돌이 눈물을 흘리는 것을 보고 왕이 기이하게 여겨서 사람들로 하여금 그 돌을 굴리게 했다. 그곳에 작은 아이가 있었는데, 금빛 개구리 모양이었다. 王이 말하기를 "이는 하늘이 나에게 자손을 주신 것이다." 하고 거두어 기르고 이름을 金蛙라고 하고 太子로 삼아 세웠다.

여기서 金蛙의 신체적 특징을 보면, 해부루가 鯤淵의 물가에서 金蛙를 처음 얻을 때 사람들로 하여금 돌을 굴리게 하니 작은 아이가 있었는데 금빛의 개구리 모양이라고 했다. 金蛙라는 이름은 모양과 색깔에서 취해진 것임을 알 수 있다. 그렇다면 목동자리의 형태를 개구리의 형상과 비교해보자. δ(델타)별, β(베타)별, γ(감마)별, α(알파)별, ε(엡실론)별을 이었을 때 위쪽이 짧고 아래쪽이 긴 마름모꼴은 개구리 특유의 삼각형 머리 형태와 잘록한 허리를 연상할 수 있고, δ(델타)별과 μ(뮤)별을 이은 선은 왼쪽 앞다리, γ(감마)별, λ(람다)별, η(에타)별을 이은 선은 오른쪽 앞다리, α(알파)별, ζ(제타)별 등을 이은 선은 왼쪽 뒷다리, α(알파)별, η(에타)별, ν(뉴)별을 이은 선은 오른쪽 뒷다리로 볼 수 있다. 마치 가파른 언덕을 올라가는 개구리의 형상으로 읽을 수 있다(그림 5.11.1 및 그림 5.11.2 등 참고). 반면에 중국 별자리에서 목동자리는 大角(아크투루스), 梗河[목동자리 β(베타)별과 θ(세타)별], 左攝提[목동자리 ζ(제타)별 등], 右攝提[η(에타)별 등]로 나누어지기 때문에 개구리의 형상을 전혀 추정해낼 수 없다. 목동자리의 빛깔을 보면, α(알파)별 아크투르스(Arcturus)와 β(베타)별 네카르(Nekar)가 오렌지색이고, ε(엡실론)별인 이자르(Izar)와 η(에타)별인 무프리드(Muphrid)가 연한 노란색으로[18] 밤하늘의 별자리 가운데 노란색 별을 가장 많이 갖고 있다. 이런 특징으로 볼 때 금빛의 개구리인 金蛙와 목동자리는 색깔에서 유사점을 갖고 있다.

또 金蛙의 탄생에 관련된 돌을 이른바 柳花가 앉아 있었던 돌(쌍둥이자리 부근에 있는 해의 出現 지점)로 파악하고 두 별자리의 움직임을 관찰하면, 매우 특이한 움직임들이 나타난다. 즉 冬至 무렵 일몰 직후 서쪽 지평선에 목동자리가 걸릴 때 동쪽 지평선에 쌍둥이자리가 떠오른다(그림 5.11.1 참고). '큰 돌이 눈물을 흘린다'는 것은 1等星이 둘이나 있는 쌍둥이자리의 별이 막 떠올라 반짝이는 모습으로 읽을 수 있다. 그리고 시간이 흘러서 쌍둥이자리가 북동쪽 지평선에서 하늘로 올라가면, 목동자리는 남서쪽 지평선으로 내려가면서 β(베타)별 정도만 남기고 지평선 아래로 사라졌다가 쌍둥이자리가 天頂에 위치할 무렵에 다시 북동쪽 하늘에 그 모습을 나타내고(그림 5.11.3 참고), 일출 직전에 쌍둥이자리가 서쪽 지평선에 걸릴 때는 목동자리가 天頂에 걸린다(그림 5.11.4 참고). 돌을 굴리니 금빛 개구리의 작은 아이가 있었다는 것은 이런 두 별자리의 특징적인 움직임을 반영하여 만들어진 말로 추정해 볼 수 있다.

---

18) 이태형, 같은 책, 김영사, 96쪽 참고.

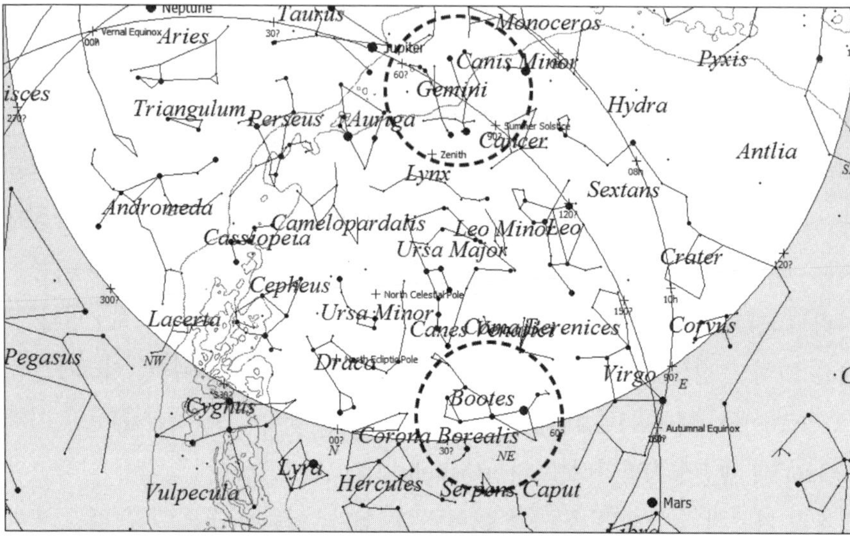

그림 5.11.3 목동자리가 다시 지평선에 떠오를 때 쌍둥이자리는 天頂에 자리한다.

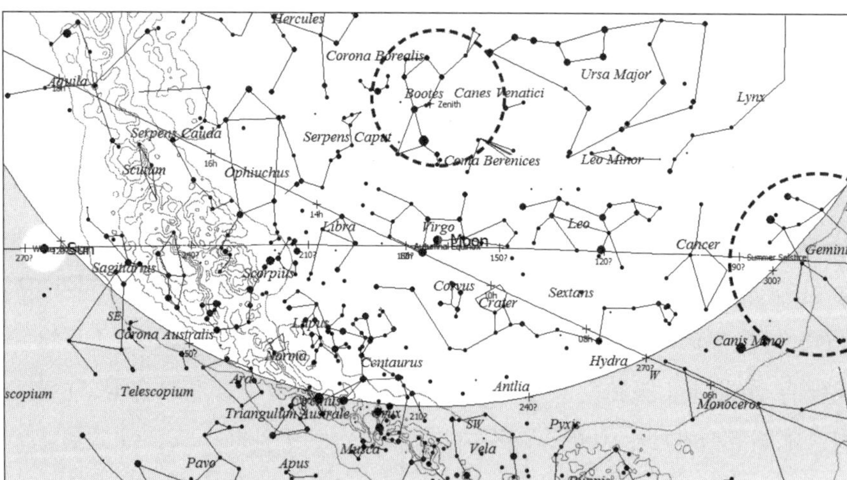

그림 5.11.4 일출 직전 목동자리가 天頂에 자리할 때 쌍둥이자리는 서쪽 지평선에 걸린다.

이런 점들을 바탕으로 할 때 金蛙는 夫餘와 고구려에서 목동자리를 가리키는 별자리이고, 夫餘의 최대 축제였던 迎鼓의 날짜를 알려 주는 별자리로 사용하면서 神格化된 존재로 추정할 수 있다. 주몽신화의 제일 앞부분에 주몽의 의붓아비이기도 한 金蛙의 이야기가 나오는 것으로 볼 때 고구려에서도 夫餘만큼 최고의 祭儀는 아니더라도 迎鼓(冬至의 祭儀라고 한다면)를 거행했다고 보는 것이 상식일 것 같다.

다섯째로 이제 헤르쿨레스자리가 남았다. 그러나 조각그림 맞추기 방식을 활용할 때 물 긷는 아낙은 당연히 하나 남은 헤르쿨레스자리일 수밖에 없다. 실제로 헤르쿨레스자리는 사람의 모습을 가장 닮은 별자리로 알려져 있다. 그리고 '물 긷는 아낙'은 물을 길어오다가 琉璃의 장난으로 머리에 이고 가던 물동이가 깨졌으니, 신화로 만들어지려면 필연적으로 물 긷는 아낙이 있어야 이야기를 전개하기 수월할 것이다(콩쥐와 물 긷는 아낙은 모두 물을 긷는 일을 한다는 점에서 동일하고, 琉璃의 어미 역시 다른 존재가 아니라 물 긷는 아낙인 셈이다).

4. '물 긷는 아낙들'의 神話的 本質

물 긷는 아낙이나 콩쥐, 우렁각시 등은 왜 恒顯圈 가까이에 배치되었을까? 원래 콩쥐 혹은 물 긷는 아낙이나 우렁각시는 모두 물과 관련되어 있다는 점에서 이들은 당연히 河伯 계통의 神들로 분류되어야 할 것이다. 그러나 주몽신화에서 주몽이 자신의 正體를 "天帝의 자손이요, 河伯의 외손"이라고 했듯이 고구려 같은 中緯度 지역의 밤하늘은 赤道 지역이나 南半球 지역과 다르게 지평선 위에 있는 恒顯圈을 중심으로 하는 天帝의 나라와 지평선 아래에 있는 河伯의 나라로 兩分되어 있다. 그렇기 때문에 恒顯圈 가까이에 있으면서 은하수에도 가까이 있는 별자리들은 그 소속을 결정해야 하는 문제가 발생하는 것 같다.

그러나 결과적으로 물 긷는 아낙이나 콩쥐는 恒顯圈 가까이에 있는 헤르쿨레스자리에 배치됨으로써 天帝의 질서 속에 編入되었다고 할 수 있다. 이런 점은 동양의 경우 거문고자리에 해당하는 織女星의 주인인 織女가 天孫으로서 玉皇上帝의 딸이라는 것으로도 확인할 수 있다. 아마도 河伯의 지역에 있는 한 그러한 지위는 획득하지 못했을 것이다. 왜냐하면 恒顯圈은 눈에 확연히 보여서 序列을 중시하지만, 河伯의 거처는 눈으로 볼 수 없어서 序列을 따지기 어렵기 때문이다. 결국 中緯度 지역에 있는 우리나라의 신화에서 물 긷는 아낙이나 콩쥐, 우렁각시 등 女神과 관련된 별자리가 天帝의 恒顯圈에서 조금 떨어진 곳에 배치될 수밖에 없는 것은 恒顯圈을 중시하는 中緯度 지역에서 만들어지는 神話의 宿命이라고 할 수 있다. 현실적으로 河伯의 공간(밤하늘에 보이는 은하수 지역)은 恒顯圈 속에 있다는 말이다.

이러한 과정에서 거문고자리를 물동이로 보는 신화가 생겨난 것 같다. 즉 깨진 물동이는 恒顯圈에서 가깝지만 은하수에서는 약간 떨어져 있기 때문에 恒顯圈과 은하수 사이에 위치하는 애매한 별자리이다. 그러나 거문고자리를 깨진 물동이로 보면, 양쪽을 모두 아우를 수 있다. 즉 恒顯圈에 소속된 깨진 물동이라는 별자리는 한편으로는 깨진 부분을 분명히 은하수 쪽을 향하고 있기 때문에 그 물동이에서 쏟아진 물은 은하수로 흘러들 것이라고 추정할 수 있다. 현재 우리나라에는 '은하수 起源神話'가 없는데, 琉璃王 이야기에 나오는 깨진 물동이와 아낙을 가지고 은하수 起源神話를 복원해 볼 수 있다. 즉 河伯의 系列에 속하는 물 긷는 아낙이나 콩쥐, 우렁각시들은 자신들의 소속을 신성한 恒顯圈으로 바꾸면서 은하수를 만든 神으로 탄생한 것으로 추정할 수 있다. 그러나 그 뒤에 물과 관련된 깨진 물동이는 (잃어버린 한 짝의) 신발로 별자리 이름을 다시 바꿔야 했던 것 같다. 恒顯圈에 들어오려면 물동이까지 버리고 철저히 들어오라는 뜻으로 읽을 수 있다. '신발의 알리바이'에 관련된 모든 일은 오직 원님(우렁각시 이야기에서는 임금으로 나오는 경우도 많다. 아마 임금이 더 정확할 것이다)만이 할 수 있다는 것. 이것이 바로 잃어버린 콩쥐의 신발을 원님이 찾아주었다는 이야기에 담긴 신화적 참뜻인 것 같다. 한마디로 恒顯圈에서 내주는 '북극성표 꽃신'만 신으라는 말로 해석할 수 있다.

그나마 恒顯圈 부근에 처음 배치되기까지 우리나라의 女神들은 恒顯圈에 의해 恣行된 혹독한 申告式을 치러야 했던 것 같다. 우리말에 여자를 가리키는 사투리이자 비속어로까지 쓰이는 간나(ganna, 함경, 평안, 경북), 간나이(gannai, 경북) 등은 모두 옛말 '간나희(gannahae)'에서 온 말이다. 이 말은 일본으로 건너가서 간나기(gannagi かんなぎ)가 된 것 같은데, 일본말로는 여자 무당을 뜻하는 말로 쓰인다. 男女를 구별할 때는 남자 무당, 즉 박수는 오간나기(ogannagi おかんなぎ)라고 하고, 여자 무당은 메간나기(megannagi めかんなぎ) — 여기서 메란 딸의 뜻을 가진 무스메(musume, むすめ)의 메일 것이다 — 라고 한다. 우리의 옛말 간나희가 원래 무당의 뜻이었다는 것을 알 수 있다.

그렇다면 이 말들은 모두 물을 긷다의 '긷'에서 온 말들로 추정된다. 즉 우리말에서 'ㄷ' 소리는 홀소리가 뒤에 오면 'ㄹ'로 바뀐다. 이른바 '디귿 불규칙활용'이다. 또한 'ㄷ'은 유성음 앞에서 'ㄴ' 소리로 바뀌는 것 역시 아주 자연스럽다. 이른바 자음접변이다. 그래서 긷다는 기르니(길으니), 긴는다(긷는다)로 활용된다. 이렇게 볼 때 간나희는 원래 물을 길어오는 아낙을 가리키는 말이었음을 추정해낼 수 있다. 이른바 간나 혹은 간나이가 지금처럼 나쁜 뜻으로 쓰이기 以前에 살았던 아낙들의 모습이 바로 安岳 3號 고분 동쪽곁간 북쪽 벽화에 그려져 있는 것 같다.[19]

19) 앞서 琉璃의 어미가 남편 없이 생활했던 游女였다는 것을 기억한다면, 물 긷는 아낙들인 간나 혹은 간나이 등은 고구려에서 游女를 가리키는 말이었다는 것을 알 수 있다. 그리고 간나 + X끼가 왜 심한 욕설이 되는지는 이러한 性風俗의 歷史 속에서 비로소 이해할 수 있다.

그림 5.12.1 안악 3호 고분벽화 동쪽곁칸 북쪽 그림

그림 5.12.2 위의 그림 일부 확대(오른쪽에 阿光이고 쓰여 있고, 왼쪽에는 井이라고 쓰여 있다)

위의 벽화(그림 5.12.1)를 보면, 우물가 왼쪽에는 거문고자리를 뜻하는 세 개의 물동이가, 우물가 오른쪽에 왕관자리를 뜻하는 방구리 하나가 놓여 있다. 우물가 오른쪽에 서 있는 아낙의 이마 위쪽에는 붉은 글씨로 '阿光'이라고 쓰여 있다(그림 5.12.2 참고). '阿'는 귀엽다는 뜻으로 그냥 붙이는 말이고, '光'은 말 그대로 빛이다. 『楚辭』(「天文篇」)에는 달을 뜻하는 '夜光'이라는 말이 나오는데, 阿光 역시 달을 가리키는 말로 보인다. 따라서 이 아낙은 달의 神, 즉 柳花이다. 또 네모꼴의 우물 위에는 다시 붉은 글씨로 '井'이라고 써놓았다.

달의 神인 柳花는 이제 물 긷는 아낙이 된 것이다. 궁궐로 치자면 궁궐의 물 긷는 侍女인 셈이다. "安岳 3號 고분벽화는 대체로 357년에 만들어진 것으로 보기도 하고 4세기 후반 정도로 보기도 한다."[20] 아마도 이 물 긷는 아낙들은 三國統一과 함께 恒顯圈 속에 포섭되도록 강요받았을 것이다.[21]

그렇더라도 中緯度 지역의 밤하늘에 어울리는 女神들을 위한 造型物 하나쯤은 남아 있어야 정상일 것이다. 추정컨대 善德女王(在位 632~647) 16년(647)에 세워진 瞻星臺가 바로 물 긷는 아낙들 혹은 콩쥐들이나 우렁각시들의 象徵物로서 '거문고자리를 形象化한 祭壇'인 것 같다(그림 5.13 참고). 그 모양을 보아도 瞻星臺는 물동이 형태를 온전히 갖추고 있다. 물동이보다 조금 길게 만들어진 것은 무너지지 않게 하려는 建築術의 배려일 것이다(그냥 거문고자리의 모습이라고 해야 더 맞을 것이다). 더구나 安岳 3號 고분벽화에 그려져 있는 네모꼴의 우물 테두리와 그 위에 쓰여 있는 우물 정자는 고스란히 瞻星臺의 가장 위쪽에 기다란 막대돌이 되어 두 켜로 단정히 얹혀 있다. 이것은 瞻星臺와 安岳 3號 고분벽화에 나오는 물 긷는 아낙의 벽화가 동일한 신화를 바탕으로 만들어졌다는 증거가 아닐까 한다. 2006년 11월 22일에 공개한 瞻星臺 부근에서 발굴된 5개의 항아리 역시 이 점을 분명히 증명해 주고 있다(그림 5.14 참고).[22]

---

20) 특별기획전고구려 행사추진위원회, 『특별기획전 고구려』, 2002, 42쪽 참고.

21) 『三國史記』(卷8 孝昭王)에 보면, 692년(孝昭王 元年) 8월에 高僧 道證이 唐나라에서 돌아와 天文圖를 받쳤다고 했다(元年 八月 …… 高僧道證 自唐廻 上天文圖). 이때 道證이 孝昭王에게 올린 天文圖는 東晉의 天文學者인 陳卓(265~280 년간에 활동)의 天文圖와 다를 것이 없다고도 하고, 책으로 이루진 것이라면 隋나라와 唐나라 무렵에 만들어진 『普天歌』일 수도 있다고 한다(나일성, 『韓國天文學史』, 서울대학교출판부, 2000, 70쪽 참고). 한마디로 黃道와 은하수의 교차점을 바탕으로 하는 天文學 體系와 그에 따른 信仰(당연히 우리 巫俗의 源流일 것임)들을 代替하기 시작한 것이 바로 北極星 中心의 中國天文學과 佛敎인 셈이다.

22) 2010년 봄 지방의 한 방송국에서 제작한 다큐멘터리 프로그램에서 瞻星臺를 河鼓大星(독수리자리의 α(알파)별)으로 보는 주장이 방영된 적이 있다. 瞻星臺를 天文臺로 볼 수 없다는 점(이는 물론 요즘 들어서 여러 학자들이 주장하고 있다)에는 동의하지만, 河鼓大星은 은하수 속에 잠겨 있는 별자리라는 점에서 瞻星臺를 河鼓大星으로 볼 수는 없다.

그림 5.13 瞻星臺(꼭대기에 두 켜로 얹혀 있는 우물 정자 모양의 막대돌이 뚜렷하다)

그림 5.14 瞻星臺 부근에서 발견된 5개의 항아리(이 항아리들은 이른바 건물을 새로 짓거나 고칠 때 묻어놓는 地鎭具로 부른다)

한마디로 慶州는 兄山江이나 北川이라는 은하수 옆에 세워진 皇城이고, 善德女王은 그 속에서 은하수의 神이고자 했다고 할 수 있다. 결과적으로 善德女王은 '은하수표 꽃신'을 신었던 마지막 女神인 셈이다. 그 뒤로 물 긷는 아낙들은 차츰 사라졌다. 갈아 신었던 꽃신도 얼마 뒤 다 헤졌다. 그래서 버려졌다. 바리데기 說話는 이런 과정에서 탄생한 이야기로 볼 수 있다. 앞서 언급했듯이 東洋의 中世를 지배했던 中國의 古代 天文學에서 은하수는 크게 대접받지 못했다. 中國의 古代 天文學은 철저히 北極星과 28宿만을 센터와 國境으로 삼는다. 國境 너머까지 뻗어 있는 은하수는 잘려 나간 채 보이지 않는 '恒隱圈 속'에 있는 것이다.

5. 12달의 별자리띠

끝으로 지금까지 찾아낸 별자리들을 가지고 다시 이빠진 열두달 별자리띠를 채워 넣어 보자. 앞서 게자리로 밝혀진 게들판과 사자자리로 밝혀진 흰 사슴을 열두달 별자리띠에 채우고 나면 빈 칸이 5개 남는다.

우선 채워지지 않았던 별자리들의 특징을 보면, 黃道 12宮 별자리 가운데 처녀자리를 빼고는 양자리, 염소자리, 물병자리, 물고기자리들인데 이들은 모두 1등성이 없는 별자리들이다. 地平座標系를 사용하고 黃道 12宮보다 恒顯圈을 중시할 경우 1등성이 없는 黃道 12宮의 별자리는 크게 소용이 없을 수 있다(서양의 경우 黃道座標系를 사용했기 때문에 절대로 黃道 12宮을 없앨 수 없다). 따라서 恒顯圈에 가까이 있는 1등성이 있는 별자리들로 대치되었을 가능성이 크다.

원래 양자리는 기원전 100년 무렵에 일출 직전을 관측 시간대로 했을 때 春分點으로 이용되었던 별자리이다. 주몽과 松讓의 싸움에서 사용된 별자리 찾기 방식, 즉 일몰 직후와 서쪽 지평선을 관측시간과 관측 방향으로 정하고, 양자리가 어느 계절에 서쪽 지평선 위에 떨어지는지 살펴보면, 양자리는 대략 음력

3월 무렵 일몰 직후 서쪽 지평선 위에 걸린다. 결국 이 무렵을 알려주는 별자리는 주몽의 별자리인 케페우스자리를 사용해야 한다는 것을 알 수 있다. 이렇게 해서 주몽신화의 천문학 체계 속에서 양자리는 불필요해진다.

다음으로 염소자리는 양력 12월에서 다음해 1월 정도를 알려주는 별자리이다. 따라서 염소자리는 당연히 동짓날 축제인 迎鼓의 별자리였던 목동자리, 즉 금개구리로 대치되었을 것이다. 목동자리가 아크투루스라는 1등성을 갖고 있는 것은 물론이다. 이렇게 해서 염소자리도 열두달 별자리띠에서 제외시킬 수 있다.

물병자리는 1월 정도를 알려주는 별자리이니, 역시 恒顯圈에 가까이 있으면서 일몰 직후를 관측 시간으로 정했을 때 비슷한 시기에 서쪽 지평선에 걸리는 1등성을 가진 별자리인 거문고자리, 이른바 깨진 물동이로 대치되었을 것으로 예상할 수 있다.

2월 정도를 알려주는 물고기자리를 대신해서는 백조자리를 사용할 가능성이 크다. 왜냐하면 백조자리는 3월을 가리키는 케페우스자리보다 한 달 정도 먼저 힐라이어컬 세팅을 하기 때문이다. 더구나 백조자리는 1등성 별자리가 있고 恒顯圈에 있는 신성한 별자리이다.

결국 이들 별자리들은 별들의 밝기가 어둡다는 점, 恒顯圈의 공간이 우선시되어야 한다는 점 등을 기준으로 볼 때 恒顯圈 부근의 밝은 별자리들로 대체됨으로써 주몽신화의 천문학 체계에서 볼 때는 별 쓸모가 없는 별자리들이 되는 것이다.

또한 앞서 천칭자리는 주몽신화에서 구리집이고, 전갈자리는 말채찍으로 밝혀졌다. 그러나 천칭자리와 전갈자리는 힐라이어컬 라이징을 하는 것을 기준으로 할 경우에는 한 달마다 떠오르는 별자리로 黃道 12宮을 구성하고 있지만, 일몰 직후를 기준으로 하면 두 별자리는 거의 동시에 힐라이어컬 세팅한다. 두 별자리는 하나의 별자리 역할밖에 할 수 없다는 것을 알 수 있다. 따라서 이 두 별자리와 사수자리 사이에 있는 황금비녀, 즉 箕宿가 10월 정도를 알려주는 별자리로 사용되었을 것으로 추정할 수 있다. 이에 따라 앞서 만들어놓은 별자리띠를 여기서 일부 수정해야 한다는 것을 알 수 있다.

문제는 8월 정도를 알려주는 처녀자리에 해당되는 별자리를 찾기 어렵다는 것이다. 처녀자리의 α(알파)별은 1등성인 스피카이기 때문에 절대로 버릴 수 없는 별이다. 지금으로는 迷宮에 빠진 별자리라고 할 수밖에 없다. 일단 위의 결과들을 가지고 이빠진 별자리띠를 채워 보자.

열두달 별자리띠

3.21. ~ 4.20.	4.21. ~ 5.20.	5.21. ~ 6.21.	6.22. ~ 7.22.	7.23. ~ 8.22.	8.23. ~ 9.22.	9.23. ~ 10.21.	10.22. ~ 11.21.	11.22. ~ 12.21.	12.22. ~ 1.19.	1.20. ~ 2.18.	2.19. ~ 3.20.
양자리	황소 자리	쌍둥이 자리	게자리	사자 자리	처녀 자리	천칭 자리	전갈 자리	사수 자리	염소 자리	물병 자리	물고기 자리
말목장 (케페우스자리)/ 씨앗 (플레이아데스)	북(오리온 자리)과 뿔나팔 (황소자리)	나무기둥/ 쇠그물	게들판	흰 사슴	?	구리집 (천칭자리)과 말채찍 (전갈자리)	황금 비녀	龍車	금개구리 (목동자리)	깨진 물동이 (거문고 자리)	배다리 (백조 자리)

6章

또 하나의 朱蒙神話인 麒麟窟神話

1. 들어가기
2. 麒麟窟神話의 神話的 本質
3. 朝天石의 本質과 由來
4. 숙제로 남는 문제들

1. 들어가기

麒麟窟神話는 크게 보아 朱蒙神話로 분류할 수 있지만, 朱蒙神話와는 다른 내용으로 『新增東國輿地勝覽』(平壤府 古蹟條)에 별도로 실려 전하고, 그 분량도 朱蒙神話와 비교하면 아주 짧다. 麒麟窟神話에 따르면 東明王[1]은 자신이 기른 麒麟馬를 타고 땅 밑으로 이어지는 麒麟窟을 지나서 朝天石으로 나와 하늘로 올라갔다고 한다. 그뿐만 아니라 실제로 麒麟窟이나 朝天石 같은 구조물들은 平壤城에 남아 있다. 그러나 高句麗를 세운 朱蒙 때에는 高句麗의 首都가 平壤이 아니었고 그보다 앞서서 高句麗의 首都였던 國內城 역시 그의 아들인 琉璃王 때부터 首都가 되었다는 점에서 平壤에 있는 東明王의 遺蹟은 일단 427년에 平壤으로 遷都한 長壽王에 의해 새로운 首都의 偉容과 나라의 偉業을 높이는 과정에서 만들어졌다고 보아야 할 것이다. 이런 점에서 平壤城에 존재하는 麒麟窟 등은 高句麗라는 國家의 正統性과 관계되어 있는 매우 중요한 구조물들이라고 할 수 있다.

그러나 麒麟窟神話는 그 虛誕함 때문에 古來의 많은 士大夫들은 이 구조물들을 詩로 노래하면서도 그 사실성은 받아들이지 않았다.[2] 그뿐만 아니라 지금도 麒麟窟神話에 대하여 "사실이 아닐 것이다. 麒麟窟에서 朝天石까지 지하굴이 강 밑으로 뚫어져 있어서 실제로 땅 밑에서 솟아올라 하늘로 올라갔다고 믿을 수는 없다."[3]라고 하여 東明王의 행동 자체를 매우 부정적으로 본다. 또 다른 연구자는 麒麟窟神話에 나오는 東明王의 행동을 "再生祭儀의 언어적 표

1) 저절로 밝혀지겠지만, 고구려를 세운 朱蒙과 麒麟窟神話에 나오는 東明王은 동일한 인물로 판단된다.

2) 지금은 麒麟馬 사라지고 기이한 동굴에 헛된 이름만 남아 있네/어찌 天帝를 朝會하려고 땅을 뚫고 다닐 수 있단 말인가?(金時習, 『梅月堂詩集』 卷之九 關西錄, 「麒麟窟」, "麒麟今已去 奇穴標虛名 胡乃朝天帝 還須闕地行.")

3) 신연우, 『우리 설화의 의미찾기』, 민속원, 2008, 189쪽.

현일 것"[4]이라고 추정하기도 한다. 이렇듯이 麒麟窟神話에 대한 궁금증은 여전히 가시지 않고 있다. 麒麟窟神話에 관한 한 현재로는 해를 운반하는 동물이 말이라는 증거 자료를 제시하고 東明王이 곧 太陽神이라는 결론을 내리면서 麒麟窟神話에 나오는 구조물들을 분석해낸 강경구의 연구 성과가 가장 진전된 것이라고 할 수 있다.[5]

그러나 강경구의 경우도 麒麟窟神話의 神話的 바탕이나 由來에 대해서는 더 이상 언급하지 않았다. 기실 麒麟窟 등이 자신들의 祖上神과 관련된 구조물들이라면, 그 구조물들의 神話的 本質과 由來가 반드시 존재할 것이다. 여기에서는 바로 이 점을 밝혀내고자 한다.

2. 麒麟窟神話의 神話的 本質

1) 東明王의 神格에 대하여

저녁마다 해는 어디로 가며 낮과 밤은 왜 생기는지 묻는 것은 참으로 어리석은 질문이다. 왜냐하면 해가 저녁마다 사라지는 것은 地球의 自轉 때문이고 이에 따라 낮과 밤이 생긴다는 것은 초등학생들도 다 아는 일이기 때문이다. 그러나 天動說에 입각해서 살아간 古代人들에게는 그리 녹록한 문제는 아니었을 것이다. 「牟頭婁墓誌」에서 朱蒙은 해와 달의 자식(日月之子 鄒牟)이라고 한 것을 근거로 할 때 朱蒙의 아버지와 어머니인 해모수와 柳花는 각각 해의 神이요, 달의 神임을 알 수 있다. 실제로 朱蒙神話에 나오는 해모수의 행동은 해의 움직임과 관련하여 설명할 때 좀더 그 의미가 분명해진다.

---

4) 김열규, 『한국민속과 문학연구』, 일조각, 1980, 77~79쪽.

5) 강경구, 『고구려의 건국과 시조 숭배』, 학연문화사, 2001, 285~286쪽.

(解慕漱는) 아침이면 내려와 政事를 듣고 저녁이면 하늘로 올라가니, 세상 사람들이 天王郞이라고 불렀다.[6]

이 이야기를 읽고 밤낮으로 이루어지는 해의 운행 모습을 떠올리기란 생각처럼 쉽지 않다. 아침이면 내려오고 저녁이면 올라간다는 말부터 낯설고 생경하다. 우리 입장에서는 해는 아침에 올라가고 저녁에 내려간다고 해야 맞을 것 같다. 해의 神으로서 행하는 해모수의 이러한 행동은 河伯宮에서 河伯의 주선으로 해모수와 柳花가 첫날밤을 치르는 이야기에서도 "柳花의 황금비녀를 취해서 가죽가마[革輿]를 찌르고 구멍을 빠져나와 홀로 하늘로 올라갔다."라고 하여 다시 한번 나타난다(해모수의 행동이 해를 닮았다는 것은 2章에서 밝혔다).

그런데 하늘로 올라가는 해모수의 이러한 행동은 그의 아들인 朱蒙의 죽음을 적은 두 이야기에도 동일하게 나타난다.

a) 가을 9월에 하늘로 오르고 다시 내려오지 않았다. 이때 나이 마흔이었다. 남긴 옥채찍[玉鞭]으로 대신 太子가 龍山에 葬事 지냈다.[7]
b) 세상의 地位를 즐거이 여기지 않아 黃龍을 내려 보내어 왕을 맞아들이니, 왕은 忽本의 동쪽에서 (黃)龍의 머리를 밟고 하늘로 올라갔다.[8]

a)에서는 朱蒙이 하늘로 오른 뒤에 龍山에 葬事를 지냈다고 했고, b)에서는 朱蒙이 黃龍의 머리를 밟고 하늘로 올라갔다고 했다. 여기서 龍山과 (黃)龍의 同異 문제가 있기는 하지만, 朱蒙이 하늘로 오르고 다시 내려오지 않았다는 것은 모두 朱蒙이 죽었다는 뜻으로 판단할 수 있다. 한마디로 生死與奪權을

6) 李奎報, 『東國李相國集』 卷3, 「東明王篇」 『舊三國史』 「東明王本紀」.
7) 李奎報, 위의 책.
8) 「廣開土大王碑」, "不樂世位 因遣黃龍來下迎王 王於忽本東 履龍頁昇天."

쥐고 있다고 알려진 天帝는 恒顯圈에 살고 있기 때문에 하늘로 올라가서 내려오지 않는다는 것은 생명을 내려준 天帝가 생명을 거두어 간 것이라고 하겠다.

결국 하늘로 올라갔다는 말에는 (해모수처럼) 해의 운행에 대한 뜻도 담겨 있고, (朱蒙처럼) 인간의 죽음에 대한 뜻도 담겨 있다는 것을 알 수 있다. 따라서 朱蒙의 행동이 해모수의 행동과 동일하게 나타나는 것은 朱蒙이 해의 神이기 때문이라고 보아야 한다. 朱蒙이 해의 神이라는 것은 강경구도 밝혔지만,[9] 朱蒙이 해의 神이라는 것은 그의 諡號가 東明聖王이라는 말 속에 고스란히 담겨 있다.[10] 즉 東明은 말 그대로 동쪽이 밝아진다는 뜻이니 떠오르는 해를 말하는 듯하다. 또한 죽은 朱蒙을 위해 평양에 지은 절인 永明寺는 '길이 밝다'는 뜻이니, 이 말에서도 朱蒙과 해를 관련지을 수 있다. 결국 朱蒙神話를 만든 사람들에게 죽음이란 단순히 생명의 消滅이 아니라 해의 出沒을 반복하는 것, '해의 神이 되어 영원한 해의 운행 질서 속에 들어가는 것'으로 여겨졌음을 알 수 있다.

> (高句麗에서는) 神廟가 두 군데 있다. 하나는 扶餘神으로 나무로 婦人의 형상을 깎아놓은 것이다. 다른 하나는 高登神으로 高句麗의 始祖요, 扶餘神의 아들이다. 두 곳에 아울러 官司를 설치하여 사람을 보내어 지키게 한다. 대개 河伯女와 朱蒙이라고 한다.[11]

위의 기록은 朱蒙이 고구려를 세운 建國의 영웅을 넘어서 고구려의 始祖神으로 숭배된 사정을 말해 준다. 그렇다면 해모수와 朱蒙의 관계는 어떻게 보아야 할 것인가?

---

9) 강경구, 앞의 책, 2001, 252~304쪽.

10) 夫餘 建國神話의 주인공인 東明王과 이름이 같은 것은 夫餘와 (夫餘에서 갈라져 나온) 고구려가 기본적으로 동일한 神話的 體系를 가지고 있기 때문일 것이다.

11) 『周書』, 「高麗傳」, "又有神廟二所 一曰扶餘神 刻木作婦人之像 一曰登高神 云是其始祖 扶餘神之子 竝置官司 遣人守護 蓋河伯女與朱蒙云."

원래 해모수는 朱蒙이 태어나기 이전의 인물이요, 朱蒙은 夫餘에서 탈출하여 새로 高句麗를 세운 인물이었다. 이러한 사실을 통해서 볼 때 해모수는 夫餘에서부터 모셔진 해의 神이라는 것을 추정할 수 있다. 그렇다면 朱蒙이 살아 있었을 때는 夫餘에서부터 모시던 해모수와 柳花를 그대로 神으로 모셨을 것으로 보아야 할 것이다. 그러나 朱蒙이 죽은 뒤에는 당연히 高句麗를 직접 세운 朱蒙과 朱蒙의 어미를 자신들의 새로운 祖上神으로 내세워야 했을 것이다. 위의 기록은 이러한 맥락에서 이해해야 할 것 같다.[12)]

2) 麒麟窟神話에 나오는 構造物들

지금까지의 분석 결과는 祖上神인 朱蒙은 高句麗에서 東明王으로 불리면서 해의 神으로 떠받들어졌던 존재였다고 정리할 수 있다. 이제 이러한 분석 결과를 가지고 아직까지 제대로 해명되지 않는 麒麟窟神話의 正體를 밝혀낼 수 있다. 현재 麒麟窟神話는 조각난 두 이야기가 다음과 같이 전해진다.

a) 麒麟窟은 九梯宮 안, 浮碧樓 아래에 있다. 東明王은 이곳에서 麒麟馬를 키웠다. 후세 사람들이 돌을 세워서 이를 기록하였다. 세상에 전하기를 왕은 <u>麒麟馬를 타고 이 굴 속으로 들어가 땅 속을 따라가다가 朝天石으로 나와 하늘로 올라갔는데 麒麟馬의 발자국 흔적이 아직도 돌 위에 남아 있다고 한다.</u>[13)]

---

12) 결국 고구려에서는 朱蒙이 죽은 뒤에 朱蒙을 해모수를 대신해서 해의 神으로 모셨지만, 달의 神은 여전히 夫餘와 마찬가지로 柳花를 그대로 섬겼던 것 같다. 반면 자연인으로서의 柳花에 대해서는 “東明王 14년 가을 8월 王母 柳花가 東夫餘에서 죽자, 金蛙는 太后의 禮로 葬事지내고 神廟를 세워주었다.”(『三國史記』卷13, 「高句麗本紀一 始祖東明聖王 十四年, “十四年 秋八月 王母柳花薨於東扶餘 其王金蛙以太后禮 葬之 遂立神廟.”)고 했다. 이 점 역시 (어떤 여자가 미스 코리아라고 할 때 그 여자는 미스 코리아이기도 하고 특정한 사람을 가리키기도 할 수 있는 것처럼) 자연인으로서의 柳花와 神으로서의 柳花를 구별하기만 하면 아무런 문제가 없다.

b) 通漢橋는 平壤府의 서남쪽 5리에 있다. 東明王이 하늘로 올라갔다가 通漢橋를 거쳐서 九梯宮으로 내려왔다고 전해진다.[14]

밑줄 친 내용들로 알 수 있듯이 麒麟窟神話에도 하늘로 올라갔다고 하는 이야기가 朱蒙神話와 마찬가지로 동일하게 나타난다. 다만 朱蒙의 죽음에 대한 직접적인 언급이 따로 없는 것으로 보아 麒麟窟神話는 죽은 朱蒙이 해의 神으로 숭배되면서 (여타의 朱蒙神話와는 구별되면서) 새롭게 만들어진 神話인 듯하다.[15] 이 과정에서 자연스럽게 해모수가 타고 다니던 용수레[龍車]는 東明王이 타고 다녔다는 麒麟馬로 바뀐 것으로 보인다(麒麟馬는 朱蒙이 젊을 적에 키웠다는 붉은 말에서 나왔을 것이다). 기실 수레는 청동기시대의 산물인 반면, 騎馬는 철기시대의 산물이라는 점에서 해의 神이 타고 다니는 것도 수레에서 말로 자연스럽게 바뀐 것 같다.

그렇다면 이제 두 이야기에 나오는 장소들인 麒麟窟, 九梯宮, 朝天石, 通漢橋 등을 東明王이 지나간 순서대로 배열해 보자. 우선 東明王은 麒麟窟을 빠져나와 朝天石을 거쳐 하늘로 올라갔고, 하늘로 올라갔던 東明王은 通漢橋를 지나서 九梯宮으로 내려왔다고 했다.[16] 이른바 通漢橋는 平壤府의 서남쪽 5리에

13) 『新增東國輿地勝覽』 卷51, 「平壤府 古蹟條」, "麒麟窟 在九梯宮內 浮碧樓下 東明王養麒麟馬于此 後人立石誌之 世傳 王乘麒麟馬入此窟 從地中出朝天石 升天 其馬跡 至今在石上."

14) 『新增東國輿地勝覽』 卷51, 「平壤府 古蹟條」, "通漢橋 在府西南五里 諺傳 東明王 昇天由通漢橋 下九梯宮."

15) 그때가 언제인지는 정확히 추정하기는 쉽지 않다. 일단 평양성에 麒麟窟이 있기 때문에 麒麟窟神話는 長壽王이 平壤으로 遷都한 뒤에 생겨났을 것으로 추정해 볼 수 있다. 그러나 國內城에도 麒麟窟의 흔적이 있다면 얘기는 달라진다. 물론 아직까지 國內城에도 麒麟窟로 추정되는 구조물이 있다는 보고가 없기는 하지만 天祭를 지낸 곳으로 알려진 隧穴(지금의 國東大穴)이 있는 것으로 보아 國內城에도 麒麟窟과 같은 구조물이 존재했을 가능성을 열어 두는 것이 좋을 듯하다. 그뿐만 아니라 주몽이 처음 나라를 세웠다는 五女山城에도 큰 굴이 있는 것으로 알려져 있다(윤명철, 「장군총의 비밀 광개토왕·장수왕 묘가 아니라 고구려 시조 모신 신전(神殿)」, 『신동아』 5월호, 동아일보사, 2009, 531쪽).

있다고 했는데, 현재 그 흔적은 古地圖에서도 찾기 어렵다. 강경구는 "일제 때 간행된 『平壤風景論』이라는 풍물 기사에는 東明王이 하늘에서 내려왔다고 하여 '天降橋'라고 부르는 다리, 그 遺址가 양명포에 있다."[17]고 했고, "天降橋, 평천리 양명포에 가설하였던 다리였으며 동명왕이 조천석에서 상천했다가 이 다리로 내려왔으므로 천강교라고 한다."[18]는 북한에서 출간된 『평양지』의 내용을 인용하면서 결론적으로 通漢橋는 平壤城의 서쪽에 있는 普通江에 걸려 있던 다리로 추정했다.[19] 따라서 東明王이 제일 먼저 지나는 通漢橋는 (永明寺 쪽에 모여 있는) 九梯宮, 麒麟窟, 朝天石 등과 떨어진 채 다른 곳에 외따로이 위치한다는 것을 알 수 있다.

다음으로 麒麟窟은 九梯宮 안에 있으면서 땅 속에 있고, 永明寺는 九梯宮 터에 세워졌다[20]고 하기 때문에 東明王은 麒麟窟을 지나기 전에 九梯宮을 먼저 지난다고 해야 한다. 그런데 『高麗史』 肅宗 7년 8월條를 보면, "梯淵의 언덕에 이르러 肅宗이 수영을 잘하는 禁軍 5인으로 하여금 옛 사다리터[舊梯基]를 찾게 하니, 땅속으로 10尺 떨어진 곳에 옛 사다리터의 돌이 남아 있었다."[21]고도 하고, 永明寺에 있는 麒麟窟의 입구와 朝天石 사이쯤에 위치한 浮碧樓가 九梯宮의 遺基[22]라고도 했다. 결국 九梯宮은 땅 속에 있는 麒麟窟을 가

---

16) 여기서 昇天을 하늘로 오를 때로 해석할 수도 있겠다. 그러나 東明王이 해모수와 마찬가지로 해의 神으로 본다면, 東明王 역시 아침이면 내려와 政事를 듣고 저녁이면 하늘로 올라간다는 해모수처럼 昇天과 下降을 반복한다고 보아야 할 것이기 때문에 昇天은 '하늘로 올라갔다가'로 해석해야 옳을 것이다.

17) 강경구, 앞의 책, 2001, 262~263쪽.

18) 강경구, 앞의 책, 2001, 262~263쪽.

19) 강경구, 앞의 책, 2001, 302쪽.

20) 朴胤源, 『近齋集』 卷一, 「平壤詩」, "舊時九梯宮 今廢爲寺刹."

21) 『高麗史』 卷11, 世家11, 肅宗 7년 8월 庚辰, "至梯淵岸 命泅者尋舊梯基 去地十尺有梯基石."

22) 許筠, 『荷谷集』, 「荷谷先生朝天記」, "樓在永明寺南 卽東明王九梯宮遺基 有靑雲白雲兩橋 層級截然如新 相傳皆東明時舊物也 諺有麒麟窟朝天石之說 極荒怪 而古今詞人至形諸歌詠 皆浮浪不足觀也 此樓不爲重屋 故或名之曰浮碧."

리키는 또 다른 말로 보아야 할 것이다.

반면에 麒麟窟과 朝天石은 通漢橋나 九梯宮과 달리 상당히 구체적인 자료들이 남아 있다.

> 甲午年(1594, 宣祖 27) 北城工事를 할 때 옛날부터 麒麟窟이라고 부르는 곳의 동쪽에서 흙을 실어왔다. 이때 石築이 발견되었는데, 양쪽이 서로 마주보고 있어 마치 물을 흐르게 하는 돌물길(水ㅁ城) 같았다. 그 폭은 한 길을 채 넘지 않았다. 그곳을 파보니 돌대들보가 가로로 놓여 있었다. (돌대들보의) 길이는 1(?) 쯤 되었다(一□□□□□□□). 가는 모래 아래에는 돌벽돌을 깔고, 돌벽돌 아래에는 다시 흙과 돌이 채워져 있었다. 흙과 돌을 걷어내고 3길 쯤 가보았지만, 돌을 쌓아놓은 끝은 볼 수 없었다. …… 동굴 속으로 들어가면 층계가 있기도 하고 판판한 基壇이 있기도 하고 연못 형태를 한 곳도 있으면서 구불구불하게 이어졌다. 참으로 기이했다. 쌓은 돌은 크기가 대충 한 뼘 정도 되었는데 돌은 서로 단단하게 끼워져 있어 마치 옛날 사람들이 말하는 龜文城 같았다. 지금까지도 들어가거나 삐져나온 곳도 없고 움직이거나 흔들리는 곳도 없었다. 이렇게 튼튼하게 지은 공법은 성채를 쌓는 사람들이 반드시 본받아야 할 것이다. 석축은 왜 만들었는지는 모르겠다. 대개 東明王의 九梯宮 터가 지금 永明寺가 되었으니, 아마도 옛날 궁전에 있던 은밀한 건축물[隱構]이었을 것 같다.[23]

麒麟窟은 폭이 한 길(한 길은 10자이니 대략 3m) 쯤 되는 좁은 石築 통로가 끝을 볼 수 없을 만큼 길게 이어져 있으며, 동굴 속에는 층계가 있고 基壇

---

23) 『平壤續志』, 「古蹟條」, “甲午 北城土役時 取土於古稱麒麟窟東傍 則露出石築 兩面對峙 如水ㅁ城 其間不過半丈餘 掘之則間有橫架石樑 長可一□□□□□□□ 細沙下排磚石 磚石下塡土石 掘土石至三丈 終不見築窮處……諸穴之中 或有層階 或有平臺 或有池塘形 而隨處屈曲 極其奇異 築石 大可數拳許 而石根互撑 如古人所謂龜文城 至今無凹凸離動處 作事之完固 此亦可見築城者可以取法也 蓋此築未知何爲 而東明王九梯宮舊址 今爲永明寺 則似舊宮隱構.”

도 있는 것으로 보아 아래로 내려가거나 머물 수도 있는 형태로 이루어졌음을 알 수 있다. 또 쌓아놓은 돌벽돌은 서로 단단하게 끼워져 있어서 들어가거나 삐져나온 곳도 없고 움직이거나 흔들리는 곳도 없어서 龜文城(거북의 등짝무늬를 닮은 城) 같다고 했다. 한마디로 네모난 돌로 튼튼히 쌓아 만들어놓은 땅굴이라고 할 수 있다.[24)]

그렇다면 東明王은 왜 동굴 속으로 다녀야 했던 것일까? 이 점에 대해서는 日本神話에서 "해의 神인 아마테라스 오호미카미(天照大御神) 역시 아메노이하야(天岩屋)라고 부르는 동굴로 들어간다."[25)]는 사실을 주목할 필요가 있다. 이에 대하여 日本 學者들은 다음과 같이 주장한다.

> 예전부터 天岩屋(아메노이하야) 이야기를 둘러싸고 어떤 神話인가라는 논의가 적지 않았다. 그 중에서 유명했던 것은 동지의례의 반영설(松村武雄, 『일본神話의 연구』, 培風館, 1954 ~ 58 등)과 일식(日蝕)신화설(大林太郞, 『일본신화의 기원』, 角川選書, 1973, 초판 1961년 등)이었다. 전자는 아마테라스 오호미카미(天照大御神)를 끌어내기 위하여 신들이 행한 것의 의례적 요소에 착목하고, 후자는 이야기의 구성요소와 구성을 비교 고찰한다. 어디를 보는가가 다르기 때문에 어느 쪽이 옳은가 하는 형태로, 같은 무대에서 검토할 수 있는 일이

---

24) 현재 麒麟窟의 입구를 찍은 日帝時代의 사진엽서가 남아 있어서 麒麟窟의 모습을 조금은 알 수 있다. 麒麟窟이라고 쓰여 있는 것으로 보면 麒麟窟의 입구를 찍은 사진임을 알 수 있다(그림 6.1 참고).

25) 오오노야스마로(太安万呂), 권오엽 · 권정 옮김, 『古事記』, 고즈윈, 2007, 154쪽, "...... 그러자 아마테라스 오호미카미(天照大御神)는 보고 두려워, 아메노이하야(天岩屋)의 문을 열고 안에 들어가 앉으셨다. 그러자 타카아마노하(高天原: 天神들이 산다는 天上界)는 완전히 어두워지고 아시하라노나카쯔쿠니(葦原中國)도 완전히 어두워졌다. 이리하여 밤이 계속되었다. ...... 그때 옆에 숨어서 서 있던 아메노타지카라오노카미(天宇受賣命)가 그 손을 잡아 밖으로 끌어당기자, 즉시 후토타마노미코토(布刀玉命)가 금줄을 아마테라스 오호카미의 뒤에 치고 "이제 안으로 들어갈 수 없습니다."라고 아뢰었다. 이리하여 아마테라스 오호미카미가 나오셨을 때 타카아마노하라((高天原)도 아시하라노나카쯔쿠니(葦原中國)도 저절로 비추어 밝아지게 되었다."

> 아니다. 다만 모두 신화적으로 태양신으로서의 아마테라스 오호미카미(天照大御神)라고 하는 점을 부동의 전제로 해서 보고 있다. …… 동굴로 은거하는 이야기를 동지와 결부하는 동지의례설이라 해도 일식과 결부시키는 일식신화설이라고 해도 논의하는 것 그 자체에 무리가 있다.[26)]

위의 언급처럼 조금은 무리가 있다는 것을 인정하지만 日本 學者들은 해의 神인 아마테라스 오호미카미(天照大御神)가 동굴로 들어가는 것을 冬至儀禮나 日蝕神話로 풀고 있다. 그러나 이러한 주장들은 가까운 길을 놔두고 힘들게 너무 먼 길로 돌아가는 듯하다. 기실 해의 神이 동굴로 들어가는 것은 해의 속성을 분석함으로써 찾아낼 수 있다. 왜냐하면 해의 神이라면 실제로 해의 속성을 어느 정도 지니고 있을 것으로 보이기 때문이다. 따라서 다음과 같이 추정할 수 있다.

① 해는 동굴로 다닌다.
② 그렇다면 동굴로 들어간 해는 (동굴 밖에 있는 사람들의 눈에) 보이지 않을 것이다.
③ 그러므로 해가 동굴로 다닌다는 것은 바로 저녁에 해가 사라져 어두운 세상을 설명하는 말이라고 추정할 수 있다(아마테라스가 동굴로 들어가 있을 때 세상은 밤이 계속되었다고 했다).
④ 반면에 낮에 나온 해는 동굴을 빠져나온 해라고 말하면 될 것이다(東明王의 경우는 麒麟窟을 지나서 朝天石에서 하늘로 올라갔다고 했고, 아마테라스 오호미카미는 그냥 동굴에 있다가 나왔다고만 했다).

---

26) 코우노시타카미쯔, 권오엽・권정 譯, 『古事記와 日本書紀』, 제이앤씨, 2005, 97~98쪽.

그림 6.1 平壤 麒麟窟의 모습

그림 6.2 제주시 건입동 산저천 물가에 있는 朝天石

다음으로 朝天石에 대해서 살펴보자. 이른바 朝天石은 大同江의 '강 속에 있는 너럭바위'27)를 말한다. 대개 물가나 바닷가에 있는 이런 바위를 흔히 물바위라고 부른다. 실제로 平壤城을 그린 箕城圖를 보면 朝天石은 大同江 물가

27) 『陽村先生文集』 卷五, 「朝天石」, "江中盤石號朝天 此語荒唐自古傳."

에 바위로 그려져 있는데, 모양으로 보아서 물가 가까이에 위치한 自然石인 것 같다. 朝天石은 제주시 건입동 산저천(山底川)에도 세워져 있는데, 홍수 같은 재앙을 막기 위해 하늘에 제사지내던 곳으로 알려져 있고, 그림 6.2에 나오듯이 自然石 위에는 사람의 형상을 가진 돌기둥이 끼워져 있다(물론 後代의 변형일 수도 있음). 平壤의 朝天石도 그렇게 이루어져 있는지는 자세히 알 수 없지만 제주도의 朝天石 역시 물가에 위치한 점은 平壤의 경우와 동일하다.[28)]

이번에는 朝天石과 麒麟窟이라는 두 구조물의 연결 관계에 대해서 살펴보자.

> <u>절집 가까이에 입을 벌린 채 뚫린 麒麟窟 있는데</u>
> 東明王의 일은 옛일이 되고 거친 풀밭만 하늘 끝으로 이어져 있네.
> 굽어보니 仇池山[29)]의 동굴이 아닐까?
> 잠깐 사이에도 (列禦寇가 쐬던) 서늘한 바람 생겨나누나.
> 신기한 麒麟馬 구름 타고 먼 하늘로 돌아간 뒤
> 발자취만 높은 산 바위 위에 새겨놓았네.
> <u>사람들은 (麒麟窟이) 강물과 통해 있다고들 하지만</u>
> <u>누가 능히 촛불 받쳐들고 끝까지 들어가 봤으리오.</u>[30)]

위의 기록을 보면, 麒麟窟은 永明寺의 땅밑으로부터 뚫려서 강물과 통해 있다고 했다. 東明王은 九梯宮으로 내려가 땅 속에 있는 麒麟窟을 말을 타고 지나서 朝天石으로 나와 하늘로 올라갔다고 했으니, 결국 麒麟窟은 땅밑으로 물가에 있는 朝天石 아래쪽까지 이어졌다고 판단된다(朝天石이 있는 물속까지

---

28) 擎天巖으로도 불린 제주도의 朝天石은 2002년 복원공사로 옛날 자리에 그대로 복원되었고, 원래의 朝天石은 과거에 산저천이 복개될 때 제주대학교 본관 서쪽에 옮겨서 세워져 있다.

29) 중국 감숙성(甘肅省)에 있는 산(1793m). 정상에 仇池라는 못이 있는데, 골이 깊어 서른여섯굽이를 돌아야 정상에 오를 수 있다고 한다.

30) 鄭摠, 『復齋先生集』 卷上, 「麒麟窟」, "麟窟呤呀近梵宮 東明事往草連空 俯窺却訝仇池穴 却立時生禦寇風 神物乘雲歸汗漫 遺蹤勒石在巃嵸 人言有路通江水 秉燭誰能子細窮."

麒麟窟을 만드는 것은 쉬운 일이 아닐 것이기 때문에 실제로 확인되지 않는 한 하나의 說話的 次元으로 이해해야 한다는 점도 예상해야 한다).

지금까지의 분석 결과를 가지고 麒麟窟神話에 나오는 구조물들을 다음과 같이 연결해 보자.

通漢橋 → (九梯宮) → 麒麟窟 → 朝天石

결국 麒麟窟神話는 해의 神인 東明王이 말을 타고 通漢橋, (九梯宮), 麒麟窟, 朝天石을 거쳐서 하늘로 올라간 이야기로 정리할 수 있다. 그렇다면 麒麟窟神話에 나오는 이 구조물들은 어떤 神話的 본질을 가지고 있기에 실제로 平壤城에 설치되었던 것일까? 강경구는 이 구조물들을 "해의 神으로 파악되는 東明王과 관련된 聖所요, 神廟로 보았다."[31] 그러나 여기서 한걸음 더 나아가 이 구조물들은 바로 古代人들의 天文觀에서 항용 언급되는 하늘과 땅의 相應(correspondence)의 원리에 따라서 해가 다니는 길, 즉 黃道의 일부(특히 밤에 해가 다니는 길)를 地上에 구현해 놓은 구조물들로 추정해낼 수 있다. 한마디로 해는 이러한 구조물들을 땅속에 있는 지하철역을 지나가듯이 날마다 말을 타고 지나다니는 것이다.

3) 또 하나의 麒麟窟神話인 萬波息笛 이야기

이제 해의 神이 동굴로 다닌다는 분석 결과를 가지고 아직까지 제대로 해명되지 못한 萬波息笛 이야기에 나오는 구조물들과 萬波息笛 이야기의 비밀을 풀 수 있다. 『三國遺事』에 나오는 萬波息笛 이야기는 神文王이 자신의 아비인 文武王을 위하여 感恩寺를 짓는 과정을 서술한 이야기이다. 이 이야기에는 '寺中記'에 나오는 다음과 같은 이야기가 註釋으로 달려 있다.

---

31) 강경구, 앞의 책, 2001, 252~304쪽 참조.

> 文武王이 倭兵을 진압하고자 처음 이 절을 세우기 시작했는데 완성을 보지 못하고 죽고 海龍이 되었다. 그 아들 神文王이 즉위하여 開耀 2년에 완성하였다. (이때) 金堂의 섬돌 아래를 파헤치고 동쪽으로 동굴 하나를 만들어서 龍이 절 안으로 들어와 사리고 앉을 자리를 마련해 놓았다. 대개 (文武王의) 遺詔에 뼈를 간직하라고 한 곳은 大王岩이라고 부르고, 절은 感恩寺라고 부른다. 뒤에 龍이 몸을 드러낸 곳은 利見臺라고 부른다.32)

위에 나오는 感恩寺 관련 구조물들을 麒麟窟 관련 구조물들과 견주어서 다음과 같이 연결할 수 있다.

感恩寺 → 돌봇도랑(龍이 다니도록 동쪽으로 만들어놓은 동굴)
→ 利見臺 → 大王岩

이제 麒麟窟神話에 나오는 永明寺, 麒麟窟, 朝天石을 각각 感恩寺, 金堂 아래에 파놓은 돌봇도랑, 봉길리 앞바다에 있는 大王岩에 대응시킬 수 있다. 이렇게 연결해 보면, 感恩寺의 구조물 가운데 通漢橋에 해당되는 것은 쉽게 찾기 어렵고, 麒麟窟 관련 구조물 가운데 없는 것은 利見臺33)라는 것을 알 수 있다. 현재 利見臺는 感恩寺와 大王岩 사이에 있으면서 바닷가에 있다는 점에서 평양의 麒麟窟과 朝天石 사이에도 利見臺에 해당되는 구조물이 있었을 것으로 추정할 수 있다(위치로 보아 麒麟窟과 朝天石 사이에 있어야 하고 利見臺처럼 물가에서 조금 떨어져 있어야 하는데, 이에 가장 합당한 곳은 浮碧樓 정도가 된다. 앞서 언급했듯이 실제로 浮碧樓는 九梯宮의 遺基라고 했다). 麒麟窟이 朝天石까지 이어졌다고 했듯이 感恩寺의 돌봇도랑 역시 大王岩까지 이어져 있

32) 『三國遺事』 卷2, 紀異2 「萬波息笛」, "寺中記云 文武王欲鎭倭兵 故始創此寺 未畢而崩 爲海龍 其子神文立 開耀二年畢 排金堂砌下東向開一穴 乃龍之入寺旋繞之備 蓋遺詔之藏骨處 名大王岩 寺名感恩寺 後見龍現形處 名利見臺."

33) 『周易』, 「上經乾傳」, "飛龍在天 利見大人."

었을 것으로 추정할 수 있다. 이러한 판단은 萬波息笛 이야기를 통해서도 어느 정도 가능하다.

海官 波珍湌 朴夙淸이 아뢰기를 "東海 가운데 작은 산이 感恩寺를 향하여 오면서 파도에 오락가락합니다." 하였다. 왕이 이상하게 여겨서 日官 金春質(春日이라고도 함)로 하여금 점을 치게 하니 그가 말하기를 "先王께서 지금 海龍이 되시어 三韓을 수호하고 金庾信 장군이 33天의 아들로서 내려왔다가 大臣이 되었습니다. 두 聖人이 德을 합쳐서 守城의 보물을 내려주시려 하니 왕께서 바닷가로 행차하시면 반드시 값으로 따지지 못하는 커다란 보물을 얻으실 것입니다."라고 했다. 왕이 기뻐서 그 해 7일 利見臺로 행차하여 그 산을 바라보았다. 그리고 사람을 시켜서 조사하게 했다. 山勢는 거북의 머리와 같이 생겼다. 그 위에 대나무 한 그루가 있었는데, 낮에는 둘이 되고 밤에는 하나로 합쳐졌다(또 다른 이야기에는 산 역시 밤낮으로 대나무처럼 나누어졌다 합쳐졌다고 한다). (섬으로 보낸) 사람이 와서 이 사실을 알렸다. 왕이 感恩寺에 가서 묵었다. 다음날 午時에 대나무가 합쳐져 하나가 되자 이레 동안 天地가 진동하고 비바람이 불어 컴컴해졌다.

그 달 16일에 이르러 바람이 자고 물결이 잔잔해졌다. 왕이 배를 타고 바다로 나가 그 山으로 들어가니, 龍이 나타나 검은 玉帶를 바쳤다. 왕이 영접하여 함께 앉으며 묻기를 "이 山과 대나무가 나누어지기도 하고 합쳐지기도 하는 것은 무슨 까닭인가?" 龍이 대답하기를 "한 손으로 치면 소리가 없으나 두 손으로 치면 소리가 나는 것처럼 이 대나무도 합쳐지면 소리가 납니다. 이는 바로 聖王께서 소리로 천하를 다스릴 징조입니다. 왕께서 이 대나무를 가져다가 피리를 만들어 불면 천하가 태평해질 것입니다. 지금 先王께서 바다의 큰 龍이 되시고 金庾信 장군이 天神이 되시어 두 聖人이 한 마음을 이루어 이와 같이 값을 잴 수 없는 커다란 보물을 내시어 저로 하여금 왕께 바치도록 하셨습니다." 왕이 기뻐서 오색 비단과 金玉으로 (龍에게) 감사의 표시를 했다. 勅使가 대나무를 꺾어서 바다에서 나오자 山과 龍이 홀연 사라지고 보이지 않았다. 왕이 感恩寺에 머물렀다.

17일에 祇林寺 서쪽 골짜기에 이르러 수레를 멈추고 점심을 했다. …… 왕

> 이 돌아와 그 대나무로 피리를 만들어 月城의 天尊庫에 보관했다. 이 피리를 불면 敵兵이 물러가고 병이 나았고 가뭄이 들면 비가 오고 비가 너무 오면 날씨가 개고 바람이 자고 바닷물이 잔잔해졌다. 그래서 이름을 萬波息笛이라고 부르고 國寶로 삼았다.[34)]

여기 나오는 거북 모양의 섬이 大王岩을 가리킨다는 것은 의문의 여지가 없다. 바로 朝天石이다. 그렇다면 萬波息笛 이야기의 본질에 조금 더 다가갈 수 있다. 즉 萬波息笛은 거북 모양의 섬에서 자라는 대나무로 만들었다고 했다. 또한 萬波息笛은 피리이니 기다란 동굴의 형태를 띠고 있다는 것을 쉽게 알 수 있다. 따라서 萬波息笛 이야기는 金庾信을 중심으로 하는 세력과 화합하여 三國統一을 이룩한 文武王의 偉業을 드러내기 위해서 感恩寺를 세울 때 가장 마지막으로 이루어졌을 것으로 보이는 기다란 지하 돌봇도랑을 완성하는 과정 — 한마디로 날마다 뜨고 지는 해가 다니는 구조물을 완성시킨다는 것은 古代王權의 상징적 행위로서 三國統一에 따른 새로운 질서를 우주의 질서로 구현해내는 행위라고 할 수 있다.[35)] — 을 後代에 萬波息笛이라는 象徵物로 象

---

34) 『三國遺事』卷2 紀異2 , 「萬波息笛」, “海官波珍喰朴夙淸 奏曰 東海中有小山 浮來向感恩寺 隨波往來 王異之 命日官金春質<一作春日>占之曰 聖考今爲海龍, 鎭護三韓 抑又金公庾信乃三十三天之一子 今降爲大臣 二聖同德 欲出守城之寶 若陛下行幸海邊 必得無價大寶 王喜 以其月七日 駕幸利見臺 望其山 遣使審之 山勢如龜頭 上有一竿竹 晝爲二 夜合一 一云 山亦晝夜開合如竹 使來奏之 王御感恩寺宿 明日午時 竹合爲一 天地震動 風雨晦暗七日 至其月十六日風霽波平 王泛海入其山 有龍奉黑玉帶來獻 迎接共坐 問曰 此山與竹 或判或合 如何 龍曰 比如一手拍之無聲 二手拍則有聲 此竹之爲物 合之然後有聲 聖王以聲理天下之瑞也 王取此竹 作笛吹之 天下和平 今王考爲海中大龍 庾信復爲天神 二聖同心 出此無價大寶 令我獻之 王驚喜 以五色錦彩金玉酬賽之 勅使斫竹出海時 山與龍忽隱不現 王宿感恩寺 十七日 到祇林寺西溪邊 留駕晝饍……駕還 以其竹作笛 藏於月城天尊庫吹此笛則兵退病愈 旱雨雨晴 風定波平 號萬波息笛 稱爲國寶.”

35) 그렇다면 결국 文武王 = 해 = 해의 神 = 龍이라는 등식이 성립한다. 薯童說話에 보면, 南池라는 못에 사는 龍과 薯童의 어미가 私通하여 薯童을 낳았다고 했다. 해의 神인 해모수와 달의 神인 柳花의 私通으로 朱蒙이 태어나는 것과 비교할 때 해모수가 龍으로 바뀌었다는 것을 알 수 있다. 해의 神이 龍으로 바뀐 것은 다음과 같이 古代天文學的으로 설명할

徵化하여 서술하는 이야기인 것이다.[36] 萬波息笛을 불면 천하가 태평해진다는 이야기는 자신이 죽어서 "護國大龍이 되어 佛法을 높이 받들어 나라를 守護하겠다."[37]거나 혹은 "죽어서 龍이 되어 倭兵을 물리치겠다"[38]고 한 文武王의

수 있다. 앞서 분석했듯이 麒麟窟神話에서 麒麟窟은 해가 밤에 다니는 길, 즉 黃道의 일부를 지상에 具顯한 구조물이라고 했다. 그렇다면 麒麟窟은 해가 다니는 軌跡이기도 할 것이다. 여기서 우리는 麒麟窟의 기다란 모습과 龍의 기다란 모습이 동일하다는 것을 간취할 수 있다. 따라서 龍은 해가 다니는 기다란 黃道의 軌跡에서 상상해낸 것임을 추정할 수 있다. 한마디로 龍은 '黃道에 따라서 움직이는 해를 想像力으로 形象化해낸 동물'이라고 정의할 수 있다. 그러나 龍은 해가 다니는 길이라는 개념만으로는 여전히 부족하다. 해가 다니는 길로는 대체로 달도 다니기 때문에 龍의 개념은 '움직이는 해와 달의 軌跡을 想像力으로 形象化해낸 構成物' 혹은 '움직이는 해와 달의 軌跡을 生命化한 것'이라고 좀더 포괄적으로 정의해야 할 것이다. 또한 龍의 형상은 길다는 점에서 뱀에서 취했을 것이다. 龍의 모습이 여러 가지 동물들의 형태에서 조금씩 취해서 만들어졌다거나 그 종류도 다양하다는 것 등은 龍이 神秘化되면서 분화하는 과정에서 나타난 결과라고 보아야 한다. 漢나라 때의 武梁祠畵像石을 보면 伏羲와 女媧가 뱀의 몸으로 붙어 있고 五盔墳벽화를 보면 해의 神과 달의 神이 뱀의 몸을 하고 있다. 이것은 해와 달의 정상적인 運行으로 萬物이 生育되는 宇宙의 原理와 男女의 性行爲로 生命이 만들어지는 生殖의 原理를 결합시켜 놓은 것이다. 따라서 두 마리 龍이 한 마리 龍으로 나타날 때 龍은 비로소 스스로 宇宙를 호흡하면서 生生力을 發하는 완벽한 존재로 탄생하는 것 같다. 결국 龍은 '宇宙와 生命의 原理'라고도 정의할 수 있다. 그러나 이러한 龍에 대한 定義는 최소한의 定義일 뿐이다. 왜냐하면 東洋의 경우만 하더라도 龍은 王權, 佛法의 守護者, 비를 불러오는 존재 등 거기에 담긴 含意가 너무도 크기 때문이다. 그리고 메소포타미아의 龍, 印度의 龍, 中國의 龍 등 가운데 어느 것이 起源인지에 대해서도 속 시원히 해답이 나온 것도 아니다. 우리의 경우는 外來 宗敎의 流入 앞에서 傳統的인 信仰을 象徵하는 대상으로 언급되기도 하고 실제로도 그렇게 등장하는 경우가 많다. 결국 龍은 人類文明의 탄생과 함께 한 지역에서 퍼져서 지역에 따라 변용되면서 이른 시기에 基層文化로 뿌리내린 것으로 보아야 할 것이다.

36) 大王岩의 지형적 조건을 보면 대나무가 자라기는 불가능하다. 추정컨대 大王岩에 대나무가 있었다는 이야기는 대개의 피리가 대나무로 만들기 때문에 거꾸로 만들어진 것으로 보아야 한다. 일찍이 황수영은 1982년 3월 27일자 『韓國日報』에서 新羅鐘의 龍鈕가 마치 單龍이 대나무 원통을 등에 짊어지고 있는 듯한 모양을 하고 있었다고 하여 萬波息笛의 흔적을 新羅鐘의 龍鈕 형식에서 찾아낸 적이 있다. 성낙주는 더 나아가 이러한 新羅鐘의 龍鈕 형식은 바로 萬波息笛에서 기원한다고 했다(『에밀레종의 비밀』, 푸른역사, 2008, 293~340쪽). 이러한 연구 결과를 수용할 때 돌봇도랑 = 萬波息笛 = 龍이라는 등식을 만들어낼 수 있다.

37) 『三國遺事』 卷2, 紀異2 文虎王法敏. "朕身後願爲護國大龍, 崇奉佛法, 守護邦家"

遺言(아마도 만들어진 이야기일 것이다)과 神文王이 感恩寺(특히 지하 돌봇도랑)를 세운 歷史的 사실이 三國統一 이후 평화에 대한 당시 백성들의 소망과 어우러지면서 만들어진 이야기라고 할 수 있다.[39)]

여기서 더 나아가 아직도 애매한 결론이 나 있어 정확하게 결판이 나지 않고 있는 文武王陵의 所在에 대해서 새롭게 추정해 보자. 앞서 『三國遺事』에서는 大王岩을 文武王의 藏骨處라고 했듯이 『三國史記』나 朝鮮時代 洪良浩가 지은 글 등에서도 크게 다르지 않게 다음과 같이 기록되어 있다.

a) 가을 7월 1일, 왕이 薨去하였다. 謚號를 文武라 하고 여러 臣下들이 遺言에 따라 東海 어구 큰 바위에 葬事 지냈다. 俗說에 전하기를 왕이 龍으로 변하였다고 한다. 그래서 그 바위를 大王石이라고 부른다. 왕은 다음과 같이 遺言하였다. "…… 숨을 거둔 지 열흘 뒤 바깥 뜰 창고 앞에서 나의 屍身를 佛敎의 法式으로 火葬하라. ……"[40)]

b) 東海가에 祈雨祭를 지내는 祭壇이 있는데 利見臺라고 부른다. 나도 그곳에 제물을 들고 가서 축원하였다. 祭壇은 큰 바닷가에 있는데 돌 언덕이 우뚝 솟아서 祭壇을 이루고 있었다. 마을사람들에게 '利見'의 뜻을 물으니 대답하기를 "옛날 신라 文武王이 이웃에 있는 倭國으로부터 자주 침범을 당했는데, 자신이 죽을 때 太子에게 '내가 죽으면 반드시 바다 속에 葬事를 지내

---

38) 洪良浩, 『耳溪集』 卷16, 題跋 「題新羅文武王陵碑」(本文은 아래 註釋 41 참조).

39) 文武王은 죽어서 龍이 되고자 말했다는 것은 『三國史記』에는 없고(여기서 文武王은 단지 10일 뒤에 天竺의 儀式에 따라 火葬하기만을 요구하였다), 오직 『三國遺事』에 실려 있고 感恩寺 지역에 돌아다니던 이야기라는 점에서 그 상징성은 받아들일 수 있지만, 그 사실성에 대하여서는 再考해 보아야 한다. 文武王이 "화장을 희망했다는 것은 동해용왕으로 환생하기 위한 사전 포석의 성격이 짙다"는 식의 추리(성낙주, 앞의 책, 2008, 184쪽 부분 인용)는 상징과 사실을 뒤섞어놓은 전형적인 예라고 할 수 있다.

40) 『三國史記』 卷7, 新羅本紀7 文武王 21년, "秋七月一日 王薨 謚曰文武 群臣以遺言葬東海口大石上 俗傳王化爲龍 仍指其石爲大王石 遺詔曰……屬纊之後十日 便於庫門外庭 依西國之式 以火燒葬."

라. 그러면 나는 龍이 되어 倭兵들을 물리치리라!' 했다고 한다. 바다 속에 있는 커다란 바위는 우뚝 솟아 있어서 마치 작은 섬처럼 생겼다. 太子와 여러 臣下들이 감히 어기지 못하고 돌 사이에 葬事를 지냈다. 얼마 뒤에 바람과 우레가 크게 일자 黃龍이 돌 위에 나타났다. 臣民들이 祭壇에 올라가서 바라보며 절을 하였다. 그래서 그 祭壇을 利見臺라고 이름 붙였다. 곧 비를 바랄 때 기도하는 곳으로 삼았는데 곧바로 효험이 있었다."라고 했다. 나는 이를 크게 괴이하다 생각하고 황당한 이야기로 여겼다.

그러다가 三國史記 文武王紀를 보니 "많은 臣下들이 遺命을 받들어 東海의 커다란 돌 위에 葬事 지냈다. 俗說에 왕이 龍으로 변했고 그 돌을 가리켜 大王石이라고 부른다."라고 쓰여 있었다. 國史는 믿을 만한 책이니 誣告한 일을 기록했다고 할 수는 없을 것이다. 그러나 龍으로 변하였다는 것은 俗說이라고 보아야 할 것이다.

…… 그 뒤로 36년이 지나서 그곳에 사는 사람이 밭을 갈다가 들판에서 옛날의 빗돌을 하나 얻었는데, 바로 文武王碑로 大舍 韓訥儒가 쓴 것이었다. 그 글은 떨어져나가고 순서가 없으나 다만 "붉은 까마귀가 재앙을 불러오자 黃熊께서 神異한 일을 드러내시었다. 문득 바람 앞의 등불을 맞아서 道를 귀하게 여기고 자신의 몸은 천하게 여기셨다. 이에 땔나무를 쌓아서 葬事 지내고 뼈를 빻아서 바닷가에 뿌렸다(赤烏呈災 黃熊表裏 俄隨風燭 貴道賤身 葬以積薪 碎骨鯨津)."라는 구절만 남아 있었다.41)

41) 洪良浩, 『耳溪集』 卷16, 題跋 「題新羅文武王陵碑」, "東海上有雩壇 曰利見臺 余乃具祝幣往焉 臺在大海之傍 石阜突起成臺 問邑人以利見之義 對曰 昔新羅文武王隣於倭 數困於侵伐 臨薨 詔太子曰 我死 必葬於海中 當化爲龍以距倭兵 海中有大石嵳峩屹峙如小島 太子羣臣 不敢違 葬於石間 未幾風雷大起 有黃龍見於石上 臣民登臺而望拜焉 名其臺曰利見 遂以爲禱雨之所 輒有靈應云 余大恠之 以爲齊東荒唐之說 考見三國史文武王紀 有曰 羣臣以遺命 葬東海口大石上 俗傳王化爲龍 仍指其石爲大王石云 國史乃是信書 不可謂誣 而至於化龍一事 稱以俗傳 蓋諱之 不欲質言也……後三十六年 土人耕田 忽得古碑於野中 卽文武王碑 而大舍臣韓訥儒所書也 其文剝落無序 而有曰 赤烏呈災 黃熊表異 俄隨風燭 貴道賤身 葬以積薪 碎骨鯨津等句 明是火化水葬之語 不可謂國史之誣也 噫其恠矣 聊識碑刻之後 以示博物君子."

위에 언급한 기록들 ― 洪良浩는 利見臺와 大王岩에 대하여 조금 착오를 하고 있는 듯하다 ― 이 아니더라도 옛날부터 그 지역에는 大王岩이 文武王의 무덤이라는 사실은 일찍부터 알려져 왔다. 실제로 1967년 5월 한국일보 주관의 新羅五岳調査團의 발굴 결과에 따르면 文武王의 遺骸가 안장되었다고도 했다. 그러나 이러한 주장에 대해서 "이것은 사실이 아닐 뿐만 아니라 일종의 사기극 같은 것이었다. 알고 있는 사람은 다 알고 있는 사실을 과대포장해서 마치 새로운 사실을 발견한 양 매스컴을 휩쓸었던 것이다."42)라고 하는 비난에 가까운 비판적인 입장들 때문에 사태의 본질이 상당히 흐려지고 文武王 무덤의 所在 문제도 희석된 듯하다.

결론부터 말하면 大王岩에 어떤 副葬品이 실제로 있는지 없는지는 차치하고서라도 大王岩은 文武王의 무덤이라고 보아야 한다. 이 점은 다음과 같이 설명된다. 즉 지하 돌봇도랑

그림 6.3 大王岩
(사적 158호. 朝天石에 해당되는 곳이고, 좁혀 말하면 물속에 가로 눕혀져 있는 돌이 朝天石이라고 할 수 있다. 大王岩은 바닷가에서 200m 정도 떨어져 있다)

42) 유홍준, 『나의 문화유산답사기』(1), 창작과비평, 1993, 161쪽.

그림 6.4 感恩寺 金堂터 아래 설치되었던 地下 돌봇도랑

그림 6.5 復元된 利見臺
(왼쪽으로 멀리 大王岩이 보인다. 그러나 실제 利見臺는 그곳에서 조금 떨어진 대본초등학교 뒷산에 있는 넓은 터라는 주장도 있다)

을 완성하여 大王岩과 연결시키는 것은 해의 운행을 地上에 구현하는 일이다. 따라서 지하 돌봇도랑이 완성되면서 文武王의 散骨은 여러 기록들이 전하는

대로 大王岩 위에 뿌려졌을 것으로 보인다. 아마도 文武王의 散骨을 大王岩에 뿌리는 일은 狼山에서 屍身을 태우는 것으로 시작된 文武王 葬禮式의 마지막 절차였을 것이다. 이러한 葬禮風俗은 쉽게 그 흔적을 찾기 어려운 까닭에 "신라인은 전래의 그 어떤 장의풍속과도 맥이 닿지 않는 희유한 장법을 고안한 것이다."[43]라는 무리한 주장을 펼치기도 한다. 三國統一을 이룩한 위대한 왕의 葬禮式이 아무런 葬禮風俗的 근거도 없이 거행되었다는 것은 절대로 있을 수 없다. 大王岩이 文武王의 무덤이냐 아니냐에 대한 해답은 '朝天石의 本質과 由來'가 밝혀져야만 가능하다.

3. 朝天石의 本質과 由來

朝天石은 앞서 살펴보았듯이 크게 두 가지 기능을 가지고 있었다. 즉 하나는 (東明王의 경우처럼) 해의 神이 하늘로 올라가는 마지막 순간에 밟고 올라가는 지점, 다른 하나는 (제주도의 朝天石이나 文武王의 大王岩처럼 祈雨祭 등을 지내는) 祭壇으로 활용되었다.

여기서 특히 해의 神이 하늘로 올라가는 마지막 순간에 밟고 올라가는 지점이라는 말을 다시 한 번 살펴보자. 앞서 언급했듯이 東明王이 땅밑에 있는 麒麟窟 속을 지나가다가 朝天石으로 나와 하늘로 올라간다는 것은 해가 저녁에 사라진 뒤부터 아침에 떠오르는 때까지에 대한 神話的 표현이라고 했다. 그렇다면 朝天石은 해가 떠오르는 곳을 가리키는 지점임을 알 수 있다. 따라서 죽은 사람의 散骨을 朝天石에 뿌린다는 것에는 죽은 사람이 곧 東明王처럼 해의 운행 질서 속에 들어감으로써 永生한다는 死生觀이 담겨 있다는 것을 알 수 있다. 문제는 해가 물속에 솟아 있는 바위에서 떠오르는 것으로 인식하는 天文學的 體系는 어디서 오는 것이며, 해가 떠오르는 지점을 永生의 장소로

---

43) 성낙주, 앞의 책, 2008, 190쪽.

여긴 死生觀의 淵源을 어디서 찾아야 하는가 하는 점일 것이다. 아마도 이 점은 文明의 傳播論에 입각해서 풀어야만 할 것 같다.

> 여기서 우리는 (섬나라인 中東의) 바레인에서 가장 진기한 것과 마주쳤다. 그것을 조사하는 것이 우리가 그 섬을 찾아간 진짜 목적이었다. 그것은 대추야자숲 가장자리에 있는 아알리(Ali) 마을을 정점으로 하여 드넓은 바다처럼 펼쳐져 있는 무덤들이었다. …… 이것은 바레인에서 가장 중요하고 가장 난해한 수수께끼다. 수십만 기의 무덤들이 드넓은 지역을 차지하고 있다. 지상 어디에도 이런 공동묘지는 없다. 고대 이집트에도 없다. …… 이 놀라운 무덤들은 언제 만들어졌을까? …… 지난 수백 년 동안 이루어진 고고학적 연구 결과를 보면, 바레인이 수메르 시대에 신성한 땅으로 선정되어 있었던 것은 분명하다. 그렇지 않다면, 그렇게 작은 섬에 그렇게 엄청한 수의 무덤이 있는 것을 어떻게 설명할 수 있겠는가? 바레인은 죽은 자들의 대도시다. 이곳에 있는 것으로 추정되는 무덤의 수는 꾸준히 증가하여 지금은 무려 25만 기에 이르렀다. …… 고고학자와 사학자들이 처음에 내린 결론은 바레인 섬이 수메르인들의 신성한 묘지 — 노르웨이와 그리스전설에 나오는 발할라나 극락섬 같은 곳 — 였다는 것이다. 유복한 수메르 귀족들은 '축복받은 자들의 안식처'에 살고 있는 신들에게 좀더 가까이 가기 위해 바레인 섬에 묻히기를 원한 것 같았다. 이 죽은 자들의 섬은 고대의 숱한 문헌에 언급되어 있는 실제 섬이었다. 수메르인들은 이 섬을 '니투크(Ni-Tuk)'라고 불렀지만, 셈어 지명인 '딜문(Dilmun)'으로 더 알려져 있다. 고대 문헌을 보면 옛사람들은 딜문이 죽음을 초월한 영원한 행복을 주는 곳이라고 생각했던 게 분명하다. 따라서 딜문에 묻히는 것은 평생 동안 신들을 섬긴 사람에게 주는 최대의 보상으로 여겨졌을 것이다.[44]

간단히 요약하면 바레인은 오랜 옛날부터 '딜문(Dilmun)'으로 불렸다는 말이다. 그렇다면 딜문은 실제로 어떤 곳인가? 이 글을 쓴 데이비드 롤은 딜문에

---

44) 김석희 옮김, 『문명의 창세기』, 해냄, 1999, 369~371쪽 발췌 인용.

대하여 설명하기 위해 고대 수메르學의 碩學인 노어 크레이머(Noah Kramer)가 번역한 길가메시 敍事詩의 일부를 다음과 같이 인용하고 있다.

> 지우수드라 왕은 아누와 엔릴 앞에 엎드렸다. 아누와 엔릴은 지우수드라를 귀여워했다. 그들은 그에게 신과 같은 생명을 주었다. 그들은 영원한 숨을 그에게 내려 보냈다. 그들은 지우수드라 왕, 즉 식물의 이름과 인류의 씨앗을 보존하는 자를 딜문의 땅, 즉 해 뜨는 곳에서 살게 했다.[45)]

그는 계속해서 코란의 일부도 인용하고 있다.

> 모세가 종에게 말하는 것을 보라. "나는 설령 몇 년이 걸리더라도 두 바다가 만나는 곳에 이를 때까지 여행을 멈추지 않을 것이다." 하지만 두 바다가 만나는 곳에 이르자 그들은 잡은 물고기를 깜박 잊어버렸고, 그 틈에 물고기는 비밀 통로를 통해 바다 속으로 사라져 버리고 말았다. (『코란』 18:60-61)[46)]

또한 데이비드 롤은 "모세가 정처 없이 떠난 목적은 페르시아 만에 있는 바레인 섬에 가기 위해서라는 것이다."라는 마이클 라이스(Michael Rice)의 글을 인용하면서 딜문이 생명의 땅으로서 바레인을 가리킨다고 주장했다.[47)] 다만 그는 여기 나오는 비밀 통로가 무엇인지 분명하지 않다면서 분석을 회피하고 있는데, 이 비밀 통로는 우리의 麒麟窟이나 感恩寺터의 돌봊도랑에 해당하는 것으로 보인다.

한마디로 이라크 지역인 과거 메소포타미아에는 딜문을 해뜨는 곳이자 생명의 땅으로 부른 神話的 體系가 존재했다는 말이다. 왜 古代 메소포타미

---

45) 김석희 옮김, 위의 책, 1999, 380쪽.

46) 김석희 옮김, 위의 책, 1999, 363쪽.

47) 김석희 옮김, 위의 책, 1999, 363~365쪽 발췌 인용.

아 지역 사람들은 바레인 섬을 딜문이라고 부르면서 "해가 뜨는 곳"이라거나 "永生의 땅"으로 여긴 것일까? 이에 대한 해답으로 데이비드 롤은 다음과 같은 바레인의 지형적 특징을 들어서 다시 설명한다.

> '바레인'이 무슨 뜻일까? '바르(Bahr)'는 '물' 또는 '물이 모여 있는 곳' — 호수, 연못, 강, 바다 — 을 가리키는 아랍어다. …… 현대 아랍어에는 명사를 복수형으로 바꾸어주는 '양수(兩數) 어미'가 있다. 예를 들어 '물'을 뜻하는 'Bahr'에 'ein'이나 'ain'이라는 양수 어미를 붙인 'Bahrain'은 '두 물'을 뜻한다. 그러면 왜 바레인은 '두 물'이라고 불릴까? 그 이유는 이 섬의 북쪽 앞바다에서 일어나는 놀랄 만한 자연 현상 때문이다. 무하라크(옛이름 아라드) 섬 맞은편에 있는 이 수역에는 당연히 페르시아 만의 짠 바닷물이 흐르지만, 그곳까지 배를 저어가서 바다 밑바닥까지 잠수하면 소금기가 전혀 없는 단물을 받아올 수 있다. 옛날에는 바레인 섬 북해안에 있는 바르바르 신전 유적 맞은편에서도 똑같은 일을 할 수 있었지만, 간척사업이 이 기적에 종지부를 찍고 말았다. 바다 밑바닥에는 용출구가 있어서, 거대한 지하수층의 물이 그 구멍을 통해 지표면으로 보글보글 솟아오른다. 바레인 섬이 '바레인'이라는 이름을 얻은 것은 이 놀랄 만한 현상 때문이다. 바레인은 짠물과 단물 — 두 물 — 이 만나는 곳이다.[48)]

그러나 바레인이 짠물과 단물이 만나는 곳이라고 해서 바레인이 곧 딜문, 즉 해뜨는 곳이 될 수는 없다. 데이비드 롤은 이 점에 대해서 역시 정확한 언급을 회피하고 있는데,[49)] 이를 증명하기 위해서는 古代天文學的 宇宙觀의 일부를 끌어들여야 한다.

---

48) 김석희 옮김, 위의 책, 1999, 359쪽~360쪽 발췌 인용.

49) 현재 딜문의 所在에 대해서는 노어 크레이머가 주장하는 이란의 우르미아 호수 쪽과 피터 브루스 콘웰(Peter Bruce Cornwell)이 주장하는 바레인 지역으로 보는 두 입장이 상존한다. 이 점에 대해서는 데이비드 롤의 위의 책(379~388쪽)에서 자세히 언급하고 있다.

밀레투스 출신인 탈레스(Thales, B.C. 624 ~ 547)는 사방에 보이는 지평선의 형태로부터 지구가 물로 둘러싸인 납작한 원판형이라는 결론을 내렸다. 지구가 물 위에 떠 있는 이유는 땅속에서 지하수가 솟기 때문이며, 수시로 내리는 비를 설명하려면 하늘도 물로 가득 차 있어야 했다.[50)]

地球가 물 위에 떠 있다는 것은 東洋의 경우에도 B.C. 100년 무렵에 만들어진 것으로 알려진 混天說 등에서 마찬가지로 설명한다.[51)] 결국 地球가 물 위에 떠 있다는 宇宙觀에서 보면, 당연히 古代人들은 지평선 아래로 내려간 해가 밤새 땅 밑을 지나가다가 아침에 바다에서 떠오른다고 생각을 했을 것이다. 이렇게 볼 때 바레인은 섬이면서, 그 섬의 바다 속에는 민물이 솟아나기 때문에 古代 메소포타미아 지역 사람들은 바레인을 해가 뜨는 곳, 즉 딜문으로 여긴 것으로 보인다. 따라서 그곳에다가 죽은 사람들을 묻는다는 것은 죽은 사람이 해가 되어 날마다 해의 운행을 반복하는 일과 동일하게 생각했을 것이다. 바레인에 25만 基가 넘는 엄청난 무덤이 있는 것은 이렇게 해서 설명해낼 수 있다.

결국 朝天石은 古代 메소포타미아 지역에 존재했던 神話的 體系에 따라서 해 뜨는 곳으로 여겨진 딜문이 고구려 지역으로 건너오면서 변형된 형태—바다와 섬의 관계가 강물과 강물 위로 솟은 바위의 관계로 바뀐 것—라는 결론을 내릴 수 있다.[52)] 다만 平壤城에 있는 朝天石은 민물이 흐르는 大同江에 있기

50) 박병철 옮김, 『별을 향한 길』, 영림카디널, 1999, 278 ~ 279쪽.

51) Hugh Thurston, *Early Astronomy*, New York, Springer-Verlag, 1994, pp. 90 ~ 91.

52) 그러나 고대 이집트 신화에서 이시스는 오시리스의 葬禮式을 치룬 뒤에 나일 강의 상류에 있는 河中島인 필레(Philae) 섬에 매장했다고 하고 그곳에는 커다란 이시스 신전이 있었다. 그러나 20세기 초반에 아스완 댐이 건설되면서 필레 섬에 있던 이시스 신전은 조금 북쪽에 있는 河中島인 아길카(Agilka)로 옮겨졌다. 필레 섬은 河中島라는 점에서 大王岩의 경우보다 朝天石과 좀더 유사하다. 이런 점에서 보면, 고구려 지역으로 넘어오면서 바다에서 江으로 바뀐 것은 아닌 듯하다.

때문에 두 물이 만나는 곳이라고 할 수는 없다. 朝天石은 高句麗 당시에 이미 자연적 현상과 별개로 天文學的 槪念이나 神話的 槪念으로만 기능했다고 보아야 할 것 같다.53)

그림 6.7 바레인 아알리 마을에 있는 공동묘지의 모습

4. 숙제로 남는 문제들

한 연구자는 麒麟窟神話에 나오는 구조물 가운데 朝天石에 관련된 구조물들의 또 다른 흔적들로서 "함창 말굴, 용인 장수굴, 서울 청운동 말빠진 골, 驪興閔氏의 조상이 태어났다는 여주 여강가에 있는 馬巖, 제주도의 三姓穴 등을 모두 동일한 범주에 놓고 그 의미를 추적하고 있다."54) 그러나 그밖에도 부여 白馬江에 있는 釣龍臺, 진주 矗石樓 아래에 있는 義巖(壬辰倭亂 이전

53) 大王岩은 바닷물 속에 잠겨 있기 때문에 湧出水의 존재를 想定해 볼 수는 있다. 물론 湧出水의 有無는 별개의 문제이다.

54) 강경구, 앞의 책, 2001, 273쪽 발췌 인용.

에는 오뚝 솟아 있다고 해서 危巖이라고 불렀음), 요즘 廣開土大王陵이라고 알려지고 있는 강원도 고성 앞바다의 金龜島(거북섬) 등 역시 같은 맥락에서 분석할 필요가 있다.

더 나아가 제주도 북쪽 朝天面 앞바다에 세워져 있는 戀北亭에는 원래 朝天石이 있었다는 이야기, 秦始皇이 徐市에게 명령하여 童男童女 3천명을 거느리고 제주도로 가서 不老草를 캐오도록 했다는 이야기, 西歸浦라는 地名은 徐市이 西歸浦까지 왔다가 돌아간 일에서 유래했다는 이야기, 正方瀑布 바위에 徐市이 '徐市過此'라는 石刻을 남겼다는 이야기 등 역시 그 사실성 여부는 별개로 하더라도 朝天石과 관련하여 만들어진 이야기들로 보인다. 왜냐하면 실제로 제주도는 바다에서 湧出水가 나오는 火山 지역이어서 섬 전체를 하나의 朝天石으로 볼 수 있기 때문이다.

반면에 이 글에서는 麒麟窟의 완전한 모습이 어떻게 생겼는지는 제대로 밝혀낼 수 없었다. 唐나라 때 張楚金이 지은 『翰苑』에 보면 高句麗에 있었던 동굴에 대한 기록이 있는데, 여기 나오는 馬多山의 동굴 역시 麒麟窟의 또 다른 모습으로 볼 수 있을 듯하다.[55]

> 高麗記에 이르기를, 馬多山은 나라의 북쪽에 있다. 高麗에서 이 산이 가장 크다. 30리 사이로 오직 말 한필만 통과할 수 있는데 구름과 안개가 자욱히 끼어 있어 온종일 흐리다. 이 산에는 인삼, 自附子, 防風, 細辛 등이 자란다. 산속에는 남북으로 길이 나 있고 길의 동쪽에는 石壁이 있는데 그 높이가 수 仞이 된다. 그 아래로 石室이 있는데 거의 천 명을 수용할 수 있다. 石室 안에는 두 개의 동굴이 있는데 깊이를 헤아릴 수 없다. 이곳의 長老들이 서로 전하여 하는 말이 "高麗의 先祖인 朱蒙이 이곳에 이르렀을 때 처음에는 아직 말이

55) 朱蒙이 夫餘에서 탈출하여 온 곳이라면 여기서 馬多山이란 현재 五女山城이나 혹은 고구려의 隧神祭와 관련된 것으로 알려진 隧穴(이른바 國東大穴)이 있는 산을 가리킬 가능성이 있다. 어떤 경우에도 平壤城말고도 麒麟窟이 또 다른 곳에 있을 가능성은 열어두는 것이 좋을 듯하다.

> 없었다. (그러다가) 이 산을 지나다가 홀연 수많은 말이 동굴 속에서 나오는 것을 봤는데 몸이 작고 얼굴이 추했다. 그래서 馬多山이라고 부른다."[56]

이러한 기록을 통해 볼 때 麒麟窟 역시 하나가 아니라 한 쌍으로 이루어져 있을 가능성이 크다. 本稿는 이 점에 대해서는 전혀 분석하지 못했다. 아마도 麒麟窟 등의 모습을 완벽하게 復元해내기 위해서는 크게 두 가지 방향으로 접근할 수 있을 듯하다.

하나는 麒麟窟 등이 해가 다니는 黃道의 일부를 지상에 具顯한 구조물이라면, 그 구조물들을 실제 밤하늘의 黃道 등에 배치되어 있는 별자리들에 대응시켜서 그 구조물들의 형태를 추정해 볼 수 있을 것이다. 이때 麒麟窟神話가 바탕을 둔 天文學的 由來가 古代 메소포타미아 지역에서 비롯되었다면, 黃道 등에 배치된 별자리들의 위치나 형태를 추정하기 위해서는 古代 메소포타미아에서 만들어진 서양 별자리를 하나의 기준으로 활용할 수도 있을 것이다. 다른 하나는 麒麟窟神話의 天文學 體系가 高句麗, 新羅 등뿐만 아니라 日本으로 흘러들어갔을 가능성을 타진하면서 日本에 現存하는 구조물들을 추적해 보는 방법이 있을 수 있다(앞서 살펴보았듯이 日本의 해의 神인 아마테라스 오호미카미는 아메노이하야(天岩屋)로 들어갔다가 나왔다고 했다).[57] 그러나 이에 대한 분석은 또 다른 새로운 연구가 필요한 분야이기 때문에 이 책에서는 다루지 않았다.

---

56) 張楚金, 『翰苑』, 「高麗」(竹內理三 校訂·解說, 太宰府天滿宮文化硏究所, 1977), "高驪記曰 馬多山在國北 高驪之中 此山生人參自附子防風細辛 山中有南北路 路東有石壁 其高數仞 下有石室 可容千人 室中有二穴 莫測深淺 夷人長老相傳云 高驪先祖朱蒙 從夫餘至此 初未有馬 行至此山 忽見群馬出穴 形小面醜 因号馬多山也."

57) 필자가 답사해 본 바로는 日本의 구마모토(熊本) 서북쪽 기쿠지가와(菊池川)나 히로시마(廣島) 아키츠쬬(安芸津町) 등에 있는 돈카라링(トンカラリン)은 그 位置 등으로 보아 麒麟窟神話의 天文學 體系를 받아들여 만들어진 麒麟窟임이 분명하다.

7章
맺음말

밤하늘에는 *'黃道와 銀河水의 交叉點(the intersection of the ecliptic and the galaxy)'*이 딱 두 군데가 있다. 하나는 사수자리(南斗六星)와 전갈자리 등이 있는 곳이고, 다른 하나는 황소자리, 마차부자리, 쌍둥이자리 등이 있는 곳이다. 황소자리 등이 있는 곳은 바로 柳花가 앉아 있던 돌이 있는 지역이기도 하다. 대개 隧神祭가 벌어질 무렵인 음력 10월 일몰 직후가 되면, 남서쪽 지평선 위에는 은하수에 잠긴 별자리인 사수자리와 전갈자리 쪽에 있는 黃道와 은하수의 교차점이 걸리고, 2～3시간 쯤 지나면 북동쪽 하늘로 역시 은하수에 잠긴 별자리들인 쌍둥이자리, 마차부자리, 황소자리 쪽에 있는 黃道와 은하수의 교차점이 나타난다. 일몰 직후를 기준으로 했을 때 隧神祭 무렵은 하루 사이에 두 교차점을 큰 시간적 차이 없이 동시에 볼 수 있는 유일한 시기라는 것을 알 수 있다.

일찍이 古代 메소포타미아에서는 "B.C. 2,000년 무렵 탐무즈의 달인 6월[1])이 되면 일출 직전에 오리온자리의 벨트가 보이기 시작했고 탐무즈는 칼데아 사람들에게 오리온자리로 알려져 있었다."[2]) 따라서 夏至에 한 달쯤 앞서서 벌어진 탐무즈(Tammuz)의 復活 祝祭를 알려주는 별자리가 오리온자리였다는 것을 알 수 있다.[3]) 실제로 古代 메소포타미아 지역에 해당되는 이라크의 바그다드 정도를 관측 장소로 하고 B.C. 2000년 탐무즈의 부활 축제가 벌어졌던 6월 무렵 일출 직전을 天文 프로그램으로 시뮬레이션해 보면, 黃道와 은하수가 교차하는 두 지역을 역시 큰 시간 차이 없이 동시에 볼 수 있다. 즉 일출 직전보다 조금 전에 서쪽 하늘 지평선에서 사수자리 쪽에 있는 黃道와 은하수의 교차점이 떠 있고, 일출 직전이 되면 쌍둥이자리 쪽에 있는 黃道와 은하수

---

1) 그 당시 "1월인 니산(Nisan)의 달은 春分보다 한 달 쯤 일렀다."(Emmeline M. Plunket, *Ibid.*, p 12).

2) William Tyler Olcott, *Star Lore of All Ages*, New York and London, Knickerbocker Press, 1911, p 278.

3) 이 무렵 夏至點은 오리온자리보다 한 달 쯤 뒤에 떠오르는 사자자리의 앞다리 가까이에 위치했다.

의 교차점이 해보다 먼저 떠오른다.4)

이러한 은하수의 움직임에 대한 분석 결과로 볼 때 주몽신화의 天文學 體系와 古代 메소포타미아 지역의 天文學 體系는 모두 해와 달이 출몰하는 지점으로 인식한 黃道와 은하수의 교차점을 설정하고 이곳을 門이나 돌로 여기는 天文觀을 바탕으로 하고 있다는 것을 알 수 있다. 실제로 "古代 페르시아 지역에 있었던 메디아의 曆法은 B.C. 4000 ~ B.C. 2000년 사이에 만들어졌는데 이때 春分點은 오리온자리에서 멀지 않은 황소자리 부근에 있었고, 메디아에서는 春分點을 한 해의 출발점으로 하는 새해 축제인 노우루스(Nowroose) 축제가 거행되었다. 그리고 그에 따른 황소 기념물도 남아 있다."5)고 한다. 이는 黃道의 은하수의 교차점 가운데 황소자리 등이 있는 쪽을 한 해의 출발점으로 삼았다는 분명한 증거이다. 이러한 사실은 주몽신화에 나오는 별자리들이 기본적으로 古代 메소포타미아 지역에서 비롯되는 서양 별자리를 닮았다는 것으로 알 수 있었듯이 주몽신화의 천문학 體系가 古代 메소포타미아 지역으로부터 건너왔다는 좀더 根源的인 증거로 삼을 수 있다.

그렇다면, 古代 메소포타미아의 天文學 體系에서 해와 달이 出沒하는 두 개의 門, 즉 이른바 해와 달이 出沒하는 두 개의 게구멍을 地上의 어디에 마련했는지에 대한 의뮤이 생긴다. 이것은 바로 메소포타미아 지역에서 古來로부터 生命의 땅이요, 해 뜨는 곳 등으로 불렀던 딜문(Dilmun)의 所在 문제이다.

딜문의 所在에 대해서는 "今世紀 수메르學의 最高權威者인 사무엘 노어 크라머(Samuel Noah Kramer)가 수메르의 문학작품들을 대상으로 연구한 결

4) 黃道와 은하수가 교차하는 지점 자체는 변하지 않는데, 고구려와 古代 바빌로니아 지역에서 일몰 직후 혹은 일출 직전에 黃道와 은하수가 교차하는 지점을 볼 수 있는 시기가 다른 것은 다음과 같은 이유이다. 즉 고구려 지역의 경우 B.C. 100년 夏至 무렵 일출 직전이나 일몰 직후를 관측하면 黃道와 은하수의 두 교차점은 숨바꼭질하듯이 하나의 교차점이 나타나면 또 하나의 교차점은 숨는다. 그 이유는 歲次運動 때문에 고구려 시대에는 夏至點이 옮겨갔기 때문이다. 따라서 隧神祭는 黃道와 은하수의 두 교차점이 일몰 직후에 나타나는 음력 10월에 거행할 수밖에 없었다는 것을 알 수 있다.

5) Emmeline M. Plunket, *Ibid.,* pp. 70 ~ 85.

과 페르시아 南西部 地域으로 比定한 반면, 美國의 考古學者 피터 브루스 콘웰(Peter Bruce Cornwall)은 1964년 『美國 오리엔트學會會報』 10月號에 발표한 자신의 論文에서 歷史的, 商業的 文獻, 書簡文, 占星術 文獻 등의 歷史資料를 활용하여 딜문은 歷史에 분명히 존재했던 곳으로 지금의 아라비아半島의 섬나라인 바레인(Bahrain)을 가리킨다고 증명해냄으로써 딜문의 位置에 대한 논쟁은 콘웰의 최종 승리로 끝났다."[6]

그러나 데이비드 롤은 두 사람의 견해를 모두 받아들이는 折衷的인 입장에 서서 "山岳地帶에 살던 수메르사람들이 平地로 내려올 때 地名도 함께 가져오면서 딜문도 둘이 생긴 것으로 추정하고 이 문제를 '先史時代의 딜문'과 '歷史時代의 딜문'으로 보아야 한다는 자기 나름의 結論을 내렸다. 즉 生命의 땅인 딜문은 우선 현재 이란 자그로스(Zagros) 山脈 너머라고 하면서 조로아스터(Zoroaster)教를 創始한 조로아스터의 出生地로 알려진 타흐트-에 슐레이만(Takht-e Suleiman)[7]에 있는 湧泉水 연못이 바로 옛날 수메르 사람들이 생각했던 거대한 민물바다가 펼쳐지는 입구로서 그들은 이곳에 땅의 主人인 엔키(Enki)가 물로 된 어둠의 집을 짓고 산다고 믿었다는 것이다. 그런 한편 그가 에덴동산으로 比定한 아드지 차이(Adji Chai) 江 — 과거엔 메이단 차이(Meidan Chai) — 에서 가까이 있는 사한드(Sahand) 山(一名 聖杯의 山) 꼭대기에 있는 噴火口의 심연 — 이곳 역시 湧泉水가 있는 곳으로 그 물줄기는 바로 그가 에덴동산으로 比定한 아드지 차이 江으로 흘러서 유프라테스(Euphrates) 江과 티그리스(Tigiris) 江의 發源地인 우르미아(Urmia) 湖水로 들어감 — 을 또 하나의 타흐트-에 슐레이만이라고 하면서 「엔메르카르와 아라타의 지배자」에서 말한 '눈부시게 빛나는 山'이 바로 이곳이라고 했다. 그리하여 이 골짜기를 딜문으로 比定하였다. 반면에 그는 또 하나의 딜문으로 바레인을 들면서, 두 물이 만나는 곳이라는 뜻을 지닌 바레인(Bahrain) —

6) 데이비드 롤, 김석희 옮김, 앞의 책, 355~393쪽 참조 요약.

7) '솔로몬의 玉座(the Throne of Solomon)'라는 뜻을 가지고 있다.

Bahr는 물의 뜻이고, ain은 兩數를 만드는 語尾라고 함 ― 이라는 말은 바레인 북쪽 앞바다에서 벌어지는 놀랄 만한 自然現象, 즉 '바다 밑바닥에서 솟아오르는 단물인 湧泉水가 페르시아灣의 짠물과 합쳐지는 일이 벌어지는 곳' ― 이른바 두 바다가 만나는 곳(아랍語로 majma el-bahrani) ― 에서 연유한다고 했다. 그리하여 바레인에는 그 섬의 크기에 비해 어머어마한 많은 共同墓地들 ― 알리(Ali) 마을이나 사르(Sar) 마을 등지 ― 이 남아 있는 것 역시 이곳이 生命水인 湧泉水가 흐르는 곳으로서 죽은 者들이 靈魂을 되찾는 地上의 樂園으로 여겨졌기 때문이라고 판단하였다."8)

그러나 데이비드 롤은 두 개의 딜문을 절충적으로 받아들일 뿐 두 개의 딜문이 어떻게 다른지는 더 이상 언급하지 않았다. 결국 지금까지 黃道와 은하수의 교차점에 따른 천문학 체계에 따를 때 타흐트-에 슐레이만 ― 둘 가운데 어느 곳이든 상관 없이 ― 은 해가 지는 곳으로서 사수자리 쪽에 있는 黃道와 은하수의 교차점을 地上에 마련한 곳이고, 바레인은 해가 뜨는 곳으로서 쌍둥이자리 쪽에 있는 黃道와 은하수의 교차점을 地上에 마련한 곳이라고 보아야 한다. 왜냐하면 탐무즈 축제 무렵의 아침에 해는 쌍둥이자리 부근에 있는 이른바 게구멍에서 떠오르는데, 地下로 내려간 해는 다시 地下에서 떠오르니 당연히 地帶가 낮은 바다 속에서 떠올라야 하고, 저녁에는 가장 먼저 해가 지는 곳이 山岳이기 때문에 당연히 해는 山 속으로 지기 때문이나. 그러므로 해는 날마다 타흐트-에 슐레이만으로 들어가서 땅 속을 지나가다가 바레인으로 떠오르는 것이다(물론 달은 초승달일 때만 타흐트-에 슐레이만 쪽으로 뜨고, 보름달은 바레인 쪽에서 뜬다).

말할 것도 없이 타흐트-에 슐레이만과 멀리 떨어져 있는 바레인이 하나로 연결될 수 있는 이유는 두 지역이 아무리 멀리 떨어져 있어도 地下에서 솟아오르는 湧泉水로 서로 통한다고 생각했을 것 ― 그리스의 哲學者 탈레스는 지구가 물에 떠 있는 것은 땅속에서 地下水가 솟기 때문이라고 했음 ― 이기 때

8) 데이비드 롤, 앞의 책, 127~174쪽 참조, 355~393쪽 참조 요약.

문일 것이다. 이렇게 해가 들어가는 게구멍으로 山 속에 湧泉水가 나오는 하나의 연못을 지정하고, 바다 속에서 湧泉水가 나오는 장소 — 하늘과 땅을 동일시하는 相應의 원리에 따라 '물'과 '바레인'의 관계는 바로 '은하수'와 '은하수에 잠긴 쌍둥이자리 부근에 있는 게구멍'의 관계와 같다 — 를 또 하나의 게구멍으로 마련하면, 메소포타미아 지역의 宇宙觀은 완벽한 형태를 地上에 갖출 수 있는 것이다. 아마도 두 곳은 모두 生命의 湧泉水가 나온다는 점에서 모두 딜문일 뿐인데 오랜 歲月의 흐름에 따라 古代 바빌로니아의 天文學 體系가 그 지방의 宗敎的 信仰體系 속에 녹아들고, 그 信仰體系들이 死後의 來世를 중시하는 宗敎로 발달하면서 山 속의 딜문이 차츰 잊혀지게 된 것 같다.[9)]

조심스러운 판단이지만, 일찍이 "古代 중국에서 1년을 春秋로만 나눈 것도 이러한 天文觀 때문이 아닌가 한다. 즉 중국의 商代에만 해도 1年을 春秋로만 나누었고, 西周(B.C. 11세기 ~ B.C. 771) 末年에 이르러 봄 앞에 겨울이 추가되고 가을 앞에 여름이 추가되어 冬春夏秋의 순서를 만들었다."[10)] 1年을 봄과 가을로만 나눌 수 있는 객관적이고 엄밀한 기준 역시 黃道와 은하수가 교차하는 두 지역에 대한 天文學的 認識을 바탕으로 하고 있다고 보아야 할 것 같다. 이러한 天文學的 바탕의 흔적이 바로 『莊子』의 첫 구절이기도 한 「逍遙遊」篇의 이야기가 아닌가 싶다.

> 北冥에 고기가 있다. 이름이 鯤이다. 鯤의 크기는 몇 천리가 되는지 알 수 없다. 변하면 새가 되니, 그 이름이 鵬이다. 鵬의 등짝은 몇 천리가 되는지 알 수 없다. 노하여 날아갈 때 그 날개는 하늘의 구름에 드리운다. 이 새는 바다가 움직이면 바야흐로 南冥으로 날아가니 南冥은 天池이다. …… 9만리를 위로 올라간 뒤에 여섯 달을 간 뒤에야 쉰다.[11)]

9) 필자는 이런 문제에는 전혀 門外漢이지만, 아마도 딜문의 무게 중심이 山속에 있는 딜문에서 바닷가에 있는 딜문으로 옮겨가는 過程은 이 지역에서 생겨난 여러 宗敎의 發達過程과 根源的으로 맞물려 있는 문제가 아닌가 한다.

10) 許進雄 지음, 洪熹 옮김, 『중국고대사회』, 東文選, 1991, 567쪽 참조.

즉 여기서 "鵬은 鳳의 古字"이고[12], "鳳은 원래 凰이요, 凰은 皇이다. 여기서 생겨난 말이 皇鳥로서 太陽鳥를 말하는데, 漢代 이후로 둘이 섞여서 하나가 되었다. 태양은 새와 마찬가지로 매일 쉬지 않고 운행하고 있으므로 古代人은 그것을 생명이 있는 신령스러운 새로 보았다."[13]고 했다. 또 해가 물속에서 鯤이라는 물고기로 있어야 하는 것은 해는 저녁에 게구멍으로 들어가면 밤새 물로 이루어진 땅밑(冥은 地下世界를 가리키는 말이다)을 돌아다녀야 하기 때문이고, 鯤이 鵬으로 바뀌어야 하는 것은 다음날 아침에 해는 게구멍으로 빠져나와 하늘로 돌아다녀야 하기 때문일 것이다. 그리고 鵬이 노하여 여섯 달을 날아간 뒤에 그친다는 것은 1년을 春秋로 나누었다는 명백한 증거이다. 한마디로 北冥은 해가 뜨는 물바다요, 南冥은 해가 지는 물바다라고 할 수 있다(앞서 중국의 천문학에서는 五車星(마차부자리) 안에 해가 지는 곳인 咸池가 있다고 했다.).

이제 이런 분석 결과를 가지고 隧神祭가 벌어질 무렵의 밤하늘을 상상해 보자(그림 7.1 참고). 남서쪽으로 黃道와 지평선이 만나는 곳에 하얀 은하수의 한줄기가 세로로 걸려 있고, 북동쪽으로 黃道와 지평선이 만나는 곳에 역시 하얀 은하수의 또 한줄기가 세로로 걸려 있다. 이때 백조자리가 잠긴 은하수 지역은 天頂에 높이 걸려 있다. 그리고 은하수의 두 끝은 두 개의 게구멍으로 연결되고, 그렇게 연결된 은하수는 다시 지하세계에 있는 물의 세계와 연결됨으로써 완벽하게 땅과 하늘은 거대한 물의 띠를 이루게 된다. 이것이 바로 가장 原型的인 형태의 隧神祭가 거행되는 날 밤하늘의 모습이요, 모든 天祭가 높은 山(해가 지는 딜문이 있는 곳)에서 거행되는 실제적인 근거가 아닌가 한다.[14]

---

11) 北冥有魚 其名爲鯤 鯤之大不知其幾千里也 化而爲鳥 其名爲鵬 鵬之背 不知其幾千里也 怒而飛 其翼若垂天之雲 是鳥也 海運則將徙於南冥 南冥者天池也 …… 九萬里 去以六月息者也.

12) 『說文解字』: 鵬即古鳳字.

13) 何新, 洪熹 옮김, 『神의 起源』, 東文選, 1990, 106~107쪽 참조 인용.

그러나 지금까지 드러난 이러한 주몽신화의 天文觀이 古代 메소포타미아 지역의 천문 체계와 주몽신화의 천문 체계의 관련성만 설명해낸다면, 주몽신화의 天文觀은 여전히 보편적이라고 할 수 없을 뿐만 아니라 지금까지의 주몽신화 해석 역시 매우 제한적일 수 있다. 우리의 古代神話 가운데 黃道와 은하수의 교차점에 바탕을 두고 만들어진 또 하나의 古代神話를 찾아내야 하는 문제를 비껴 갈 수 없는 것은 이 때문이다.

이러한 점에서 우리는 주몽신화보다 먼저 만들어진 것으로 추정되는 檀君神話를 주목할 필요가 있다. 특히 檀君神話에서 주몽신화와 마찬가지로 黃道와 은하수의 교차점과 관련해서 살필 수 있는 대상은 바로 거룩한 박달나무, 즉 '神檀樹'이다.

현재까지 많은 학자들은 神檀樹를 하늘과의 통로 혹은 땅과 하늘, 인간과 神을 연결하는 통로로 여겨지는 世界木이나 宇宙樹와 관련된 신성한 나무로 파악하고 있다. 그러나 실제로 神檀樹가 世界木이나 宇宙樹로서 과연 어떻게 하늘과의 통로 혹은 땅과 하늘, 인간과 神을 연결시킬 수 있는지는 제대로 해명되지 않았다. 단지 神話學에서 보편적으로 언급하는 世界木이나 宇宙樹의 개념으로 막연하게 추정한 것일 뿐이다.

그러나 神檀樹를 마야 문명권에서처럼 은하수로 인식한 '나무'로 보면 하나의 해답을 얻을 수 있다. 실제로 은하수가 밤하늘에서 가장 큰 天體라는 점에서 은하수가 물로만 여겨진 것이 아니라 나무로도 보았다는 것은 은하수에 대한 보편적 지식으로써 주목할 만한 가치가 충분하다. 특히 신석기시대는 수렵과 채취를 중심으로 하는 경제였던 반면에 농경시대에는 물이 중심이 되었

---

14) 古代의 사산朝 페르시아 왕들은 戴冠式이 끝나면, 바그다드 근처에 있는 首都 크테시폰에서 수천 킬로 미터를 여행하여 높은 山에 있는 타흐트-에 숱레이만 ― 그 당시에는 아드하르 구시나스프(Adhar Gushnasp)라고 불렀는데 '戰士의 불'이라는 뜻이다 ― 까지 가서 湧泉水가 솟아나는 연못 ― 거대한 민물바다가 펼쳐지는 입구로서 그들은 이곳에 땅의 主人인 엔키(Enki)가 물로 된 어둠의 집을 짓고 산다고 믿었다 ― 의 앞에 있는 '불의 神殿(the temple of the fire)'을 참배했다고 한다(데이비드 롤, 김석희 옮김, 앞의 책, 166～167쪽 요약 인용).

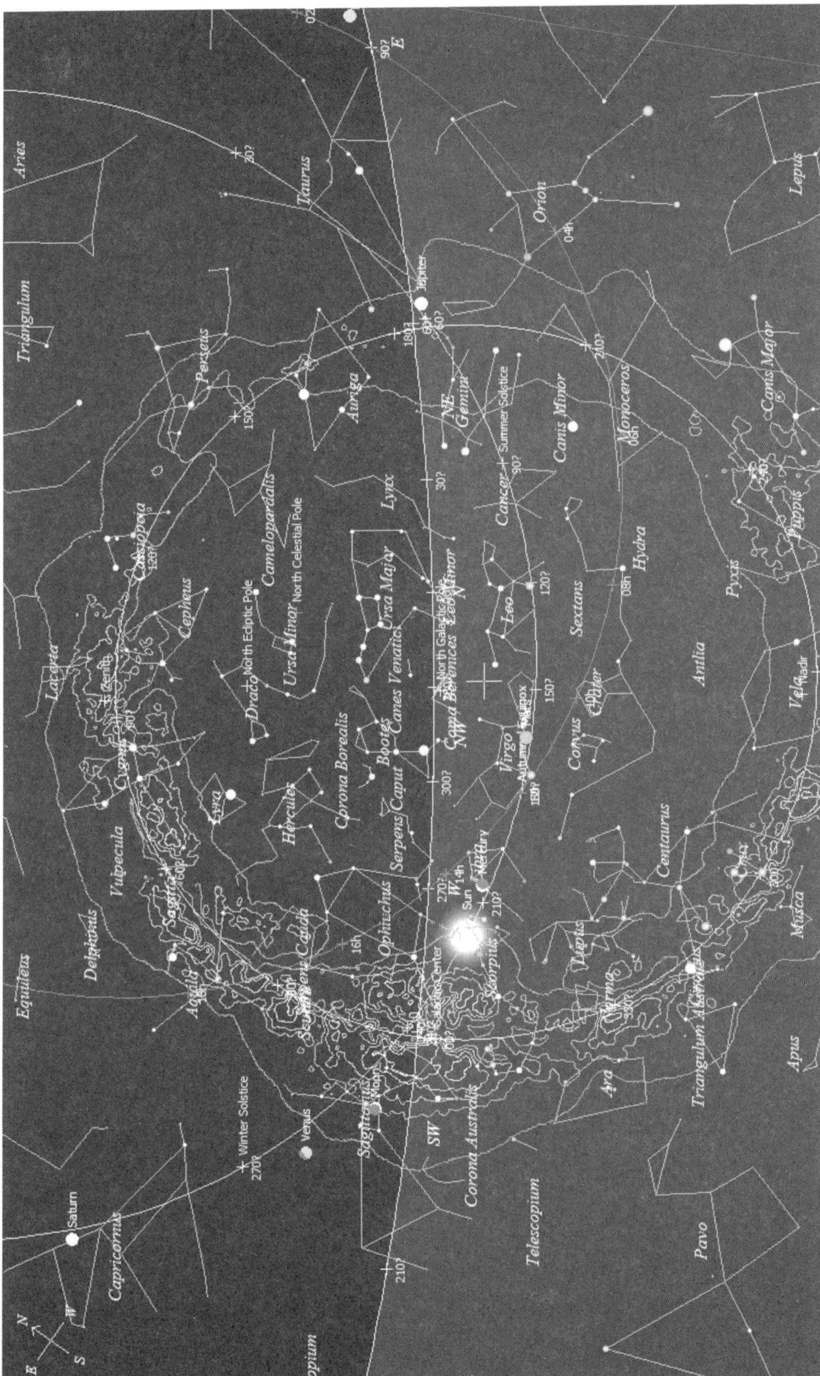

그림 7.1 隧神祭의 밤하늘

다는 점을 생각하면, 은하수에 대한 인식은 자연스럽게 시대의 흐름에 따라 '나무에서 물'로 변화되어 온 것이 아닌가 한다.

隧神祭가 벌어질 무렵 하늘과 땅을 하나의 물의 띠로 연결시키는 은하수의 모습을 마야 문명권에서처럼 나무로 보면, 분명히 世界木이나 宇宙樹는 하늘과 땅을 하나로 연결하는 나무로 볼 수 있다(그림 7.1 참고). 지금까지 神檀樹를 은하수로 보지 못한 것은 신화를 천문학적 관점에서 접근하지 않은 탓도 있지만, 밤하늘에서 은하수와 관련해서 가장 모범적인 하늘, 즉 隧神祭의 밤하늘처럼 黃道와 은하수가 교차하는 두 지점을 하루에 모두 볼 수 있을 때 "지하세계에 있는 물의 세계와 하늘의 은하수가 하나로 연결됨으로써 거대한 물의 띠를 이루게 되는 밤하늘"을 찾아내지 못했기 때문이라고 할 수 있다.

檀君神話에서 熊女의 이동 경로를 보면, 熊女는 동굴 속에서 神檀樹로 옮아간다. 이러한 熊女의 이동경로는 神檀樹를 은하수로 볼 경우 隧神祭의 거행절차와 동일하다는 것을 금세 알 수 있다.

동굴 → 神檀樹(檀君神話),
隧穴 → 물가(隧神祭)

또한 호랑이와 동굴생활을 하고 난 熊女는 홀로 여자가 된 뒤에 다시 神檀樹 아래에 와서 잉태하기를 바라자, 사람으로 변한 神雄은 熊女와 혼인하고 그 뒤에 熊女는 잉태하여 檀君을 낳았다. 반면에 隧神祭에서 隧神을 동굴에 처음 맞이했다가 다시 물가로 木隧, 즉 나무 형상의 柳花를 데려가서 제사를 지내는 것은 해모수와 柳花가 구리집 생활을 하고나서 물의 神인 河伯이 사는 河伯宮으로 가서 결혼식을 올리는 과정을 祭儀化한 것이라고 했다. 결국 神檀樹 = 물가 = 은하수라는 등식에서 볼 때 '熊女가 호랑이와 동굴생활을 한 뒤에 다시 인간으로 변한 桓雄과 혼인을 하여 檀君을 얻는 과정'은 隧神祭의 거행과정 및 '해모수와 柳花의 만남'과 완벽하게 일치한다는 것을 알 수 있다.

대개 熊女가 檀君을 낳았다는 사실 때문에 熊女의 존재는 크게 부각되는 반면, 호랑이는 동굴 속에서 탈출하고 사라져버린 까닭에 호랑이에 대한 비중은 크게 두지 않는 듯하다. 그러나 주몽신화에서도 해모수와 柳花가 만난 뒤에 해모수는 하늘로 사라지고 다시 柳花는 金蛙를 만나는 장면이 나온다. 결국 熊女와 함께 지내던 호랑이가 동굴을 뛰쳐나간 것은 해모수가 柳花를 두고 혼자 하늘로 올라간 것과 동일하다는 것을 알 수 있다.

그뿐만 아니라 실제로 고구려 고분벽화인 角抵塚의 씨름그림을 보면, 커다란 나무 아래 호랑이와 곰이 앉아 있다(그림 7.2 및 그림 7.3 참고). 이 점은 檀君神話와 관련하여 아직도 제대로 부각되지 않고 있지만, 角抵塚에 나오는 호랑이와 곰의 모습은 神檀樹 이야기가 고구려의 고분벽화를 통해서 고구려에까지 고스란히 이어졌다는 분명한 증거이다. 해모수와 柳花가 구리집(천칭자리) 속에서 만나는 장면을 다시 보면, 구리집(천칭자리)은 바로 은하수가 가장 두껍게 배치되어 있는 사수자리와 전갈자리 쪽(이곳은 바로 黃道와 은하수가 교차하는 한 지점이기도 하다)에 있다는 것을 알 수 있다. 은하수를 나무로 보면, 당연히 은하수의 밑동은 은하수가 두껍게 펼쳐져 있는 사수자리와 전갈자리 쪽일 수밖에 없다. 角抵塚에서 호랑이와 곰은 정확하게 나무의 밑동에 자리하고 있다. 따라서 호랑이와 곰이 바로 해모수와 柳花의 또 다른 모습이라는 것을 알 수 있다.

대개 은하수는 중남미에서 발생한 고대 문명권을 제외하고는 크게 대접 받지 못하는 天體로 알고 있지만, 오랜 옛날부터 한 해의 특정한 때를 알려주는 하늘의 시계로 여겨졌다. 물론 은하수를 특정한 시간대를 알려주는 天體로 활용하기 위해서는 은하수 혼자서는 불가능하다. 왜냐하면 몸집이 가장 큰 天體인 은하수는 위아래 ― 앞서 말했다시피 은하수를 나무로 보면 사수자리 등이 있는 쪽이 밑동이다 ― 는 몰라도 그 모양으로 보아서는 시작과 끝을 정하기 어렵기 때문이다.

그러나 黃道와 은하수의 교차점이 두 개가 있다는 점을 활용하면, 은하수를 시간을 알려 주는 시계로 활용할 수 있다. 즉 黃道와 은하수가 교차하는 두 지점을 출발점이나 끝점으로 삼을 수 있다. 따라서 은하수를 하늘의 시계로

그림 7.2 角抵塚의 씨름 그림

그림 7.3 角抵塚에 그려진 나무 밑동 부근의 확대 그림(나무를 사이에 두고 서로 등지고 앉아 있는 호랑이(왼쪽)와 곰(오른쪽))

이용할 수 있는 방법은 “사수자리, 전갈자리 등이 있는 곳”과 “황소자리, 마차부자리, 쌍둥이자리 등이 있는 곳”이 힐라이어컬 라이징하거나 힐라이어컬 세팅하는 순간을 관측하는 방법일 수밖에 없다. 桓雄이 神檀樹 밑으로 내려오는 이야기는 이러한 모습을 신화적으로 스케치한 이야기인 셈이다. 따라서 檀君神話의 天文觀은 기본적으로 해모수와 柳花의 이야기에서 해와 달이 출몰하는 지점을 설정한 天文觀과 동일하다는 것을 알 수 있다. 결국 주몽신화와 檀君神話에 담겨 있는 天文觀은 근원적으로 동일하지만, 두 이야기의 敍事的 構造가 완전히 다르게 보였던 것은 바로 은하수를 나무로 보거나 물로 보는 서로 다른 은하수 인식 때문이었던 것이다.

부록 1

朱蒙神話를 통해 본 解慕漱 後裔들의 分化過程

1. 들어가기
2. 解慕漱 後裔들의 家系 問題
3. 解慕漱 後裔들의 王權 다툼
4. 맺음말

1. 들어가기

주몽신화는 高句麗를 건국한 주몽의 이야기이다. 그러나 실제로 주몽신화 가운데 앞 부분에 해당되는 이야기들은 주로 주몽이 탄생하기 전에 살았던 解慕漱, 解夫婁, 金蛙, 柳花 등의 활동으로 펼쳐진다. 더구나 이들은 해모수라는 해의 神과 柳花라는 달의 神을 중심으로 전개되는 신화적 서사 구조 속에 긴밀하게 연결되어 있다. 이 점은 扶餘 建國神話와 고구려 建國神話인 주몽신화를 다른 것으로 보려는 시각들이 많음에도 불구하고[1)], 주몽신화가 夫餘 建國神話를 필요에 의해 借用한 것이 아니라, 고구려의 뿌리가 扶餘에 있다는 것을 분명히 알려준다.

그러나 주몽신화에 나타난 해모수 후예들의 분화과정을 살펴보고자 할 때, 해모수 후예들은 그 家系부터 매우 불투명하다. 즉 '해모수 → 해부루 → 金蛙 → 帶素'로 이어지는 北夫餘 쪽 계통은 별 문제가 없는 반면, 해모수에서 주몽으로 이어지는 고구려 계통은 정확한 家系를 알기 어렵게 되어 있다. 기록에 따라 주몽은 스스로 해모수이기도 하고, 해부루와 형제간으로 나타나기도 하고, 金蛙와 형제간으로 나타나기도 하고, 帶素와 형제간으로 나타나기도 한다. 이런 혼선이 생기는 원인은 일차적으로 기록의 문제에서 오는 것이겠지만, 사실 그보다는 해모수, 주몽, 柳花 등 주몽신화에 등장하는 인물들의 이름이 특정한 사람에게만 고유한 이름이라고 보기 때문에 발생하는 하는 것 같다. 더구나 이들 이름이 해와 달과 관련된 神名이라면, 이들 이름은 원래 특정한 한

---

1) 李福揆, 『夫餘 高句麗 建國神話 硏究』, 집문당, 1998, 21～36쪽. 이 책에서는 夫餘 建國神話와 高句麗 建國神話를 동일한 神話로 보느냐 별개의 神話로 보느냐에 대해 諸家들의 입장을 자세히 언급하고 있다. 그러나 필자는 기본적으로 夫餘 建國神話와 高句麗 建國神話를 별개로 보고 따로 언급해야 한다고 생각하지는 않는다. 사실 朱蒙神話 가운데 朱蒙이 태어나기 전에 살았던 해모수와 柳花의 이야기들은 순전히 夫餘의 이야기이다. 그러나 高句麗가 夫餘에서 分化되어 나온 나라라는 점을 인식한다면, 朱蒙神話 앞부분이 夫餘의 이야기로 전개되는 것은 당연하다. 당시 高句麗 입장에서 보면, 해모수는 始祖이고, 주몽은 中始祖 정도에 비견된다고 할 수 있다.

사람에게만 독점되는 고유명사일 수는 없는 것 같다. 이러한 점을 고려할 때 이들 이름은 경우에 따라 여러 사람이 함께 쓴 호칭이라는 측면에서 새로 분석할 필요가 있다.

한편 해부루의 迦葉原 移居와 金蛙의 탄생은 해모수 후예들의 분화과정에서 중요한 문제로 부각된다. 기실 주몽 쪽의 家系가 혼란스러운 원인 역시 해부루 쪽의 사정과 연관되어 있는 듯하다. 더구나 해부루의 迦葉原 移居가 해부루의 의지에 의해 이루어진 것이 아니라, 天帝의 神託에 의해 일방적으로 이루어졌다는 것은 쉽게 간과할 수 없는 문제이다. 또한 이 과정에서 해부루가 없는 北夫餘에는 스스로 해모수라 부르는 사람이 새로 와서 北夫餘의 주인이 되었다는 것은 분명히 北夫餘에서 해부루가 쫓겨나면서 王權 교체가 이루어졌다는 것을 시사한다. 그러나 이러한 北夫餘의 王權 교체와 해부루의 迦葉原 移居는 東夫餘에서의 주몽의 탄생과 서로 연관되어 있으면서도 일관되게 해석되지 못하고 있다. 그 때문에 주몽은 北夫餘에서 出自했다고도 하고 東夫餘에서 탈출하여 고구려를 세웠다고 한다.

이 글에서는 해모수 후예들의 분화과정 중에 발생한 王權 교체의 經緯와 주몽의 出自 문제를 풀기 위해 古代로부터 왕과 왕비 사이에서 이루어진 神聖婚(theogamy)을 해모수와 金蛙에 의해 이루어지는 柳花의 幽閉 모티브와 연결시켜 보고자 한다.

柳花의 幽閉를 神聖婚의 한 형태로 보는 근거는 柳花의 幽閉 역시 宮殿 혹은 別宮에서 해의 神인 해모수와 달의 神인 柳花 그리고 東夫餘의 왕인 金蛙와 柳花 사이에 벌어졌다는 점 때문이다. 일찍이 古代 메소포타미아에서는 神聖婚이 지구라트(ziggurat)의 최고 높은 곳에 자리한 聖所에서 탐무즈와 이난나(Inanna) 혹은 이슈타르(Ishtar) 사이에서 밤마다 행해졌다고 하고, 고대 이집트에서도 역시 파라오(Pharaoh)[2]라 불리는 거대한 집에서 오시리스(Osiris)

---

2) 파라오는 원래 '커다란 집'이라는 뜻인데, 그 뒤에는 그곳에 사는 우두머리를 가리키는 말이 되었다.

와 그의 아내인 이시스(Isis) 사이에 행해졌다고 한다. 이렇게 神聖婚은 神과 女神 혹은 神의 대리인으로 여겨지는 왕과 왕비 사이에 벌어지는 것으로서 古代로부터 大地의 풍요와 多産을 가져오기 위해 행해지던 하나의 종교적인 의례였다.[3] 말하자면 神聖婚은 인간의 性行爲와 식물의 결실을 하나의 類比的 관계로 여겨 식물의 발아와 성장과 돕던 性的 儀禮였던 것이다. 기실 神聖婚은 古代에는 전세계적으로 공통적인 것이기도 했다. 지금도 세계의 많은 부족사회에서는 神聖婚 형태의 의례가 행해지고 있기도 하다. 또한 왕조 시대의 왕들이 농사철이 되면, 궁궐 한 곳에 마련한 籍田에서 농사를 짓는 籍田 儀式도 사실은 이러한 고래적 전통의 변형된 모습으로 보기도 한다.

이렇게 柳花의 幽閉를 神聖婚의 한 형태로 볼 경우, 주몽신화에서 柳花의 幽閉는 표면적으로는 두 번 나타난다. 첫번째는 해모수와 柳花 사이에, 두 번째는 金蛙와 柳花 사이에 이루어진다. 이 글에서는 두 차례 이루어지는 柳花 幽閉의 내막을 분석함으로써 柳花 幽閉가 北夫餘의 王權 교체뿐만 아니라 해모수 후예들의 分化過程과 밀접히 결부되고 있다는 점을 밝혀 보고자 한다. 이 과정에서 혼란하게 얽혀 있는 주몽 쪽 家系의 문제 역시 자연스럽게 해결될 것으로 보인다.

2. 解慕漱 後裔의 家系 問題

주몽신화 등에 나타난 해모수 후예들의 家系를 살펴보면, 대략 解夫婁, 金蛙, 帶素로 이어지는 계통이 하나 있고, 해모수에서 주몽으로 이어지는 계통이 또 하나 있다. 그런데 해부루로 이어지는 계통과 달리, 주몽 쪽은 계통을 세우기 힘들 만큼 서로 얽혀 있고, 해부루 쪽과의 관계 또한 불명확하다.

---

3) 제임스 조지 프레이저, 이경덕 역, 『그림으로 보는 황금 가지』, 까치, 1995, 108~117쪽 참조.

일찍이 一然은 『三國遺事』 高句麗條의 附記에서 "『檀君記』에는 '檀君이 西河 河伯의 딸과 친하여 아들을 낳아 夫婁라고 이름했다'고 하였다. 지금 이 기록(바로 『三國遺事』의 고구려조를 말함-필자)을 살펴보면, 해모수가 河伯의 딸과 私通한 뒤에 주몽을 낳았다고 했다. 『檀君記』에는 '아들을 낳아 夫婁라고 이름했다'고 했으니, 부루와 주몽은 異母 형제다"[4]라고 했다. 즉 주몽과 해부루는 어미가 다른 형제라는 것이다. 그러나 一然의 이러한 판단은 그 근거가 불분명해 보인다.[5] 기록대로라면, 해부루의 아버지는 檀君이 되고, 주몽의 아버지는 해모수가 된다. 아버지가 아예 다른 것이다. 또한 '檀君과 私通한 여자인 西河 河伯의 딸'과 '해모수와 私通한 河伯의 딸'을 같은 사람으로 보면, 해부루와 주몽은 同母 형제가 된다. 반면 다른 사람으로 보면 해부루와 주몽은 아버지와 어머니가 다른 남남 혹은 남남의 형제가 된다. 一然의 판단대로 해부루와 주몽이 異母 형제가 되려면, 檀君과 해모수는 같은 사람이어야 하고, 西河 河伯의 딸과 河伯의 딸은 다른 사람이어야 한다.[6]

그러면 실제로 주몽과 해부루의 혈연관계를 적은 기록들부터 직접 인용하면서 해모수 후예들의 家系를 새롭게 살펴보기로 한다.

> 宣帝 神爵 3년 임술 4월 8일에 天帝子가 訖升骨城에 내려올 때 五龍車를 타고 도읍을 열어 나라이름을 '北扶餘'라 하고 스스로 '解慕漱'라 이름했다. 아들을 낳아 이름을 '夫婁'라 하고 解로 씨를 삼았다. 왕이 뒤에 上帝의 命을 받아 도읍을 東扶餘로 옮겼다. 東明帝가 北扶餘를 이어 도읍을 卒本州에 세우니, 이것이 곧 卒本扶餘요, 高句麗의 始祖이다.[7]

---

4) 『三國遺事』, 高句麗條 附記, "壇君記云 君與西河河伯之女要親 有產子 名曰夫婁 今據此記 則解慕漱私河伯之女 而後產朱蒙 壇君記云 產子名 夫婁 夫婁與朱蒙異母兄弟也."

5) 손영종, 『고구려사의 제문제』, 북한사회과학원, 2000, 21쪽. 여기서도 이런 점을 지적하고 있다.

6) 一然의 말이 사실이라면, 檀君과 解慕漱는 당시 의심 없이 같은 뜻의 말로 인식했을 가능성도 찾아보아야 할 것 같다.

> 北扶餘의 왕 解夫婁가 東扶餘로 옮기고, 夫婁가 죽자 金蛙가 王位를 이었다. 이때 (金蛙가) 태백산 남쪽 優渤水에서 한 여자를 만나 물으니, (그 여자가) 대답하기를 "저는 본래 河伯의 딸로 이름은 柳花입니다. 여러 아우들과 함께 나와 놀았는데, 그때 한 남자가 스스로 天帝의 아들 해모수라고 하며 저를 熊神山 아래 鴨綠江가 집안으로 꾀어 들여 사통하고 가서는 돌아오지 않습니다" …… 金蛙가 이상히 여겨 방안 깊숙이 가두었더니, 햇빛이 비추었다. …… 그로 인해 잉태하여 한 개의 알을 낳으니, 크기가 닷 되쯤 되었다. …… 한 아이가 알껍질을 깨고 나왔는데, 골격과 외모가 영특하고 기이하였다. …… 나라의 풍속에 활 잘 쏘는 사람을 朱蒙이라 했음으로서 그렇게 이름했다.[8)]

먼저 인용한 『三國遺事』 기록을 보면, 訖升骨城에 내려와 北夫餘를 세운 해모수가 해부루를 낳았다고 했으니, 둘은 父子間임이 분명하다. 王權은 해모수에서 해부루로 이어진 것으로 되어 있다. 또한 뒤에 인용한 『三國遺事』의 기록을 보면, 다 알다시피 해모수가 주몽의 아버지임을 알 수 있다. 두 기록만을 종합하면, 해모수에게는 해부루와 주몽이라는 두 아들이 있었다고 판단할 수 있다. 그런데 해부루의 경우 그의 어미는 다른 기록에도 나오지 않고, 주몽의 어미는 柳花로 나오는 것을 근거로 하여, 미흡하지만 해부루와 주몽 사이는 異母 형제라고 판단할 수도 있다. 앞서 一然이 둘 사이가 異母 형제라고 판단한 이유는 이렇게 해부루의 어미 쪽 사정이 정확히 기록에 나오지 않기 때문인 듯하다.

---

7) 『三國遺事』, 「北扶餘條」, "古記云 前漢書 宣帝神爵三年壬戌四月八日 天帝降于訖升骨城在大遼醫州界 乘五龍車 立都稱王 國號北扶餘 自稱名解慕漱 生子名扶婁 以解爲氏焉 王後因上帝之命 移都于東扶餘 東明帝繼北扶餘而興立都于卒本 卒本州爲卒本扶餘 卽高句麗之始."

8) 『三國遺事』, 「高句麗條」, "先是 北扶餘王 解夫婁 旣避地于東扶餘 及夫婁薨 金蛙嗣位 于時得一女子於太伯山南優渤水 問之 云我是河伯之女 名柳花 與諸弟出遊 時有一男子自言天帝子解慕漱 誘我於熊神山下鴨綠邊室中 知之而往不返 …… 金蛙異之 幽閉於室中 爲日光所照 引身避之 日影又逐而照之 因而有孕 生一卵 大五升 …… 有一兒破殼而出 骨表英奇 …… 國俗謂善射爲朱蒙 故以名焉."

또한 "東明帝가 北扶餘를 이었다"는 것은 현재까지 논란이 있는 내용이다. 왜냐하면 또 한편으로 주몽은 '東夫餘를 탈출하여' 卒本夫餘를 세웠다고 하기 때문이다. 이런 점들 때문에 주몽의 出自說에는 '北扶餘出自說'과 '東扶餘出自說'이 병립하면서 두 학설의 眞僞가 아직 가려지지 않고 있다.

그러나 여기서 "東明帝가 北扶餘를 이었다"는 것은 두 가지로 해석할 수 있다. 우선 주몽은 '北夫餘 출신'이라고 읽을 수 있다. 즉 北夫餘에서 탈출하여 卒本夫餘를 세운 주몽은 그의 원래 근거지가 北夫餘였다는 말이다. 대표적인 金石文 史料인 廣開土大王碑文을 비롯하여 대부분의 기록들은 주몽이 北夫餘에서 出自하였다고 적고 있다. 그러나 필자가 보기에는 '이었다'는 말은 일차적으로 주몽이 北夫餘의 王位를 이었다는 것으로 보인다(그렇다고 이렇게 해석하는 것이 주몽이 北夫餘 출신이라는 것을 부정하는 것이 아니다). 아래 기록들은 후자로 해석해야 한다는 것을 잘 보여 주고 있다.

> 北夫餘 왕 해부루의 相 阿蘭弗의 꿈에 天帝가 내려와 이르기를 "장차 나의 자손으로 이곳에 나라를 세우리니, 너는 피하라.(東明이 장차 일어날 징조이다) 동해가에 迦葉原이란 곳이 있어 땅이 기름져 도읍을 세울 만하다" 했다. 阿蘭弗은 왕에게 권하여 도읍을 그곳으로 옮기고 나라이름을 東扶餘라 했다.(『三國遺事』)[9]

> 그 뒤에 그의 相인 阿蘭弗이 말하기를 "어느 날 하늘이 내게 내려와 말하기를 '장차 나의 자손으로 하여금 나라를 여기에 세우려 하니, 너는 여기서 피하라. 동쪽 바닷가에 迦葉原이라는 곳이 땅이 기름지고 오곡을 키우기 좋으니 도읍을 정할 만하다'고 했다. 阿蘭弗을 드디어 왕에게 권하여 그곳으로 도읍을 옮기게 하고 나라 이름을 東扶餘라 하였다. 옛도읍에는 어디서 온지 알 수 없

---

9) 『三國遺事』, 「東扶餘條」, "北扶餘王 海夫婁之相 阿蘭弗夢 天帝降而謂曰 將使吾子孫立國於此 汝其避之 (謂東明將興之兆也) 東海之濱有地 名迦葉原 土壤膏腴 宜立王都 阿蘭弗勸王移都於彼 國號東扶餘."

> 는 사람이 天帝의 아들 해모수라 스스로 부르면서 거기에 와서 도읍을 정하였다.(『三國史記』)[10]

『三國遺事』 기록에서 밑줄 친 “東明이 장차 일어날 징조이다”라고 하는 註는 迦葉原으로 移居하라는 天帝가 내린 神託의 내막을 풀이한 말이다. 『三國史記』 기록 가운데 밑줄 친 부분은 이런 사정을 좀더 분명하게 보여주고 있는데, “스스로 해모수라 부르는 사람이 나타나 北夫餘의 왕을 迦葉原으로 내쫓고 北夫餘에 都邑을 정하였다.”는 말은 주목할 필요가 있다. 이에 대해 「東明王篇」에서는 “옛都邑에는 해모수가 天帝의 아들이 되어 都邑에 왔다. 漢나라 神雀 3년 가을 壬戌에 天帝가 太子를 夫餘王의 옛都邑에 내려가 놀게 했으니, 그의 이름이 해모수이다. 하늘에서 내려올 때는 五龍車를 타고 從者 100여명이 모두 하얀 고니를 타고 내려오는데, 채색 구름이 뜨고 음악 소리가 구름 속에 일렁였다. 熊心山에 10여일을 머물렀다가 비로소 내려왔다. 머리에 까마귀깃털 갓을 쓰고 허리에는 龍光劍을 찼다.”고 하여 하늘로부터 내려와 北夫餘를 차지하는 해모수의 모습을 아주 상세하게 그리고 있다.

그런데 이보다 앞서 인용한 『三國遺事』 기록에 “宣帝 神爵 3년 壬戌 4월에 天帝子가 訖升骨城에 내려올 때 五龍車를 타고 都邑을 열어 나라이름을 北扶餘라고 했다. 스스로 解慕漱라 이름했다. 아들을 낳아 이름을 ‘夫婁’라고 하고 解로 씨를 삼았다”라고 한 기록과 위의 「東明王篇」을 비교하면, 해모수에서 해부루로 이어지는 王位 계승 그리고 해모수에서 주몽으로 이어지는 왕위 계승이 동시에 나타나고 있는데, 왕위 계승에 어떤 문제가 있는 것처럼 보인다. 일단 『三國史記』에 ‘옛都邑에는’이라는 말을 근거로 하여 판단할 때, 해부루의 王位 계승 뒤에 스스로 해모수라 부르는 사람에 의해 王權이 찬탈된 것

10) 『三國史記』, 「高句麗本紀 始祖東明聖王條」, “後 其相阿蘭弗曰 日者天降我曰 將使吾子孫立國於此 汝其避之 東海之濱有地 號曰 迦葉原 土壤膏腴宜五穀 可都也 阿蘭弗遂勸王 移都於彼 國號東扶餘 其舊都有人 不知所從來 自稱天帝子解慕漱 來都焉 及解夫婁薨 金蛙嗣位.”

으로 추정된다(이에 대해서는 뒤에서 다시 다루기로 한다).

어찌되었든 이들 여러 기록들을 종합해 볼 때, 東明, 즉 주몽이 곧 해모수임을 알 수 있다.[11] 이렇게 되면 아들인 주몽이 아버지인 해모수와 동일인이라는 모순이 발생하지만, 분명히 그렇게 해석할 수밖에 없다. 반면 다음과 같은 기록도 있다.

> 옛날 寧品離王의 侍婢가 태기가 있을 때 觀相家로 하여금 점을 치게 했더니, 이르기를 "귀하여 임금이 되리라" 했다. 그러나 왕은 "나의 아들이 아니니, 마땅히 죽여야 한다" 했다. 侍婢가 말하기를 "하늘로부터 내려온 기운으로 태기가 있었나이다" 했다. 드디어 아기가 태어나자 "상서롭지 못하다" 하여 우리속에 버렸더니, 돼지가 훈훈한 입김으로 불어주고, 마굿간에 버렸더니, 말이 젖을 먹여 주어 죽지 않았다. 그가 마침내 부여의 왕이 되었다. <u>이는 東明帝가 곧 졸본부여의 왕임을 일컫는다. 이 졸본부여는 또한 북부여의 別都이므로 '扶餘王'이라고 일렀고, 寧品離는 夫婁王의 異稱이다.</u>(『三國遺事』)[12]

위의 기록은 『三國遺事』 高句麗條에서 인용한 『珠琳傳』 제21권의 내용이고, 밑줄 친 부분은 『珠琳傳』의 내용에 대한 一然의 註이다. 내용을 종합해 보

---

11) 여기서 朱蒙과 東明이 다른 사람이냐 아니냐에 대해 언급해야 할 것 같다. 앞서 『三國遺事』의 기록에서 "장차 東明이 일어날 징조"라는 말과 『三國史記』에서 "어디서 온지 알 수 없는 사람이 스스로 해모수로 불렀다"는 것이 같은 사실에 대한 다른 표현이라는 것을 가지고 판단할 때, 東明은 후대에 만들어진 解慕漱의 한자식 표현일 가능성이 크다. 반면, 朱蒙이라는 말은 夫餘말로 활 잘 쏘는 사람을 가리킨다고 할 때 東明과는 다른 뜻을 지닌 것이 분명하다. 그러나 해모수로 스스로를 부르던 사람이 北夫餘를 차지하는 과정에서 東明과 주몽은 같은 사람을 가리키는 말로 쓰였을 것으로 추정할 수 있다. 뒤에 다시 언급하겠지만, 이러한 명칭상 혼란들은 호칭의 문제를 특정한 사람을 가리키는 것으로 볼 때 생기는 문제들이다.

12) 『三國遺事』, 「高句麗條」, "珠琳傳 第二十一卷載 昔 寧品離王侍婢 有娠 相者占之曰 貴而當王 王曰 非我之胤也 當殺之 婢曰 氣從天來 故我有娠 及子之産 謂爲不祥 捐圈則猪噓 棄欄則馬乳而得不死 卒爲扶餘之王 卽東明帝爲卒本扶餘王之謂也 此卒本扶餘 亦是北扶餘之別稱 故云扶餘王也 寧品離乃夫婁王之異稱也."

면, 주몽은 해부루와 異母 형제가 아니라, 비록 자신의 씨는 아니지만 寧品離王, 즉 해부루왕의 아들로 나와 있다. 그렇다면 주몽과 金蛙는 異母 형제가 된다. 앞서 주몽과 해부루가 형제 혹은 異母 형제라는 것과 비교할 때, 行列에서 차이가 난다. 다음 기록을 보자.

> 金蛙에게는 일곱 아들이 있었는데, 항상 주몽과 함께 놀았으나 재주가 주몽에게 못 미쳤다. 큰아들인 帶素가 왕에게 말하기를 "주몽은 사람의 자식이 아니니, 만약에 일찍 꾀하지 않으면 뒤탈이 있을 것입니다" 했다. 왕은 듣지 않고 그로 하여금 말을 기르게 했다(『三國遺事』).13)

> (주몽은) 나이가 들어 재주를 겸비했다. 金蛙에게 일곱 아들이 있었는데, 항상 주몽과 함께 사냥을 하며 놀았다. 왕자들과 從者 40여명은 한 마리 사슴밖에 잡지 못했는데, 주몽이 활로 쏘아 잡은 사슴은 아주 많았다. 왕자들이 질투를 하여 주몽을 잡아 나무에 묶어둔 채 주몽이 잡았던 사슴을 빼앗아 갔다. (그러자) 주몽은 나무를 뿌리채 뽑아들고 돌아갔다. 太子인 帶素가 왕에게 말하기를 "주몽은 神勇한 사람으로 눈초리가 비상하니, 만약에 일찍 꾀하지 않으면 뒤탈이 있을 것입니다" 했다. 왕이 주몽으로 하여금 말을 기르게 했다(「東明王篇」).

위의 기록은 주몽이 자라서 金蛙의 太子인 帶素와 사냥을 하며 놀던 일을 적고 있다. 이를 보면, 주몽과 帶素는 비슷한 연배로 함께 자랐다는 것이 자연스레 드러난다. 앞서 주몽과 해부루가 형제(이복형제이든 아니든 상관없이)라는 것을 염두에 둘 때, 함께 놀았던 주몽과 帶素는 비슷한 연배이기는 해도, 실제로는 從祖父와 從孫의 사이라는 것을 알 수 있다. 또한 東夫餘 관련 기록에 해부루는 늦도록 자식이 없었다고 했기 때문에 해부루는 꽤 오래 산 것으

---

13) 『三國遺事』, 「高句麗條」, "金蛙有七子 常與朱蒙遊戲 技能莫及 長子帶素言於王曰 朱蒙非人所生 若不早圖 必有後患 王不聽 使之養馬."

로 보인다. 그렇다면, 從祖父와 從孫 사이인 주몽과 帶素가 같은 연배로 함께 놀았다는 것은 쉽게 납득이 가지 않는다. 또한 주지하다시피 주몽신화에서는 金蛙가 임신한 柳花를 받아들였고, 柳花는 金蛙의 보호 아래 주몽을 낳았다고 했고, 특히 柳花가 죽은 뒤에 金蛙가 柳花를 太后의 예로 葬事지내주었다는 기록도 있다.[14] 결국 金蛙는 柳花와 살면서 주몽이 비록 자기의 씨는 아니더라도 자신의 아들로 키웠다는 말이다. 그렇다면 주몽과 帶素는 異母 형제 사이가 된다. 이렇게 주몽으로 이어지는 쪽은 系譜가 매우 혼란스럽다. 하지만 일단 아래와 같이 네 가지로 정리가 된다.

ⓐ 주몽이 곧 해모수이다.
ⓑ 주몽과 해부루는 해모수를 아버지로 한 형제 혹은 異母 형제이다.
ⓒ 주몽과 金蛙는 해부루를 아버지로 한 異母 형제이다.
ⓓ 주몽과 帶素는 金蛙를 아버지로 한 異母 형제이다.

어떻게 주몽이라는 사람은 자신의 아버지로 되어 있는 해모수이기도 하고, 해모수의 아들인 해부루와 형제가 되기도 하고, 해부루의 아들과 형제가 되기도 하고, 金蛙의 아들과 형제가 될 수도 있을까? 상식적으로 납득하기 어려운 일이다. 과연 주몽은 주몽이면서 해모수일 수는 없는가?

우선 이 모순을 푸는 하나의 실마리로 北夫餘에 와서 스스로 자신을 해모수라 부른 사람이 있었다는 점을 다시 상기해 볼 필요가 있다. 즉 어느 사람이 자신을 스스로 해모수라 불렀다는 것은 이 사람은 원래 해모수가 아닌데, 北夫餘를 빼앗는 과정에서 스스로 해모수라 부른 것이라고 할 수 있다. 이는 해모수가 한 특정한 사람의 이름이 아니라는 말이다. 다시 말해 해모수라는 호칭은 아무나 쓸 수는 없지만, 빼앗을 수도 있는 호칭이라는 말도 된다. 두 번째 실마

14) 『三國史記』, 「高句麗本紀第一 始祖東明聖王 十四年條」, "十四年秋八月 王母柳花薨於東扶餘 其王金蛙以太后禮 葬之 遂立神廟."

리로 해모수는 달의 神인 柳花와 상대가 되는 해의 神이라는 점을 들 수 있다. 즉 해모수나 柳花가 해의 神과 달의 神을 가리킨다면, 해모수와 柳花는 단순히 北夫餘의 어느 한 왕과 왕비의 호칭만이 아니라, 神名이라는 말도 된다. 이런 식의 호칭법은 예를 들어 이집트의 왕들은 각기 이름이 따로 있지만, 神格으로서 행동할 때는 모두 '파라오'로 불리는 것과 같다. 결국 해모수와 주몽의 家系 혼란은 呼稱法으로 풀어야 할 문제를 가지고 어떤 호칭을 어느 한 사람의 고유명사로만 보려고 하기 때문에 발생하는 단순한 문제들일 수 있다.

그렇다면 해모수는 夫餘에서 해의 神을 가리키는 말이지만, 北夫餘의 왕들인 해부루, 金蛙, 帶素가 해의 神으로서 神聖婚을 행할 때는 이들 모두 해모수로 불렸을 것으로 추정할 수 있다. 또한 이런 호칭법은 柳花라는 이름에도 마찬가지로 적용될 수 있다. 즉 해모수, 해부루, 金蛙, 帶素의 왕비는 神格, 즉 神妃(divine consort)의 자격으로 행동할 때는 모두 柳花라고 불렸을 수 있다. 柳花는 달의 神이기 때문에 당연히 해의 神인 해모수의 상대일 수 있는 것이다. 같은 맥락에서 柳花의 동생들의 이름인 萱花, 葦花도 神妃들의 序列에 따른 명칭으로 볼 수 있을 것이다. 주몽이라는 말 역시 夫餘말로 활을 잘 쏘는 사람이라는 뜻이었다는 데에서 알 수 있듯이 원래는 특정한 사람을 가리키는 말이 아니었다. 아마 당시에 주몽이라는 말은 중국 신화에서 堯 임금 때 10개의 해 가운데 9개의 해를 활로 쏘아 떨어뜨렸다는 羿와 비견될 수 있듯이 해와 관련된 神格이자 우두머리 정도의 뜻이었을 것이다. 추측컨대 고구려를 세운 주몽 이전에 그리고 이후에 이 이름으로 부른 사람 역시 여럿 있을 수 있다.

이렇게 볼 때 주몽의 아버지가 해모수라는 말은 실제적인 父子관계를 말해주는 것이 아니라 해모수와 주몽의 관계를 이어주는 혈연적 연결 고리라고 파악된다. 예를 들어 이것은 김해 김씨들이 자신들은 "김수로왕의 후손이다"라고 말하는 것과 같다. 따라서 주몽의 아버지가 해모수라는 것은 주몽이 해모수를 始祖로 하고 있다는 말이 되기 때문에 해부루와 주몽이 형제간이라는 것은 분명히 잘못된 것으로 판단할 수 있고, 도리어 『珠琳傳』의 기록처럼 金蛙와 주몽이 형제간이라고 보는 것이 좀더 설득력이 있다고 하겠다.

그렇다면 앞서 네 가지로 정리한 것 가운데 ⓐ와 ⓑ의 내용은 크게 문제 삼을 것이 없고, ⓒ와 ⓓ의 내용, 즉 주몽은 父子 사이인 金蛙와 帶素에게 각각 형제일 수 있는 조건을 찾으면 된다. 결국 주몽을 호칭으로 보아 주몽을 주몽①과 주몽②를 설정하여 父子관계를 만들어놓고, 北夫餘에 와서 스스로 해모수라고 부른 사람을 주몽①, 졸본부여를 세운 주몽을 주몽②로 분화하여 이해할 수 있다. 이러한 결과를 가지고 다음과 같이 새롭게 해모수 후예들의 家系圖를 작성할 수 있다.

해모수 = 柳花
|
해부루
|
金蛙 — 주몽①(스스로 해모수로 부르고 새로 북부여의 왕이 된 주몽)
| |
帶素 주몽②(金蛙 밑에 살다가 탈출하여 고구려를 세운 주몽)

추정된 해모수 후예들의 家系圖

위와 같이 해모수의 家系를 정리해 보면, 해모수는 北夫餘에서 해의 神으로서 頂點에 서 있는 始祖神이 되고, 柳花는 달의 神으로서 始祖母神이 된다. 따라서 주몽은 해모수의 후예이기 때문에 北夫餘에서 갈라져 나오기 전, 그리고 자신의 생전에는 당연히 해모수를 始祖神으로, 柳花를 始祖母神으로 섬겼다고 판단된다. 그러다가 고구려에서 始祖神으로 주몽을, 始祖母神으로 柳花를 모시게 된 것[15]은 자신들의 始祖인 주몽(정확히 말하면 주몽②)이 사후에 추존되면서 원래 始祖神이었던 해모수를 주몽이 대신하게 되고, 이와 더불어 자신들의

15) 『三國史記』 卷三十二, 「祭祀條」, "北史云 高句麗 常十月祭天 多淫祠 有神廟二所 一曰扶餘神 刻木作婦人像 二曰高登神 云是始祖夫餘神之子 竝置官司 遣人守護 蓋河伯女朱蒙云."

始祖인 주몽을 '직접 낳은' 柳花도 함께 추존되는 과정에서 이루어진 일로 추정할 수 있다. 그리고 주몽이라는 이름이 한 특정한 왕의 이름(주몽은 스스로 해모수라 부르고 北夫餘를 빼앗은 사람의 王號인 듯하다)에서 고구려 始祖神의 神名으로 고정된 것 역시 이런 과정에서 나타난 것이라고 할 수 있다[16)]

3. 解慕漱 後裔들의 王權 다툼

1) 金蛙의 誕生과 迦葉原 移居

앞서 天帝의 神託에 따라 北夫餘의 王權[17)]이 스스로 해모수라 부르는 사람에게 넘어갔다고 한다면, 그 과정에 대한 구체적인 실상을 확인해야 할 것 같다. 그 구체적인 실상이란 바로 金蛙의 탄생과 迦葉原 移居를 말하는데, 여기에는 분명히 天帝의 神託을 빙자한 王權 교체의 흑막이 숨어 있다.

> **北扶餘 왕 해부루의 相 阿蘭弗**의 꿈에 天帝가 내려와 이르기를 "장차 나의 자손으로 이곳에 나라를 세우리니, 너는 피하라.(東明이 장차 일어날 징조이다) 동해가 迦葉原이란 곳이 있어 땅이 기름져 도읍을 세울 만하다"고 했다. 아란불은 왕에게 권하여 도읍을 그곳으로 옮기고 나라이름을 東扶餘라 했다.
>
> 扶婁가 늙도록 아들이 없음으로 어느 날 後嗣를 구하려고 산천에 제사를 지내고자 했다. (그런데) 그가 탔던 말이 鯤淵에 이르렀을 때 (부루는) 큰 돌이 마주하고 눈물을 흘리는 것을 보았다.[18)] 왕은 이를 이상히 여겨 사람을 시켜 그 돌을 굴리게 하니, 금빛 개구리 모양의 어린아이가 있었다. 왕은 기뻐하며

---

16) 『三國史記』, 「高句麗本紀 大武神王條」, "三年春三月 立東明王廟."

17) 앞으로 논의될 것이지만, 사실 이들 王權 다툼이 柳花가 개입하는 신성혼과 관련되어 전개된다는 점에서 단순히 王權이라기보다는 神權이라는 말이 정확하다.

18) 이 부분은 "말이 큰 돌을 보고 눈물을 흘린다"고 해석하는 경우도 있지만, 이는 잘못된 해석이라고 본다. 마땅히 主語를 金蛙로 하여 풀이해야 한다. 이 점에 대해서는 뒤에서 다시 다룬다.

말하기를 "이는 곧 하늘이 나에게 아들을 주심이로다" 하고, 이에 거두어 기르고 이름을 金蛙라고 하였다. ① 그가 자라자 太子로 삼고, 扶婁가 세상을 떠나자 金蛙가 자리를 이어 왕이 되었다. 다음 왕위를 帶素에게 전하였다. 地皇 3년 임오에 고구려왕 無恤이 이(東扶餘)를 쳐서 帶素를 죽이니 나라가 없어졌다.(『三國遺事』)[19)]

이에 앞서 扶餘王 解扶婁가 늙도록 아들이 없으므로 後嗣를 구하려고 산천에 제사를 지내고자 했다. (그런데) 그가 탄 말이 鯤淵에 이르렀을 때, (부루는) 큰 돌이 자신을 마주하고 눈물을 흘리는 것을 보았다. 왕이 기이히 여겨 사람을 시켜 돌을 굴리니, 금빛 개구리 모양과 같은 어린 아이가 있었다. 왕이 기뻐서 말하기를 "이것은 바로 하늘이 내게 주신 아들이로다" 하고 거두어 기르고 이름을 金蛙라 했다. ② 그가 커서 太子를 삼았다.

그 뒤에 그의 相인 阿蘭弗이 말하기를 "어느 날 하늘이 내게 내려와 말하기를 '장차 나의 자손으로 하여금 나라를 여기에 세우려 하니, 너는 여기서 피하라. 동쪽 바닷가에 迦葉原이라는 곳이 땅이 기름지고 오곡을 키우기 좋으니 도읍을 정할만하다'고 했습니다. 阿蘭弗을 드디어 왕에게 권하여 그곳으로 도읍을 옮기게 하고 나라 이름을 東扶餘라 하였다. 옛도읍에는 어디서 온지 알 수 없는 사람이 天帝의 아들 해모수라 스스로 부르면서 거기에 와서 도읍을 정하였다. ③ 바야흐로 부루가 죽으매 金蛙가 왕위를 이었다.(『三國史記』)[20)]

---

19) 『三國遺事』, 「東扶餘條」, "北扶餘王 海夫婁之相 阿蘭弗夢 天帝降而謂曰 將使吾子孫立國於此 汝其避之 (謂東明將興之兆也) 東海之濱有地 名迦葉原 土壤膏腴 宜立王都 阿蘭弗勸王移都於彼 國號東扶餘 夫婁老無子 一日祭山川求嗣 所乘馬至鯤淵 見大石相對淚流 王怪之 使人轉其石 有小兒金色蛙形 王喜曰 此乃天賚我令胤乎 乃收而養之 名曰金蛙 及其長爲太子 夫婁薨 金蛙嗣位爲王 次傳位于太子帶素 地皇三年壬午高麗無恤伐之 殺王帶素國除."

20) 『三國史記』, 「高句麗本紀 始祖東明聖王條」, "先是 扶餘王解夫婁老無子 祭山川求嗣 其所御馬至鯤淵 見大石相對流淚 王怪之 使人轉其石 有小兒金色蛙形蛙 一作蝸 王喜曰 此乃天賚我令胤乎 乃收而養之 名曰金蛙 及其長 立爲太子 後 其相阿蘭弗曰 日者天降我曰將使吾子孫立國於此 汝其避之 東海之濱有地 號曰 迦葉原 土壤膏腴宜五穀 可都也 阿蘭弗遂勸王 移都於彼 國號東扶餘 其舊都有人 不知所從來 自稱天帝子解慕漱 來都焉 及解夫婁薨 金蛙嗣位."

우선 두 기록 사이에는 커다란 차이점이 발견된다. 즉 『三國遺事』 기록과 『三國史記』 기록은 비슷한 내용이면서, 그 선후관계가 완전히 다르다. 『三國遺事』에서는 해부루의 迦葉原 移居 다음에 金蛙의 탄생이 나오는 반면, 『三國史記』에서는 金蛙의 탄생이 나오고 해부루의 迦葉原 移居가 이어진다. 「東明王篇」에서는 『三國史記』와 마찬가지로 金蛙의 탄생 다음에 迦葉原 移居가 이어져 있지만, 해부루의 죽음에 대한 이야기는 아예 빠져 있다.

또한 위의 『三國史記』 기록 가운데 ③의 부분에 대한 처리도 문제이다. 즉 ③을 그대로 두면, 『三國史記』에 기록된 이야기는 金蛙의 탄생 → 해부루의 迦葉原 移居 → 해부루의 죽음 → 金蛙의 즉위로 이야기가 진행된다. 반면, 『三國遺事』의 기록 가운데 ①처럼 金蛙가 太子가 되고, 해부루가 죽고 나서 金蛙가 왕위에 오른 일을 일련의 과정으로 보면, 『三國史記』의 기록 가운데 ③은 ②의 뒤에 있어야 한다. 그리고 '그의 相인 阿蘭弗'에서 그는 『三國遺事』의 기록과 달리 金蛙라고 보아야 한다.

결국 다음과 같이 3가지 형태의 이야기가 가능하다.

ⓐ 해부루의 가섭원 移居 → 金蛙의 탄생 → 해부루의 죽음 → 金蛙의 즉위 (『三國遺事』)

ⓑ 金蛙의 탄생 → 해부루의 迦葉原 移居 → 해부루의 죽음 → 金蛙의 즉위 (『三國史記』)

ⓒ 金蛙의 탄생 → 해부루의 죽음 → 金蛙의 즉위 → (金蛙의) 迦葉原 移居 (제3의 입장)

이런 여러 가지 가능성 속에서 중요하게 대두되는 것이 迦葉原으로 移居하라는 天帝의 神託이다. 기실 해부루와 주몽, 金蛙 등이 모두 해모수의 후손이라면, 天帝는 이들이 함께 섬기는 神일 수밖에 없다. 그런데 함께 섬기는 神이 어느 한 쪽에게 자신의 자손을 살게 할 테니 都邑을 옮기라는 神託을 내린 것이다. 어떤 흑막이 있지 않고서는 이런 神託은 있을 수 없는 일이다.

우선 『三國遺事』의 기록인 ⓐ에 바탕하여 상황을 추정하면, 해부루는 늙도록 後嗣가 없어서 北夫餘의 여러 족속들로부터 많은 위협을 받았을 가능성이 크다. 왜냐하면, 해부루가 늙도록 아들을 낳지 못했다는 것은 단순히 해부루가 後嗣를 잇지 못한다는 문제를 넘어서, 자연의 풍요와 多産을 가져오기 위한 神聖婚을 행했을 해부루의 생식적 능력조차 의심받는 일이 되기 때문이다. 따라서 늙도록 해부루가 後嗣가 없는 상황에서 스스로 해모수로 부르는 사람이 일방적으로 北夫餘 왕을 제거하고 왕이 되었다면, 天帝의 神託은 자신의 王權 찬탈을 합리화하기 위한 명분이라고 할 수 있다.

한편 ⓑ의 이야기는 ⓐ에 後嗣를 얻은 사실이 추가된다. 이렇게 보면, 당시 해부루는 늘그막에 이르러 어렵사리 金蛙를 얻고 하늘이 주신 아들이라고 했으니, 해부루는 크게 기뻐했을 것은 당연하다. 이 경우 後嗣가 있는 상황에서 北夫餘 왕을 제거한 것이 되기 때문에 스스로 자신을 해모수라 부른 사람의 王權에 대한 무자비한 탐욕이 좀더 확실히 드러나고, 神託의 의미 또한 그런 면에서 해석되어야 한다. 北夫餘 왕에 비해 그의 軍事的 힘이 월등했는지는 몰라도, 神託의 명분은 가장 약해진다고 할 수 있다.

ⓒ로 해석될 경우는 좀더 복잡한 문제를 야기한다. 이 경우에는 後嗣가 생긴 것이 도리어 큰 문제가 될 수 있다. 왜냐하면 해부루를 이어 임금이 될 金蛙의 나이가 너무 어릴 것이기 때문이다. 결국 史料에 나오듯이 "그(金蛙)기 자라 太子를 삼고, 부루가 세상을 떠나자 金蛙가 자리를 이어 임금이 되었다"는 것은 高齡의 해부루는 金蛙가 크게 성장하기 전에 죽었고, 어린 金蛙가 왕위를 물려받았다는 것을 말해 준다. 해부루가 고령의 나이에 金蛙를 얻었다고 했음으로 해부루가 죽었을 때 金蛙의 나이는 생각보다 아주 어렸을 것이다. 따라서 자연스럽게 힘 없는 어린 왕인 金蛙가 외롭게 임금 자리에 앉아 있는 상황을 짐작할 수 있으며, 그런 와중에 어떤 일이 벌어졌으리라는 것은 쉽게 추정할 수 있다. 天帝의 神託은 분명히 이런 시점에서 내렸을 것이다. 그렇다면, 天帝가 내렸다는 神託은 실제로는 어린 金蛙가 임금 자리를 내놓고 迦葉原으로 옮겨가도록 한 세력, 즉 스스로 해모수라 부르고 北夫餘에 새로 都邑을

정한 사람과 그 집단들이 만든 것임을 말해주는 것이다. 金蛙의 迦葉原 移居는 이런 사정 속에서 어쩔 수 없이 이루어진 것으로 추정할 수 있다.

ⓐ, ⓑ, ⓒ의 이야기 가운데 어느 것이 가장 사실에 부합될지는 쉽게 판단할 수 없다. 그러나 이러한 과정에서 北夫餘에서 쫓겨난 金蛙는 분명히 迦葉原에서 살면서 자신의 王權을 탈취한 주몽에 대한 끝없는 복수심을 키우면서 北夫餘를 수복하기 위해 切齒腐心했을 것임은 미루어 짐작할 수 있다.

이러한 맥락에서 金蛙의 탄생 역시 새롭게 고찰할 필요가 있다. 대개 金蛙는 해부루의 아들이기는 해도, 업동이처럼 얻은 아들로 보는 것이 통설이다. 그러나 위의 글에서 알 수 있듯이 金蛙는 주몽과 마찬가지로 기이한 탄생과정을 갖고 있다. 그리고 말을 타고 鯤淵에 이르른 해부루가 이곳에서 자신을 보며 눈물을 흘리는 큰 돌을 보고, 이를 굴려 金蛙를 얻었다는 데서 볼 때 그곳은 聖所임을 추정할 수 있다. 돌을 굴렸다는 것도 실은 단순한 사실이 아니라, 神聖婚의 상징적 행위로 보인다. 결국 金蛙의 탄생은 해부루가 관여한 神聖婚에 의해 정당하게 이루어진 것이고, 그의 탄생 과정 역시 고대의 신화에서 왕이 될 인물들이 태어나자마다 버려지는 '棄兒 모티브'의 한 변형에 불과하다고 할 수 있다.

더구나 이들은 모두 해모수의 후손들이기 때문에 해모수와 柳花를 神으로 모신 것이 당연하다. 때문에 큰 돌이 자신을 바라보며 눈물을 흘렸다는 뜻은 母神인 柳花가 해부루를 불쌍히 여겨 버리지 않아서 후손을 만들어주었다는 것으로 해석할 수 있다. 이 부분을 이렇게 해석할 수 있는 근거로 좋은 예가 있는데, 고구려의 마지막 왕인 寶藏王 때 고구려가 망할 징조로 "東明王 어머니의 塑像이 3일 동안 피눈물을 흘렸다"[21]고 했다는 것이 그것이다. 해부루가 늘그막에 이르도록 자식이 없었다는 것은 한 나라의 王權의 문제와 결부된다는 점에서 고구려 멸망의 징조로 柳花가 피눈물을 흘린 것과 같은 맥락으로 읽을 수 있다. 따라서 金蛙는 최소한 正妃의 소생은 아닐 수 있어도, 업동일 수는 없다고 하겠다. 金蛙의 탄생을 부정적으로 보는 투의 서술은 金蛙가 北夫

---

21) 『三國史記』, 「高句麗本紀 寶藏王 五年條」, "五年春二月 …… 東明王母塑像 泣血三日."

餘에서 쫓겨났고, 이후 東夫餘가 고구려에게 멸망당한 역사적 속에서 일정 부분 왜곡된 것으로 판단된다.

2) 解慕漱에 의한 柳花 幽閉

해부루 혹은 金蛙에게 내린 神託은 해부루 혹은 金蛙를 내쫓고 北夫餘를 차지한 이른바 해모수로 스스로를 칭한 주몽에 의해 만들어진 것임을 밝혀 보았다. 그렇다면, 다음으로는 이러한 神託의 결과 스스로 해모수로 부른 사람이 北夫餘를 차지한 뒤 北夫餘의 왕이 되는 과정에 대해 살펴보아야 한다. 柳花의 幽閉 모티브가 단순히 개인적인 문제가 아니라 古代로부터 있어온 神聖婚과 관련지어 논의할 필요성은 여기에 있다. 이제 歷史的 사실을 넘어 神話的 세계를 통해 歷史의 실제적인 내막을 추적해내야 하는 단계에 이르렀다고 할 수 있다.

> [이때 (金蛙가) 太白山 남쪽 優渤水에서 한 여자를 발견하게 되어 사정을 물으니,] 그가 말하기를 "저는 河伯의 딸로 이름이 柳花입니다. 여러 동생들과 함께 놀러 나왔는데, 때마침 한 남자가 나타나 스스로 天帝의 아들인 해모수라고 하고 나를 熊心山[22] 아래 鴨綠江邊 집안으로 꾀어서 들어가 私通하고, 그 길로 가서는 돌아오지 않습니다.[23]

> 城北 青河에 河伯의 세 딸이 아름다웠는데, 맏딸은 柳花, 둘째딸은 萱花, 셋째딸은 葦花라 했다. 그들은 青河에서 熊心淵 물가로 놀러나가니 神異한 자태가 아름다웠고 옷에 매단 佩玉이 짤랑짤랑하여 漢皐와 같았다. 왕(解慕漱)이 이들을 보고 좌우에게 말하기를 "얻어서 王妃를 삼으면 後孫을 얻을 것 같구나" 했다. 딸들은 왕을 보자 곧바로 물속으로 들어가 버렸다. 좌우가 말하기를 "대왕

22) 『三國遺事』에는 '熊神山'으로 나온다.

23) 『三國史記』, 「高句麗本紀 始祖東明聖王條」, "於是時 得女子於太白山南優渤水 問之 曰 我是河伯之女 名柳花 與諸弟出遊 時有一男子 自言天帝子解慕漱 誘我於熊神山下 鴨綠邊室中私之 卽往不返."

께서는 어찌하여 궁전을 지어 여자들이 들어가기를 기다렸다가 문을 닫지 않으십니까?" 하니 왕이 그렇게 하마 하고 말채찍으로 땅을 긋자 금세 훌륭한 구리집이 생겨났다. 그리고 방 가운데 세 자리를 마련해 놓고 술동이를 갖다놓자, 그 여자들이 각각 그 자리에 앉아 서로 권하며 술을 마시고 크게 취하였다. 왕은 세 여자가 크게 취하기를 기다렸다가 급히 나가 문을 닫아거니 여자들이 놀라 달아났는데, 큰딸 柳花만 왕에게 붙들려 머물게 되었다.

河伯은 크게 노하여 使者를 보내어 말하기를 "너는 어떤 사람이길래 내 딸을 잡아두었는가?" 왕이 대답하기를 "나는 天帝의 아들로 이제 河伯과 결혼하고자 한다" 하였다. 河伯이 다시 使者를 보내 말하기를 "네가 天帝의 아들로 태어나 나에게 求婚을 하려 한다면 마땅히 중매를 넣어야 할 텐데 이제 갑자기 내 딸을 붙잡아 둔 것은 失禮가 아닌가?" 하였다. 왕은 이를 부끄럽게 여겨 장차 河伯을 가서 보려 했다. 그래서 (해모수는 柳花가 잡혀있는 구리) 집으로 들어가지 않고, 그 딸을 놔주려고 했다. 그런데 그 딸은 이미 왕과 정이 들어서 떨어지려 하지 않고, 왕에게 권해 말하기를 "만약에 龍車가 있다면, 河伯의 나라에 이를 수 있습니다" 했다. 왕이 하늘을 가리켜 고하자 문득 五龍車가 하늘에서 내려오니, 왕과 그 딸이 함께 수레를 타고 갔다. 바람과 구름이 홀연 일어나 河伯의 궁전에 이르렀다.

河伯이 禮를 갖추어 맞이하고 앉으며 말하기를 "婚姻의 道는 천하의 通規인데, 어찌하여 실례를 하여 우리 家門을 욕되게 하였는가?" 또 말하기를 "왕이 天帝의 아들이라면 무슨 신이함이 있는가" 하니 왕이 말하기를 "무엇이든지 시험해 보십시오" 했다. 이에 河伯이 뜰 앞 물에서 잉어가 되어 노니 왕은 수달이 되어 이를 잡았다. 河伯이 다시 사슴이 되어 달아나니 왕은 승냥이가 되어 이를 쫓고, 河伯이 꿩으로 변하니 왕은 매가 되어 이를 쳤다. 河伯은 이 사람은 참으로 天帝의 아들이라 여기고 禮로서 혼례를 치루고 왕이 제 딸을 데려갈 마음이 없을까 두려워 음악을 베풀고 술자리를 마련하여 왕을 크게 취하게 하여 딸과 함께 작은 가죽가마 속에 넣어서 龍車에 실어 함께 하늘에 오르도록 했다.(「東明王篇」)

한눈에 알 수 있듯이 『三國遺事』의 기록과 「東明王篇」의 기록은 길이에서부터 크게 차이가 나고 있다. 문학적 완성도에서 볼 때 당연히 「東明王篇」의 기록이 뛰어나다고 할 수 있다. 그러나 중간의 과정과 상관 없이 幽閉와 私通이라는 결과만을 밝히는 데는 몇 가지 점을 빼고는 기록의 장단은 크게 문제될 것이 없어 보인다. 왜냐하면 『三國遺事』의 기록은 해모수에 의한 柳花의 幽閉와 이에 따른 私通의 부당성 문제가 중심적으로 다루어지고 있는 반면, 「東明王篇」의 기록에는 해모수에 의한 柳花의 幽閉와 이에 따른 私通 문제를 사실화하고 柳花의 아버지인 河伯으로부터 공식적인 결혼을 통해 이를 추인받는 과정까지 다루어지기 때문이다.

우선 『三國遺事』의 기록을 통해 보면, 柳花의 熊神山 밑 鴨綠江가 집안(室中) 정도로 幽閉의 장소가 나와 있기 때문에 위치만 어느 정도 추정할 뿐, 幽閉된 장소의 형태나 크기를 제대로 알 수는 없다. 반면, 「東明王篇」의 기록은 幽閉에 관련된 내용들을 대부분 전해주고 있다. 즉 柳花가 幽閉된 곳은 熊心淵 물가에 있는 宮殿 혹은 해모수가 주술에 의해 만든 구리집[銅室]이라고 했고, 柳花만 구리집에 집어넣은 것이 아니라 그의 자매들인 萱花와 葦花도 함께 해모수의 꾀임에 넘어갔다가, 柳花만 구리집에 갇힌 것으로 되어 있다.

앞서 神聖婚은 식물의 풍요를 위해 神과 女神 혹은 왕과 왕비 사이에서 벌어진 儀禮였다고 했듯이, 北夫餘에서 행해졌을 神聖婚은 해부루나 金蛙가 東夫餘로 쫓겨가지 않았다면, 날마다 혹은 정해진 축제의 기간에 당연히 北夫餘의 왕인 해부루나 金蛙가 해모수의 자격으로 柳花와의 사이에 이루어졌을 섯이다(해부루가 鯤淵에서 金蛙를 얻었다는 것이 좋은 예이다). 그렇다면 神妃인 柳花의 구리집 幽閉는 神聖婚의 실제 주체인 北夫餘의 왕인 해부루나 金蛙를 쫓아내지 않았다면 불가능한 일이다. 따라서 구리집에서 이루어진 神聖婚의 남성 쪽 대상이 바뀌었다는 것은 北夫餘의 王權이 바뀌었다는 것으로 이해된다. 즉 이 경우 神妃인 柳花를 차지하는 것은 王權, 정확히 말하면 神權의 교체를 의미한다고 할 수 있다.

이것이 바로 天帝가 내린 神託의 내막이요, 해모수에 의한 柳花 幽閉의 진상이라고 할 수 있다. 그러나 이때의 王權 교체의 방식이 싸움이었느냐, 아니면 어느 정도 다른 부족들의 동의 아래 이루어진 일이냐는 柳花의 幽閉만으로는 단정할 수 없다. 다만 해모수에 의한 柳花의 幽閉 과정에 좌우의 신하들이 개입하고, 해모수가 일방적으로 주술을 통해 구리집을 만들어 神妃인 柳花를 幽閉시키려 한 것을 통해 볼 때 분명히 강제적으로 이루어진 王權 탈취로 추정된다. 왜냐하면 고구려 때 공식적인 신혼 첫날밤은 '처갓집에서 마련해준 사위집'에서 이루어졌다고 했기 때문이다.

3) 金蛙에 의한 柳花 幽閉

신탁의 결과 해부루 혹은 金蛙가 東夫餘 가섭원으로 移居했다면, 해모수로 스스로 칭한 사람과 그 집단은 당연히 북부여를 지배하고 있어야 할 것이다. 그러나 모든 주몽신화에서 주몽은 東夫餘의 왕으로 있는 金蛙 밑에서 살다가 탈출한 뒤 졸본부여를 세운 것으로 되어 있다. 이렇게 한 사람에 대한 出自 기록이 앞뒤가 맞지 않기 때문에 주몽의 出自을 말할 때 '東扶餘 出自說'이 존립하게 되는 것이다. 이러한 모순 역시 柳花의 幽閉와 관련지어야 비로소 해소될 수 있다. 이에 대해서 주몽신화는 아래와 같이 기록하고 있다.

> 해부루가 죽고 金蛙가 왕위를 이었다. 이때 太白山 남쪽 優渤水에서 한 여자를 발견하여 그 사정을 물으니, 그가 말하기를 "나는 河伯의 딸이요, 이름은 柳花입니다. 여러 동생들과 함께 놀러 나왔다가, <u>마침 한 사내가 있어 스스로 天帝의 아들 해모수라 하면서 나를 웅심산 아래 압록강가에 있는 집으로 꾀어서 사통하고 그 길로 가서는 돌아오지 않았습니다.</u> 우리 부모님께서 내가 중매도 없이 사람을 따라간 것을 꾸짖어 드디어 優渤水에 귀양오게 되었습니다" 했다. 金蛙가 이상히 여겨 그를 방안에 가두었더니, 그에게 햇빛이 비쳐 그가 몸을 피하면, 햇빛이 또 그를 따라와 비쳤다. 이로 인해 잉태하여 알 하나를 낳았다.[24)]

---

24) 『三國史記』, 「高句麗本紀」, "及解夫婁薨 金蛙嗣位 於是時 得女子於太白山南優渤水 問之曰 我是河伯之女 名柳花 與諸弟出遊 時有一男子 自言天帝子解慕漱 誘我於熊心山下鴨綠邊室中私之 卽往不返 父母責我無媒而從人 遂謫居優渤水 金蛙異之 幽閉於室中 爲日所炤 引身避之 日影又逐而炤之 因而有孕 生一卵."

(그러나) 그 수레가 물에서 나오기도 전에 왕은 술에서 깨어 여자의 황금비녀를 취해서 가죽가마를 찌르고 그 구멍을 빠져나와 혼자 하늘로 올라갔다. 河伯이 딸에게 크게 화를 내며 말하기를 "너는 내 가르침을 따르지 않더니, 끝내 우리 家門을 욕되게 했구나" 하고 좌우에게 명하여 입을 잡아당겨 딸의 입술을 세 자로 길게 만들어놓고 다만 노비 두 사람을 붙여서 優渤水로 내쳤다.

漁師 强力扶鄒가 (金蛙王에게) 고하기를 "요즘 물고기 통발에서 고기를 훔쳐가는 자가 있는데, 어떤 짐승인지 모르겠습니다" 했다. 왕이 이에 漁師를 시켜 그물로 잡아끌어내려 했으나 그물이 찢어졌다. 다시 쇠그물을 만들어 잡아내니 비로소 돌 위에 앉은 여자 하나를 건져낼 수 있었다. 그 여자의 입술이 길어 말을 못하자, 세 번 입술을 잘라주니 말을 하게 되었다. 왕이 (그 여자가) 天帝의 아들의 妃임을 알고 別宮에 가두었는데, 그 여자는 햇빛을 품고 잉태했다.

위 기록들의 핵심은 '金蛙에 의해 이루어진 柳花의 別宮 幽閉'이다. 『三國史記』 기록에서는 "金蛙가 柳花를 방안에 幽閉했다"고 했고, 「東明王篇」에서는 "金蛙는 柳花가 '天帝의 아들의 妃임'을 알고 別宮에 가두었다"고 했다. 결론부터 말하자면, 金蛙에 의한 柳花의 別宮 幽閉는 北夫餘를 차지하고 스스로를 해모수라 부르던 사람과 집단들이 쫓겨나고, 金蛙가 어려서 빼앗겼던 北夫餘의 왕 자리로 복귀한 것이라고 해석된다. 그리고 이때 주몽①의 왕비인 柳花를 취한 金蛙의 행동은 4촌 사이에 일어난 取嫂婚으로 설명될 수 있다.

그런데 여기서 햇빛(해모수의 상징)에 의한 잉태와 金蛙(北夫餘를 수복하였기 때문에 金蛙는 당연히 해모수의 자리에 복귀한 것이다)에 의한 幽閉가 동시에 이루어지고 있기 때문에 서사 전개상 매우 혼란스러운 상황이 발생된다. 따라서 金蛙의 幽閉에 앞서 柳花가 햇빛을 품고 (먼저) 잉태했다는 식의 이야기 전개는 고구려 쪽에서 보면 해모수와 주몽을 혈연적으로 연결시키는 고리라고 할 수 있다. 왜냐하면 고구려 사람들은 王統으로 볼 때 柳花를 神妃로 하여 해부루, 金蛙, 帶素로 이어지는 후손들이 아니라, 柳花를 神妃로 하고 해모수로 스스로 부른 사람, 즉 주몽①과 주몽②로 이어지는 후손들이기 때문이다. 물론 柳花는 金蛙를 만나기 전에 이미 해모수의 씨인 주몽을 잉태하고 있었다는 것은 분명하다. 그 근거로는 당연히 해모수에 의한 柳花 幽閉가 있었다는 점을 들 수 있다. 또한「東明王篇」에서는 통발에서 물고기를 훔쳐간 柳花의 왕성한 식욕을 통해서 柳花가 임신중임을 알 수 있다. 漁師가 그물로 柳花를 물 속에서 끄집어내려 하자, 그물이 찢어졌다는 것도 柳花의 임신 사실을 알려 준다. 대개 신화에서 임신중인 여자 때문에 무기와 연장은 못 쓰게 망가진다고 여겨지기 때문이다.[25] 결국 표면적으로 보면, 柳花는 임신중에 金蛙에 의해 幽閉당한 것을 알 수 있다.

그런데 金蛙가 처음 柳花를 발견했을 때 "柳花는 풍만한 姙婦의 자태를 갖고 있었을 것이다. 金蛙가 柳花를 기이하게 여기면서도 後宮으로 들이지 않은 것도 출산을 앞둔 만삭의 몸이었기 때문일 것이다"[26]라고 주장하기도 한다. 그러나 이때 柳花의 몸 상태까지 주장하는 것은 지나친 추정이라고 본다. 왜냐하면 金蛙는 柳花를 天帝의 아들의 妃, 즉 神聖婚의 대상으로 柳花를 幽閉하여 私通하려 한 것이지, 柳花가 만삭의 몸임을 고려하여 柳花가 아이를 낳도록 別室에 幽閉해둔 것은 아니기 때문이다. 이러한 행동은 새로 北夫餘를 수복한 金蛙의 입장에서는 스스로 해모수가 되어 神聖婚 대상인 神妃에게 취한 당연한 행동이라고 할 수 있다. 그리고 그 뒤에 柳花가 金蛙 밑에서 살다가 東明王 14년(B.C. 24년) 가을 8월에 東夫餘에서 죽자, 金蛙는 柳花를 太后의 禮로 葬事지내 주고 神廟를 세워주었다고 했는데,[27] 이 역시 北夫餘를 수복한 金蛙의 입장에서는 始祖母神이기도 한 柳花에 대한 당연한 처사였다고 할 수 있다.[28]

---

25) 에스터 하딩, 김정란 역,『사랑의 이해』, 문학동네, 1996, 103~106쪽 참조.

26) 강경구, 앞의 책, 219쪽.

27) 주석 14) 참조.

28) 일부 연구자들은 柳花의 神廟가 東夫餘에 있는 것을 의심하기도 하지만, 주몽과 金蛙가 모두 해모수와 柳花(이때의 柳花는 始祖母神으로서의 柳花이다)의 후손들이기 때문에 金蛙가 柳花(이때의 柳花는 주몽을 낳은 어머니이다)가 죽은 뒤에 柳花를 太后의 禮로 葬事를 지내고 神廟를 세워주었다는 것은 당연하다. 또한 柳花의 神廟가 金蛙가 다스리던 東夫餘(실제로는 수복한 北夫餘)에 있는 것 역시 당연하다. 기실 이보다 중요한 것은 柳花에게 神廟를 지어주고 숭배한 진짜 이유가 무엇인가 하는 문제일 듯하다. 예를 들어 외아

이러한 金蛙의 北夫餘 수복 와중에 주몽①과 그 집단의 일부는 당연히 제거되었을 것이다. 왕 자리를 빼앗은 자들이 다시 왕 자리를 빼앗겼을 때 그 결과는 충분히 예상할 수 있다. 이런 사정의 흔적이 바로 밑줄 친 부분들이다(昇天이란 죽음을 의미하기도 한다). 더구나 주몽신화에 보면, 金蛙에 의해 柳花의 幽閉가 이루어진 뒤에 해모수는 다시 등장하지 않는 데에서 그의 末路를 충분히 짐작할 수 있다. 다만 나머지 주몽①의 집단들은 金蛙처럼 다른 곳으로 퇴출되지 않고, 金蛙의 지배 아래 놓였기 때문에 그 이후에 柳花가 金蛙 밑에 살게 된 것이고, 柳花에게서 태어난 주몽이 金蛙의 太子인 帶素와 어려서부터 사냥을 하면서 같이 살게 된 것이고, 주몽은 성장하여 東夫餘에서 탈출하였다고 전해지는 것이다. 그러므로 정확하게 말하면 주몽은 東夫餘에서 탈출한 것이 아니라, 사실은 北夫餘를 수복하고 새로 北夫餘의 왕이 된 金蛙의 보호 아래 살다가 탈출했다고 해야 정확한 말이 된다. 주몽의 出自에 혼선이 생긴 까닭 또한 이러한 사실이 제대로 밝혀지지 못했기 때문에 생긴 결과라고 할 수 있다.

지금까지의 분석 결과를 가지고 北夫餘 왕위의 계승을 다음과 같이 요약할 수 있다. 즉 제일 먼저 해모수는 해부루에게 왕위를 전했다. 얼마 뒤 주몽①이 北夫餘를 차지하면서 해부루 혹은 金蛙를 내쫓았다. 그 결과 柳花가 주몽① 쪽에 소속되었다. 그러다가 다시 金蛙가 北夫餘를 수복했다. 이 과정에서 수봉①은 제거되고, 金蛙가 北夫餘의 왕이 되어 解慕漱神으로 복귀했다. 그리고 金蛙는 주몽①의 왕비를 神妃로 맞이하여 柳花로 삼았다. 앞서 말했듯이 이는 일종의 取嫂婚이다. 이리하여 柳花의 소속 또한 주몽 쪽에서 해부루 쪽으로 다시 넘어 왔다.

들로 태어난 金蛙에서 柳花는 많은 자손을 낳아주지 않았을까 하는 문제 등이 거론될 수 있을 것이다.

해모수 → 해부루 → (金蛙?) → 주몽① → 金蛙 → 帶素

추정된 北夫餘의 왕위 계승 과정

이것이 金蛙에 의한 柳花 幽閉의 내막이다. 결국 주몽 집단과 金蛙 집단은 王權을 쟁취하는 과정에서 한번씩의 승리를 주고받으면서 마침내 고구려를 세운 주몽 때에 이르러 고구려와 北夫餘로 분리되면서 分化의 길을 걷게 된 것이다. 그러나 王權을 중심으로 하여 쌓이기 시작한 두 집단간의 감정의 골은 결국 吳越처럼 서로를 앙숙으로 만들었고, 이후 고구려의 大武神王이 帶素를 죽일 때(大武神王 5년, 서기 22년)까지, 더 나아가 그 뒤에도 고구려와 夫餘의 잔존 세력들로 하여금 끊임없이 싸우게 만들었다고 할 수 있다. 그러나 최초의 출발은 어디까지나 異母 형제들의 싸움에서 출발하였다.

4. 맺음말

지금까지 고구려 건국 이전에 발생한 해모수 후예들의 분화과정에 대해서 살펴보았다. 그 결과 해모수를 비롯한 주몽 등의 이름이 한 사람의 특정한 명칭이 아니라, 神들의 명칭으로 봄으로써 해모수 家系, 특히 해모수에서 주몽으로 이어지는 고구려 계통의 불분명한 家系 문제를 새롭게 파악해 보았다. 대략 해모수 가계는 해모수 → 해부루로 이어졌다가 해부루에 이르러 주몽①과 金蛙로 나뉘어지면서, 고구려 쪽은 주몽① → 주몽②로 이어지고, 북부여 쪽은 金蛙 → 帶素로 이어지는 것으로 정리하였다.

그리고 해모수와 金蛙에 의해 이루어진 柳花의 幽閉를 神聖婚의 한 형태로 봄으로써 주몽신화에 나타나는 해모수 후예들의 分化過程 중에 두 차례의 王權 교체가 있었음을 밝혀보았다. 이에 따라 지금까지 풀리지 않았던 주몽 出自의 혼선은 큰 가닥이 잡혔다고 볼 수 있다. 즉 이 글의 분석 결과, 金蛙는 北夫

餘에서 쫓겨나 東夫餘 迦葉原에서 계속 산 것이 아니라, 실제로는 주몽①에 비견되는 인물을 제거하고 다시금 北夫餘를 수복함으로써 北夫餘 왕으로 복귀했으며, 그 과정에서 주몽이 탄생한 것으로 파악되었다. 그렇다고 지금까지 이루어진 논의의 결과를 통해 東夫餘의 존재를 부정하고 北夫餘의 존재만을 인정하는 것이 이 글의 입장은 아니다. 기실 기존 사료 분석하면서 나타날 수 있는 혼선을 피하기 위해 北夫餘나 東夫餘라는 용어를 그대로 쓴 것일 뿐 지금까지의 분석 결과로 볼 때, 夫餘의 존재만이 확실한 것 같다. 東夫餘니 北夫餘니 하는 것은 아마도 고구려 입장에서 後代에 만들어진 것으로 볼 수 있다.

결국 해모수 후예들의 分化過程의 본질은 異母 형제 집단 사이에 柳花라는 始祖母神을 두고 이를 서로 뺏기 위한 싸움이자, 해모수라는 始祖神을 차지하는 싸움이라고 볼 수 있다. 한마디로 神權을 탈취하기 위한 형제간의 기나긴 투쟁이었다고 하겠다. 그리고 그 과정 속에서 벌어진 두 집단간의 치열한 싸움은 결국 나라가 둘로 분리되는 데까지 이르게 했다고 볼 수 있다.

부록 2

舊三國史 東明王本紀

(번역문 및 原文)

夫餘王 解夫婁가 늙도록 아들이 없어 山川으로 돌아다니며 제사 지내어 아들 낳기를 빌었더라. 자기가 탄 말이 鯤淵에 이르렀는데, 큰 돌이 눈물을 흘리는 것을 보고 왕이 기이하게 여겨서 사람들로 하여금 그 돌을 굴리게 했더라. 그곳에 작은 아이가 있었는데, 금빛 개구리 모양이더라. 왕이 말하기를 "이는 하늘이 내게 자손을 주심이로다." 하고 거두어 기르고 이름을 金蛙라 하고 세워서 太子로 삼았더라. 어느 날 그의 신하 阿蘭弗이 와서 말하기를 "얼마 전에 天帝가 제게 내려와 말씀하시길 '장차 나의 자손으로 여기에 나라를 세우리니 너는 피하라. 東海 바닷가에 迦葉原이라는 땅이 있는데, 땅이 기름져 五穀이 자라기 아주 좋아 서울로 삼으면 되리로다.' 하였나이다." 하고 왕으로 하여금 옮겨가게 하더니 東夫餘라 불렀더라. 옛 서울에는 天帝의 아들인 解慕漱가 내려와 서울로 삼으셨더라.

[神雀 3년 壬戌歲[1]] 天帝가 太子를 보내 夫餘의 옛 서울에 내려와 놀게 하셨더라. 이름이 解慕漱라 했는데, 하늘에서 내려오셨더라. 다섯 龍이 끄는 수레를 타고 수백 명의 從者를 거느리고 내려오시는데, 모두들 하얀 고니를 탔더라. 하늘 위에는 온갖 색깔의 구름이 펼쳐지고 구름 속에서 음악 소리 들려왔더라. 熊心山에 잠시 머무시고 열흘이 지난 뒤 내려오셨더라. 머리에는 까마귀 깃털로 된 고깔을 쓰고 허리에는 龍光劍을 차셨더라. 아침이면 내려와 政事를 들으시고 저녁이면 하늘로 올라가시니, 세상 사람들이 天王郞이라고 불렀더라.

城의 북쪽에 靑河라는 강물이 있는데, 그곳에는 河伯의 세 딸인 柳花와 萱花, 葦花가 살았더라. 어느 날 靑河에서 熊心淵 물가로 놀러갔더라. 그 모습이 아름답고 고왔더라. 몸에는 옥구슬을 가득 달아 쟁그랑쟁그랑 소리를 내더라.

왕이 左右에게 이르시기를 "얻어서 王妃 삼으면 자손을 둘 것 같도다!" 하시더라. 그러나 딸들은 왕을 보자 곧장 물속으로 들어가더라. 左右가 말하기를

---

1) B.C. 59년.

"대왕이시여! 어찌하여 宮殿을 지어 딸들이 들어가기를 기다렸다가 문을 닫아 걸지 않으시나이까?" 왕께서 그렇게 하마 하시고 말채찍으로 땅을 그으시더라. 곧바로 구리집[銅室]이 생겨나더라. 방안에 세 자리를 마련해 놓고 술동이를 가져다 놓으니, 딸들이 제 자리에 앉더라. 딸들이 서로 술을 권하여 먹으며 크게 취하더라. 왕은 세 딸이 크게 취하기를 기다렸다가 급히 나가 가로 막으니, 딸들이 놀라 달아나더라. 큰 딸 柳花만이 왕에게 잡히었더라.

河伯이 크게 노하여 使者를 보내 말하기를 "그대는 누구이관데 내 딸을 가두었는가?" 하더라. 왕이 말을 전하시기를 "나는 天帝의 아들이오. 지금 河伯의 집안과 婚姻을 맺고자 하오." 하더라. 河伯이 또 使者를 보내 말하기를 "그대가 天帝의 아들로 나에게 婚姻을 청하고자 한다면, 마땅히 중매를 넣어야 하리로다. (그런데) 지금 내 딸을 곧 잡아두니, 이는 실례가 아닌가?" 하더라. 왕께서 부끄러워하시고 장차 河伯을 보러가기로 하시고 (구리)집으로는 들어가지 않으시더라. 이에 딸을 풀어주려 하시매 딸은 이미 왕과 情이 듬뿍 들어 떠나려 하지 않더라. 딸이 왕에게 말하기를 "龍車가 있다면 河伯의 나라에 이를 수 있나이다." 하더라. 왕이 하늘을 가리키며 말을 하니, 곧장 다섯 龍이 끄는 수레가 하늘에서 내려오더라. 왕과 딸이 龍車를 타고 가더라. 바람과 구름이 갑자기 일어 그 宮殿에 이르렀더라.

河伯이 禮를 갖추어 맞이하고 자리에 앉아서 말하기를 "婚姻의 道는 天下의 通規이거늘 어찌하여 실례를 하여 나의 家門을 욕보였는가?" 河伯이 또 말하기를 "그대가 天帝의 아들이라면 무슨 신이함이 있는가?" 왕이 말하시기를 "무엇이든 시험을 해보십시오." 하시더라. 이에 河伯이 뜰 앞에 있는 물속으로 들어가 잉어가 되어 물결을 따라 노니, 왕께서는 수달이 되어 잡으시더라. 河伯이 또 사슴이 되어 달아나니, 왕께서는 승냥이가 되어 쫓으시더라. 河伯이 꿩이 되니, 왕께서는 매가 되어 치시더라.

河伯이 드디어 天帝의 아들이라 여기고 婚禮를 치르기로 했더라. 그런데 河伯은 왕이 자기 딸을 데려 갈 마음이 없을까 두려워 음악을 베풀고 술자리를 마련하여 왕을 크게 취하시게 하더라. 河伯의 술은 한번 먹으면 이레가 지나야 깨어난다고 하더라. 河伯은 딸과 함께 작은 가죽가마[革輿] 속에 집어넣고, 이를 다시 龍車에 얹어서 하늘로 오르게 하더라. 그러나 수레가 물을 빠져나오기 전에 왕께서는 술에서 깨어나시어 딸의 황금비녀를 취해서 가죽가마를 찌르고 구멍을 빠져나와 홀로 하늘로 올라가시도다.

河伯이 크게 노하여 딸에게 말하기를 "너는 내 가르침을 따르지 않더니, 그예 우리 家門을 욕되게 하였구나!" 하고 左右로 하여금 딸의 입을 잡아당겨 그 입술이 길게 석 자가 되게 만들어 놓고 계집종만 둘 붙여서 優渤水로 내쫓아 버리더라.(優渤水는 못 이름인데 지금의 太白山 남쪽에 있다)

고기잡이인 强力扶鄒가 金蛙王에게 아뢰기를 "요즘 물고기 통발 속에 고기를 훔쳐가는 것이 있는데, 무슨 짐승인지는 모르겠나이다." 하더라. 왕이 고기잡이를 시켜 그물로 건져내니 그물이 찢어지더라. 다시 쇠그물을 만들어 당겨 올려서 돌 위에 앉아 있는 딸을 얻었더라. 그 딸은 입술이 길어 말을 하지 못하더라. 그 입술을 세 번 잘라내자 곧 말을 하더라. 金蛙王은 그 딸이 天帝 아들의 王妃임을 알고 곧장 別宮 속에 가두었더라. 그 딸이 가슴에 햇빛을 품자 아기를 갖게 되었더라.

[神雀 4년 癸亥歲[2]] 여름 4월 주몽께서 태어나시도다. 울음 소리 우렁차시고, 모습이 영특하고 기이하시더라. 처음 태어나실 적에 (柳花의) 왼쪽 옆구리에서 알로 나오셨더라. 알은 커서 닷되 들이 가량 되시었더라. 金蛙王이 기이하게 여겨 말하기를 "사람이 새알을 낳으니, 심히 상서롭지 못하도다." 하고 사람으로 하여금 말목장에 버리게 했더니, 많은 말들이 밟지 않더라. 다시 깊은 산 속에 가져다 버렸더니, 수많은 짐승들이 모두 감싸 안아 주더라. 구름낀 날에도 알 위에는 언제나 햇빛이 담겨 있더라. (金蛙)王이 취하여 그 어미에게 주어 기르게 하더라.

---

2) B.C. 58년.

마침내 알이 열리며 한 사내 아이가 나왔더라. 태어나 한 달도 채 되지 않아 말씀을 또박또박 하시더라. 어느 날 어머니께서 말씀하시기를 "수많은 파리들이 제 눈을 빨아서 잘 수가 없으니, 어머니께서는 저를 위해 활과 화살을 만들어 주소서." 하시더라. 어머니가 가시나무로 활과 화살을 만들어 주시더라. 스스로 물레 위에 앉아 있는 파리를 쏘아 곧 맞추시더라. 夫餘의 말로 활을 잘 쏘는 사람을 주몽이라 했더라.

나이가 드시어 온갖 재주를 두루 갖추시더라. 金蛙에게 일곱 아들이 있었는데, 언제나 주몽과 함께 사냥을 하며 놀았더라. 왕자들과 從者 40여명은 한 마리 사슴밖에 잡지 못했지만, 주몽께서 활로 쏘아 잡은 사슴은 아주 많으셨더라. 왕자들이 미워하여 주몽을 잡아 나무에 묶어둔 채 주몽이 잡았던 사슴을 빼앗아가더라. (그러자) 주몽께서 나무를 뿌리째 뽑아들고 돌아가시더라. 太子인 帶素가 (金蛙)王에게 말하기를 "주몽은 神勇한 사람으로 눈초리가 비상하니, 일찍 꾀하지 않으면 뒤탈이 있을 것이옵나이다."하더라. 왕은 주몽으로 하여금 말을 키우게 하더라.

주몽께서 가슴에 恨을 품고 어머니에게 말하시기를 "저는 天帝의 자손으로 남을 위해 말이나 키우고 있으니, 사는 게 죽는 건만 못하옵나이다. 그리고 남쪽으로 내려가 나라를 세우고자 하나 어머니께서 계시니 그렇게 하지도 못하겠나이다." 하시더라. 어머니께서 말하시기를 "이는 나도 날마다 가슴을 썩이는 일이니라. 내 들으니 사나이가 먼 길을 가려면 준마가 있어야 한다니, 내 너에게 말을 골라 주리라." 하시더라.

드디어 말목장에 가서 긴 말채찍을 어지럽게 휘두르니, 많은 말들이 놀라 달아나더라. 한 붉은 말이 두 길의 난간을 뛰어넘더라. 주몽께서 이 말이 뛰어난 준마임을 알아보시고 몰래 말의 혀뿌리에 바늘을 찔러 놓으셨더라. 그 말은 혀가 아파서 물풀을 먹지 못하고 아주 말라가더라. 왕이 말목장을 巡行하다가 많은 말들이 모두 살찐 것을 보고 기뻐하더라. 이에 마른 말을 주몽께 주더라. 주몽께서 이를 얻어 (말의 혀에 박아 놓은) 바늘을 빼내 잘 먹여 기르시더라. 몰래 세 명의 賢者들과 결의를 하니, 그 사람들은 지혜가 많았더라. 이들 이름은 烏伊, 摩離, 陜父라 하였더라.

남쪽으로 가시다가 淹滯에 이르시더라. 건너시고자 했으나 배가 없더라. 쫓아오는 兵士들이 자꾸 가까이 다가와 무서우시더라. 곧 채찍으로 하늘을 가리켜 탄식하며 말씀하시기를 "나는 天帝의 자손이요, 河伯의 외손으로 지금 난리를 피해 이곳에 이르렀나이다. 皇天과 后土께서는 이 외로운 자손을 불쌍히 여기사, 부디 배다리[舟橋]를 보내주소서." 하시더라. 주몽께서 말을 마치고 곧 활로 물을 치시더라. 물고기와 자라가 물속에서 떠올라 다리를 만들어 주어 주몽께서 곧 건널 수 있으시더라. 얼마 뒤 쫓아온 兵士들이 물가에 이르렀더라. 물고기와 자라로 만든 다리가 곧 무너지더라. 이미 다리 위에 올라온 사람들은 모두 빠져 죽더라.

주몽께서 어머니와 이별하실 적에 차마 떠나시지 못하시매, 어머니가 말씀하시기를 "너는 이 어미를 조금도 걱정하지 마라." 하시고 곧 五穀의 씨앗을 싸서 들려 보내시더라. 주몽께서 이별의 아픔에 깜빡 보리 씨앗을 잊고 길을 떠나시었더라. 주몽께서 커다란 나무 아래 쉬시는데, 두 마리 비둘기가 날아와 앉더라. 주몽께서 말씀하시기를 "분명코 神母께서 너희들로 하여금 보리 씨앗을 보내신 것이리라!" 하시고 곧 활을 당겨 쏘시더라. 화살 하나에 두 마리가 한꺼번에 잡히더라. 비둘기들의 목구멍을 열어 보리 씨앗을 꺼내시더라. 물을 비둘기들에게 뿜으시니, 살아나서 날아가더라.

왕께서는 띠자리[茀蕝] 위에 앉으시고 임금과 신하의 자리를 대충 정하셨더라.

沸流王 松讓이 사냥을 나왔더라. 왕의 빼어난 모습을 보고 이끌어서 함께 앉아 말하기를 "이곳은 너무 외져서 한 번도 君子를 본 적이 없소이다. 지금 이렇게 만나게 되니 이 얼마나 다행인지 모르겠소. 그대는 누구이시며 어디서 오시었소?" 하더라.

왕께서 말씀하시기를 "나는 天帝의 자손이요, 西國의 왕이로다. 감히 묻노니 그대는 누구를 이어 왕이 되었는가?" 하시더라. 松讓이 말하기를 "나는 仙人의 후손으로 오랜 동안 이곳의 왕으로 있소이다. 땅이 지나치게 좁아 두 임금이 있을 수는 없소. 그대는 나라를 세운 지 얼마 되지 않았으니, 큰나라 옆에 붙어 있는 작은 나라로 사는 것이 어떻겠소?"

왕께서 말씀하시기를 "나는 天帝의 후예로다. 그대는 神의 자손도 아니면서 왕이라고 부르는구나. 만약에 내 밑으로 들어오지 않는다면, 하늘이 반드시 죽일 것이로다." 하시더라.

松讓은 왕께서 자주 天帝의 자손이라는 말을 하는 것을 마음속으로 믿지 아니하고 그 재주를 시험하고자 하더라. 이에 말하기를 "바라건대 함께 활쏘기를 해 보고 싶소이다." 하고는 사슴을 그려 백 걸음 안에 걸어놓고 활을 쏘더라. 그 화살이 사슴의 배꼽으로 들어가지 못했거늘 힘에 겨워하더라. 왕께서 사람으로 하여금 옥가락지를 백 걸음 밖에 걸어놓게 하시고 활을 쏘시니, 부서져 버리는 것이 마치 무너져 내리는 기왓장 같더라. 松讓이 크게 놀라더라.

왕께서 말씀하시기를 "나라를 세운 지 얼마 되지 않아 아직 북과 뿔나팔을 갖추지 못했으니, 沸流의 使者들이 올 때마다 왕의 禮로서 맞지 않고 나를 가벼이 여기는구나." 扶芬奴 등이 다가와 말하기를 "臣이 대왕을 위하여 沸流의 북과 뿔나팔을 구해 오겠나이다." 하더라. 왕께서 말씀하시기를 "다른 나라의 물건을 어찌 가져온단 말인가?" 하시더라. 대답해 말하기를 "이는 하늘이 주신 물건이옵나이다. 어찌 취하지 못하겠나이까! 대왕께서 부여 땅에 계실 적에 누가 이곳까지 이를 줄을 알았셨나이까? 지금 대왕께서는 수많은 어려움 속에서도 몸을 빼내시어 遼東에서 이름을 날리시나이다. 이는 天帝의 命으로 그리 되신 것이옵나이다. 그러니 무슨 일이신들 이루지 못하시겠나이까?" 하더라.

이에 扶芬奴 등이 沸流 땅으로 가서 북을 취해 돌아오더라. 沸流王이 使臣을 보내 아뢰더라. 왕이 북과 뿔나팔을 와서 볼까 두려워하시어 빛깔을 오래된 것처럼 만들어 놓으시더라. 松讓이 감히 다투지 못하고 돌아가더라.

松讓이 나라를 세운 순서를 가지고 附庸國[3]을 삼고자 하더라. 왕께서 宮室을 지으실 적에 썩은 나무로 기둥을 세워 千年 묵은 것처럼 하시더라. 松讓이

---

3) 큰 나라 옆에 붙어사는 나라.

와서 보고 마침내 나라를 세운 순서를 따지지 못하더라.

서쪽으로 巡行하시다가 흰 사슴 한 마리를 잡으시더라. 이에 게들판[蟹原] 위에 거꾸로 매달아놓고 呪文을 외워 말씀하시기를 "하늘이 만약 비를 내려 沸流王의 서울을 물에 잠기게 하지 않는다면, 나는 너를 놓아주지 않으리로다. 그러니 이 어려움에서 벗어나려거든 네가 하늘에 하소연하거라!" 하시더라. 사슴이 슬피 울어 그 소리가 하늘에 사무치니, 장맛비가 이레를 퍼부어 松讓의 서울이 물에 잠겨 버리더라. 松讓이 갈대밧줄로 흐르는 물을 가르고 오리와 말을 태우니, 백성들이 모두 그 밧줄을 잡아 당기더라. 주몽께서 채찍으로 물을 그으니 물이 곧 줄어들더라. 6월에 松讓이 나라를 들어 항복하더라.

7월에 검은 구름이 鶻嶺에 일어 그 산에 있는 사람들이 보이지 않더라. 오직 수천 명의 목소리만 들리니 토목공사를 하는 것 같더라. 왕께서 말씀하시기를 "하늘이 날 위해 城을 쌓으시는 것이로다!" 이레 만에 구름과 안개가 절로 걷히더니, 城郭과 宮室이 절로 이루어져 있더라. 왕께서 皇天에 절을 올리시고 곧 가서 사시더라.

가을 9월에 왕께서 하늘에 오르시고 다시 내려오지 않으시니, 이때 나이 마흔이시더라. 太子가 왕께서 남기신 옥채찍으로 대신 龍山에 葬事를 지내시었더라.

類利께서는 어려서부터 기이한 기질이 있으셨더라. 어릴 때 참새 잡는 것을 일삼으셨는데, 한 아낙이 물동이를 이고 가는 것을 보고 쏘아서 뚫으셨더라. 그 아낙이 노하여 욕하기를 "아비도 없는 놈이 내 물동이를 쏘아 뚫어버렸구나." 하더라. 類利께서 크게 부끄러워하시어 진흙 탄환으로 쏘아서 물동이 구멍을 메워 처음처럼 만들어 놓으시더라.

그리고 집으로 돌아와 어머니에게 "제 아버지는 누구신가요?" 하고 물으시더라. 어머니는 類利가 나이가 어리다고 생각해 장난삼아 말하기를 "너에게는 정해놓은 아버지가 없구나." 하시더라.

類利께서 울면서 말씀하시기를 "사람에게 정해진 아버지가 없다면 무슨 얼굴로 남들을 본단 말입니까?" 하시고 드디어 스스로 목을 찌르려 하시더라. 어머니가 깜짝 놀라 말리며 말씀하시기를 "아까 한 말은 내가 장난으로 한 말이니라. 네 아버지는 天帝의 자손이요, 河伯의 외손이니라. 夫餘의 臣下들에게 원망을 받아 남쪽 땅으로 가시어 마침내 나라를 세우셨느니라. 네가 가서 만나 보겠느냐?" 하시더라.

대답하시기를 "아버지는 임금이 되시었는데, 아들은 남의 나라 臣下가 되었으니 제가 비록 재주 없사오나 어찌 부끄럽지 않겠나이까?" 하시더라. 이에 어머니가 말씀하시기를 "너의 아버지가 떠나실 때 말을 남기시기를 '내가 일곱 고개 일곱 골짜기 돌 위에 있는 소나무에 물건을 숨겨 두었으니, 이것을 찾아내면 내 아들이니라.' 하시었느니라!" 하시더라.

類利께서는 산골짜기에 가서 찾다가 얻지 못하시고 지쳐서 돌아오시더라. 類利께서 집 기둥에서 슬픈 소리가 새어나오는 것을 들으시더라. 그 기둥은 돌 위의 소나무였고 나무 모양이 일곱 모서리더라. 類利께서 스스로 풀어내고 말씀하시기를 "일곱 고개 일곱 골짜기라는 것은 일곱 모서리이고, 돌 위의 소나무라는 것은 기둥이로다!" 하시고 일어나 가서 보시니 기둥 위에 구멍이 뚫려 있더라. 그 구멍에서 부러진 칼 한 조각을 얻으시고 크게 기뻐하시더라.

[前漢 鴻嘉 4년[4]] 4월에 고구려로 탈출하시어 칼 한 조각을 왕께 바치시더라. 왕께서 가지고 계시던 부러진 칼 조각과 합치니, 피가 흘러나오면서 칼이 하나로 만들어지더라. 왕께서 類利에게 말씀하시기를 "네가 참으로 내 아들이라면 무슨 신성함이 있는고?" 하시더라. 類利께서 곧바로 몸을 날려 하늘로 솟구치더니, 바라지 안에 있는 해를 타서 신이함을 보이시더라. 왕께서 크게 기뻐하시고 太子로 삼으시더라.

4) B.C. 17년.

李奎報의「東明王篇」에 실린『舊三國史』「東明王本紀」

本記云 夫余王解夫婁老無子 祭山川求嗣 所御馬至鯤淵 見大石流淚 王怪之 使人轉其石 有小兒金色蛙形 王曰 此天錫我令胤乎 乃收養之 名曰金蛙 立爲太子 其相阿蘭弗曰 日者天降我曰 將使吾子孫 立國於此 汝其避之 東海之濱有地 號迦葉原 土宜五穀 可都也 阿蘭弗勸王移都 號東夫余 於舊都 解慕漱爲天帝子來都

(漢神雀三年壬戌歲) 天帝遣太子降遊扶余王古都 號解慕漱 從天而下 乘五龍車 從者百餘人 皆騎白鵠 彩雲浮於上 音樂動雲中 止熊心山 經十餘日始下 首戴烏羽之冠 腰帶龍光之劍 朝則聽事 暮卽升天 世謂之天王郎

城北有青河 (青河今鴨綠江也) 河伯三女美 長曰柳花 次曰萱花 季曰葦花 自青河出遊熊心淵上 神姿艶麗 雜佩鏘洋 與漢皐無異 王謂左右曰 得而爲妃 可有後胤 其女見王卽入水 左右曰 大王何不作宮殿 俟女入室 當戶遮之 王以爲然 以馬鞭畫地 銅室俄成壯麗 於室中 設三席置樽酒 其女各坐其席 相勸飮酒大醉云云 王俟三女大醉 急出遮女等驚走 長女柳花 爲王所止

河伯大怒 遣使告曰 汝是何人 留我女乎 王報云 我是天帝之子 今欲與河伯結婚 河伯又使告曰 汝若天帝之子 於我有求昏者 當使媒云云 今輒留我女 何其失禮 王慙之 將往見河伯 不能入室 欲放其女 女旣與王定情 不肯離去 乃勸王曰 如有龍車 可到河伯之國 王指天而告 俄而五龍車從空而下 王與女乘車 風雲忽起 至其宮

河伯備禮迎之 坐定 謂曰 婚姻之道 天下之通規 何爲失禮 辱我門宗云云 河伯曰 王是天帝之子 有何神異 王曰 唯在所試 於是 河伯於庭前水 化爲鯉 隨浪而游 王化爲獺而捕之 河伯又化爲鹿而走 王化爲豺逐之 河伯化爲雉 王化爲鷹擊之 河伯以爲誠是天帝之子 以禮成婚 恐王無將女之心 張樂置酒 勸王大醉 與女入於小革輿中 載以龍車 欲令升天 其車未出水 王卽酒醒 取女黃金釵刺革輿 從孔獨

出升天

河伯大怒其女曰 汝不從我訓 終辱我門 令左右絞挽女口 其唇吻長三尺 唯與奴婢二人 貶於優渤水中(優渤澤名 今在太伯山南) 漁師强力扶鄒告曰 近有盜梁中魚而將去者 未知何獸也 王乃使魚師以網引之 其網破裂 更造鐵網引之 始得一女 坐石而出 其女唇長不能言 令三截其唇乃言 王知天帝子妃 以別宮置之 其女懷中日曜 因以有娠

(神雀四年癸亥歲 夏四月) 生朱蒙 啼聲甚偉 骨表英奇 初生左腋生一卵 大如五升許 王怪之曰 人生鳥卵 可爲不祥 使人置之馬牧 群馬不踐 棄於深山 百獸皆護 雲陰之日 卵上恒有日光 王取卵送母養之 卵終乃開得一男 生未經月 言語竝實 謂母曰 群蠅噆目 不能睡 母爲我作弓矢 其母以蓽作弓矢與之 自射紡車上蠅 發矢卽中 扶余謂善射曰朱蒙

年至長大 才能竝備 金蛙有子七人 常共朱蒙遊獵 王子及從者四十餘人 唯獲一鹿 朱蒙射鹿至多 王子妬之 乃執朱蒙縛樹 奪鹿而去 朱蒙拔樹而去 太子帶素言於王曰 朱蒙者 神勇之士 瞻視非常 若不早圖 必有後患 王使朱蒙牧馬 欲試其意

朱蒙內自懷恨 謂母曰 我是天帝之孫 爲人牧馬 生不如死 欲往南土造國家 母在不敢自專 其母云云 通典云 朱蒙所乘 皆果下也其母曰 此吾之所以日夜腐心也 吾聞士之涉長途者 須憑駿足 吾能擇馬矣 遂往馬牧 卽以長鞭亂捶 群馬皆驚走 一騂馬跳過二丈之欄 朱蒙知馬駿逸 潛以針捶馬舌根 其馬舌痛 不食水草 甚瘦悴

王巡行馬牧 見群馬悉肥大喜 仍以瘦錫朱蒙 朱蒙得之 拔其針加餧云 暗結三賢友 其人共多智 烏伊摩離陜父等三人 南行至淹滯 欲渡無舟 恐追兵奄及 迺以策指天 慨然嘆曰 我天帝之孫 河伯之甥 今避難至此 皇天后土 憐我孤子 速致舟橋 言訖 以弓打水 魚鼈浮出成橋 朱蒙乃得渡 良久追兵至 追兵至河 魚鼈橋卽滅 已上橋者 皆沒死

朱蒙臨別 不忍暌違 其母曰 汝勿以一母爲念 乃裹五穀種以送之 朱蒙自切生別之心 忘其麥子 朱蒙息大樹之下 有雙鳩來集 朱蒙曰 應是神母使送麥子 乃引

弓射之 一矢俱擧 開喉得麥子 以水噴鳩 更蘇而飛去云云

王自坐茀蕝之上 略定君臣之位 沸流王松讓出獵 見王容貌非常 引而與坐曰 僻在海隅 未曾得見君子 今日邂逅 何其幸乎 君是何人 從何而至 王曰 寡人天帝之孫 西國之王也 敢問君王繼誰之後 讓曰 予是仙人之後 累世爲王 今地方至小 不可分爲兩王 君造國日淺 爲我附庸可乎 王曰 寡人繼天之後 今主非神之胄 强號爲王 若不歸我 天必殛之 松讓以王累稱天孫 內自懷疑 欲試其才 乃曰願與王射矣 以畫鹿置百步內射之 其矢不入鹿臍 猶如倒手 王使人以玉指環 懸於百步之外射之 破如瓦解 松讓大驚云云

王曰 以國業新造 未有鼓角威儀 沸流使者往來 我不能以王禮迎送 所以輕我也 從臣扶芬奴進曰 臣爲大王取沸流鼓角 王曰 他國藏物 汝何取乎 對曰 此天之與物 何爲不取乎 夫大王困於扶余 誰謂大王能至於此 今大王奮身於萬死之危 揚名於遼左 此天帝命而爲之 何事不成 於是扶芬奴等三人 往沸流取鼓而來 沸流王遣使告曰云云 王恐來觀鼓角 色暗如故 松讓不敢爭而去 松讓欲以立都 先後爲附庸 王造宮室 以朽木爲柱 故如千歲 松讓來見 竟不敢爭立都先後 西狩獲白鹿 倒懸於蟹原 呪曰 天若不雨而漂沒沸流王都者 我固不汝放矣 欲免斯難 汝能訴天 其鹿哀鳴 聲徹于天 霖雨七日 漂沒松讓都 王以葦索橫流 乘鴨馬 百姓皆執其索 朱蒙以鞭畫水水卽減 六月 松讓擧國來降云云 七月 玄雲起鶻嶺 人不見其山 唯聞數千人聲以起土功 王曰 天爲我築城 七日 雲霧自散 城郭宮臺自然成 王拜皇天就居 秋九月 王升天不下 時年四十 太子以所遺玉鞭 葬於龍山云云

類利少有奇節云云 少以彈雀爲業 見一婦戴水盆 彈破之 其女怒而詈曰 無父之兒 彈破我盆 類利大慙 以泥丸彈之 塞盆孔如故 歸家問母曰 我父是誰 母以類利年少戲之曰 汝無定父 類利泣曰 人無定父 將何面目見人乎 遂欲自刎 母大驚止之曰 前言戲耳 汝父是天帝孫 河伯甥 怨爲扶餘之臣 逃往南土 始造國家 汝往見之乎 對曰 父爲人君 子爲人臣 吾雖不才 豈不愧乎 母曰 汝父去時有遺言 吾有藏物七嶺七谷石上之松 能得此者 乃我之子也 類利自往山谷 搜求不得 疲倦而還 類利聞堂柱有悲聲 其柱乃石上之松木 體有七稜 類利自解之曰 七嶺七谷者 七稜

也 石上松者 柱也 起而就視之 柱上有孔 得毁劒一片 大喜 (前漢鴻嘉四年) 夏四月 奔高句麗 以劒一片 奉之於王 王出所有毁劒一片合之 血出連爲一劍 王謂類利曰 汝實我子 有何神聖乎 類利應聲 擧身聳空 乘牖中日 示其神聖之異 王大悅 立爲太子(『東國李相國集全集』 卷第三)

참고문헌

1. 原典類

高麗圖經(徐兢, 아세아출판사, 1972)
高麗史
廣開土大王碑
論語
東國李相國集(李奎報, 韓國文集叢刊, 1)
復齋先生集(鄭摠, 韓國文集叢刊, 7)
梅月堂集(金時習, 韓國文集叢刊 13)
牟頭婁墓誌
北史
史記
三國史記
三國遺事
三國志
宋史
新增東國輿地勝覽
陽村先生文集(權近, 韓國文集叢刊, 7)
魏略
耳溪集(洪良浩, 韓國文集叢刊, 241)
莊子
周書
晉書
天文類抄(李純之 編, 延世大學校 所藏 木活字本 甲寅字體訓鍊都監字)
楚辭
平壤續志
荷谷集(許篈, 韓國文集叢刊, ??)
韓國古典文學全集 3(希望出版社, 1969).
韓國口碑文學大系(4-6)(韓國精神文化研究院 編, 高麗苑, 1984).
한국문화상징사전(동아출판사, 1992).
翰苑(張楚金, 竹內理三 校訂解說, 太宰府天滿宮文化研究所, 1997).
花郎世紀(金大問, 이종욱 역주, 소나무, 2005).
淮南子
ALMAGEST(trans. G. J. Toomer, Prinston, 1984).

2. 論文 및 單行本類

강경구, 『고구려의 건국과 시조 숭배』, 학연문화사, 2001.

강동윤 · 임지덕, 최무장 옮김, 『고구려의 전설』, 백산자료원, 2005.

姜仁求, 『古墳硏究, 學硏文化社』, 2000.

高句麗硏究會編, 『高句麗古墳壁畵』, 학연문화사, 1997.

권태효, 「東明王神話의 形成過程에 대한 一考察」, 『구비문학연구』(1집), 한국구비문학회, 1994.

金杜珍, 『韓國古代의 建國神話와 祭儀』, 一潮閣, 1999.

金戊祚, 『韓國神話의 原型』, 正音文化社, 1988.

金烈圭, 『韓國의 神話』, 一潮閣, 1977.

金一權 · 李勇三, 「高句麗 壁畵와 古代 동아시아의 壁畵 天文 傳統 考察」, 『高句麗硏究』(16집), 2003.

金鉉龍, 『韓國古說話論』, 새문社, 1984.

김기웅 편, 『고구려고분벽화(한국의 미술1)』, 서문당, 1994.

김남연, 「한국창세신화 유형담의 전승과 그 변이」, 연세대학교 석사학위논문, 1995.

김산해, 『신화는 수메르에서 시작되었다』, 가람기획, 2003.

김선자, 『변신이야기』, 살림, 2003.

김영진, 『한국자연신앙연구』, 민속원, 1985.

김용준, 『고구려고분벽화연구』, 백산자료원, 1958.

김일권, 「5세기 고구려 고분벽화에 나타난 천문관과 천문학」, 『고구려의 역사와 문화』, 서경, 2004.

_____ 「국내성에서 발견된 고구려 윷놀이판과 그 천문우주론적 상징성」, 『高句麗硏究』(15집), 2003.

_____ 『고구려 별자리와 신화』, 사계절, 2008.

_____ 『동양 천문사상 하늘의 역사』, 예문서원, 2007.

_____ 『우리 역사의 하늘과 별자리』, 고즈윈, 2008.

김재용 · 이종주, 『왜 우리 신화인가』, 동아시아, 1999.

김화경, 『한국신화의 원류』, 지식산업사, 2005.

羅景洙, 『韓國의 神話硏究』, 敎文社, 1993.

나일성, 『韓國天文學史』, 서울대학교출판부, 2000.

나카야마 시게루(中山茂), 김향 옮김, 『하늘의 과학사』, 1991.

낸시 헤더웨이, 신현승 옮김, 『세계신화사전』, 세종서적, 2007.

노태돈, 『고구려사 연구』, 사계절, 2003.

농촌진흥청 편, 『고농서국역총서』(7), 농촌진흥청, 2004.

데이비드 롤, 김석희 옮김, 『문명의 창세기』, 해냄, 1999.

라이오넬 카슨, 김향 옮김, 『고대의 여행 이야기』, 가람기획, 2001.

레비-스트로스, 임봉길 옮김, 『신화학1: 날것과 익힌 것』, 한길사, 2005.

리지린 · 강인숙, 『고구려사연구』, 조선사회과학원출판사, 1976.

미르치아 엘리아데, 이재실 옮김, 『종교사개론』, 까치, 1993.

薄樹人, 『中國天文學史』, 文津出版社印行, 1992.

박시인, 『일본신화』, 탐구당, 1980.

박창범, 『하늘에 새긴 우리 역사』, 김영사, 2002.

_____ 『한국의 전통 과학 천문학』, 이화여자대학교출판부, 2007.

번 벌로 등 지음, 서석역 옮김, 『매춘의 역사』, 까치, 1992.
서대석, 『한국신화의 연구』, 집문당, 2001.
선정규, 『중국신화연구』, 고려원, 1996.
성낙주, 『에밀레종의 비밀』, 푸른역사, 2008.
蕭兵, 노승현 옮김, 『노자의 性』, 문학동네, 2000.
손영종, 『고구려사의 제문제』, 북한사회과학원, 2000.
信立祥, 김용성 옮김, 『漢代 畵像石의 世界』, 학연문화사, 2005.
신연우, 「장자못전설의 신화적 이해」, 『洌上古典硏究』(13집), 2000.
_____ 『우리 설화의 의미 찾기』, 민속원, 2008.
아더 훼릴, 이춘근 옮김, 『전쟁의 기원』, 인간사랑, 1990.
안경식, 『한국전통 아동교육사상』, 학지사, 2000.
안상현, 『우리가 정말 알아야 할 우리 별자리』, 현암사, 2000.
알랭 시루・데릴라 아다, 전세철 옮김, 『지구와 우주』, 베텔스만, 2005.
앤서니 애브니, 박병철 옮김, 『별을 향한 길』, 영림카디널, 1999.
앤서니 애브니, 최광열 옮김, 『시간의 문화사』, 북로드, 2007.
에멀린 플렁켓, 전관수 옮김, 『古代의 달력과 별자리』, 연세대학교 출판부, 2010.
에스터 하딩, 김정란 옮김, 『사랑의 이해』, 문학동네, 1996.
오오노야스마로(太安万呂), 권오엽・권정 옮김, 『古事記』, 고즈윈, 2007.
오사키쇼지(大崎正次), 『中国の星座の歴史』, 雄山閣, 1987.
王力, 李鴻鎭 옮김, 『中國古代文化常識』, 형설출판사, 1989.
위앤커, 전인초・김선자 옮김, 『중국신화전설』(1), 민음사, 1999.
柳達臨, 강영매 등 옮김, 『중국의 성문화』(상), 범우사, 2000.
유홍준, 『나의 문화답사기』(1), 창작과비평, 1993.
陸思賢・李迪, 『天文考古通論』, 紫禁城出版社, 2000.
윤명철, 「장군총의 비밀 광개토왕・장수왕 묘가 아니라 고구려 시조 모신 신전(神殿)」, 『신동아』5월호, 동아일보사, 2009,
윤열수, 『龍, 불멸의 신화』, 대원사, 1999.
이경엽, 『씻김굿』, 한얼미디어, 2004.
李道學, 「平壤 九梯宮의 性格과 그 認識」, 『國學硏究』3호, 1990.
이문규, 『고대 중국인이 바라본 하늘의 세계』, 문학과지성사, 2000.
李福揆, 『夫餘・高句麗 建國神話 硏究』, 집문당, 1998.
이수자, 「설화에 나타난 버들잎화소의 사서적 기능과 의의」, 『구비문학연구』(2집), 한국구비문학회, 1995.
李玉, 「朱蒙硏究」, 『韓國史硏究(7집)』, 1972.
李恩奉. 『韓國古代宗教思想』, 集文堂, 1984.
李鐘周, 「東北아시아의 聖母 柳花」, 『구비문학연구』(4집), 한국구비문학회, 1997.
이종학 등, 『花郎世紀』, 주류성, 2003.
이태형, 『재미있는 별자리여행』(68쇄), 김영사, 1999.
이태호 外, 『고구려고분벽화』, 풀빛, 1995.

李亨求 外, 『高句麗의 考古文物』, 韓國精神文化硏究院, 1996.
任晳宰, 『韓國口傳說話』(평안북도편 외), 1995.
임세권, 『한국의 암각화』, 대원사, 1999.
임재해 외, 『한국신화의 정체성을 밝힌다』, 지식산업사, 2008.
장샤오위앤, 홍상훈 옮김, 『별과 우주의 문화사』, 바다출판사, 2008.
장 피에르 베르데, 장동현 옮김, 『하늘의 신화와 별자리의 전설』, (주)시공사, 1997.
장영란, 『위대한 어머니 여신』, 살림, 2003.
장주근, 『한국신화의 민속학적 연구』, 집문당, 1995.
田寬秀, 「麒麟窟神話 硏究」, 『東方學志』(146집), 연세대학교 국학연구원, 2009.
_____ 「朱蒙神話의 古代 天文學的 硏究-解慕漱 이야기를 中心으로」, 『東方學』(15집), 한서대학교 동양고전연구소, 2008.
_____ 「朱蒙神話의 天文神話學的 硏究-朱蒙의 誕生에서 脫出까지를 中心으로」, 『東方學』(14집), 한서대학교 동양고전연구소, 2008.
_____ 「琉璃王 이야기에 대한 古代 天文學的 硏究」, 『인문과학연구』(8집), 대구가톨릭대학교, 2007.
_____ 「朱蒙神話를 통해 본 解慕漱 後裔들의 분화과정」,『동방고전문학연구』(6집), 2004.
_____ 「달과 관련해 살펴본 朱蒙神話 神들의 행동 특성과 그 의미」,『열상고전연구』(20집), 열상고전연구회, 2004.
_____ 「朱蒙神話에 나타난 誕生談의 의미 분석」, 『한국어문학연구』(42집), 2004.
전호태, 『고분벽화로 본 고구려 이야기』, 풀빛, 1999.
_____ 『고구려 고분벽화 연구』, 사계절, 2000.
鄭璟喜, 「東明型說話와 古代社會」, 『歷史學報』(98집), 1983.
정성희, 『우리 조상은 하늘을 어떻게 이해했는가』, 책세상, 2000.
정재서, 『이야기 동양신화』, 황금부엉이, 2005.
정태민, 『별자리에 숨겨진 우리 역사』, 한문화, 2007.
제임스 프레이저, 이경덕 옮김, 『그림으로 보는 황금 가지』, 까치, 1995.
조동일, 『한국문학통사』(1), 지식산업사, 1982.
조범환, 『우리 역사의 여왕들』, 책세상, 2000.
조자용, 『삼신민고』, 가나아트, 1995.
조지프 캠벨, 과학세대 옮김, 『신화의 세계』, 까치, 1999.
조현설, 『동아시아 건국신화의 역사와 논리』, 문학과지성사, 2003.
주하윤, 『별점』, 김영사, 2004.
지오프리 코넬리우스・폴 데버루, 유기천 옮김, 『별들의 비밀』, 문학동네, 1999.
최무장・임연철, 『高句麗壁畵古墳』(2쇄), 신서원, 1992.
崔喆 外, 『韓國古典詩歌史』, 집문당, 1997.
카렌 암스트롱, 이다희 옮김, 『신화의 역사』, 문학동네, 2005.
코우노시타카미쯔, 권오엽・권정 옮김, 『古事記와 日本書紀』, 제이앤씨, 2005.
특별기획전고구려 행사추진위원회, 『특별기획전 고구려』, 2002.
파울 프리샤우어, 이윤기 옮김, 『世界風俗史』(上), 까치, 1991.
何新, 洪熹 옮김, 『神의 起源』, 東文選, 1990.

하야시 미나오, 김민수 등 옮김, 『돌에 새겨진 동양의 생활과 사상』, 두남, 1996.
한국고고학회편,『韓國農耕文化의 形成』, 학연문화사, 2002.
홍기문, 『조선신화연구』, 사회과학원출판사(평양), 1964.
황패강, 『한국신화의 연구』, 새문사, 2006.
휴 터스톤, 전관수 옮김, 『동서양의 고전 천문학』, 연세대학교 출판부, 2010.
Anthony Aveni, *Stairways to the Stars*, John Wiley & Sons, Inc., 1997.
J. Norman Lockyer, *The Dawn of Astronomy*, London, Cassell and Company Limited, 1894.
E. Walter Maunder, *The Astronomy of The Bible*, London, T. Clark & Co., Limited, 1908.
William Tyler Olcott, *Star Lore of All Ages*, New York and London, Knickerbocker Press, 1911.
Emmeline M. Plunket, *Ancient Calendars and Constellations*, London, John Murray, 1903.
Hugh Thurston, *Early Astronomy*, New York, Springer-Verlag 1994.

▣ 찾아보기